组织大未来

激活组织高效成长的自进化思维
以华为、小米、亚马逊等为例

刘海斌◎著

中国财经出版传媒集团
中国财政经济出版社

图书在版编目（CIP）数据

组织大未来：激活组织高效成长的自进化思维：以华为、小米、亚马逊等为例/刘海斌著．——北京：中国财政经济出版社，2022.5

ISBN 978－7－5223－1169－2

Ⅰ.①组… Ⅱ.①刘… Ⅲ.①企业管理－组织管理－研究－中国 Ⅳ.①F279.23

中国版本图书馆CIP数据核字（2022）第019533号

责任编辑：武志庆　　　　　责任校对：徐艳丽
版式设计：录文通　　　　　责任印制：党　辉

组织大未来——激活组织高效成长的自进化思维 以华为、小米、亚马逊等为例
ZUZHI DAWEILAI
JIHUO ZUZHI GAOXIAO CHENGZHANG DE ZIJINHUA SIWEI
YI HUAWEI XIAOMI YAMAXUN DENG WEILI

中国财政经济出版社 出版

URL：http：//www.cfeph.cn

E－mail：cfeph@cfeph.cn

（版权所有　翻印必究）

社址：北京市海淀区阜成路甲28号　邮政编码：100142
营销中心电话：010－88191522
天猫网店：中国财政经济出版社旗舰店
网址：https：//zgczjjcbs.tmall.com
北京时捷印刷有限公司印刷　各地新华书店经销
成品尺寸：185mm×260mm　16开　20.25印张　417 000字
2022年5月第1版　2022年5月北京第1次印刷
定价：88.00元
ISBN 978－7－5223－1169－2
（图书出现印装问题，本社负责调换，电话：010－88190548）
本社质量投诉电话：010－88190744
打击盗版举报热线：010－88191661　QQ：2242791300

推荐者序

面向未来的组织多维跨界：这是基于组织"生存"为基础的进化哲学

（中文译文）

Anne Mione

法国蒙彼利埃大学管理学院副院长 教授，博导

众所周知，中国改革开放40年多年，发生了翻天覆地的变化，现已经成为世界第二大经济体，随着国际环境的变化，国际竞争日益激烈，中国所面临的核心问题，不仅是科技创新，还将面临产业结构迭代，以及快速变革的组织体系等问题。组织变革是影响未来中国发展的核心问题，但是被众多公司忽视。

中国未来组织体系将会发生根本性的变化，突出表现在三个方面：①面对环境的快速变化与技术的不断创新，中国公司需要构建具有针对性的自适应性组织；②面对市场随时可能发生的"黑天鹅"事件风险，中国公司需要建立具有敏捷性效应的组织架构与组织反应能力以应对系统性风险；③中国公司需要建立具有生命进化能力的组织管理新范式，以适应整体市场环境变化与以及产业体系变化，形成不断进化的组织生态系统。

正因为如此，组织变革问题将是一个全新的跨界视角问题，是要回归到企业本源进行哲学思考的问题，是对原有管理学、组织学在新环境变化过程中，对于生产关系重大变革，重新进行理论假设，构造组织变革研究方向。

刘海斌博士的研究，正是对于组织学本源进行整理、探索与思考，在对大量理论文献整理的基础上，尝试构建未来组织变革新的思考方向与思考逻辑。本书研究不仅关注现有企业组织在多变市场中所面临的问题，同时关注现在与未来都需面临的新产业结构变革问题，并针对该问题给出组织变革基础模型与变革路径。

纵观本书的整体研究，具有深度的理论贡献价值，更具有实践运用价值。刘海斌博士关于组织变革的研究持续了4年多，作为他的博士导师，我一直在关注着研究的进度与研究的成果。研究不仅详细整理了超过1800万字不同类型的中外文献，更重要的是通过实

证研究方法，持续追踪了超过 100 家知名公司组织变革的历程，深度剖析这些企业在不同阶段的组织变革影响因素，最为精彩的是，研究不仅重点研究了成功因素，同时也深度审视了失败因素，通过持续的总结与修正，最终将文稿成书。

跨界是对组织变革的一次飞越

从这本书的撰写，看得出刘海斌博士在不断尝试用易懂、系统分类以及尽量多的案例提升本书的可读性，但同时也能看出本书融会贯通大量不同领域的经典理论。首先，通过进化理论、生物细胞学等理论构造了本书的理论基础，这里包括研究了广义达尔文主义、拉马克主义等社会学理论；其次，本书以动态能力理论、竞合理论、生态学理论等相关理论构造组织变革的核心路径，书中比较分析了博弈论、生态位理论、共生理论、创新理论、复杂性理论等相关理论，梳理总结了现今中国较为多见的理论与观点，如量子管理、阿米巴管理、合弄制、无边界组织、平台组织、海星式组织等。

看得出刘海斌博士具有很深的理论功底，作者在书中不仅将这些理论进行了总结与归类，还从组织发展与变革的视角分析了这些理论观点的应用空间，以及优缺点、矛盾点，并将组织变革的本源问题回归到哲学思考，清晰地指出组织发展的思考方向与思考路径。

组织的跨界研究是对组织发展的飞跃，当组织学借鉴不同学科理论的研究精髓，其实就是回归哲学与科学的深度思考，就是对于企业、各类社会组织以及政府组织效能的深度探讨。正是跨学科的探索思维，使刘海斌博士能够基于科学的研究路径构想未来组织的"进化"方向。

对于"生存"的本源思考，构造了具有活力的未来组织

无论社会的进步，还是中国的崛起，都经历了无数的磨难。有效地应对市场不确定性，寻求生存空间，是组织变革研究最基本的问题，而我们常常为了金钱，为了既得效益忘却了长期"生存"的价值。尤其在这次暴发的"2019 – nCoV"导致的疫情中，可以看到全球公共危机应对体系特别脆弱。正是因为如此，未来无论公司，还是不同类型的组织机构与社会团队，都需针对外部环境的变化进行持续的组织变革，只有这样才可能应对未来的未知风险。

刘海斌博士正是通过组织变革视角，构造动态的、持续优化的组织体系，从而适应复杂的市场环境变化。这种组织体系构造必须充满活力，虽然由于公司或者社会组织规模的扩大，环境会越来越复杂，导致组织结构越来越庞大，但是组织小团体（本书中叫组织单元：如细胞一样的组织计量团体）反而越来越敏捷、组织流程越来越简捷流畅，组织内部

及外部关联越来越紧密，组织效率越来越高，应对外部环境不确定性变化越来越敏捷高效。

在未来新的时代，"生存"不仅是让公司或者各类组织活下来，而且是让公司或者组织成为新产业生态空间中的重要环节，不断通过科技与组织升级，持续促进产业系统迭代，形成"竞合"与"共生"的生态体系，不断拓展生态体系外延，拉宽生态体系生存空间。

因此，"生存"是构造未来组织变革的根本性因素，正是基于"生存"因素，作者重点研究了进化理论及动态能力理论等相关理论，从而构建更加科学、系统、开放，以及具有时代特性的新型组织体系。

刘博士在书中不断论述了关于"生存"的几个核心论点：组织不能一味地追求**"利润最大化"**，而应该追求**"有效利润最大化"**，"有效利润"的内核就是**"高效能的生存空间"**；组织要**"居安思危，要持续变革"**，千万不能陷入现有优势的"舒适空间"，因为在未来，"舒适空间"很大可能就是死亡空间，只有不断地在市场变化中建立并扩充自身持续变革优势，才可能有效生存并发展壮大；要有**适者生存的理念，让自身生存空间再大一些**，因为社会进步的本源依然是空间竞争，因此众多头部企业同样会因为自身过于庞大、没有活力而面临生存危机，因为市场更加残酷；不要试图建立长期细致的战略，而**应该建立基于业务终端的动态成长的生态战略**，只要有正确的方向感，就是很好的创新战略。

作者对于未来组织构想是清晰的，更是生动的，基于"生存"这个生物学本质命题，可以规避复杂社会的各种影响因素，重点从组织个体中挖掘组织变革因素，并构造有效的变革路径，这不仅是对组织学的一次创新，更是对未来组织实践的一次深度探索。

从多维组织视角构造应对未知不确定风险的行动框架

无论是科技发展所导致的不确定性，还是因为政策及环境变化出现的"黑天鹅事件"，都意味着外部突然暴发的风险会成为常态。在应对风险过程中，除了科技创造领先优势外，组织的持续优化，特别注意构造多维的组织体系，才能形成应对未知不确定风险的行动框架。斯坦利·麦克里斯特尔在《赋能：打造应对不确定性的敏捷团队》一书中强调：组织必须网络化，而不是条块化，这样才能成功。组织的目标不应当再是追求效率，而是让自己获得持续适应的能力。纳西姆·尼古拉斯·塔勒布在《非对称风险》中指出：没有"风险共担"就一事无成，真正的理性在于避免系统性毁灭。这都说明了传统的组织系统，在未来多变的环境中必然无法生存，组织的多维动态变革将成为常态。这也是这本书行动模型构造的重点。

虽然多维组织视角融合了众多的关键理论，但是作者论述了最基本的组织构造因素：组织单元（如同细胞一样的组织个体），作者通过一个个生动的案例展示了未来组织是具有进化能力的个性化组织单元的集合。通过激活组织单元的内外部的"生存"、扩展"生存"空间，促进整体组织的市场适应能力并促进组织高效进化。这个观点与量子管理、阿米巴管理等观点非常相似，但本质影响却并不相同，这个观点更加突出了市场、突出了共生与竞争，对于外部不确定风险具有更强的感知能力与应对能力，看得出作者在尝试寻找组织成长的本质动力，这促使作者对于相关理论的分析更加全面系统与尖锐，这也让本书增加了不少专业色彩。

对于行动路径的论述是本书最为精彩的部分，作者选取了作为核心的华为案例，通过众多证据挖掘与寻找，清晰地剖析了组织进化路径的形成因素及构造特征。这里包括了三个主要理论：动态能力理论、竞合理论、生态系统理论。作者详述了理论的构造逻辑与体系，并通过实践案例将组织进化构造因素与构造方法清晰地论述出来，可以用于公司及社会组织搭建一套完整有效的组织变革路径及组织进化体系。

未来充满着未知性，对于公司等不同类型组织，与其担心未来，不如主动面对未来！这本书就是用全新的视角，告诉大家，用独立的思考精神，有效的思考路径，建立适应现在，服务未来的组织体系。正因为如此，本书是我见过组织变革研究中最为生动、最有深度的专业书籍。

宏观视角，微观思考。扎实的理论体系，深度的社会实践，不正是未来组织最为需要的行动参考。十年磨一剑，这本书不正是值得一读的好书吗？

2021 年 5 月 30 日

Recommendation Preface

Future-Oriented Multidimensional Cross-Border Organization: This is an evolutionary philosophy based on organizational "survival"

Anne Mione

Deputy Dean of the Faculty of Management,
University of Montpellier PhD Supervisor

As we all know, China has undergone tremendous changes since the forty years of reform and opening up, and now it has become the world's second largest economy. With the changes in the international environment and increasing international competition, the core problems facing China are not only technological innovation but also the iteration of industrial structure, and the problem of rapid changes in the organizational system. Organizational issues are the core issues that affect the development of China in the future, but they are overlooked by many companies.

There will be fundamental changes in China's future organizational system, which will be highlighted in three aspects: (1) facing with the rapid changes in the environment and the continuous innovation of technology, Chinese companies need to build targeted and adaptive organizations; (2) facing with the risk of "black swan" events that may occur at any time in the market, Chinese companies need to establish agile organizational structures and organizational response capabilities to deal with systemic risks; (3) Chinese companies need to establish a new paradigm of organizational management with life evolution capabilities to adapt to changes in the overall market environment and industry systems, so as to form a constantly evolving organizational ecosystem.

Because of this, the issue of organizational change is a new cross-border perspective. It is a question of returning to the roots of the company for philosophical thinking. It is the research direction that reconstructs the theoretical hypothesis and constructs organizational change of the original management science and histology in the process of environmental change, especially after the major change in the production relations.

Dr. Haibin Liu's research is to organize, explore and think about the origin of histology. Based on a large amount of theoretical literature, he tries to construct the thinking direction and thinking logic of future organizational change. The research not only pays attention to the problems that existing enterprises face in the market, but also pays attention to the current and future problems that may be faced, and gives the basic model and organizational change path based on present and future.

Looking at the overall research, it has deep theoretical contribution value and more practical application value. Dr. Haibin Liu's research lasted more than three years, and I have been following the research progress and research results. The research not only collated more than 16 million words of different types of literature in detail, but more importantly, through empirical research methods, it continuously tracked the cases of more than 100 well-known companies, and deeply analyzed the performance of organizational change processes at different stages. The most exciting thing is that the research not only focuses on the success factors, but also examines the failure factors in depth. Through continuous writing and correction, the manuscript is finally written.

Transboundary is a leap over organizational change

The writing of this book shows that Dr. Haibin Liu is constantly trying to improve the readability of this book with easy-to-understand, humorous, and as many cases as possible. Meanwhile, it can be seen that a large number of classic theories from different fields are combined in this research process. Firstly, the theoretical basis of this research is constructed through evolution theory, biological cytology theory, etc., including generalized Darwinism, Lamarckianism and related sociological theories; secondly, the core of the organizational change path of this book is constructed by dynamic capabilities theory, co-operation theory and related theories of ecosystem. It includes game theory, niche theory, symbiosis theory, innovation theory, complexity theory and other related theories. It also sorts out and summarizes the more common theories and views in China today, such as: Quantum Management, Amoeba Management, Synergy System, Borderless Organization, Platform Organization, Starfish Organization, etc.

It can be seen that Dr. Haibin Liu has a deep theoretical foundation. The most exciting thing is that the author not only summarizes and classifies these leading theories, but also analyzes the application space of these theoretical ideas from the perspective of organizational development and change, as well as the advantages, disadvantages and contradictions. From the essence of organizational change, back to philosophical thinking, he clearly points out the thinking direction and thinking path of organizational development.

Recommendation Preface

The cross-border study of organization is a leap over the meaning of organizational development. When science draws on the essence of research in different subject theories, it is actually a deep reflection on returning to philosophy and science. It is an exploration but also a flyby for the effectiveness of enterprises, various social organizations, and government organizations. It is for this reason that Dr. Haibin Liu conceived the "evolution" direction of future organizations based on scientific development thinking.

Thinking of the origin of "survival", construction of a vibrant future organization

No matter the progress of society or the rise of China, it has went through numerous ordeals. Effectively responding to ordeal is, first of all, the most basic problem of organizational change research. However, we often forget it for money and for immediate benefits. Especially in the global disaster of "2019-nCoV" that broke out, we can see the fragility of the global public crisis response system. Because of this, in the future, regardless of the company, or various types of organizations and social teams, they will continue to make continuous organizational changes in response to changes in the external environment. Only in this way can it deal with unknown risks in the future.

Dr. Haibin Liu's book is to construct such a dynamic and continuously optimized organizational system from the perspective of organizational change, so as to adapt to changes in the complex market environment. The structure of this organizational system is full of vitality. Although the environment will become more and more complicated and the organizational structure will become larger due to the expansion of the size of the company or social organization, the individual organization (called the organization cell in this book: organizational measurement like cells) will become more and more agile, the organization process will become more and more smooth and simplified. The internal and external associations of the organization will become more and more closely, the organizational efficiency will become more and more efficient, and the corresponding uncertainty change of the external environment will become more and more targeted and efficient.

In the new era of alienation, "survival" is not only about the survival of a company or a social organization, but to make the company or an organization to be an important link in the ecological space. It is to continuously promote the continuous upgrading of the industrial system through science technology and organization, forming an ecosystem with "co-operation" and "symbiosis". It is to expand the space of the ecosystem through the continuous extension of the ecosystem.

Therefore, "survival" is the fundamental factor for constructing future organizational change. It is also this factor that the author focused on studying evolution theory and related theories in order to build a more scientific, systematic, open, and new type of organizational system with the characteristics of the times.

In the book, the author constantly discusses several core arguments about "survival": Organizations cannot blindly pursue "**maximization of profit**", but should pursue "**effective profit maximization**". The core of "**effective profit**" is "**efficient survival space**"; organizations must be **prepared for danger in times of safety, and continue to change**. Organizations must not be trapped in the "comfort space" of existing advantages, because in the future, **the "comfort space" is likely to be a dead space. Only by establishing and expanding their own continuous reform advantages in the changing market can they survive and develop effectively.**

Organizations must have **the concept of survival of the fittest, because no matter how large the living space is, the origin of social progress is still competition**, but it may be itself if there is no competitor. The discussion is very cruel; instead of trying to establish a long-term and detailed strategy, the organization **should establish a dynamic ecological strategy based on business terminals**. Having a sense of the right direction is a good innovation strategy.

The author's vision of the future organization is clear and even more vivid. Based on the essential biological proposition of "survival", the various influencing factors of the complex society can be circumvented. The vision focuses on digging out organizational change factors from individual organizations, and construct effective change path. It is not only an innovation in histology, but also an in-depth exploration of future organizational practices.

Constructing an action framework to deal with unknown and uncertain risks from the perspective of multidimensional organizations

Whether it is the uncertainty caused by the development of science and technology or the "Black Swan Event" that constantly appeared due to policy and environmental changes, this means that the risk of sudden external outbreaks will become normal. In the process of responding to risks, in addition to the leading advantages created by science and technology, the continuous change of organization should pay special attention to the construction of a multi-dimensional organization system, so it can build an action framework to deal with unknown uncertain risks. Stanley McChrystal emphasized in his book "Empowering: Building Agile Teams to Address Uncertainty" that organizations must be networked, not fragmented, so they can be successful. The goal of an organization should no longer be to pursue efficiency, but to enable itself to obtain the ability to continuously adapt. Nassim Nicholas Taleb said in "Asymmetric Risk": Nothing can be achieved without "risk sharing", and the real reason is to avoid systematic destruction. All this shows that the traditional organization system will not survive inevitably in the future environment, and the multi-dimensional dynamic change perspective of the organization will become the norm. This is also the focus of the action model construction in this book.

Although the multi-dimensional organizational perspective incorporates many theoretical keys, the author discusses the most basic organizational structural factors: organization cells (organizations like cells). The author shows that the future organization is a collection of personalized organization cells with evolutionary capabilities through vivid cases one by one. By activating the internal and external living and development space of the organization cells, the market adaptation and efficient evolution of the overall organizations are promoted. This view is very similar to the views of quantum management and amoeba management, but the essence of mining is not the same. This view highlights the market, highlights symbiosis and competition, and has a stronger ability to sense and respond to external uncertain risks. It can be seen that the author is seeking the essential driving force for organizational growth, which is also the author's sharper analysis of related theories. At the same time, it also adds a lot of fun to the reading of this book.

The discussion of the action path is the most exciting part of the book. The author selected a lot of evidence including wonderful cases such as Huawei to support the clear path formation factors and construction modes. There are three main theories here: dynamic capability theory, co-operation theory, and ecosystem theory. The author does not over-explain these complex theories here, but clearly illustrates the constructive factors and methods of constructing paths through practical cases, which are used by companies and social organizations to build an effective organizational change path and organizational evolution system.

The future is full of countless unknowns. For companies and different organizations, instead of worrying about the future, it is better to face the future proactively! This book is to use a new perspective to tell everyone that with an independent thinking spirit and an effective way of thinking, an organizational system that is more suitable for the present and the future can be established. Because of this, this is the most vivid and insightful book I have ever seen in histology research.

Think microcosmically from a macroscopic perspective. Isn't a solid theoretical structure and in-depth social practice exactly the action references most needed by the future organizations? Spend ten years in grinding a sword. Isn't this book a good book worth reading?

May 30, 2021

目 录

推荐者序 ·· (1)

面向未来的组织多维跨界：这是基于组织"生存"为基础的进化哲学（中文译文）
法国蒙彼利埃大学管理学院副院长　　Anne Mione 教授，博导
Future-Oriented Multidimensional Cross – Border Organization: This is an evolutionary philosophy based on organizational "survival"
University of Montpelier　　Anne Mione

序章　组织决定成败

新的时代背景下，企业能力需要被重新定义，未来的组织更像具有思维的"生物"，管理也由"静态管理"转向"动态管理"，"新进化论世界观"思维的转变，将决定未来组织发展的方向。

第一部分　组织简史：新多维视角看组织

第一章　历史视角看组织：对于组织的本源探索革命 ···························· (15)

站在历史的高度，从工业革命、生产关系、市场环境、思维革命、百年组织变革历程纵观组织变革的时代进程可以发现：这是一场对于历史的社会学革命，组织的本源就是生产关系构造，每一次科学技术的革命，都伴随着组织的重大变革。

第二章　从哲学与科学思维看组织：组织研究的科学架构 ····················· (27)

每一次文明的进步都是对哲学与科学的探索，对于组织变革也是对科学与哲学的探索。科技革命的本质是思维的进化与对未来严谨的探索。

第三章　进化视角看组织：达尔文的组织学思维 ………………………………（32）

达尔文的生物进化论是生物学的里程碑，更是自然科学发展史的一场革命。进化论广泛地在社会、物理、经济与管理学等领域深度融合，演化出众多新的领域与学科，生物学更是开启了在微观世界对生命以及人类未来的探索。

标杆案例研究 A：华为公司组织变革历程 …………………………………………（39）

华为案例 A 追踪一：基于市场与业务为核心的华为组织对应体系
华为案例 A 追踪二：华为公司组织变革的主要历程
华为案例 A 追踪三：国际市场的发展历程与组织变革体系

第二部分　新组织体系

第四章　组织单元：组织生命力的开启密码 …………………………………………（55）

组织单元是现代化公司以及未来组织发展的基本单元，是围绕公司核心业务及单元个体优势所形成的动态、可持续发展的稳定工作/服务单元。组织单元构造的目的：最简化组织层级、持续优化组织规范、不断动态转化基本功能、打破内外部组织边界。

标杆案例研究 B：华为公司组织单元构造与体系研究 ……………………………（65）

华为案例 B 追踪一：组织单元的多种构造形态
华为案例 B 追踪二：组织进化动力基础与组织进化的主要考量目标
华为案例 B 追踪三：组织单元的构建、进化过程分析
　　　　　　　　——业务类与非业务类两种主要类型组织单元深度分析

第五章　组织动态"进化"路径：动态能力构造下的"神奇"桥梁 …………（86）

动态能力是一种有趣的"成长优势"构建理论，其核心就是推动组织能力与组织系统的结构化构建，达到合理利用有效资源，不断创造新优势的目的，其本质是组织进化的引导形成过程，重点是对内外部资源进行"整理、创造、改变及扩展"。

标杆案例研究 C：华为公司组织进化动态路径构建过程 …………………………（102）

华为案例 C 追踪一：不同发展阶段动态能力主要特质、对应公司效能分析
华为案例 C 追踪二：动态能力"进化"的两大驱动因素：学习驱动与组织变革驱动
华为案例 C 追踪三："学习驱动"与"组织变革驱动"构造的动态能力特征分析

第六章 面向未来的组织系统：以"生存"为基础的组织单元一般"动态进化"
路径······(116)

组织单元不是一种组织结构，而是一个能力进化系统，是适应及引导外部环境，寻找及扩大"生存"空间的组织系统。研究的关键是构造以"生存"为基础的组织单元系统动态进化路径。组织进化路径是通过市场选择（自然原则）与持续变革（变异）实现"从无序到有序、从同质到异质、从简单到复杂"的持续进化过程。

标杆案例研究 D：华为公司组织单元系统应用深化分析······(121)

华为案例 D 追踪一："铁三角"组织单元构造及进化系统优化分析
华为案例 D 追踪二：产品研发（IPD）、供应链（ISC）动态组织变革进化流程体系
　　　　　　　　　分析
华为案例 D 追踪三：组织单元不同阶段"动态能力进化"分析

第三部分　组织的无边界战争战略

第七章　无边界时代：创新时代的战略失衡······(137)

市场不是无限大的蛋糕，竞争成为市场的最终表现。对于未来的发展：竞争是本质、创新是路径、组织是保证、竞合是手段、产业生态主导权与话语权是战略目标。"无边界创新"核心是在稳定与惯例优化的前提下，以人为核心，实现以生存为基础的"无边界组织创新"。

标杆案例研究：不断突破边界的小米生态的层次化创新与系统迭代······(159)

第八章　竞合的动态博弈：组织的新战争模式······(179)

组织面对未来的竞争，一方面在竞争中学会妥协与合作，建立双方共赢的竞合关系；另一方面寻求一切优质的合作机会，通过联合创造更大的市场竞争体系，从而在合作过程中打造更强大的竞争能力。因此，可以这样理解竞合：合作的目的是竞争，竞争以合作为主要方式。

标杆案例研究 E：华为内外部竞合协同成长——在对抗中生生不息······(189)

华为案例 E 追踪一：华为蓝军战略——内部对抗与合作的"强心剂"效能
华为案例 E 追踪二：华为全球化高速成长的取舍之道——外部动态竞合的价值博弈

第四部分 大未来：组织单元基于"生存"的新生态抉择

第九章 新生态中寻求更大的"生存空间" ………………………（215）

> 每一种产业形态与经济形态都由不同的组织单元系统聚合形成。在工业经济时代，工厂及企业组织构成了生产的基本单元，因此管理行为主要围绕企业的组织、沟通、协调展开；在新智能经济时代，大量不同性质组织单元作为生态系统中微观主体，主要通过互联网、云计算、大数据、人工智能等信息科技协同展开行动，构造了相互共生、协同共享的新组织生态。新组织生态将不同规模的组织生态相互融合，依托产品、业务、数据信息、技术创新等模式形成动态协同的组织生态系统，并依托组织生态系统展开跨产业与跨区域的系统创新。

标杆案例研究 F：华为业务生态系统的持续进化——不同生态的协同共生 …………（237）

> 华为案例 F 追踪一：华为在产业生态系统环境变化中寻求"生存空间"
> 华为案例 F 追踪二：华为基于产业生态系统的跨界融合进化思维
> 华为案例 F 追踪三：华为困境下鸿蒙生态系统的共生协同突破思维

第十章 组织的"永动" ………………………………………………（258）

> 在"不确定"新时代的竞争中，要形成大数据等新技术相融合的创新思维。既要注意在生态系统中，优化形成"超级竞争者"，又要防止形成垄断，更要激活组织中各单元，使其不断激发个体活力，成为未来组织成长与"存活"的关键。

标杆案例研究：亚马逊持续生态系统进化构筑超级竞争者 ………………………（266）

术语表 ……………………………………………………………………（276）

研究方法与资料收集说明 ………………………………………………（287）

参考文献 …………………………………………………………………（299）

序　章
组织决定成败

组织方式关乎成败

伟大时代，都会经历时代潮流的技术革命，从农业时代到工业时代，再到信息科技时代，人们持续关注着技术变革的力量。科技持续的创新与颠覆，成为人类持续发展的原动力之一。尤瓦尔·赫拉利（Yuval Noah Harari）在《未来简史》一书中论述：生物科技和人工智能会成为人类未来的发展方向，更会成为威胁人类文明的主要因素。

当我们惊叹科技力量的同时，我们也会感受到另一种创造性的力量影响着人类前进的步伐——组织的力量。纵观人类5000年，人类每一次发展，都与社会组织变革息息相关，虽然组织学及相关理论的发展仅仅是近百年的事情，但是组织变革所蕴含的哲学思想，却伴随着人类成长的每一个脚步。可以这么说：**对企业而言，科技引领着发展的方向，组织方式则关乎发展的成败**。这个规则尤其适合当代企业的发展。

在现有的社会实践中，管理者常常被众多相互矛盾的管理理论所困扰，他们对于不同管理理论要么充满着迷茫，要么充满着排斥。尤其在中国一些做出一定成绩的管理者，过分迷信自身的成功经验，而对公司存在的风险并没有深度感知与思考，他们不愿意分析导致他们成功的核心因素，更对时代环境的变化与市场的变化所带来的风险浑然不知。虽然很多公司与组织非常注重科技研发，但是研发效能低下、内部组织臃肿，组织创新力不足等现象非常严重，对此众多管理者要么视而不见，要么无可奈何。而且这种现象在中国不是局部现象，而是普遍现象。

为此，本书通过对100多家知名企业长达5年的追踪，挖掘出这些企业高速发展的核心因素，也挖掘出这些企业的发展瓶颈，甚至导致破产的核心影响因素，激活组织高效成长与变革的自进化思维，是它们走向成功与走向毁灭的核心因素。套用列夫·托尔斯泰小说中的话言之：**成功的因素都很相似，失败的原因各有不同，而失败的因素就是缺少走向成功的因素与路径**。

中国企业的发展困境

中国现在正处于产业转型的关键阶段，尤其在2018—2021年，众多公司对于外部环境的变化已然找不到前行的方向，而公司内部则面临组织缺失活力、缺乏创新力、效率低下等管理问题。当行业发生深度变革，甚至出现产业结构迭代现象的时候，很多知名的大型公司竟然缺乏最基本的适应能力与应对措施。众多知名公司出现了严重的企业危机，甚至面临破产清算的灭顶之灾。

这里以 ICT 行业为例，2020 年 2 月 19 日，曾经中国最大的校企——北大方正集团宣布破产，破产时北大方正集团拥有方正科技、方正控股、北大医药、北大资源等 6 家上市公司，但同时负债约 3030 亿元，其中有息负债 1600 亿元，每天亏损高达 1183 万元。另外，再以两家深圳知名的科技型公司为例，首先是中国知名手机生产商金立公司，因负债近 211 亿元人民币，在 2018 年 12 月进入破产程序；另一家为中兴通讯公司，在 2017—2018 年，分别被美国处以 8.92 亿美元与 17 亿美元罚金，换取禁令取消，更因为美国芯片等的产品封锁，导致损失超过高达 200 亿元人民币，甚至面临严重的生存问题。有学者认为：北大方正与金立公司的破产事件，主要是因为金融市场严控所导致的"灰犀牛事件"，也有人认为缺乏科技创新是导致公司破产的重要因素。对于中兴事件则重点归咎于中美贸易冲突所导致的政策性"黑天鹅"事件。当然，这些确实是诱发事件暴发的重要因素，不过当我们对这些企业内部的组织体系进行梳理时，可以清晰地感受到组织在这些事件的暴发过程中起到了严重负效应，甚至成为了导致事件发生的核心因素。

与此形成鲜明对比的是：深圳另一家科技类公司——华为公司，这家仅用 30 年时间，就成为《财富》世界 500 强第 61 位的科技公司，在 2019 年中美贸易冲突中，面对美国的市场封锁及主要电子元器件、软件系统、手机生态等众多领域极具针对性的限制情况下，华为不但坦然应对，并以企业一己之力战略性地推出极具竞争优势并基于 5G 技术的鸿蒙（harmony）OS 系统、HMS 生态系统及麒麟系列 CPU 等高科技产品。其高水平的科技研发与战略盲点布局，以及顽强、灵活的组织支撑体系，开放而执着的态度应对各类未知风险，不仅让谷歌、高通等技术垄断问题得到缓解，还在众多新的产业系统中拼杀出一条血路。这种以一己之力抗争美国政府的政策压制与美国企业的技术冲击，无不让 14 亿中国人为之动容。

中美贸易竞争到现在还在继续，其间暴发的"孟晚舟事件"是否会出现法国阿尔斯通的企业悲剧？美国芯片产品及技术断供事件是否直接影响华为生存？华为出售"荣耀"是否会出现严重的业绩影响？这一行为是在断臂疗伤，还是为了挖掘更大的生存空间？华为未来还会面临何种风险？谁都无法判断。但作为这次竞争中的焦点公司——华为公司在竞争中展现的顽强生命力，非常值得中国乃至世界管理学界研究，尤其需要关注华为所对应的组织体系。

本书以包括华为、海尔、美的、大疆等高新科技公司为主要研究对象，并通过超过 100 多家高速成长的知名公司研究发现：**这些公司都越来越注重根据外部环境变化，重构组织独特的适应与优化能力，越来越注重产品/服务的创新及迭代，通过持续的组织优化快速形成具有自进化能力的独特竞争力，并不断尝试重构新产业生态，形成以"自身生存"为基础，众多优势公司"竞合""共存"的新产业生态系统。**

实际上，中国经历了改革开放 40 多年的洗礼，规模化的组织发展形态，已然不适合中国公司的进一步发展，甚至已经不是具有产业竞争力公司的存活方式。转型升级就是将组织问题回归到生产关系适应生产力发展的哲学本源的讨论，继而重新思考既适应现阶段时代变化需求，又影响未来时代发展需求的新型组织形态。具有远见性的组织变革是公司存活的核心研究命题。

企业能力需要重新定义

自从管理这个概念提出的第一天，众多学者就一直在研究企业能力。"人才、文化、战略、创新、企业家"这些因素都可以作为企业超越竞争对手的核心能力。为此，众多学者通过各种研究及模型构建，希望拥有分析未来、预测未来的能力，如迈克尔·波特所构建的价值链模型与五力模型就在尝试探索企业市场空间与预测未来的能力，而且这些理论依然是战略管理领域的重要研究工具。

但随着科技进步这些理论工具所形成的能力似乎越来越失灵。尤其在今天这个后工业时代的新市场环境中，企业所面临的挑战越来越超出原有能力的构想，甚至众多管理理论已然失灵：管理复杂程度越来越高、信息公开性越来越强、企业互动越来越紧密，整体节奏越来越快，经济和社会环境越来越不稳定，这都对企业的能力结构及能力要求产生了巨大的影响。在纽约世界经济论坛上，加里·哈默认为，这个世界正变得越来越混乱，而企业的适应力却没有跟上。企业组织体系决定了它们无法适应这些变化。

企业需要怎样的能力？正是这个时代新的管理命题。在这个"混乱"的时代，如何成为"失控"时代的掌控者？彼得·德鲁克（Peter Drucker）提出管理就是抓住与掌控机遇，"效率就是把事情做对，有效就是做正确的事"。管理的本质就是把事情做对，也要把事情做正确。现在的企业，不论处于初创阶段，还是成熟阶段，都无法回避各类问题对于公司的困扰，整合企业能够运用的所有资源，克服各类问题，寻找机会成为决定企业成败的关键。彼得·德鲁克（Peter Drucker）认为：组织的重点必须放在机会上，如果组织把精力放在出成果的地方，即放在机会上，就会有兴奋感、冲动感。

但在现实的实践过程中，我们发现在快速变化的复杂市场环境中，现有公司体系已经无法预测和控制企业所渴望与需要的灵活度，无法有效抓住机遇，更无法引起企业成员的激情与创造力。这都导致大量知名公司被时代所淘汰。2013年诺基亚手机帝国轰然倒塌，追求高品质的诺基亚最终发出了悲壮的告别语："我们并没有做错什么，但不知为什么，我们输了。"但同时，苹果抓住了时代的脉搏，迎来了智能手机时代。这正如我们需要给予企业能力赋予新的定义，因为对于世界上的一切，唯一不变的就是在变化。

世界政治与经济环境的变化，引发了众多学者对于现代企业应对能力展开研究，主要发现可以总结为：**必须要摒弃原有的企业结构局限，提升企业的适应力，组织体系应该更灵活，这需要扩展与企业相关的利益群体，侧重克服不确定性，重新疏导新的企业文化与**

人力资源结构，团结企业成员，引入更科学与系统的经营体系，等等。纳西姆·尼古拉斯·塔勒布在《非对称风险》一书中写道："面对威胁，预测不是唯一的解决之道。应对一个错综复杂的环境，更有效的办法是发展出'韧性'，学会如何重新布局以应对未知的世界。"要想公司产生实质性的变化，必须抛弃"头痛医头，脚痛医脚"的传统管理体系，应该将重点放在公司运营体系持续变革这一最根本性能力构建上面。

因此，重新定义公司能力，重新构建公司组织体系，需要重新回到价值创造这一基本问题当中，回到当今市场与社会环境的背景假设当中。虽然，社会上充斥着各种管理理论与观点，甚至众多观点与理论相互矛盾，但是，我们可以从现有的时代背景中发现公司两个明确的变化方向：

1. 公司管理将由"静态管理"向"动态管理"转变

这里需要首先说明一下什么是"静态"，什么是"动态"。静态主要是基于内外部环境未发生改变的情况下，静止的研究状态；而动态是内外部环境随时会因为环境变化（变量因素），对应性变动的研究状态。

静态研究是定向性的研究，在现代研究体系中，静态研究依然是科学研究的主流。静态研究在经济与管理学领域出现了众多知名的学者与流派，影响着曾经的世界管理体系，如泰勒的科学管理，法约尔的组织模型，近代由迈克尔·波特提出的一般价值链模型与五力模型，都是基于静态研究的创新，有人将其定义为**静态战略理论**。

实际上，在现有公司治理体系中，基本不存在可以进行静态管理的机会，尤其在信息时代，公司更需要**动态管理体系**。埃里克·拜因霍克（ericd. beinhocker）认为：市场是高度动态的，但"残酷的事实"让绝大多数公司无法快速应对市场变化，这也导致了众多知名科技公司虽然拥有较强的科技研发能力，但却无法在残酷的市场环境中存活下来。诺基亚手机、IBM电脑等产品的快速衰败，就印证了这一现象。

动态研究是针对事物动态发展，进行的机制及影响研究，这类研究侧重对关联反馈展开研究。在现代与未来的科学研究体系中，会成为主流思考与研究方向。近代众多经济与管理学理论的研究成果就集中在动态研究的思维体系当中。如"博弈论"以及本书引用的"动态能力理论""竞合理论""种群生态理论"等理论，都是建立在动态研究的基础上，有人将其定义为"动态战略理论"。

未来组织就是建立在"动态的适应系统"的研究，研究重点是进行针对性的动态操作。这种研究是一种本质的思维转化，将公司能力构建从预测和控制的思维模式，转换为持续优化变革，形成流程更简捷流畅、反应更灵敏、适应能力更强的新能力思维模式。在现实管理中，侧重根据市场的变化、消费者的反应，以及竞争对手的动态变化，做出对应性的随机变化。这其实是公司变革中一种重要的组织活力，而这种组织活力却经常随着组织规模的变大，逐渐消失。

2. 公司管理需要引入"进化论世界观",公司发展过程将是持续进化变革过程

我们不得不承认这样一个事实:人类的成长过程就是持续的进化过程,就是融合环境,并改变环境的过程。达尔文(1859)认为:"物种通过变异和自然选择的过程实现进化。"斯宾塞(1892)在《第一原理》一书中给出了"进化"的基本定义和延展定义:"进化是物质的整合和与之相伴的运动的耗散,在此过程中物质由不定的支离破碎的同质状态转变为有确定的有条理的异质状态。"尤瓦尔·赫拉利(Yuval Noah Harari)在《今日简史》一书中通过历史与物理学的视角审视了达尔文的进化理论,认为人类99%的选择都是通过各种进化形成的算法所构成,这些算法成为情感、欲望、感觉。普利高津通过对新陈代谢的系统研究发现:生命系统需要通过不断的新陈代谢,通过开放的系统,形成具有自身进化体系的耗散结构。普利高津也因为系统阐明生命系统自身的进化过程,并提出相对应的概念,因此获得了1977年诺贝尔化学奖。

"进化是有变化的传衍(descent with modification),是生物在实践的推演中连续变化的过程(达尔文,1859)。"对于进化的价值认定,已经不限于生物学的研究,而在物理学、社会学研究的突破,让进化成为一种广泛的世界观。只不过生物学惯用"进化",而社会科学则用"演化"来表达相关意思。

在经济与管理学领域,"进化"概念的引入,也成为重要的研究方向,"创新理论""生态极理论"等都基于"进化"思维所形成的理论研究体系。尤其是创新理论,其本质就是进化思维。在信息科技高速进步的今天,公司的管理边界越来越模糊,商业社会正在进化成一个个生态系统,公司如果想要存活,对应的组织体系必然不会一成不变,而是不断进化的。只可惜众多公司却忽视这一点。埃里克·拜因霍克(Eric D. Beinhocker)多次在其论著中强调,**管理一定要"引入进化",要不断打破公司舒适区,让求异、优选和强化的齿轮在公司内持续运转,进化本质是一种通用的创新公式,通过反复试验,来创造新的结构并解决各种困难。**

进化论已经成为一种世界观,并形成了与达尔文主义、拉马克主义等相似但又不同的进化价值观。

组织就是一种"生物"

现代管理学中的组织具有两个概念属性:第一个是动词属性。是指对于事件的行动路径,表达的是管理职能,强调有系统、有目标地进行聚合;另一个是名词属性。强调的是通过特定的目标或者宗旨聚集起来的团体。可以是公司、机关、学校、政府部门、党派及各类经济实体等。

为了精准地表述组织概念，学者借鉴了生物学组织的研究思路，将组织分为广义与狭义两种研究定义。现代组织研究偏向狭义定义，组织行为学的学科体系的建立就是基于狭义定义，狭义定义强调组织是为了实现一定目标，互相协作聚集而成的团体。尤其在现代社会运行体系中，研究者越来越关注到组织的体系化研究，因为组织是社会的细胞、基本单元，也可以说是社会的基础。基于社会学研究，组织有了较为广义的研究定义。认为组织是由诸多要素按照一定方式相互联系起来的系统，其中组织生态学的学科构建，就是基于广义组织的系统研究。

当社会政治、经济、科技等环境发生变化时，很多经典理论受到了极大的挑战，甚至逐渐失效，如经济学中的凯恩斯主义，信息科技领域的摩尔定律等。管理学中的组织研究随着时代变革，涌现了一大批新的理论体系，其中较为突出的是韦尔奇提出的"无边界组织"、稻盛和夫提出的"阿米巴"管理等，这些理论都对以法约尔为首的传统组织理论进行了质疑或否定。现代管理可以清晰地感受到组织类型越来越多样化，越来越无所适从。

在众多的理论体系中，快速寻找到适合自身公司或者组织的管理模式，是一件非常困难的事情，因为每一种组织理论都有自身的分析视角与理论系统，但不同系统之间又相互矛盾。

因此，正确的做法是**需要回归组织研究本源，回到哲学与科学的思考逻辑，发现组织自身的真实价值，寻找组织的变革路径与通向未来的变革方向。**

"组织"概念首先由法国解剖学家和生理学家 Bichat（1771—1822 年）在生物学领域提出，主要是指个体发育是由受精卵的细胞分裂，从而产生众多细胞。这些细胞具有相同形态、结构和功能，这些细胞经过分裂、消亡、分化、聚合，逐渐形成不同形态，不同功能的细胞群，就是组织（tissue）。也就是说，组织是细胞分裂、消亡、分化、聚合的综合结果。

组织的历史性回归与哲学思考，对当代管理学中组织形态与未来发展方向提供了有力的参考。通过对组织起源的探索至少可以发现三条规律：第一，未来组织会以自适应性为基础，组织形态会越来越多样化；第二，未来组织越来越侧重组织"细胞"中个体活力的建设；第三，未来组织将会在多重系统中，通过竞争与合作、共生与协同扩展自身的生存空间。事实上，对于生物学的哲学思考将可能成为未来时代的主旋律，斯坦利·麦克里斯特在《赋能》一书中谈到这样一个观点：在工业时代，物理学哲学统治了这个世界；而如今，生物学哲学开始统治这个信息时代的世界。这种哲学将信息、人和组织视为有生命的体系，对于这样一种转变，我们不仅要聚焦局部，更要聚焦整体；不仅要聚焦分拆，更要聚焦整合。

组织推进既要面向现在，更要面向未来

在高速发展的时代潮流中，我们经常感慨："未来，已来！"在感慨的同时，也会清晰地感受到，身边的一切都在变化，对于未来的未知，促使众多学者利用经济与物理学相关理论，尝试预测未来。但本书撰写目的并不是预言未来组织的形态，而是通过哲学与历史的视角拓宽视野，面对现实问题，构建迎接未来组织系统风险的方法论。因为未来的可能性远超我们的想象。

实际上，中国改革开放取得巨大成就，让世界各国学者都在探究中国高速发展的成功因素，包括周其仁、科斯、斯蒂格利茨、林毅夫、张五常等众多知名经济学家。这些学者从不同视角探讨这个问题，到现在有一个普遍的认知：中国近30年的高速发展，主要建立在引进、复制、大规模制造上，特别是廉价劳动力与引进外资相互结合；中国公司在产品与技术研发投入上，复制得多，原创得少，也导致了众多产业附加值低、可持续性差，中国经济的整体创造力不足，从某个角度讲：这些年的发展，是勤劳的中国劳动者"苦"出来的。

自2018年以来，中国产业环境发生了巨大的变化，中国公司面临前所未有的挑战，突出表现在产业结构的快速转换，外部环境的不稳定性、内部组织体系的自适应性等问题。这里迫切需要中国公司用全新的组织变革视角应对前所未有的调整与未知风险，这正是本书撰写的目的，希望从组织的生物学视角，找到高效的解决路径。而不是靠套用或效仿一些组织管理理论，就展开组织变革的实践误区。对于很多公司而言，尤其是现阶段中国公司，在有限的资源中寻找突破方向，是一件非常痛苦与艰难的过程。

本书以现有市场环境为基础研究假设，构建适用于现在，并且面向未来的动态组织自进化体系。其目标就是适应并引导现阶段产业快速转型或迭代，面对不确定环境，进行组织动态自适应变革。即通过打破传统的、固化的组织结构，形成持续进化、快速感知的高效敏捷性组织，当然这种组织不是一蹴而就，而是持续优化变革。

本书从研究到撰写完成历时近5年时间，除了大量实证案例追踪研究外，在基础理论构造中，展开超过1800多万字的理论文献与案例资料整理，其中包括大量国际知名学术期刊的最新研究成果及国内最新的理论文献研究。但在书籍的撰写中，尽量尝试通过通俗易懂，总结类比等方式将理论精髓，尽可能清晰准确地表达出来。本书一个重要创新是通过纵向的历史观与批判思维，将组织理论放在历史环境中展开哲学思考，以帮助理论研究者梳理组织相关理论体系，帮助实践者从本质上掌握组织变革的核心原理，系统地展开组织构建及变革，灵活地在组织变革不同阶段展开系统的优化操作。

本书研究除了对超过百家知名公司的成功因素与失败因素进行追踪外，还将重点放在

高新科技公司为主的样板案例研究。这些公司包括谷歌、阿里巴巴、腾讯、亚马逊、苹果、海尔等,特别对华为公司展开了系列化的单案例深度研究,以华为等科技类公司为组织变革重点研究对象,主要有三个原因:第一,中国未来产业发展将重点投入在:新基建、人工智能、5G与6G、物联网、工业互联网等领域,研究重点将聚焦ICT(信息和通信技术)行业、人工智能、大数据等行业领域,最能反映外部环境影响及行业快速迭代发展趋势;第二,科技型公司对于市场的变化效率要求更高、速度更快,发展更迅速,能够快速反映公司现有核心问题;第三,科技型公司更注重产业生态体系构建,公司内部具有高人才密集、高创新性、高增长性、高收益性、高风险性、高淘汰率等特征,其组织敏捷性要求极高,最能反映"竞合""协同""共生"等未来生态型组织发展需求。

章节导读

本书章节遵循简单清晰的生物学哲学思考逻辑:从研究的根源(以往研究的系统借鉴)到研究的体系(课题、方法、系统)。为此构造三个基本的研究问题,并基于此构造四个部分的内容。序言主要论述本书的研究背景与研究价值,是方法论与研究思维构造说明,是本书不可或缺的重要组成部分。三个基本研究问题分别为:

第一,在动态环境变化中,具有进化能力的组织体系基本构成要素有哪些?

第二,具有进化能力的组织体系进化路径的形成过程怎样?即组织进化的作用机理。

第三,对于未来未知的环境,具有进化能力的组织体系如何构建组织生态应对不确定风险?

本书第一部分展开了组织进化变革根源的探索:通过历史视角、哲学与科学视角,并以组织系统进化的视角,重新审视组织,探索组织变革推动根本因素。第二到第四部分对组织进化的体系构建展开系统的研究:基于生物学细胞构造思维与达尔文进化理论为基础,构造应对未来的基本组织单元,并以此通过动态能力理论为基础构建组织进化的形成路径,以构造具有自进化能力的自适应组织。在现实的组织变革实践中,面对不断变化的市场环境,需要有明确的"战争"思维,为此需要通过对广泛的开放性组织系统展开"跨界竞合",以达到高效成长与进化目的。组织进化的最终目的是希望通过组织协同与共生形成面向未来的新动态组织生态系统。组织进化是一个无法停止,持续成长的系统过程,与其不断构想挑战未来的战略,不如遵循自然规律,在复杂的环境中,创造一个"动态"的自进化组织。在无法预测未来的时候,感知未来,通过不断优化组织体系,高效应对各种环境变化,防止灾难性风险发生,在整个过程中,哪怕跌跌撞撞,痛苦前行,但是依然会渴望对未来世界的征服。

案例实践

本书另一个分析重点，就是构造组织理论与组织实践的案例研究体系。为此，重点整理采集了以华为等知名公司的实践案例。使理论构建在案例分析过程中更具象化，并更具实践性。本书的案例撰写采用了两种模式：

第一种模式，是单案例深度追踪，重点以华为公司等主要分析样本，通过搜集整理超过 1800 万字的中英文献及数据报告。采用系统案例剖析的方法，逆向寻找以华为公司为主要样本的组织进化成功要素，组织进化形成路径，以及组织竞合的形成过程，组织生态的构造体系等系列研究。通过每个部分的系统分析整理，对每一个构建模型及局部系统展开应用说明，帮助读者寻找到组织进化变革及组织生态生成的有效模式与路径。

第二种模式，是针对书中出现关键要点，通过相关案例进行分析、总结、类比，帮助读者构造组织进化变革的高效实践方法。

案例是本书重要的组成部分，也是未来组织变革研究的核心方法。德鲁克认为：管理是一种实践，其本质不在于"知"而在于"行"。——这不正是组织变革的本质吗？

第一部分
组织简史：新多维视角看组织

引子

组织的变革如历史的车轮一般，从农业社会到工业社会，再到现在的数字化信息社会。每一次社会变革都会引导文化、经济、管理、组织的根本性变革。以往的知识体系，尤其是传统的组织理论在时代的潮汐中将会被优化，甚至被迭代。从历史、科学与哲学、进化视角重新审视组织变革，才是现在乃至未来组织发展研究的关键。

第一章
历史视角看组织:对于组织的本源探索革命

站在历史高度纵观组织变革的时代进程,可以发现:这是一场对于历史的社会学革命,**组织的本源就是构建生产关系,每一次科学技术的革命,都伴随着组织的重大变革。**用历史的眼光,纵向分析组织的发展和进化过程,每一种组织结构设计都印刻着历史特有的时代背景与组织的适用范围,可以感觉到组织变革没有最优模式,只有适合模式。

在现代的管理体系中,虽然组织形态越来越多样化,但是现有的公司管理实践,主要沿用工业时代传统的组织结构,这与公司所处的生存空间与管理能力有关,固有的静态组织结构容易促使公司长期处于舒适区,容易引发公司的发展惰性,但这不是好现象。虽然法无定法,但是**组织必须要符合时代、行业、公司自身高速发展的需求,有层次、有意识地建立组织优化路径:形成从适应,到有效,再到高效的自进化组织体系。**这是历史趋势,更是组织的存活之道。

一、工业革命

历史虽然是一种趋势,但影响历史前进步伐,却是技术革命与思维革命,近代的管理体系,是在工业革命暴发后逐渐形成的。

对于效率的追逐,引导学者构建了现代的管理体系。首先,亚当·斯密(Adam Smith)在1768年撰写的《国民财富的性质和原因的研究》(以下简称《国富论》)中系统谈到了"分工效率"问题,构造了"分工协作理论",这一理论成为了西方经济学的"圣经",构造了西方经济学的理论基础。在此之后,**德里克·泰勒(Frederick Taylor)**融合了亚当·斯密的研究在《科学管理原理》一书中系统分析了单位时间的工作效率,并将科学思维引入管理学,为此亚当·斯密被誉为**"科学管理之父"**,实际上这套理论在当代工厂依然在广泛使用,这套理论深深影响了分工作业的流水线工人,更影响了工业化进程。虽然那个时代并没有出现"组织"这个概念，但已经在经济与管理学当中开始研究组织成员之间的协作关系。

更为重要的是，经济与管理学的起源，都源自一个**核心研究因素——"效率"**。数百年来，经济与管理学者都紧紧围绕着这个研究命题，展开着各类研究。

组织学源自管理学的另一个**核心研究因素——"控制力"。马克斯·韦伯（Max Weber）**提出了"权威结构理论"。该理论论述了组织内部的关系，阐述不同组织的特征形态。为此，韦伯也为认为是**"组织理论之父"**。

"效率"与"控制力"成为了组织研究的百年命题，两者相互依存，互相影响，如同"生产力"与"生产关系"之间的关系对应一样，不断寻求着最佳的时代匹配。无数学者与企业家都在践行与丰富"效率"与"控制力"所对应的组织关系研究，形成了丰富的理论成果与实践经典。

亨利·福特（Henry Ford）就通过"福特"工厂的创建与发展，充分体现了"效率"与"控制力"的实践意义，通过分解装配步骤，计算单位工作时间，完成了对于"效率"的追逐，通过"官僚"组织体系的建设，完成了"控制力"的构造。福特公司成为了"工业巨兽"，也成为了德鲁克批评实施"暴政"的"血汗工厂"。

随着时代的发展，韦伯"集权化"组织并不能解决组织有效控制的问题。尤其对于小企业管理，更是无法推进，为此，出现了亨利·法约尔（Henri Fayol）的"管理过程学派"与切斯特·巴纳德（Chester I. Barnard）的现代管理理论中"社会协作系统学派"，社会协作系统学派的管理实践促使形成了现在十分盛行的"经理角色学派"。

法约尔（Henri Fayol）创造了管理学中的组织结构，并创建了**"法约尔模型"**，也就是现在常说的"直线职能型组织结构"，法约尔对管理过程进行分析，提出了管理的五项职能，并且将"经营"与"管理"两个概念做了分解，构造了现代经营体系，为此被称为**"现代经营管理之父"**，与**泰勒、韦伯并称为西方古典管理理论的三位先驱**，美国杜邦公司的组织机构改革就是以法约尔的理论模型为基础。巴纳德在1948年出版的《组织与管理》一书中，首次将生物学"组织"的概念创造性地引入管理学中，认为组织是由两个及两个以上的人员有意识地对活动或控制力进行协调的协作系统。巴纳德开创性地从社会系统的视角研究组织个体与组织系统的问题，并将理性决策提升到核心管理职能，对现代学科中的组织行为学与战略学产生了巨大的影响，并在经典著作《经理人员的职能》一书中阐述了经理人职能体系。经理人职能在近代得到了发展与实践，以亨利·明茨伯格（Henry Mintzberg）为代表的经理角色学派进一步阐述了经理人具有人际角色、信息角色、决策角色三大角色，该理论体系对于传统与现代管理学的角色定位产生了极大的挑战。

随着工业体系的规模增长，管理问题的复杂化导致组织的结构体系与经济学的研究体系发生了翻天覆地的变化。公司为了提升效率，由直线型、部门职能型的组织形式，逐步向矩阵型、事业部制、集团化等关联混合型组织结构转化，组织结构体系相对更加复杂。

较为知名的推动人物是通用公司第八任总裁阿尔弗雷德·斯隆（Alfred P. Sloan）所创造的事业部制。当时的时代，通用、杜邦等知名公司通过收购、兼并等模式促使公司规模快速扩张 10 倍以上，甚至开始了多元化经营的模式，但同时也出现了经营困难与企业亏损的现象。斯隆通过事业部制（又称**斯隆模型**）有效地完成了公司组织结构变革，"集中政策控制下的分散经营"促使通用公司完成了有效的"组织瘦身"，同时完成了"管理分权"。阿尔弗雷德·钱德勒（Alfred D. Chandler Jr.）则系统地梳理了美国的商业史，尤其对美孚、德国化学、杜邦、通用等公司的研究，提出了**"看得见的手"**——集聚优势。并提出了**"规模经济理论"**，这是现代经济与管理理论重要研究领域之一，并引导创建了著名的**"制度经济学"**。钱德勒所倡导的"大企业制"就是现在企业规模扩大后的"集团化"。韦尔奇（无边界组织）、郭士纳（IBM 矩阵）等国际知名的企业家，通过结合企业自身特质，创造了"大象也能跳舞"的大企业传奇。

这里不得不重点说明一下**"制度经济学（Institutional Economics）"**这个影响着经济与管理的重要学术流派，众多诺贝尔经济学奖的获得者均出自该流派。制度经济学分为新旧制度经济学，是由凡勃仑（ThorsteinBVeblen）在《有闲阶级论》一书中首先提出，较为知名的代表马歇尔（Alfred Marshall），总结的**价值理论**、需求理论、消费者剩余、分配理论、稳定与不稳定均衡等理论都成为了当代经济学理论的基础。科斯（Ronald Coase）撰写的《企业之性质》一书，成为了新制度经济学的奠定者，科斯提出了**"科斯定律"**（即帕累托最优），并以此定律构建了**交易成本理论**，科斯因为在这一领域的研究成果，在 1991 年获得了诺贝尔经济学奖。威廉姆森（Oliver Eaton Williamson）在科斯研究的基础上，进一步提出了**资产专用性理论**，从资产专用性、不确定性、交易频率三个因素分析的交易成本，并提出了企业的"有效边界"概念，并因此在 2009 年获得诺贝尔经济学奖。新旧制度经济学的交融，为经济学的发展提供了广阔的空间，形成了演化经济学、公共选择学派（代表人物布坎南：James McGill Buchanan，1986 年诺贝尔经济学奖）、新奥地利学派（代表人物哈耶克，1974 年诺贝尔经济学奖）。中国众多知名学者，也是制度经济学的研究者，如张五常、周其仁等。

近年来，工业革命发生了系统性改革，尤其信息科技的高速发展，迎来了新的工业革命体系。阿尔文·托夫勒（Alvin Toffler）这位知名的未来学大师在《未来的冲击》（1970）、《第三次浪潮》（1980）、《权力转移》（1990）等论著中创建性地勾勒出新工业价值体系和社会走向，并提出了"未来的信息社会"与**"后工业社会"**的未来模型，提出了速度革命、赛车革命的新思维。托夫勒对于未来的思考，实际在颠覆传统的工业组织体系，带领着经济管理学与社会学者开启新的研究思维与新的理论体系。

在工业革命的带动下，组织变革形成了基于效率和规模化发展的成长体系，构造了生产力发展的变革思维。组织从单一时间效率的控制，到大企业产业体系的控制，从直线型组织结构，到集团化的组织体系，其成长路径都基于无限大的单一市场假设，以及静态的组织发展体系，构造了传统的组织研究系统。

实际上，世界再大，也不存在无限大的市场，组织中的成员更不可能是机器，这也迫使组织的研究向生产关系的构造与市场环境的适应方向深化研究，因此形成了更加丰富的组织研究理论，组织理论体系也更加复杂。由于研究视角、研究假设设定等因素的影响，各个理论之间、单一理论之间都存在着众多相互矛盾的现象。

二、生产关系

工业革命对于组织变革的假设目标是数量与规模，另外，对于生产关系中人的思考成为了组织研究另一个重要方向。实际上，人本身的能力、素质、情感、需求等因素同样能够提升效率，最为知名的**霍桑实验**就说明了这一问题。埃尔顿·梅奥（George Elton Mayo）在 1933 年撰写了《工业文明中人的问题》一书，系统地分析了霍桑实验研究结果。阐述了组织中工人的"情绪"和管理者的"成本和效率"之间所形成的紧张关系可能会导致冲突，并提出了企业中存在"看不见的组织"，并且具有"变革中的群体力量"，同时证明了劳动生产率不仅提升物质需求，还提升精神需求。梅奥构造了"以人为本"的人际关系理论，并对管理学产生了深远的影响，成为行为科学的奠基人。行为科学不断深化延展，形成了激励理论、团队理论、企业文化理论等，并构建了组织行为学的科学体系。同时，行为科学也引入经济学领域，涌现了众多的行为经济学家，其中丹尼尔·卡内曼（Daniel Kahneman）因"将心理学和经济学研究相结合，特别突出对不确定状况下的决策制定的相关研究"而获得 2002 年诺贝尔经济学奖。查德·泰勒（Richard Thaler）基于行为经济学的研究，深度分析了有限理性行为对金融市场的影响，获得 2017 年诺贝尔经济学奖，并成为了行为金融学的创始人。

对于人性的管理学研究，成为近代管理学以及组织学的研究核心，出现了众多的理论流派与管理大师。其中最为知名的是**激励理论**学派和团队角色理论学派为核心的学术流派。

激励理论学派中亚伯拉罕·马斯洛（Abraham H. Maslow）创建了知名的需求层次理论，将"人类潜力"与"自我实现"的概念引入心理学与管理学范畴，成为"人文主义心理学之父"，并开创了心理学与管理学相融合的研究新方向；戴维·麦克利兰（D. C. McClelland）通过对人的需求和动机，以及如何激发人的潜力展开研究，创建了成就、权利、社交三个需求为核心的成就动机理论，被誉为"胜任素质之父"；弗雷德里克·赫茨伯格（Frederick Herzberg）深度研究了激励因素，并对员工激励展开了持续观察，创建了保健因素与激励因素对组织相互作用的双因素理论。这些理论构建了影响生产关系的"激励理论"体系。

团队角色理论是通过对人性观察，并在团队实践中展开应用，主要指一个人在团队中某一职位上应该有的行为模式。梅雷迪思·贝尔宾（Meredith R. Belbin）在《团队管理：他们为什么成功或失败》（1981）、《组织的未来形状》（1996）、《超越团队》（2000）等论著中系统地阐述了优秀的团队应该由九种类型人员组成，被称为"贝尔宾团队九角色模型"，为此，贝尔宾被誉为"团队角色理论之父"；马杰里森和麦卡恩（Margerison 和 McCann）重新优化了团队角色理论的九种类型，并提出了团队成员会扮演两种以上的角色。团队角色理论广泛运用到工作关系、岗位需求、人岗匹配、团队组建与优化等相关管理环节当中。

对于生产关系的人性观察，也构造了现代管理的理论体系。彼得·德鲁克（Peter F. Drucker）将人性与实践相融合，系统地提出了众多现代主流的管理学理论，包括：**目标管理**、**有效管理理论**、事业理论、团队合作、知识管理、扁平组织等管理概念，被誉为"现代管理学之父"，也被称为"大师中的大师"。在德鲁克的众多论著中：《公司概念》（1964）奠定了当代组织学的基础；《管理的实践》（1954）明确地提出了目标管理的概念；《管理：任务，责任，实践》（1973年）可以作为企业经营者的管理手册，书中强调管理是一门实践，因此本书被称为"管理学"的"圣经"；《创新与企业家精神》（1985年）管理创新的经典论著，一方面强调了企业家的作用；一方面论述了当前经济已由"管理的经济"转变为"创新的经济"。《管理的实践》《管理：任务，责任，实践》《创新与企业家精神》三本书构成了德鲁克系统管理思维的精髓，也构造了现代管理学的理论系统。其中，德鲁克传承并优化了创新等理论体系，奠定了当代新组织体系的理论基础。如德鲁克对于创新经济的论述，传承并发展了**"创新理论"**的缔造者——约瑟夫·熊彼特（Joseph Alois Schumpeter）关于"企业家的本质是创新"的理论观点，并将知识作为重要因素纳入创新管理体系当中，这为彼得·圣吉（Peter M. Senge）等学者构造的学习型组织奠定了理论基础。

对于人与组织关系构造中，吉尔特·霍夫斯塔德（Geert Hofstede）将文化纳入组织建设中，构造了对现代管理影响巨大的**组织文化理论**。霍夫斯塔德分解了文化差异的六个维度：个人主义和集体主义；权利差距；不确定性规避；价值观的男性维度与女性维度等，并以此构造了组织文化对于企业决策体系的影响。并进一步阐述了企业员工积极参与管理的"人本主义"思想，以及企业的国际化战略对于企业的高速发展可以起到了积极的推动作用。

三、市场环境

市场不是一块无限大的蛋糕，当工业效率提升到一定程度，卖方市场就会转变为买方市场，"质量""品牌"等因素的作用，导致价格已经不能成为客户的唯一选择，其中"质量"成为了重要的市场决定因素之一。尤其日本的崛起，就是在质量与价格上面找到了平衡，"质量管理"成为了组织构造的核心因素，也成为了组织应对环境变化的重要指标，并以此提出了"客户是上帝"的新管理构想。爱德华兹·戴明（W. Edwards. Deming）在借鉴了日本产业崛起主要原因，在《质量、生产力与竞争地位》（1982）、《走出危机》（1986）等论著中提出了"七项致命恶疾与各种障碍"和知名的"十四要点"质量管理方法，并提出了 PDCA（Plan：计划—Do：执行—Check：检查—Act：行动）循环的概念，被称为戴明环。这为**全面质量管理（TQM）**奠定了重要的理论基础，并为杰克·韦尔奇等推动的"**六西格玛**"管理方法奠定了基础，为此戴明被誉为"现代质量管理之父"；约瑟夫·M. 朱兰（Joseph M. Juran）同样是知名的现代质量管理大师，其《质量控制手册》（1951）成为全球范围内质量控制参考标准，被誉为"质量管理领域的圣经"，另外撰写的《管理突破》（1964）与《质量计划》（1992）两本著作，奠定了全面质量管理（TQM）的理论体系与方法手册。全面质量管理在世界管理领域得到了广泛的应用，国际标准化组织（ISO）在1994年提出 ISO 9000 族标准，ISO 9000 族标准也被称为质量管理体系标准，是"质量方面指挥和控制体系"的实施指南，主要帮助组织建立、实施并有效运行的质量管理控制标准。ISO 9000 族标准系统引入 PDCA 戴明环"闭环管理模式"，并结合质量控制计划与操作手册建立可持续改进的质量管理实施体系。

对于市场环境的判定，组织研究越来越注重市场规律的分析，尤其突出竞争优势的研究，并逐步形成市场环境判定的"战略理论"体系，最为知名的是迈克尔·波特（Michael E. Porter）结合产业经济学中的"结构—行为绩效范例"（SCP），将其应用到企业战略分析，创建了知名的五力竞争模型，并构建了产业定位理论。通过撰写《竞争战略》《竞争优势》《国家竞争优势》三部经典的"**竞争战略**"论著，系统地阐述了"总成本领先战略、差异化战略、专一化战略"三大竞争优势战略。因此，波特也被称为"竞争战略之父"。波特针对企业运营创建了知名的一般价值链理论，该理论可以有效地提升企业相关环节的价值增值，对企业的竞争战略和企业的价值创造与增值起到了重要的指导作用，形成了企业组织发展的"**静态战略**"。普拉哈拉德（C. K. Prahalad）与加里·哈默尔（Gary Hamel）两位学者在1995年共同撰写了《为未来而竞争》，奠定了**核心竞争力理论**，共同成为核心竞争力理论的创始人。书中提出创新不仅是指开发新产品和采用新技术，更重要的是产生"新观念"。认为观念创新应该优先于新产品与新技术，这在经营管理中更有效。哈默尔更是深化了核心竞争力理论，提出了**战略意图**，希望构造面向未来的战略体系与组织体系。

以规模化工业体系与单一市场需求分析形成的相关理论，构成了静态组织理论体系。

四、组织多样化的思维革命

随着市场需求的多样化与技术革命引发的组织变革需求,组织逐渐走向了多样化的变革体系。在原有静态组织理论的研究基础上,发展形成了**流程再造理论、领导力理论、无边界组织、学习型组织、阿米巴管理、浑序组织**等理论与实践体系,近年来,随着组织学的跨界融合,更是出现了**量子管理、虚拟组织、平台组织、海星式组织、合弄制、企业集群**等众多理论,并形成了从微观到宏观的多维组织研究体系。

组织再造是组织多样化最为经典的理论。迈克尔·哈默(Michael Hammer)在《再造:不是自动化,而是重新开始》(1990)的论文中,提出了企业再造的思想,并在《企业再造——企业管理革命的宣言》(1993)、《再造革命》(1995)、《管理再造》(1995)、《超越再造》(1996)、《议程》(2001)等论著中系统阐述了企业再造与流程再造的理论系统,哈默也在相关的再造理论中提出了众多的新观点,如现在的市场已由卖方市场转向买方市场,应该建立以"客户为中心"的生存与发展体系,又如企业应该再造经营——运用现代信息技术高效地重新设计每项业务的核心流程,这将引导一场组织革命。组织再造理论打破了传统组织学中的分工协作理论,是近代组织与管理学一次巨大的变革,哈默也被誉为"企业再造之父"。另一位学者詹姆斯·钱皮(J. Champy)与哈默共同撰写了《企业再造——企业管理革命的宣言》(1993),被誉为流程再造的"圣经",在此基础上,钱皮在**业务重组**(business reengineeing)领域进行了更具深度的研究。现在,企业再造理论得到了广泛的理论深化,形成了包括企业战略再造、企业文化再造、市场营销再造、企业组织再造、企业生产流程再造和质量控制系统再造等相关理论体系。

领导力研究是近代组织重要的研究方向之一。沃伦·本尼斯(Warren G. Bennis)借鉴了马斯洛需要层次理论中"自我完善"的概念,提出了领导力的概念,认为:领导不但是一门艺术,还是一门科学。沃伦·本尼斯还借鉴赫茨伯格(Frederick Herzberg)提出**双因素理论**中"工作满足"的概念,并借鉴了生物科学研究方法,在《通过群体方法改变个人与组织》(1965)、《变革组织》(1966)、《组织发展》(1969)等论著中系统地阐述了**组织发展理论**。本尼斯进一步将组织发展理论与领导理论进行了深度的融合,通过两年时间对 60 名成功企业 CEO 与 30 位公共服务领域的优秀管理者进行系统调研,在《领导》(1985)、《重塑领导力》(1997)、《管理梦想:对领导与变革的反思》(2000)等论著中阐述了愿景、沟通、信任和自我调节四大主题为核心的**领导力体系**。本尼斯让领导力成为一门学科,并为领导力建立了学术规则。为此,本尼斯成为了组织发展理论创始人,更成为了"领导力之父"。乔恩·L. 皮尔斯(Jon L. Pierce)、巴里·波斯纳(Barry Posner)、马歇尔·戈德史密斯(Marshall Goldsmith)等学者分别在《未来的领导者》《领导力》等著作中进一步阐述了领导力理论系统。

在融合了组织再造与领导力等相关理论的基础上,企业越来越关注信息科技对企业组织结构的挑战,企业的组织边界与组织关联成为了组织学领域的巨大挑战。为此,出现了组织结构与组织控制的大量系统实践,形成了众多实践性理论,并延展形成了较为系统的理论体系。较为知名的理论包括:韦尔奇的无边界组织、思科公司的网络组织(也称虚拟组织)、和盛稻夫的"阿米巴管理"等组织理论。

杰克·韦尔奇(Jack Welch)提出"无边界组织"是基于通用电气(GE)所出现的"大企业病",这家由爱迪生创建的公司,在1981年交棒给韦尔奇,成为了通用历史上第八位CEO。此时的通用公司出现了严重的企业生存与发展问题,具体表现在机构臃肿,管理层级复杂,层次过多,灵活性低,官僚气息浓郁,而且员工自大、循规蹈矩、缺乏危机意思、缺乏创新。韦尔奇致力打破这个僵局,希望构建"迅速而灵活,能够在风口浪尖之上及时转向的公司"。为此,提出了**无边界组织(boundaryless organization)**。韦尔奇首先打破了垂直边界,管理层级从8个缩减到3个;其次,打破了横向水平边界,通过重组原有组织职能,将计划、生产、销售等各部门真正连为一体,形成统一的系统;最后,打破了外部边界,将企业与供应商、顾客、政府管制机构、社区等融为一体,通过战略联盟,拓展了企业的外部边界,同时进一步打破了地理空间边界。为此,韦尔奇"冷酷"地砍掉了25%的企业,卖掉了价值近100亿美元的资产,削减了10多万个工作岗位,将350个经营单位裁撤融合成为13个核心事业部,并在面向未来的业务发展方向,添置了180亿美元资产,极大地精简了企业组织,提升了企业的**敏捷**效能,并通过优化复杂的问题处理流程、构造了简单高效的程序系统,提升了公司快速应变能力。"无边界组织"更像是开放的、系统的新管理理念,通过打破组织界限将众多经典的组织管理理论,进行了有机地融合与创新。如通过打破垂直边界,构造扁平化组织管理体系;通过流程再造,创建全新的核心事业部门;通过价值链管理,创新严密的管理流程;通过组织文化建设,打破外部与地理边界,创建共同的组织目标和价值观;通过激励理论,构建了符合人性发展需要的现代人力资源激励制度。而GE所创建的**"六西格玛"**则是在全面质量管理与戴明环理论的基础上创新而来。韦尔奇突破了传统科学管理理论,创建无边界组织的概念体系,再造了GE,并将无边界的管理思想渗透到GE各个方面。韦尔奇用20年的时间,让GE的市场资本价值增长30多倍,达到了4500亿美元,成就了世界第一的企业传奇。其中最为传奇的是:1997年韦尔奇接收16年的GE相比1981年韦尔奇刚接手时的GE,公司资产提升了11倍,营业收入提升了近3.5倍,而公司人员却减少了高达17万人,人员减少了近40%,创造了企业管理史上的奇迹,韦尔奇也被誉为"全球第一CEO"。

被称为"日本经营之神"的稻盛和夫创造了**"阿米巴经营(Amoeba)"**,将东方的管理哲学与组织变革管理有效地融合在一起。这种创新的组织运营体系帮助稻盛和夫先后创建了京都陶瓷株式会社(京瓷Kyocera),第二电信(KDDI)两家世界500强公司。并让

2010年即将破产的日本航空公司，仅用434天就让就起死回生，并获得1884亿日元年利润，并做到了三个世界第一：利润世界第一，准点率世界第一，服务水平世界第一，创造了世界航空史的经典传奇。"阿米巴经营"借鉴了阿米巴这种原生体变形虫能够在地球上存在几十亿年的生物特性，其核心特点是随着外界环境的变化不断进行自我调整，从而适应各种生存环境。"阿米巴经营"同样是为了让组织可以随着外部环境的变化而快速改变，**其核心原理就是"追求销售额最大化和经营费用最小化"，其本质就是"效率"管理**。为实现管理目标，将组织划分成为"阿米巴"般的小单元团队，采用市场化运营模式，进行独立核算及运营。同时，不断强化培养全员参与意识与经营者意识，尽最大可能将组织调节到最佳状态，以灵活适应市场的快速变化。

近年来借鉴"阿米巴经营"与"无边界组织"模式，对组织边界与体系创新的新组织管理模式层出不穷，如与"阿米巴经营"极度相似的洛可可设计集团"上上细胞管理"机制；又如布莱恩·罗伯逊（Brian Robertson）借鉴"阿米巴经营"和"无边界组织"两种模式，并融合团队角色理论与激励理论，提出了**合弄制**（holacracy, 2015），也被称为"全体共治"；如奥瑞·布莱福曼（Ori Brafman）等学者提出了**海星组织模式（Starfish organization）**，主要借鉴"灵活扁平，完全自治，有效再生"——海星的生物特质，将管理学中的股权激励、组织分权的管理模式融合在新组织形态当中，通过对顾客结构分权或者部门结构分权，构造高速发展的海星组织模式，海星组织在eBay、亚马逊等公司都能找到类似的组织痕迹，又如韩都衣舍就采用了海星式小组织合作人模式，在6年的时间里从年营业额20万美元，发展成为年赚15亿美元的集团公司，有人评价海星组织模式可能成为影响未来的新组织形态。

对于现在以及未来的组织理论研究体系中，有一个非常重要的理论流派——**组织学习理论（Organizational Learning Theroy，OLT）**。现在众多的组织变革理论都是建立在组织学习理论的基础上，如**虚拟组织、动态能力理论**。组织学习理论侧重了两个核心：一个是对于组织系统思考，另一个是持续学习。组织学习理论有两位重要的学者：彼得·圣吉（Peter M. Senge）与克瑞斯·阿吉里斯（Chris Argyris）。彼得·圣吉将组织学习与系统动力学、创造原理、认知科学等理论进行融合，在《第五项修炼：学习型组织的艺术与实务》（1990）、《第五项修炼·实践篇》（1994）、《第五项修炼·寓言篇》（1994）等专业论著中系统地论述了**"学习型组织（Learning organization）"**的蓝图，表述了自我超越，改善心智模式，建立共同愿景，团队学习和系统思考共同作用下的"五项修炼（又称**圣吉模型）**"，圣吉也被赞为"学习型组织之父"。实际上，组织学习理论是由阿吉里斯首先提出，因此阿吉里斯也被称为组织学习理论的奠基人，阿吉里斯的研究更加具有实战价值，他从人与组织的关系入手，将行动科学与组织战略、学习创新相互融合，提出了具有实践价值的**"双环学习"**理论，"双环学习"理论也被称为"创造性学习"，由认知性学习与创新型学习共同构成，是组织学习理论的核心理论之一。

基于组织学习理论等理论为基础，伴随着信息技术的高速发展，企业的组织边界越来越模糊，全球竞争越来越激烈，尤其在未来，没有一家企业可以单枪匹马参与国际竞争，为此，产业相关企业集合各自优势，尝试构造动态联盟，这为虚拟组织的构建提供了发展空间。1991年艾科卡（Iacocca）研究所首次提出了虚拟组织的构想，学者William Davidow 和 Michael S. Malone 进一步提出了**虚拟组织（Virtual organization）**。虚拟组织是由相互独立的企业、顾客，以及行业竞争对手，依托信息技术联成临时的网络组织，通过共享技术、费用分担等共同合作，以达到满足市场需求的目的。虚拟组织也被称为**网络组织（Network organization）、人机一体化组织（Man–machine integration organization）**等，主要通过系统的创新，构造了组织间新的合作关系，思科公司在1992就提出利用互联网改造公司整体运营体制，其CEO约翰·钱伯斯（John Chambers）更是提出了网络服务、虚拟生产与结算、电子学习的三层网络结构构架。如果仔细观察近些年高速成长的科技型企业的发展路径，会清晰地发现虚拟组织已然成为了这类公司组织构造的主要形态。伴随着5G与6G技术、人工智能、大数据理论的发展，虚拟企业将会成为未来组织的主流方向。虚拟组织进一步融合包括生态学等相关理论，形成了组织生态理论、平台组织、复杂理论等新理论体系，这些理论对未来组织进一步发展提供了理论基础。

近些年的组织理论体系中，基于物理学中**耗散结构理论**、量子理论等理论融合的跨界组织理论，成为一种趋势，较为知名的是以丹娜·左哈尔（Danah Zohar）为代表的**量子管理理论（Quantum Management）**，世界500强海尔公司通过"人人创客，人单合一"的新型组织变革，正在践行量子管理的企业实践。另外，基于社会的复杂状态，詹姆斯·弗·穆尔（James F. Moore）借鉴生态学理论，撰写了《竞争的衰亡：商业生态系统时代的领导和战略》（1996），提出了商业生态系统理论，该理论通过建立企业网络的竞争优势，形成企业共生的商业生态，从而形成**复杂适应系统（complex adaptive system）**，该理论构造了**复杂理论**的理论基础。维萨（Visa）的创始人迪伊·霍克（Dee Hock）借鉴了组织复杂性理论，在《混序：Visa与组织的未来形态》一书中提出了"**浑序组织（Chaordic Organization）**"，这是一种建立在复杂环境基础上的新型组织，同时也是一种新型的具有矛盾体的组织形态，它借鉴了学习型组织与网络组织的形态，强调组织的自进化功能，最终形成一种新型组织：浑序联盟。我个人认为"浑序组织"的构造核心就是组织之间的竞合，与华为公司任正非提出的灰度管理非常相似。

组织再造、学习型组织、虚拟组织、量子管理等新型组织形态构成了动态组织理论体系。

五、100多年来企业组织变革的路径回顾

纵观组织变革的发展路径，可以得出一个明确的结论：**组织变革是由市场环境变化所**

决定。组织所对应的是生产关系与市场关系，组织结构的变化是由生产力与客户需求所决定。组织变革的方向是由简单组织形态向复杂组织形态转化，是由静态的组织战略向动态的组织战略转化。

公司为适应外部环境及自身发展需求，构建了公司相对应的组织结构与组织体系。组织结构构造了组织的空间位置、排列顺序及各要素之间的相互关系，形成了为完成战略目标与经营目标而对应的公司内部责任、权力、协调与控制关系模式（Lawrence，1973）。

公司的组织结构会随着时代的变化、技术生产方式的变化以及外部竞争环境的变化而产生对应性的变化。其目的就是建立组织高度适应性，以寻求生存和发展的机会，通过对100多年的组织变革追踪，组织变革从关注数量、价格、质量、品类向组织效率与服务转变，如图1所示。

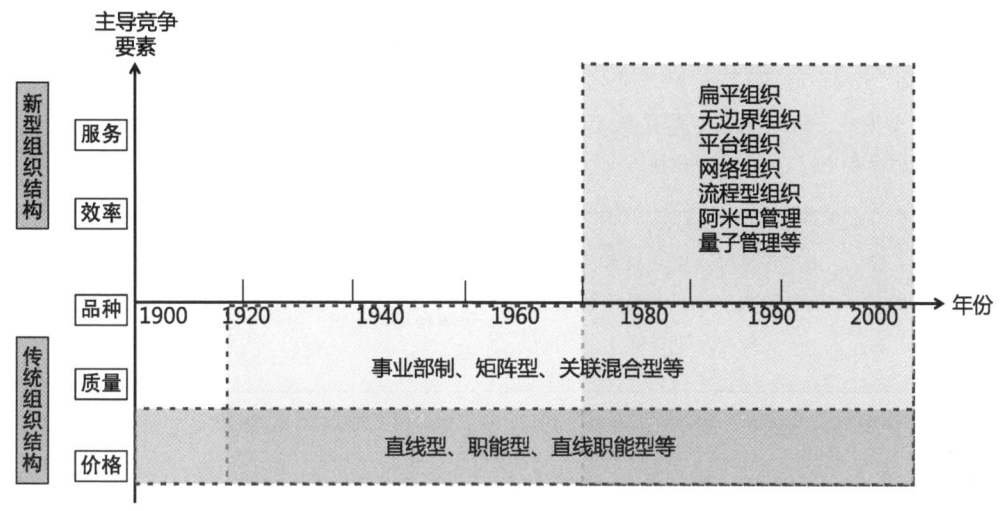

图1 100多年组织结构变化的历程及主要影响因素

资料来源：Stephen P. Robbins，Timothy A. Judge，2012；作者根据相关文献综合整理优化。

对于组织变革历程的历史追溯，可以看出：直线型及职能型等组织形式最早出现在20世纪之前，主要针对**简单重复性工作，以有效提高工作效率为目的，通过确认工作程序与规则、明确组织劳动分工来提升工作效率**。

随着市场产品需求的多样化，市场竞争越发激烈，以及跨国公司的快速发展，在20世纪30年代出现了事业部制的新组织模式，以应对客户多样化需求与市场竞争的变化。事业部制是**按照地区或者产品展开运营，从而提升组织绩效、优化质量、降低成本，以此获得竞争优势进行的一次组织创新**。矩阵型组织则是结合了事业部制与部门职能型组织两者优点而形成的组织形态。而直线型、职能型、事业部制及矩阵型组织构成了传统的组织形式。这里对传统组织的特质进行比较，如表1所示。

表1　　　　　　　　　　　　传统组织形式特质比较

	直线制	部门职能型	事业部制	矩阵型
对应环境	市场环境、生产技术相对稳定	生产技术稳定，但价格竞争激烈	市场竞争激烈，顾客需求增加、经营区域不断扩展	市场竞争激烈，顾客需求向产品多样化发展
划分原则	专业要求分工	按部门职能划分	按产品或区域划分部门	按职能划分部门　核心围绕某项专门任务成立跨部门项目组
权力结构	高度集权	高度集权	政策管理集权，业务营运层次化分权	双层对应性管理，项目组有较多权力
组织目标	提高生产效率及产品产量	降低成本、提高生产效率	降低成本、改进质量	加强内部关联协调、降低成本、改进质量
组织优点	命令统一、权责明确、组织稳定	具有稳定性和职能性	有利于实行系统化管理、优化内部控制、规避风险	有助于内部工作协调、信息共享、同时具有灵活性、强化职能部门联动
组织缺点	组织僵化、信息传递过程复杂，极容易造成信息失真	缺乏跨部门之间联系、对市场变化反应过慢	管理层级增加、结构较复杂，内部缺乏沟通、资源利用效率低、协调性差	成员位置不固定、权责容易错位，多头领导，管理效能低

资料来源：Stephen P. Robbins，Timothy A. Judge，2012；作者根据相关文献综合整理优化。

本章系统论述了组织变革相关的主要理论，在后续章节还会有针对性地介绍与未来组织相关的部分重要理论，其目的是寻找理论的历史背景与构造缘由，帮助组织研究者及实践者梳理组织变革脉络及理论探索路径。这样做的目的不是就理论说理论，尤其在组织变革实践中切勿套用某个理论或者模型就展开系列化组织变革。

组织变革理论经过百年沉淀，看上去似乎非常庞杂，但其实质就是在构造与生产力相匹配的生产关系。不同的组织理论都是在不同历史阶段，不同外部环境影响下，针对不同问题，与不同学科跨界创新逐渐构建形成。但由于每个理论都存在不同的条件假设，因此会发现众多的经典组织学理论均存在缺陷，甚至同一组织学理论内部也存在明显的矛盾。组织变革本身是一门实践性科学，必须从历史、科学与哲学等众多学科深层思考适应性的组织变革体系，在不断的动态优化过程中，寻找组织的存活空间。为了更好地运用书中提到的关键性理论，会将部分重要理论与理论术语做了简要总结，关键术语可以书中附件—术语表中查询。

第二章
从哲学与科学思维看组织：组织研究的科学架构

从历史的视角看组织，可以看清组织的成长路径与发展机理。历史上的每一次进步都是思想上思辨，尤其是在西方的管理体系中更是对哲学本质性的探索。从古希腊哲学体系的建立，再到 1440 年佛罗伦萨引发的文艺复兴，尤其 1687 年牛顿引导的科学革命，再到 1776 年瓦特的发明，掀起了近代工业革命。每一次文明的进步都是对哲学的思考与科学的探索，对于组织变革更是对科学与哲学融合性探索。科技革命的本质是思维的进化与对未来严谨的探索。

这种思维的进化与对未来严谨的探索，正是近些年不断被关注与倡导的哲科思维。

一、哲科思维

哲科思维，既是对问题的本质探索，也是对科学的严谨态度。从两者的逻辑关系来讲，**科学是哲学的精神核心**。哲科思维引导着社会进步，尤其自 1800 年，工业革命促使世界经济发展呈指数级增长，并重新构建了世界的格局。

作为中国人，我与朋友经常会反思一个问题：中国拥有 5000 年的璀璨文明，拥有着四大发明，春秋战国时期就拥有老子、孔子、韩非子等学者大家。但是，近代的科技发展多集中在欧洲，更有哲学家黑格尔评价："中国无哲学，《论语》是格言集。"这里不评论哲学的争议问题，但中国与西方的科学结构差异中，有一个很大的原因就是：**对哲学的反思与对科学的探索**。以色列历史学者尤瓦尔·赫拉利（Yuval Noah Harari）在《人类简史》一书中谈道：近代影响世界的核心力量就是革命性的哲学和科学思维方式。

对于古代中国哲学与科学体系展开探索，可以发现：中国式发明更偏向经验总结，习惯强调实践出真知，具有明显的具象思维，突出了归纳法的研究思路，但这种方法的科学迁移性较差。这与西方的思维研究体系完全不同。西方哲学与科学研究体系，更偏向抽象思维，突出了演绎法的研究思路，强调假设在前，论证在后，这种方法科学迁移性较强，容易成为科学持续发展的研究系统。中西方研究的主要差异主要是研究方法与思考路径上的巨大差异，甚至相互间存在着冲突。其中一个突出的表现就在对于中医的认知存在巨大的反差。

本书强调哲科思维，是希望在组织学研究实践中，能够对现有组织存在的问题进行更加本质的探索，对于未来组织变革体系展开更加科学的体系构建。**哲科思维具有三个特质：**

①逻辑反思：持续进行逻辑推演，对问题去伪存真；

②本质探究：不断探索事物背后的本质；

③科学前瞻：对结论逻辑展开价值思辨，引导并启发科学的前沿探索。

在本书看来，**哲科思维就是科学认识论，是符合科学思维的哲学推演。其本质依然是哲学，推演路径是科学。**哲科思维能够让我们可以看到眼睛看不到的科学世界。举两个例子，牛顿力学三大定律有个知名的定律公式：$f=ma$，该公式引发了科学革命，而科学革命引导了工业革命，建立了世界近代史的技术体系。爱因斯坦的基础物理理论，推进核能以及量子科学的发展，构建现代科学理论体系并构想了未来的科学发展方向。约翰·范本特姆（Johan van Benthem）等学者在《逻辑认识论与方法论》等书籍中，系统地论述了演绎与归纳所形成的科学体系。这也是本书努力实践应用的一套科学理论建立体系与论证方法，科学构建组织变革系统与未来组织体系。这样既可以帮助到专业学者展开进一步系统研究，又能帮助到企业及政府部门等相关组织变革者进行科学的组织系统变革。

为此，本书按照哲学思维、科学方法，搭建本书的研究路径，通过借鉴认识论与方法论，重点采用实证研究与深度案例研究（包括案例实践），追踪超过100多家知名企业案例的成功与失败因素，尤其注重对于华为等公司深度研讨，构建科学的研究体系（研究体系如图2所示）。

二、现有组织变革与未来组织体系的建造思维与基础模型建构

基于历史，纵观组织变革的学科研究方法，可以发现组织研究多采用**实证分析法**（或以实证为基础构造的实验方法）与**案例研究法**（很多时候直接展开案例实践）展开组织模型建构，研究以**定性研究**为主。虽然近些年大量使用**定量研究**方法，但主要采用数据统计，以此作为问题剖析与研究探索的方向。

本书哲学思考科学研究的方法，对现有组织变革与未来组织体系展开探索，主要采用实证分析法与案例研究法。通过对大量案例归纳总结、对比分析组织进化的基本模型构

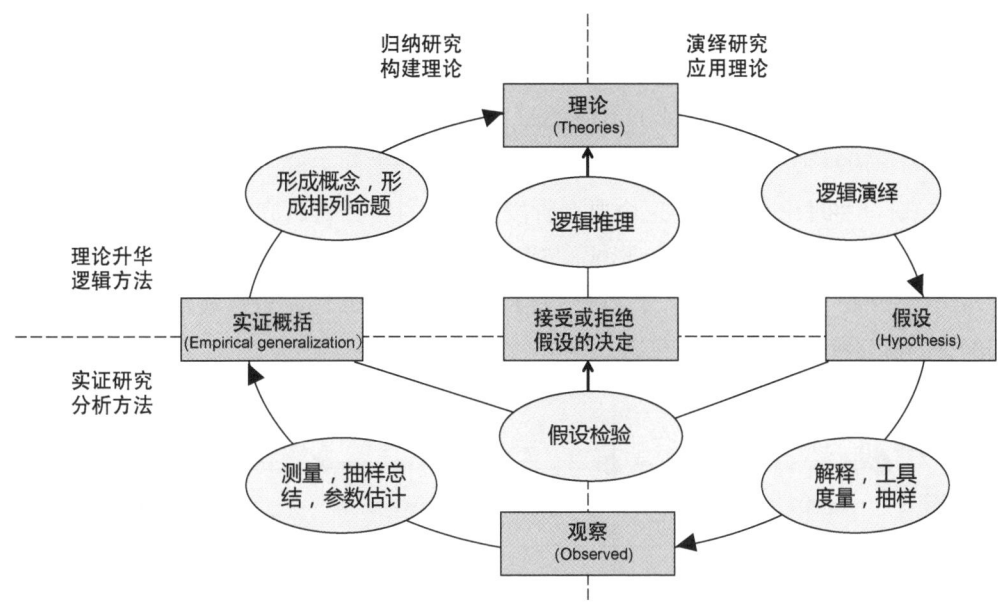

图 2　科学体系的研究方法与研究过程

资料来源：Wallace，1971；作者根据相关文献综合整理优化。

造，并以此探索未来组织发展的主要方向；研究中采用逻辑演绎，系统严谨地构造组织变革实施路径，采用因素探索等方法完善动态组织进化理论模型，为面向未来组织的系统化构建，提供可操作的理论架构。

面向未来的组织体系，首先建立在组织的微观研究基础上，研究如生物细胞一样的功能性组织单元，并对其组织单元的构造原理与构造结构进行系统分析，从而建立灵活、敏捷的组织个体，寻求组织进化的**基本元素**。其次，建立组织简化的基本路径，该项研究属于组织相对中观的研究系统，其目的是寻求组织进化的**有效路径**，路径构建既是科学的、可实现的，更是动态的、互动的路径构造体系。最后，基于复杂多变的市场环境，新型组织系统需要进化功能不断优化，以提升适应环境的能力，同时逐步引导市场环境变化，形成"共存""共生"的**新动态生态系统**。这种相对宏观的动态生态系统研究，其实就是面向未来的主要组织形态。

哲科思维的实证研究，重点采用的历史追踪与系统调查等模式，寻找关键的影响因素并进行论证。哲科思维的案例研究，主要通过系统的数据收集与访谈等模式，建立大量的系统编码，并不断抽取核心编码，从多方面构造严谨完善的理论体系与证据链。

本书重点采用**"三角检验"**（Mile，Huberman；1984）和"证据三角验证"（Eisenhardt，Graebner；2007）的方法，通过多样化的数据来源促使组织"自进化"研究更扎实有效（Glasse，Strauss；1967），本书研究数据来源包括行业报告、公司官方网站、公司年报、企业及相关研究者出版物、论文期刊、内部培训资料、员工论坛等多种信息来源，并通过如二手资料搜集、企业走访、调查问卷、邮件沟通、面对面访谈等多种方式展开收集,多视角论证组织单元"自进化"系统的正确性、合理性、一致性。基于社会学实证研究,书中主要观点的验证重点侧重整体效度、内部效度、外部效度和信度4个通用标准。在数据整理与数据分析方面,对于不同类型的数据,重点采用**分析抽象化阶梯**(Miles, Huberman M;1994),反复分析理论依据、研究主题等之间关联关系(Eisenhardt, Graebner;2007),并将理论系统分为三个要点阶段。搭建科学分析研究架构,从而建立严谨的组织自进化构造与管理实践体系,形成"理论—实践"迭代式探索与优化,通过不同层次过程与结论分析,展开迭代转化,达到"理论—模型—实践"一致性收敛,形成哲学与科学相融合的解释框架(如图3所示)。

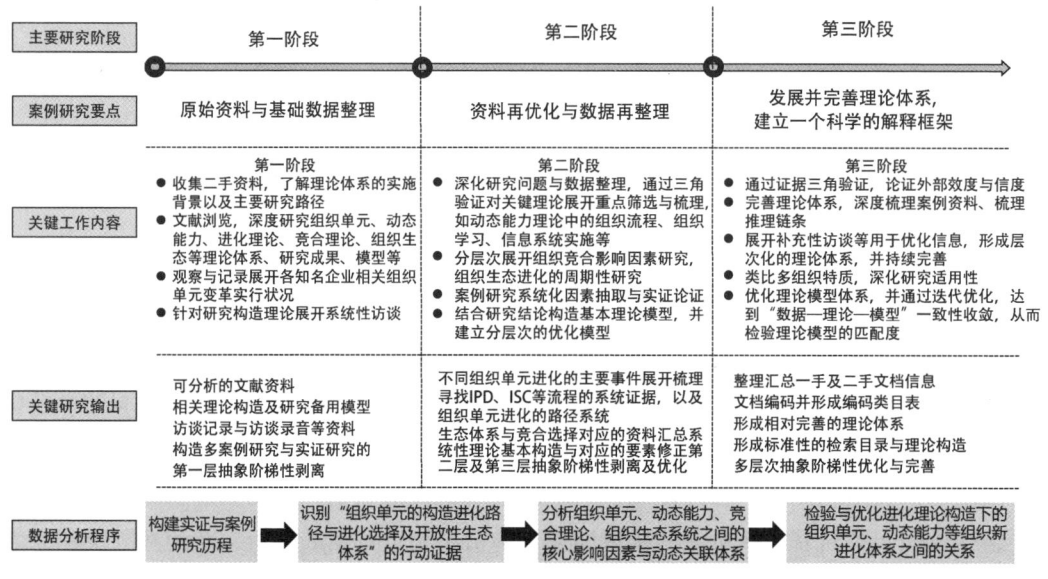

图3　组织进化研究资料整理与分析程序

资料来源:作者根据相关资料整理。

三、现有组织变革与未来组织体系的研究假设与基础模型建构

关于本书研究问题的假设,主要分为三个部分:第一,是具有进化效能的组织单元(细胞)的基本理论框架与构想模型,这里主要基于生物学研究,重点引入达尔文进化论等相关理论;第二,组织进化的动态路径构造,建立含有中介变量与调节变量的组织自进化理论框架,侧重引入动态能力与竞合理论等相关理论;第三,动态自进化组织与动态环境变化构造的组织生态体系,重点引入共生理论与组织生态等相关理论。理论的系统构建,重点抽取关键影响因素,激活高效成长的组织变革体系与面向未来的自进化组织系统。

通过对文献梳理与假设构建，形成科学的研究体系与实施路径。研究将组织单元作为自变量，动态能力因素作为中介变量，竞合理论作为调节变量，形成未来组织进化体系基本构建模型（基本模型如图4所示）。

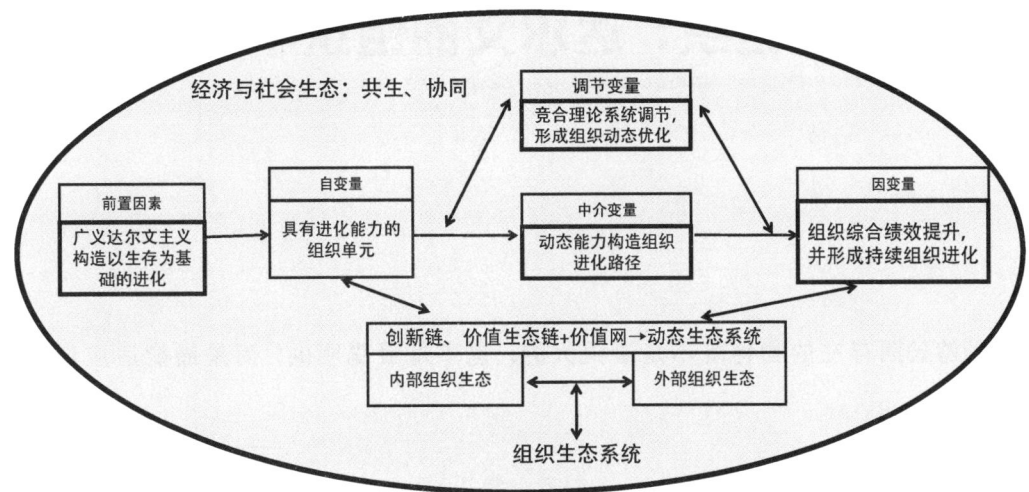

图4　基于科学体系建立的组织进化基本模型

本章第一版块，主要论述问题研究的哲学与科学思考路径，第二与第三版块，在第一版块论述的基础上，主要论述"组织单元系统进化"的主要研究方法与基本模型架构构建的思考路径，对于本书研究方法说明，理解起来具有一定难度，但对组织研究者极具参考价值。对于组织变革实践者组织"进化"目标达成与科学的实践路径形成具有极强的解读价值。

第三章
进化视角看组织：达尔文的组织学思维

"能够长期存在的物种既不是最强大的，也不是最聪明的，而是最能适应环境变化的。"

——达尔文《物种起源》

生物学作为人类对生命本源的探索，成为人类进步最基础也是最重要的学科。其中进化学说与生物细胞学，更是构建了近代生物学体系。恩格斯认为19世纪自然科学的三大发现，其中有两项与生物学相关，分别为"进化论""细胞学"，两种生物学说构造了本次研究的基础哲科思维。进化论更是广泛地在社会、物理、经济与管理学等学科领域相继融合，演化出众多的新学科领域与学科体系，生物学开启了微观世界对生命以及人类未来的探索。人工智能、大数据等新成长领域均是建立在生物学的深度研究的基础之上。

"组织进化"是基于生物进化理论，在组织学领域的再思考。尤其在近代，依托生物学以及生物进化的研究越来越多，并成为了组织学现在以及未来的核心研究方向。

一、进化定义与运用

达尔文（Charles Robert Darwin）的生物进化论是生物学的里程碑，更是自然科学发展史的一场革命。它不仅动摇了"上帝创造万物"的信条，还为现代生物学研究指明了方向。达尔文的生物进化理论到现在依然是生物学主流理论之一。

进化（evolution）这一词源自达尔文时代，具有"进步"的意思，达尔文自身并未提出进化这一概念。但达尔文通过对于生物繁衍的推进过程研究认为：生物进化**"是有变化的传衍（descent with modification），是生物在实践推演中连续变化的过程"**（1859），目前众多进化学说都接受这种说法。只不过生物科学惯用"进化"，而在社会科学中，中国学者喜欢用"演化"概念代替"进化"，出于对自然科学的系统借鉴，本书统一使用"进化"的说法。

在社会学及经济管理学领域，很多学者在研究社会发展规律以及公司成长规律过程中，发现人类生活与生物进化具有高度相似性，并且相互关联。众多学者开始从生物进化视角，研究社会以及公司"生物进化"特征与规律。

英国哲学家斯宾塞（Herbert Spence）在《第一原理》（1892年）中提出了**宽泛的"进化"概念：**"进化是物质的整合和与之相伴的运动的耗散，在此过程中物质由不定的支离破碎的同质状态转变为确定的有条理的异质状态。"概念确认了进化三个主要特征，认为："物质是从**无序到有序、从同质到异质、从简单到复杂**的变化过程。"进化的一般性发展规律，并非生物单一持有，既包括了生物进化，也包括了非生物进化。

哲学、社会学、经济学等领域的众多学者都从达尔文为代表的进化理论中汲取思想价值。尤其在哲学（Daniel Dennett）、物理学（David Deutsch，Lee Smolin）、科学方法论（John Campbell）、心理学（Susan Blackmore）等学科将达尔文的进化理论"普遍化"，对这些学科领域研究产生了深远的影响。以经济及管理学为例，出现了众多理论学派。如产业生态学、进化博弈论、演化经济学、公司进化理论等。

经济与管理学研究，突出"**变异和自然选择的过程实现进化**"，重点强调"**外部环境的优胜劣汰**"与"**内部系统的优化适应**"（达尔文，1859）。较为突出的研究包括：凡勃伦（Veblen）将达尔文进化思想引入经济学研究。马歇尔（Marshall）将生物界的"适者生存"原则引入工业组织研究，提出了"内生经济"理论，甚至认为经济学不过是"广义生物学"的一部分。熊彼特（Schumpeter）认为**创新是通过调整组织内部机能以适应外部环境的变化**。阿尔奇安（Alchian）在《不确定性、进化和经济理论》一文中指出：进化机制可以促进公司群落迅速应对外部环境与外部市场变化，能够及时作出反应。

进化论在经济与管理学研究中具有里程碑意义，涌现出众多经典理论。彭罗斯（Penrose）在借鉴马歇尔的"内生经济"的基础上提出了公司进化论，提出公司的发展就是不断循环的进化过程。纳尔逊和温特（Nelson和Winter）在借鉴熊彼特的"创新理论"和西蒙（Simon）"**有限理性**"的观点，在生物进化论的基础上，创建了经济演化理论，即"变异—选择理论"。

在外部环境及有限理性作用下，通过生物进化的三种核心因素："**多样性、遗传性和自然选择**"共同作用推进组织进化，通过生物进化的另外三种因素："**变异、复制和选择**"构造开放性进化体系。进化论现已成为经济管理学域研究的主要方向与重要路径。

⚙ 二、达尔文与拉马克理论融合下的广义达尔文主义

达尔文主义是基于达尔文进化理论为基础，形成以"生存"为基础的科学。达尔文对

于复制、变异和选择三个核心原则进一步阐述,认为:有机生物体在环境不断变化的条件下复杂发展,其生物体行为有时会反向促使环境变化(达尔文,1859)。但随着细胞学等新生物学理论发现,众多学者质疑达尔文进化理论。学者拉马克(Lamarck)深化了生物进化的思想,在《动物学哲学》一书中提出生物是从低级向高级发展的进化学说(Lamarck,1809)。拉马克进化理论是达尔文进化理论的补充与融合,是通过唯物主义哲学对物质转化原因的探索,因此也被称为拉马克主义。"拉马克主义可以解释进化过程中的适应性改善,深度支持了达尔文进化理论"(Richard Dawkins,1986)。"可遗传性"成为达尔文主义针对生物内部优化的重要补充,即在进化的过程中获得性遗传。

达尔文主义与**拉马克主义**相互融合,形成现代进化理论的理论基础,达尔文主义可以充分解释拉马克主义无法解释的遗传变异等现象,拉马克主义则可以解释生物进化的结构路径与系统。将达尔文主义与拉马克主义相互融合所形成的组织理论,被定义为**自组织理论**(Witt等,1985),即一定条件下,系统是自动地由无序走向有序,由低级有序走向高级有序的过程。**自组织理论(Self-organizing Theory)** 基于不同视角,形成现今众多分支理论:**耗散结构论**、协同论、协同动力论、突变论、混沌论等。实际上,华为任正非推崇的"熵减理论",以及海尔正在实践的"量子管理"都与达尔文主义有着直接的关联。

在历史长河中,达尔文主义的社会学实践,由于片面化植入血统、种族、国家意识形态等因素,并将优生学与种族主义竞争过度政治化,形成了著名的学术思潮,即社会达尔文主义与泛达尔文主义,这些学说被希特勒等德国纳粹利用,引导形成了畸形的世界观,给世界造成了巨大的灾难,而这种危险的信号,在现在社会依然存在。

在经济学领域,道金斯·霍奇逊(Hodgson)充分融合了达尔文主义与拉马克主义,并在《经济学中的达尔文主义:从类比到本体论》中,明确提出**普遍达尔文主义(Universal Darwinism)**,将达尔文主义上升到本体论的高度(Hodgson,2002)。同时霍奇逊(Hodgson)又将**普遍达尔文主义**进一步优化更名为**广义达尔文主义(generalized Darwinism)**,其目的是有效区分生物学中的普遍达尔文主义(Hodgson,2006)。至此,广义达尔文主义将生物学思维提升到哲学本体论的高度。**本体论(Ontology)** 是探究世界的本原或基质的哲学理论,近几十年里,这个词被广泛应用到计算机领域,并对人工智能、计算机语言以及数据库理论起到越来越重要的作用。

广义达尔文主义更适合复杂开放的社会系统,并提供了一套科学的方法论。Hodgson将**广义达尔文主义**定义为:"一个复杂的、包含异质实体(意向性或非意向性)的群体,其中实体面临着稀缺资源和生存问题。"而"广义达尔文主义在社会进化理论中,更是一种哲学原则而非生物学原理";"进化论提供了一个关于结构化规则和规则系统的本体论";"进化论意味着因果解释,适用于所有包含变异、遗传和选择机制的组织和复杂系统"(Hodgson,2006)。

广义达尔文主义基础原则正是基于本体论构造的"**变异、复制和选择**"的开放性进化体系。并融合了拉马克主义遗传视角构筑了"新奇、可扩散以及可持续性"的进化特质。

广义达尔文主义包括四个特质：

第一，广义达尔文主义具有本体论价值，形成的关联系统都按照"变异、复制和选择"的原则展开构造；

第二，广义达尔文主义"变异、复制和选择"三个因素为重点的系统构建因素中，"选择"是核心与本源；

第三，广义达尔文主义具有因果追问的原则，突出了"累积因果"的原则。广义达尔文主义"否定了任何神创的、奇迹的解释或者无因之因的解释，强调对结果的解释应包含关联因果序列"（Hodgson，2006）；

第四，广义达尔文主义是动态变化的、可复制的开放系统，达尔文的进化模式可以发生在任何多层级且不可还原的层次上，能够解释有机个体，也能解释社会制度和习俗。

在此细致地分析广义达尔文主义，是因为这个学说将生物科学与社会哲学深度融合在一起，成为社会学研究的重要行动规范。达尔文提出的"变异""复制"和"选择"，构成了广义达尔文主义的基本概念，并构造了"选择性""多样性""保留性"三项原则，简称为 VSR 原则。**对于更开放复杂的系统而言，"变异""复制""选择"形成了广义一般性原则。**而在连续性假设中，形成了遗传进化的影响因素，包括"新奇""扩散"与"涌现"（Hodgson，2006）。

自组织理论（Witt，1985；Richard Dawkins，1986）的系统化建立与广泛社会实践，就是广义达尔文主义在经济管理学领域的价值体现。自组织理论提出：公司创新、追踪和创新价值的耗散过程非常接近于"新奇、涌现和扩散"过程，而自组织理论价值创造过程的实质就是进化理论中基于"选择"为基础的"复制、变异、选择"动态转换过程。（Witt 等，1985）。对于更广义的遗传进化而言，"市场可以创造，公司所引导的公司创新是开创市场、创造需求、企业家等价值创新的过程，市场价值的创造会随着更多公司的模仿和集聚而逐步减弱，但同时又会引发进一步的市场价值创新。"这里将广义达尔文主义的体系进行总结，如表 2 所示。

表 2　　　　　　　广义达尔文主义在本体论中的体系构造

	广义达尔文主义的体系构造		
	基本概念构造： 变异、复制、选择		遗传概念构造： 新奇、涌现、扩散
本体论运用	一元论（monistic）承认两个世界的关系	二元论（dualistic）否定两个世界并重构两个世界的关系	自然主义方式（naturalistic approaches）：基于连续性假设，构建主体创新、制度进化、长期可持续发展等系统
	达尔文主义	新熊彼特学派 核心为新奇、公司创新等	拉马克主义、熊彼特

资料来源：Hodgson, G. M., 2002、2004、2007；作者根据相关文献整理优化。

广义达尔文主义是以更广泛的**本体论**视角，构造一个充满关联与探索的创新开放生态系统。这种生态系统能够不断吸收新思想，应对不确定性，并基于该模式不断创新，科学系统地进化。生物进化成就了生物的多样性，同样组织进化促进了组织的多样化。组织进化过程是基于单元（如同细胞）有机构成的有限多样性的成长过程，而存在基础就是以"生存"为前提，对整体环境的持续适应。从进化视角研究组织对于市场的自适应能力，包括：市场结构变化，行业结构调整、市场体系、创新机制、创业机制、资源配置、公共政策、国际环境等众多因素。不同层面外部因素不但影响公司对于市场的自适应能力，也影响公司未来的组织结构。

三、生物进化与组织进化的比较

生物进化一般解释为不同生物种群内部或之间持续但缓慢的变化过程。进化是遗传（持久性）与变异（短暂性）的结合（Lane，2009）。生物进化具有**三个相互关联的特征**。分别为：**自然选择**过程；后代会继承母体的遗传密码（**基因**）；遗传密码具有一定**随机变异**的可能（Hirshleifer，1987）。

对于组织进化而言，影响其持久性的主要遗传因素是**组织惯性**，可以通过组织文化、学习及制度等进行有限的自我选择，但稳定性较弱，不能被完全复制。同时受到环境、行业等因素影响，变化速度较快，遗传变异影响主要因素是**组织敏捷性**。组织进化路径不仅受到组织内部进化系统影响，更受到市场环境、政策等外部因素影响，甚至会出现受多因素影响，出现多级协同进化的特有现象。

这里将组织进化与生物进化分五个层次进行整理与对比，包括行动主体（包括：主体结构、行为特征、主体特性、行动单元）、进化动力（包括：推动动力、动力来源、竞争优势以及竞争方式等）、进化特质（包括：进化传承因素、变异特质、新奇因素、传承扩展等）、进化路径（包括：进化选择、进化指向、主导路径、进化速率等）、进化结果（包括进化表现、结构特征、运作秩序、进化效果等），如表3所示。

表3　　　　　　　　　　　生物进化与组织进化的差异化对比

差异点	生物进化	组织进化
进化主体选择	自然选择（无自我选择）	外部适应性选择（有限自我选择）
遗传方式	基因复制、遗传、变异	组织"基因"不能精确复制、突变，进化"优势因素不断驱逐劣势因素"
进化稳定性	较高稳定性	稳定性低，但互动性强
进化速度	受生物周期影响，进化速度缓慢	进化速度受外部影响及自身需求影响，可快可慢
进化动因	外部环境的适应需求	外部环境影响及组织成长需求

续表

差异点		生物进化	组织进化
行动主体	行动单元	基因或细胞（个体）	组织单元（群体）
	主体结构	相对同质	相对异质
	行为特征	自然性适应	自然性适应与主动性改良
	主体特性	系统关联	多级组织动态关联
进化特质	进化传承因素	持续性遗传	可塑性惯例
	变异特质	随机突变	有意识创新
	新奇因素	先天的生物本能	后天的社会学习
	传承扩展	选择性遗传	习得性传承
进化动力	推动动力	生物（个体）推动	组织（集体）推动
	动力来源	外部压力	外部压力与内部推力共同作用
	竞争优势	生物的自然选择	（小）组织单元与整体耦合协同优势
	竞争方式	适应和利用自然环境	适应和构建新价值（市场）规则
进化进程	进化选择	自然选择	环境与人为共同选择
	进化指向	随机指向	随机与目标指向相结合
	主导路径	生物体互动均衡	强势者主导与弱势联盟的博弈
	进化速率	渐进进化	渐进变革与激进变革并存
进化结果	进化表现	个体变迁	结构变迁
	结构特征	自发的组织	不断修正的对应组织
	运作秩序	自然运作	市场与组织系统互动运作
	进化效果	优胜劣汰	优胜劣汰，优者生存

资料来源：James F. Moore, 1996，作者根据相关文献综合整理。

四、组织进化与广义达尔文主义的融合

基于广义达尔文主义，组织进化研究突出了竞争环境的影响（即外部因素影响）和组织内部优化变革（即内部因素影响）。Alexander 和 Price（2012）、Van de Ven 和 Poole（2005），Jones（2005）等学者对于组织进化的推动因素展开了研究；Abatecola（2012）、Aldrich（2011）等学者则重点研究了组织生命周期的环境适应性与公司在环境变化影响下的失败因素，Fortune 和 Mitchell（2012），D'Aveni、Dagnino 和 Smith（2010）；De Rond 和 Thietart（2007）等学者则将进化思维与战略理论相结合。

广义达尔文主义在组织进化领域研究主要通过四个方面展开：

（1）构造了组织进化的研究边界，并在此形成了**无边界组织、虚拟组织、平台组织**等相关理论。

（2）构造了组织适应性方法与进化路径，这里突出了外部的环境适应和组织内部优化

的理论研究。广义达尔文主义的适应性方法促使形成了众多管理学理论,形成包括公司行为理论,**战略选择理论,资源依赖理论、动态能力理论**等理论(Abatecola, 2012; Cafferata, 1987; Lewin 和 Volberda, 2005)。

(3)以进化为基础,展开辩证思维研究。Cafferata(1995, 2009)通过自然和竞争两个主要阶段在公司生命周期中的选择,推测适应性是辩证的。Cafferata 通过生命周期的研究,形成了两种可能的路径选择,一条路径构建了组织进化的正关联,如成长型增长战略;另一条路径构建了组织进化的负关联,如组织裁员,固化死亡等。

(4)多级协同进化的领域研究。近些年由于科学技术、信息技术的发展,众多学者在"共同进化""竞合理论"等展开了大量研究。突出"共同进化"与"环境、制度"之间的协同,形成动态协同选择。(afferata, 2009; Lewin 和 Volberda, 2005; Volberda 和 Lewin, 2003)并在网络体系、吸收能力、技术创新、战略更新以及产业动态协同等领域展开系列研究。在多层次组织变革过程中,针对协同进化,给出了复杂环境下合理化解释(Lewin 和 Koza, 2001; Lewin 和 Volberda, 2005),认为:外部环境与组织内部资源和能力之间存在"微观共同进化"(McKelvey, 1997),而且组织个体之间相互依赖并相互反馈(Dobson 和 Breslin, 2013)。面对多变的社会环境,广义达尔文主义下动态组织研究,极具时代价值。实际上广义达尔文主义视角下的组织与环境之间是相互适应的过程,**进化过程本质上是战略意向、环境和制度压力共同作用的动态结果。因此,组织进化是组织与环境不断优化协同的耦合过程**(Luhmann, 1986)。

标杆案例研究 A：
华为公司组织变革历程

总结组织发展的历史轨迹，组织变革一直遵循着一条规则：组织的发展是由市场发展所决定，组织变革所对应的是生产关系与市场关系，变革的方向是由简单组织形态向复杂组织形态转化，是由静态的组织战略向动态的组织战略转化。遵循广义达尔文主义的一般规律，形成以"生存"为组织变革基本原则，构建高效、敏捷的组织自进化变革方向。这里采用单案例研究法，主要采用分析抽象化阶梯对华为公司组织变革历程展开分层次分析，从而发现深层规律。

华为公司创立于 1987 年，仅用 30 多年的时间就从资产仅 2 万元人民币的产品代理公司发展成为全球领先的 ICT（IT：信息技术；CT：通信技术）基础设施和智能终端提供商，现拥有 18.8 万员工，服务超过 30 多亿人，业务遍及 170 多个国家和地区，是世界上成长速度最快的高新科技为核心业务的世界 500 强公司。

信息与通信行业（ICT）是全球技术最密集、竞争最激烈、发展最快、门槛最高的行业领域之一。华为在高速多变的科技领域，构造了以"生存"为基础的组织体系。面临恶劣的市场竞争环境，华为迸放出强大的生命力，创造了一个又一个奇迹，成为世界上技术创新能力与市场竞争能力最强的公司之一。2013 年，华为整体营业收入达到 395 亿美元，超过国际知名的老牌竞争对手，营业收入高达 353 亿美元的爱立信公司。2014 年，华为营收达到 465 亿美元，与营业收入 471 亿美元的直接竞争对手美国思科公司基本持平，2015 年，华为公司以 608 亿美元的营收远远超越营收 492 亿美元的美国思科公司，成为了全球第一大通信设备商。同年，荣耀品牌手机销售额突破 50 亿美元，销售突破 4000 万部，手机业务版块成为了华为新的业务增长点。2016 年，华为与荣耀手机共卖出 13790 万部，成为了手机领域的三大厂商之一，同年，华为公司营业收入达到 780 亿美元，一举超越不断学习与模仿的标杆公司——IBM，成为世界 500 强排名第 83 位的国际知名高新科技公司。2019 年面临美国政府的针对性打压，华为公司逆势成长，营业额达到约 1217 亿美元，即 8523 亿人民币，在世界 500 强排名第 61 位。

基于华为案例研究，重点采用纵向案例研究法，对于华为组织变革历程，通过分层阶梯化展开分析，分为三个案例进行追踪，分别为：
- ❖ 华为公司基于市场的组织变革对应体系如何构建；
- ❖ 华为公司组织架构变革的历程及变革要点；
- ❖ 为公司国际市场的组织变革对应体系如何构建。

华为案例 A 追踪研究一：
基于市场与业务为核心的华为组织对应体系

华为在 ICT 行业的各个主要领域，均已成为世界的领航者。通信设备领域连续三年世界排名第一；服务器领域，华为与戴尔、惠普三分天下；在手机领域，华为与三星、苹果一起成为了全球三大厂商之一。2019 年虽然全球手机销量下滑，但是华为手机在中美贸易战期间，手机销量持续上涨，2019 年，华为手机销量已突破 2.387 亿台，出货量远超苹果公司，位居全球第二。但非常可惜，到了 2020 年，由于美国芯片断供，华为手机出现无法生产的窘境，再加上新冠肺炎疫情导致全球智能手机市场急剧萎缩，华为手机销量下滑 21%，销量约为 1.88 亿台，位居全球第三。在极度恶劣的市场环境下，华为为寻求更大的生存空间，进一步应对美国针对性打击，保障所属公司能够"生存"，断臂求生，剥离所属知名手机品牌——荣耀，成为本书撰写期间华为非常重要的"存活"事件。

华为公司的高速成长之路突出表现在以下三个方面：

在区域扩展方面，从国内走到国际；

在行业领域方面，从 CT 走到 ICT；

在组织变革方面，从直线型组织体系正在向业务单元为主导的组织单元集群系统方向发展。

华为的发展历程，主要经历了四次大规模的变革，分别为：

（1）从农村主导向城市主导的变革；

（2）以技术为中心向以客户为中心的集成开发流程变革；

（3）从国内市场向全球化市场的区域主导变革；

（4）从以 B2B 企业市场和 B2C 消费者终端市场为主导的商业模式向云管端一体化商业模式转型变革。

持续组织变革已经成为华为公司生命成长过程中不可或缺的部分，在每年企业战略 SP 系统设定中都会设立组织变革目标，并与业务、管理、人才以及战略方向等战略目标相互融合。伴随着华为公司组织变革系统的持续推进，华为在营收方面也得到了高速增长。尤其 2011 年后，华为收入和利润实现了持续稳健增长，较为突出的表现：2015 年运营商业务收入份额全球第一，2018 年起消费者业务逐渐超越运营商成为重要收入组成。正是这种高速成长，极大地侵占了美国包括苹果、思科等高新科技公司的市场，最终受到以美国政府为核心，连续数年的针对性攻击，极大地挤压了华为公司国际市场空间与企业"生存"空间。

基于多变市场环境与政策环境，未来华为将继续聚焦 ICT 基础设备和智能终端，并开始走向万物互联和人工智能，科技研发将进一步依托客户与市场，通过促进个性化体验，打造以客户为中心云管端一体化的数字科技平台（如表 4 所示）。

表 4　　　　　　　　　华为公司主要发展阶段与对应组织体系

发展阶段	发展时间	发展重点	对应组织体系
初创起步阶段（组织系统建立阶段）	1988—1997 年	◇ 以农村为突破口，创业为求"生存"，初期创业时期所形成的管理团队相对稳定，以项目研发与规模生产为主，业务体量在此时间段内不断扩大	◇ 公司整体组织体系：主要为直线型组织架构，以规模化战略为主导
二次创业阶段（组织系统化构造阶段）	1998—2004 年	◇ 实现区域高速扩张，全面走出国门 ◇ 通过向 IBM 学习，运营 IPD 系统加速组织与流程变革 ◇ 通过不同市场的竞争，迅速成为国内最具竞争力的通信设备制造商，并且加速产业结构与国际化进程	◇ 公司整体组织体系：主要为二维矩阵式组织架构，2003 年开始实行事业部制，多元化战略为主导 ◇ 业务端组织单元结构：终端实行"服务小组"模式，构造业务服务小团队，整体业务方向向客户为中心的新发展理念转化
商业模式变革阶段（核心价值体系构造阶段）	2005—2010 年	◇ 业务结构：开始横向扩展，由通信设备商转型为电信解决方案提供商 ◇ 市场结构：从以 B2B 市场为主导向 B2B 和 B2C 市场转化 ◇ 业务与市场规模：依托客户，深化科研，全面提升各业务与市场领域占有率	◇ 公司整体组织体系：由二维矩阵式组织结构向产品/项目为主导的矩阵式组织架构转换，即由事业部制转向混合矩阵制，国际化战略为主导 ◇ 业务端组织单元结构：应对国际服务，构建较为成熟的"铁三角"式组织单元模式
云管端一体化转型阶段（现在与未来发展阶段）	2011 年至今	◇ 业务结构数据化转型：以市场为基础，依托有效的海量数据对未来 IDC（互联网数据中心）网络交换进行深度研发与创新，着力打造云端一体化服务体系，促使多种类型客户感受并适应未来云数据中心的网络系统服务，构造全网域产业生态体系 ◇ 科研体系布局：基于未来产业生态方向，建立"算法+算力+网络"为基础的科研生产力构造体系 ◇ 多维产业布局：系统建立"2C+2B+2T 业务"形成不同类别的产业体系	◇ 由混合矩阵模式向组织单元矩阵模式转化，突出组织单元动态"自进化系统"，实行以客户为中心战略 ◇ 组织单元系统化转型：构筑"班长的战争"组织单元体系化模式，强化以市场为中心，多组织单元协同优化的成长型组织生态系统

续表

发展阶段	发展时间	发展重点	对应组织体系
云管端一体化转型阶段（现在与未来发展阶段）	2012年（分步构造一）	◇ 重点加大欧洲等国家的整体投资 ◇ 发布业界首个400GDWDM光传送系统	◇ 组织单元结构系统化转型分步构造1：以重点客户为发展中心，在业务端口等实行组织单元矩阵管理模式
	2013年（分步构造二）	◇ 侧重消费者业务，智能手机业务进入全球Top 3 ◇ 行业引领全球LTE（长期演进升级技术，多用于4G网络）商用体系	◇ 组织单元结构系统化转型分步构造2：通过组织单元矩阵模式实现新产业体系布局，强化市场体系的优势建立
	2014年（分步构造三）	◇ 在全球9个国家建立5G创新研究中心 ◇ 智能手机发货量超过7500万台	◇ 组织单元结构系统化转型分步构造3：通过全球研发，在研发端口实现组织单元矩阵管理模式，强化流程管理，实现价值转化
	2015年（分步构造四）	◇ 公司以3898件专利连续第二年在中国专利申请中排名第一	◇ 组织单元结构系统化转型分步构造4：在研发端口动态优化组织单元矩阵模式
	2016年（分步构造五）	◇ 支持全球170多个国家和地区的1500多张网络稳定运行 ◇ 在全球获得了170多个云化商用合同	◇ 组织单元结构系统化转型分步构造5：以客户为中心，业务端与非业务端全面建立组织单元矩阵模式，形成各组织之间深度服务协同体系
	2017年（分步构造六）	◇ 针对未来业务，新成立Cloud BU ◇ 运营商业务：由"投资驱动"向"价值驱动"转化 ◇ 企业业务：实行行业数字化转型 ◇ 消费者业务：打造"世界级智能终端品牌"	◇ 组织单元结构系统化转型分步构造6：针对现代主导业务、未来发展业务，建立不同的协同体系，并且创建动态优化与创新能力为核心的组织单元矩阵管理模式
	2018年（分步构造七）	◇ 发布业界首个端到端5G全系列商用产品与解决方案，并建立以3GPP标准为基础的技术体系 ◇ 发布华为AI战略构想，同时发布全栈全场景AI解决方案 ◇ 通过研发创新，进一步完善全场景智慧生态	◇ 组织单元结构系统化转型分步构造7：通过组织单元矩阵模式，尝试建立新行业标准，并构建未来主导的行业生态
	2019年（分步构造八）	◇ 聚焦ICT基础设施和智能终端，强化客户服务，突出科技创新 ◇ 发布首个Harmony OS、麒麟990芯片等系列产品以应对美国针对华为的政策性制裁与打击 ◇ 以市场前端为核心，构建"班长的战争"，激发组织活力，优化产业体系，增加综合产业绩效	◇ 组织单元结构系统化转型分步构造8：以客户现在与未来价值需求为中心，通过组织单元系统的优化，创建以业务端组织单元为导向的组织体系深度变革

续表

发展阶段	发展时间	发展重点	对应组织体系
云管端一体化转型阶段（现在与未来发展阶段）	2020年至未来（分步构造九）	◇ 华为遭受美国极限打压，被限制使用美EDA软件及任何与美国相关的芯片产品与技术、限制晶圆代工及销售各类成品芯片 ◇ 华为出售荣耀，集中核心业务发展 ◇ 发布鸿蒙OS 2.0及HMS Core 5.0，构建华为软件生态 ◇ 华为运营商业务强势增长，回归世界第一；智能汽车领域将全面暴发；华为云与计算业务稳步推进；F5G及全光网络建设成绩斐然 ◇ 为生存发展，展开全面组织瘦身，侧重以生存为核心的"班长的战争"，构建以生存抗击与未来产业引导的组织发展战略	◇ 组织单元结构系统化转型分步构造9：应对复杂多变的市场环境，构建以"生存"为基础的协同化组织单元系统，通过组织单元高敏捷性拆分与重构，快速修补产业短板，加速未来核心业务开发，并对非核心业务组织单元删减及剥离，最大限度地提升整体组织的生存能力，并扩展发展空间

资料来源：作者根据相关文献及公开资料整理。

从华为的成长历程，寻找华为组织变革的发展轨迹，可以清晰地发现：华为每一次高速成长都紧紧踩踏着科技进步的时代步伐，而每一次科学技术革命性创新，都会导致市场需求与环境的巨大变化，都会促使华为公司组织系统发生重大变革。因此，华为确认了"以客户为中心，以奋斗者为本"的发展理念。实际上，华为的成长道路走得并不顺利，尤其在初期，由于研发的滞后，以及研发发展方向的误判，华为数次出现"生死存亡"的危机。举两个典型事件：

第一在1992年，华为公司赌上全部身家，研发当时华为认为最先进的1000门模拟交换机——JK1000，却出现"上市即淘汰"的失败，华为遭遇历史第一次滑铁卢，几乎败光全部家底。实际上当时国际主流技术是欧美数字交换技术，落后的模拟技术注定要被市场无情淘汰，这次研发失败差点让任正非"跳楼"。JK1000模拟交换机仅在乐安县邮电局公溪分局等地方小电信局使用，整体销售数量不超过200套。但这次研发失败教会了华为，只有客户急需的"核心"技术，才可能有"生存"的基础。直到华为第一台2000门数字程控交换机C&C 2000研发成功，才让华为走出"生存"困境。

第二在2001—2007年，华为对通信行业3G技术产品与技术投入出现数次严重误判。第一个误判，是华为全力投入3G领域国际主流标准——WCDMA，并未关注日本推广到中国的小灵通产品。小灵通产品技术虽然落后，但费用便宜。当时中国电信市场陷入停滞状态，小灵通成为当时通信厂商唯一的机会，但华为认为：华为是一家"为未来投资"的企业，宁可赔死，也不做过时的技术。结果，UT斯达康依托小灵通业务迅速崛起，年销售额突破百亿元，2002年净利润竟然与华为持平。另一个误判，是华为放弃CDMA技术研发，但该技术被联通看中，结果2001—2002年，华为无缘联通业务。以为技术领先，却导致华为出现了严重的市场误判,2003年发展迅猛的华为首次出现负增长,几乎发不出工资,导致华为又一个"冬天"来临,再一次面临"生死存亡"的边缘。这件事教会了华为,领先技术不是唯一制胜的法宝,只有以"市场需求"、以"客户需求"为中心,才有"生存"空间。任正非为此感慨:"领先半步是先驱,领先一步是先烈。"

从追赶科技到引领科技,从面对强大对手的生死之搏,到走向未来科技的无人区,再到美国这个世界第一强国的政治迫害、经济打击与技术封锁,华为每一步成长都不简单,组织进化型变革更是痛苦的"生死抉择"。反思的重重危机,"华为的冬天""思科对华为的诉讼""孟晚舟事件"、美国"实体名单系列制裁"等,都教导华为公司发展的基础是"生存"进化,是充满危机感地活下去。"华为公司的最低纲领是要活下去"(《学习IPD内涵,保证变革成功》,1999)。任正非曾多次强调"生存"的重要性:如果华为想在世界上站起来,就要敢于揭自己的丑。正所谓"惶者生存",不断有危机感的公司才一定能生存下来,因此华为公司是一定能活下来的(任正非在华为技术、安圣电气研发体系干部座谈会上的讲话,2001)。以"生存"为基础的华为公司,组织进化过程是由市场环境、科技研发、战略目标与制度压力等因素共同作用的动态协同过程。

华为案例A追踪二:
华为公司组织变革的主要历程

华为公司自成立以来,经历了四次大的组织架构变革。虽然众多文献对于组织架构变革的阶段划分、时间结构及构造形态并不完全相同,但就华为公司变革历程、变革目标却相对统一。为了清晰四个阶段的组织架构体系,这里将各阶段组织架构进行了类比(如表5所示)。

表5　　　　　　　　　华为公司的组织变革历程

组织发展变革阶段一:1987—1994年
主要组织架构形态:直线职能制(其间由直线型向直线职能制组织架构转化)
应对市场的主要状态:主要应对市场的规模化发展需要
该阶段主要影响因素与要点说明: 1. 该阶段突出以"生存"为基础的集权式组织策略,最早由任正非主导并监督 2. 该阶段主要由职能部门构成,职能部门主要分解为:研发、市场销售、制造为核心的业务流程部门,以及财务、行政等为业务服务的辅助流程部门 3. 产品开发由市场跟随策略向集中资源进行单一产品的开发、生产、销售转化。成败关键主要为:产品对于市场的规模需求与技术的先进性

续表

组织发展变革阶段二：1995—1997 年

主要组织架构形态：事业部制为主，结合地方公司制（地方公司制主要与区域电信公司形成地区型股份制公司，共建利益共同体，其形式等同于区域事业部制，在此期间组织结构开始向二维矩阵式组织架构转化）

应对市场的主要状态： 主要应对产业结构调整，促使向更广泛区域及多元化产品体系发展

该阶段主要影响因素与要点说明：

1. 该阶段主要解决产品结构多样，组织人员增加，人员管理难度增大的问题。如 1995 年，华为公司销售额达 15 亿 RMB，员工数量迅速增长到 800 多人

2. 产业与组织运营体系发生根本变化。由单一程控交换机研发销售向全面通信解决方案公司全面转化，华为实行事业部制

3. 为快速适应国内外市场的快速拓展需求。华为同时实行地方公司制，引入区域电信公司作为公司股东，开始实行二维矩阵式管理

组织进化变革要点： 向 IBM 学习，全面引入 IPD 和 ISC 流程控制，实行规范化管理

组织发展变革阶段三：1998—2013 年

主要组织架构形态：矩阵组织结构（由二维矩阵向产品为主导的组织矩阵型转化）

应对市场的主要状态： 主要应对市场国际化与产品系统多元化

该阶段主要影响因素与要点说明：

1. 该阶段重点解决国际化的扩展步伐。建立不同国际区域、产业规模相对应的代表处、分公司等模式的组织矩阵

2. 研发体系及组织结构发生根本性变革，重点构建以科研为企业驱动核心的业务单元，针对市场需求，组织展开系统化的对应调整，开始在消费者领域发力

3. 华为对应的组织结构变革，根据市场需求的不同，发生了战略方向上的整体变革，由事业部与地方公司相结合的二维矩阵型组织向以市场与客户为主导的产品制组织结构全面进化

组织进化变革要点： 基于国内外业务终端，形成"铁三角"业务型组织单元，同时华为公司深度优化 IPD 与 ISC 等系统流程，进一步激活组织动态变革体系

组织发展变革阶段四：2014 年至未来一段时间

主要组织架构形态：组织单元为主导的新型"自进化"组织架构（又称组织模块制或动态矩阵型组织）

应对市场的主要状态： 变革以客户/市场为中心

该阶段主要影响因素与要点说明：

1. 组织进化开始向动态组织"自进化"系统转化，进一步推进组织管理简化。构造"让组织更轻更灵活，是华为未来组织的奋斗目标"（任正非）

2. 组织架构全面变革，开始向以组织单元为主导的系统架构变革。通过借鉴阿富汗战争的成功因素，建立"现代化的小单位作战部队"，侧重建立"在前方去发现战略机会，再迅速向后方请求强大火力，用现代化手段实施精准打击"（任正非）的组织发展目标

3. 实施不同发展重点的组织单元系统，集团职能突出"军政"职能型组织单元，是业务单元的资源支撑与服务平台，主要向前端提供及时高效的后台系统服务

续表

4. 不同体系的组织单元之间形成持续性的动态协同优化，运营商、企业、消费三大 BG 的组织单元系统集群突出"军令"化实施，对于不同的客户群体、不同的客户需求，采用针对性的指挥作战体系，最大化发挥组织活力
5. 构建"红""蓝"军内外部竞争与合作模式，通过组织内部动态"危机"抗争形态，促进组织内部形成战略性的"自进化"模式
组织进化变革要点：提出"班长的战争"组织单元集群系统模式，通过业务类组织单元与企业整体资源融合；形成以组织单元系统协同优化为主导的动态"自进化"变革，简化 IPD 与 ISC 等系统流程管理；将组织结构逐步调整为基于客户、产品和区域三个维度的组织优化系统；形成"红""蓝"军竞合模式，提升应对不确定性风险的能力

资料来源：作者根据相关文献及公开资料整理。

华为公司的组织变革，按照"由简单到复杂，由无序到有序、由同质到异质"的组织进化规律展开，强化了"外部环境的优胜劣汰"与"内部的优化适应"，以应对整体市场环境的变化。组织进化强调对于动态变化的市场环境，构建相适应的"自然选择"，通过"遗传""变异"，让组织系统有更强的竞争优势。具体表现在：学习、传承 IBM 公司的 IPD（Integrated Product Development，集成产品开发）、ISC（Integrated Supply Chain，集成供应链）等系统流程，在实践应用过程中进一步结合市场需求，用数十年时间数次优化并简化流程，形成动态自进化的组织惯例。

华为公司在组织变革过程中，非常值得注意的一点是：突出终端业务类组织单元优势系统的建立，尤其突出业务端"新奇"优势的打造，以及如"铁三角"等业务类组织单元模式的系统"扩散"，并进一步通过流程与惯例持续"自进化"，将新构建的特色优势依托组织单元"自进化"系统锁定下来。

举一个"铁三角"组织单元形成过程与进化过程的典型案例。

"铁三角"组织单元最早起源于与加拿大北电（Nortel）公司竞争过程中成立的业务端"服务小组"。北电（Nortel）公司曾经是加拿大"国宝级"科技公司，激烈的市场竞争中，因技术先进与历史悠久占领了庞大的通信市场，但在中国市场却存在市场服务不足，问题反馈速度缓慢等问题。华为公司为突破市场瓶颈，快速占领北电原有的中国市场，针对北电市场服务严重缺乏的现象，建立快速满足客户需求的业务端"服务小组"，迅速占据了北电原有的中国市场，并开拓出大量的新市场。在后续的发展过程中，华为公司针对国际服务不到位，技术与服务脱节等问题，在业务端"服务小组"的基础上，创建了集技术与服务于一体的"铁三角"业务端组织单元，极大地提升了服务质量，该模式优势得到体现后，华为公司又将"铁三角"组织模式展开全球范围的广泛"扩散"。现阶段，为了更好地将业务端组织单元优势与集团技术等资源优势相融合，华为公司再一次在"铁三角"组织体系的基础上，创建了"班长的战争"组织体系，即以前端业务端组织单元为中心，同后端技术与管理团队协同优化，形成新组织生态优势。华为未来将基于此展开组织进化，希望通过数十年的努力，使组织实现持续"自进化"，形成具有独特优势的动态组织自进化体系。

华为案例 A 追踪三：
国际市场的发展历程与组织变革体系

华为公司的国际化发展之路，既是华为走向世界名企的成长史，也是华为不断面临绝境，不断"绝处逢生"的血泪史。在中国产业体系转型的关键时刻，将有越来越多的中国企业走向世界，尤其在"一带一路"与"中美贸易冲突"的复杂背景下，华为公司国际化的市场发展历程与组织变革体系具有极强的参考价值。

华为公司的开拓之路开始于国内市场与国际名企竞争过程中建立起来的竞争优势，如华为公司对上海贝尔通信的兼并以及建立高性价比的产品优势，成为了华为公司进入国际市场的基本优势。1996 年，位于深圳的华为公司由于地缘优势，机缘巧合首次进入香港地区，开始了正式的国际化之路。1997 年因中俄两国友好的国际关系，顺势进入俄罗斯，但是华为公司国际化发展之路并不顺利。华为公司与当时的爱立信、阿尔卡特、西门子、朗讯等国际知名公司的国际拓展模式所不同，主要通过"先易后难"，由偏远与低利润区域作为国际市场突破口，由发展中国家向发达国家推进，由简单的产品销售向系统的解决方案逐步升级。

华为公司海外发展历程主要分为四个主要阶段：初试海外市场阶段、开拓发展中国家市场阶段、开拓发达国家市场阶段、全球一体化深度服务阶段（如表 6 所示）。

表 6　　　　　　　华为公司海外发展主要阶段与海外组织应对体系

发展阶段	发展时间	发展重点	海外组织对应体系
初试海外市场阶段	1995—1997 年	◇ 1995 年兼并上海中外合资贝尔通信公司 ◇ 1996 年进军香港地区 ◇ 1997 年进入俄罗斯	◇ **海外组织主要模式**：主要采用项目小组及项目制服务模式 ◇ **海外业务端组织单元结构**：构造基础的项目服务小组模式
开拓发展中国家市场阶段	1998—2000 年	◇ 1998 年，参与世界各大区域展会，并在亚太、中东、北非等发展中国家与地区成立代表处，尝试海外市场拓展。 ◇ 1999 年进军印度 ◇ 2000 年在新、马、泰获得移动智能网订单，并成为区域竞争力品牌 ◇ 2000 年进入中东、非洲、南非地区	◇ **海外组织主要模式**：采用代表处模式，相对成熟海外区域成立分公司 ◇ **海外业务端组织单元结构**：终端采用"服务小组"模式，展开以市场为中心，以客户为中心的小型组织"贴身"服务模式

续表

发展阶段	发展时间	发展重点	海外组织对应体系
开拓发达国家市场阶段	2001—2008年	◇ 2001年,进入德国市场 ◇ 2005年进入英国市场,并成为英国电信(BT)首选网络供应商 ◇ 2001年在美国硅谷和达拉斯设立研发中心 ◇ 2003年与摩托罗拉开展OEM合作 ◇ 2008年与加拿大运营商Telus和Bell共同签订合同	◇ 海外组织主要模式:采用分公司组织结构,并采用事业部制,与总部采用组织矩阵管理模式 ◇ 海外业务端组织单元结构:针对业务终端,采用"铁三角"组织单元服务模式,优化"客户为中心"的服务体系
全球化一体化深度服务阶段	2009年至今	◇ 2009年,无线接入市场占全球份额第二 ◇ 2010年建立SingleRAN网络超过80个 ◇ 2013年构建5G全球生态圈 ◇ 2014智能手机跻身全球第一阵营 ◇ 2018年,业务已经遍及170多个国家和地区,成为全球领先的ICT基础设施和智能终端提供商	◇ 海外组织主要模式:采用组织单元矩阵结构,并构建区域平台,将业务重点向前端转移,强化以"客户为中心"体系 ◇ 海外业务端组织单元优化形成动态"自进化"系统:构建"班长的战争"动态组织单元体系,并在未来5~10年系统化完善该组织系统,形成动态"自进化"组织

资料来源:作者根据相关文献及公开资料整理。

分析华为公司国际化发展背景,可以深切感受到华为以"生存"为基础的成长逻辑,其目的是拓展更广阔的"生存"空间。华为公司之所以能在极其复杂的国际市场环境下拓展海外市场,一方面因为国内市场逐渐饱和,必须将目标转移到新市场;另一方面,华为公司当时的产品及技术并不具备国际先进性,但具有极高的性价比优势,因此华为公司采用了针对市场与客户高度认可的贴身"服务小组",通过服务与价格弥补技术上的不足,由低端向高端市场循序渐进,构建华为公司在国际市场独具特质的竞争优势。华为国际化道路每一步都充满着艰辛与执着,非常值得众多国内企业参考,这里总结了华为公司进入国际各大区域的主要事件与组织变革形态,作为中国企业进入国际市场的行动参考(如表7所示)。

表7 华为公司海外发展的主要区域、各国主要发展事件与区域主要组织形态

进入国家:俄罗斯	
进入时间:1997年	
进入区域背景状况:	
❖ 俄罗斯电信业受到经济迟滞发展的影响,国际通信巨头西门子、阿尔卡特、NEC等纷纷撤离,空出的通信市场为华为提供了巨大的市场成长空间	
❖ 中俄两国在此期间建立了良好的双边外交关系	

续表

进入市场的形式：
◇ 建立代表处，实施"土狼战术"，建立 100 多人的营销团队，在俄罗斯展开长期市场开拓
◇ 华为与俄罗斯电信、贝托康采恩三家公司成立"贝托—华为"合资公司，通过本土化战略模式，进入俄罗斯
主要发展事件：
• 2000 年，华为获得乌拉尔电信交换机和莫斯科 MTS 移动网络两大项目，加快了俄罗斯市场规模化销售的步伐
• 2001 年，华为与俄罗斯国家电信签署上千万美元的 GSM 设备供应合同
• 2002 年，华为与俄罗斯国家电信签署上千万美元的 GPS 设备供应合同。2002 年底，取得从莫斯科到新西伯利亚长达 3739 千米超长距离的国家光传输干线订单
• 2003 年华为在独联体国家的销售额超过 3 亿美元，位居独联体市场国际大型设备供应商之首
• 2011 年，华为在俄罗斯的销售额突破 16 亿美元
• 2013 年华为智能手机、平板电脑在俄共售出 60 万台。2013 年，华为中标第一条全长 3797 千米的国家级干线项目等
该区域主要组织形态：
➢ 开始采用代表处模式，逐步转化为业务端组织单元为核心的动态组织系统模式，以组织高品质产品与服务，分步骤占领俄罗斯市场
➢ 通过合资公司模式，形成"利益共同体"

进入区域：拉美市场
进入时间：1997 年
进入区域背景状况：
❖ 拉美区域电信服务业开始实行私有化，导致移动电话网络与电话机网络等方面出现大量市场需求
❖ 拉美地区发生金融危机，经济环境出现了持续恶化，而电信运营商设备受欧美公司垄断严重
❖ 拉美市场整体通信业投资较大，发展速度快，经济水平处于国际中等水平，但地区间发展极不平衡，具有巨大的市场潜力
进入市场的形式：
◇ 通过国家间战略合作，依托海外战略采购模式，通过"新丝绸之路"等系列合作打开拉美市场并站稳脚跟
◇ 华为在拉美主要区域建立合资公司，以及开设海外代表处等模式进入拉美市场
主要发展事件：
• 1997 年，华为在巴西投入 3000 多万美元建立了合资企业
• 1999 年，华为在巴西开设了拉美首家海外代表处。1999 年进入厄瓜多尔市场，并在厄瓜多尔的首都基多和瓜亚基尔市各设立一个办事处，前后数年与厄瓜多尔签署了 4 个合作项目，总价值为 1200 万美元
• 2004 年 2 月，华为获得合同金额超过 700 万美元的巴西 NGN（下一代网络）项目
• 2004 年 7 月，华为与委内瑞拉电信管理委员会（CONATEL）签署了约 2.5 亿美元的合作意向书
• 2011 年，华为投资 3 亿美元在巴西建设研究中心。2012 年，华为投资 6000 万美元在巴西索罗卡巴市建立拉美最大的配送中心。2013 年，华为在巴西设立智能手机生产工厂及多个配送中心
该区域主要组织形态：
➢ 形成区域代表处布局模式，在拉美 9 个国家设立了 13 个代表处
➢ 进一步通过合资公司及投资区域公司实现市场本土化
➢ 业务端形成针对性的服务小组

续表

进入区域：非洲市场
进入时间：2000 年

进入区域背景状况：
- 非洲电信市场由于历史发展因素，存在着服务差、收费高，最大问题是存在政治局势不稳定等因素影响
- 非洲的电信市场长期被欧美等通信公司所垄断，通讯设备价格奇高，但非欧美供应商进入该市场存在巨大的难度

进入市场的形式：
- 依靠技术和品牌优势，通过与南非主流运营商建立合作伙伴关系，寻求不同区域电信市场突破口
- 通过国家之间的合作，采用分支机构落地合作与南非各国建立深度合作发展关系
- 重视区域重点项目投入，融入形成本土化公司

主要发展事件：
- 2000 年华为进入南非，截至 2014 年 12 月 31 日，华为南非员工总数增长至 1028 人
- 2005 年，华为在纳米比亚等区域投资，与纳米比亚公共广播公司（NBC）展开数字电视等领域合作
- 在南非持续展开项目建设等方面合作。与当地运营商共同开展长期合作，建设了数百座无线基站，铺设了数千千米光纤，依托华为技术优势提供了互联网接入、电话通信、数字电视等领域服务。服务总人数超过 200 万非洲居民
- 从 2005 年起，华为与所有包括 MTN 等非洲主流运营商建立了深度合作关系。在南非、尼日利亚、乌干达、赞比亚、喀麦隆等国家建设 GSM 网络，华为网络建设覆盖率在非洲众多区域超过 50%

该区域主要组织形态：
- 华为全球有 100 多个不同类型分支机构，中东与非洲就有近 40 个
- "铁三角"组织单元模式于 2006 年起源于苏丹，后成为华为全球重要的客户服务模式，并成为华为公司动态组织自进化变革的基础

进入区域：东南亚市场
进入时间：2000 年

进入区域背景状况：
- 泰国、新加坡、马来西亚等国家与地区拥有坚实的华人基础，较容易接受中国企业
- 马来西亚存在巨大的宽带与电信市场，宽带市场用户猛增，电信市场的网络建设已经无法满足市场爆炸式增长的需求
- 新加坡电信业具有巨大的市场需求，但被技术成熟且知名度高的公司所垄断

进入市场的形式：
- 在泰国设立"市场多元化"与"服务本地化"的分公司机构，深度扎根泰国
- 在新加坡开发具针对性的特色通信行业高品质服务业务
- 在马来西亚通过偏远地区的从小盒接入项目开始，逐步向 NGN（下一代网络）项目深化，并与马来西亚电信建立长期战略合作

主要发展事件：
- 2001 年在曼谷成立了华为泰国分公司。2002 年在泰销售额已达到 30 亿泰铢（约 7700 万美元）
- 2008 年，华为开始承接马来西亚电信委托的 NGN 项目。2009 年 10 月，华为获得马方 FTTH 合同和 MSAN 合同；2009 年 11 月，马方将 Metro Ethernet 三年合同授予华为；2009 年 12 月，华为获得 BRAS 三年合同

该区域主要组织形态：
- 以办事处为拓展点，扎根区域、深度服务
- 通过"铁三角"组织单元深度贴身服务，开始了东南亚市场高速发展

续表

进入区域：欧洲市场
进入时间：2001 年

进入区域背景状况：
- ❖ 属于成熟市场，网络系统已经形成统一标准，只有较强实力的制造商才能进入该区域市场
- ❖ 属于高技术、高附加值的高端市场，具有较先进的消费理念，同时具有全球较高的通信消费水平
- ❖ 大部分地区，非常偏重产品性能，同时注重个性化服务

进入市场的形式：
- ◇ 在欧洲 26 个国家设立分支机构，并展开联合开发和招投标
- ◇ 通过价格与技术优势，采用专业化竞标，获得大量合同

主要发展事件：
- 从 2001 年开始，华为以 10G SDH 光网络产品进入德国市场为起点，通过与当地著名代理商合作，顺利在德国、英国、法国、西班牙等发达国家开展业务。2003 年销售额达到 3000 万美元
- 2001 年，华为在英国建立了分公司，2005 年，通过英国电信（BT）的严格认证，进入英国电信价值百亿英镑的"21 世纪网络改造和建设"的"优先供应商名单"。成为突破欧美主流市场的标志性事件
- 2015 年 7 月，华为已经与欧洲企业签署了 15 项合作协议，协议数量几乎与 2014 年全年相同。从云存储到电信设备，再到网络安全，涉及服务内容非常广泛
- 截至 2012 年，华为在欧洲有 37 个办事处，6 个研发中心，9 个培训中心，欧洲员工达到 6700 人
- 2018 年 11 月，华为仅在法国就设立了 5 个研究中心，在芯片、数学、家庭终端、美学、传感器和软件研发五个专业领域展开深度合作

该区域主要组织形态：
- ➢ 以代表处为基础拓展点，利用"铁三角"业务类组织单元模式，建立以"客户为中心"的高品质贴身服务
- ➢ 在欧洲主要国家设立分公司，促进本土化优势融合
- ➢ 利用区域优势，建立全球化研发的组织单元体系
- ➢ 不断优化国际业务与研发协作流程，持续促进国际组织协同进化

进入区域：北美市场
进入时间：2001 年

进入区域背景状况：
- ❖ 拥有以思科、朗讯等跨国巨头为主导的全球最大电信设备市场
- ❖ 10 年产业高速增长，却出现了美国 IT 企业陷入有史以来首次业绩衰退
- ❖ 美国政府针对信息通信产业及相关领域，具有极强的政策壁垒与地区保护

进入市场的形式：
- ◇ 与区域运营商合作，采用直销网站销售
- ◇ 与 3Com、摩托罗拉等公司成立合资公司，利用本土知名企业的资源优势，逐步进入北美市场
- ◇ 通过手机消费者业务吸引消费者

主要发展事件：
- 2003 年 1 月，思科在得克萨斯州美国地区法院对华为提出起诉，2004 年达成和解，该诉讼直接造成华为进入美国市场的政治壁垒
- 2004 年 2 月，华为与一家无线通信运营商做成了华为在美国的第一笔业务
- 从 2014 年起，华为为加拿大贝尔（Bell Canada）及研科公司（Telus）提供 3G 和 4G 网络设备，并为萨斯喀彻温省电信公司提供 100% 的 4G 网络硬件
- 2010 年 4 月，华为在以加拿大渥太华为运营中心，并建立研发中心。2015 年 4 月 20 日，华为正式开放加拿大渥太华研发中心，此时华为已在北美建立了 9 个研发中心，在全球建立 17 个研发中心

该区域主要组织形态：
- ➢ 对于较难进入的区域采用合资等灵活地组织"共生"、价值"共享"的合作模式，最大化扩展业务"生存"空间
- ➢ 整体业务采用不同类型组织单元，在研发、项目合作等业务领域，采用不同业务合作模式，获得区域竞争优势

续表

进入区域：东亚市场
进入时间：2006 年
进入区域背景状况： ❖ 日本市场具有东方特有的文化特质，并具有欧美市场高技术标准要求与精益求精的品质服务需求 **进入市场的形式：** ◇ 与日本电信 NTT 在无合同前提下展开合作，华为研发部门连续工作 60 天完成了一款新产品，其产品在技术、质量方面表现非常出色，成为华为进入日本的突破口 **主要发展事件：** ● 2009 年 10 月，日本 KDDI 给了华为第一份合同，截至 2013 年华为在日本年销售额接近 20 亿美元，是华为 2011 年在日销售额不足 5 亿美元的 3 倍多 ● 截至 2017 年，华为在日本设立 6 个研究中心，在物联网、光纤通信网络等领域展开研究 ● 与软银集团、NTT DoCoMo 两家移动运营商共同开发 5G，与索尼开发虚拟现实技术，与安川电机等公司在先进制造技术领域展开合作 **该区域主要组织形态：** ➢ 以"客户为中心"的动态组织单元协同合作模式进入市场 ➢ 以区域优势为核心，以研发等为主要组织驱动力，在不同类型组织单元系统之间展开协同"自进化"合作

资料来源：作者根据相关文献及公开资料整理。

华为公司国际化之路采用"集中优势兵力，制胜薄弱环节"的战略，市场布局采用先进入发展中国家、后进入发达国家，从电信发展较薄弱的国家入手，深度服务客户，扎根区域，逐步向西欧、北美及日本等发达区域扩展。对于海外市场不同区域、不同发展阶段的需求，华为公司海外组织模式从项目制转向代表处，再转向分公司及区域发展平台。业务终端服务组织从只做基础服务的"服务小组"、到针对国际项目的"项目组"，再向华为独有的"铁三角"组织单元模式、再到集中业务端与企业整体资源的"班长的战争"组织单元动态"自进化"协同模式，形成了华为所独有的动态自进化生态。

华为公司国际化品牌推广策略开始定位中低端，逐步向中高端产品及项目服务转化，并依托"产品高性价比与核心技术差异化＋优质售后服务"的华为模式，战胜竞争对手。华为公司跨国投资主要采用合资和并购的方式实现自主品牌国际化，并形成区域竞争优势。华为公司对于研发创新则通过聚合各地核心技术优势，在世界各地设立研究中心与科研院所，不断加强科技研发投入，依托系统化研发业务组织单元之间的协同，形成全球一体化的研发组织创新模式。

华为公司国际化战略与组织系统化变革，使华为在进入不同国家和区域得到了飞速发展，促使华为成为世界 500 强中最具成长力与创新力的公司。

第二部分 新组织体系

引子

信息数字化潮流,已经打破了工业革命所缔造的工业体系,市场需求的变化,让管理理论与组织理论面临着整体颠覆。激活组织、重构组织将促使公司在"危机"中持久地存活下来。回归组织起源,寻找组织进化最根本的"源"动力,形成"生存"为基础的组织体系,是未来组织发展的核心。

第二部分主要介绍两个方面内容：未来组织的基本形态与基本构造，未来组织基本进化路径。并以完善组织进化管理模型（如图5所示）。

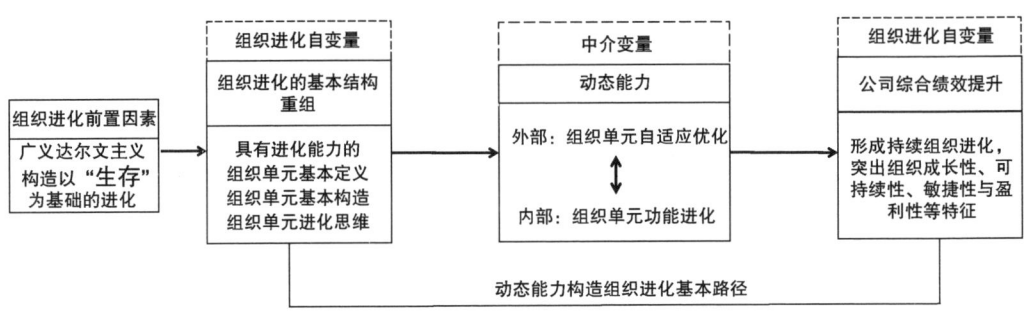

图5 未来组织进化基础路径构造概念模型

第四章
组织单元：组织生命力的开启密码

企业在发展过程中，会发现一种奇怪现象：在历史上经常出现具有创新能力的创业型公司打败传统的大规模产业集团性公司。究其重要原因，大集团公司虽然拥有更多的资源，更多的人才，更多的资金，但缺乏组织的生命力与旺盛的成长力。一种具体表现是：对于新业务与对应组织体系变化，大公司内部会出现各方面的推进阻碍，而创新小公司却没有太多的阻碍因素，组织成为两者之间本质差异因素之一。传统大公司越来越习惯原有的核心竞争优势，形成了组织惯性。很多公司也希望变革，但对变革充满着"抗药性"，对于创新，尤其是组织创新都非常犹豫，低效率与低敏感度让大公司非常容易被超越，这种现象常被称为"大公司病"，或者被称为"变革无力症"。的确，一个处于成长期的公司会视所有变化为机会，一个处于衰退期的公司会视所有变化为威胁。

为了打破这种魔咒，世界各国知名公司都在探索具有生命力的组织形态，韦尔奇在通用公司推行了无边界组织，郭士纳在IBM公司推行了IBM矩阵，都是针对"大公司病"进行的组织瘦身与组织重塑过程。虽然过了很多年回看两家公司的组织变革过程都非常成功，但就实际操作过程可以清晰感受到面对大面积人员裁撤、岗位调动、组织优化及权利重组等都将面临极大的困难，郭士纳曾说"大象也能跳舞"，但跳舞的关键是痛苦的组织进化过程，需要通过较长的周期重构高效的组织体系。近几年的组织变革，越来越注意构建如细胞一样具有敏捷性的组织单元系统。如日本稻盛和夫创造的"阿米巴管理"，中国海尔推行的"量子管理"、华为发展过程中出现的"铁三角""班长的战争"等类型的组织单元，以及现代军事组织体系中，以单兵作战能力为核心，构建的多作战单元协同的组织体系，如"海豹突击队"。

一、细胞、组织、单元、组织单元的"源故事"

近代生物学有两个核心理论，一个是达尔文为代表的进化理论，另一个是生物细胞学。进化理论侧重研究生物的成长路径，细胞（cell）则是研究生物体最基本的结构与功能单位。细胞虽然基础结构具有相似性，但功能具有多样性，以人体的为例：人体约有40万亿~60万亿个不同类型的细胞，细胞平均直径在10~200微米，包括神经细胞、白细胞、红细胞、血小板、吞噬细胞、上皮细胞、心肌细胞、干细胞等类型。复杂的人体组织研究其实与现代企业组织研究的复杂性与多样性非常相似，因此以生物细胞作为跨界研究基础，对现代大型与超大型企业的组织变革与组织创新、中小型企业的组织激活等领域研究都有极强的思维创新价值。

生物学细胞的研究发现，对近代医学、生命科学具有划时代的价值，对社会科学研究同样是一场思维革命。将细胞思维带入经济与管理学中，其实对未来组织研究是一场思维革命，从本质上讲，组织管理学的建立就是基于生物学的"细胞思维"。近代的"量子"管理、"阿米巴管理"等都是基于"细胞思维"构造的现代新型管理体系。

"组织"在社会学与管理学中被视为：**为完成某种特定目标，而构成的活动与权利的系统/集合（Louis A. Allen，Chester Barnard）**。社会学中"组织"的提出是基于细胞的生物学研究，法国学者比夏（Bichat）通过细胞分化的观察，提出了"组织"概念，认为：**组织是由形态、结构和功能相同的细胞，经过细胞的分化，形成各种不同形态、不同功能的细胞群，这些细胞群构造系统就是组织**。组织概念融合到管理学成为各类团体的代名词。包括公司、政府部门、经济实体等。它既可以是为实现一定目标，互相协作结合而成的集体或团体，也可以是按照一定方式相互联系起来的系统。生物体中组织的基本构成是细胞（cell），而社会学与管理学中的组织基本构成是单元（Unit/cell）。

"单元"是基于生物细胞原理构成"公司组织"最基本的研究单位。组织中"单元"概念的提出，最早出现于制造系统中工作界定的单位。制造单元可定义为：针对产品单元进行标准化分组，采用相同或相似设备，在一个单元内从原材料使用到完成交付的整体生产过程（Greene，1982）。各国学者进一步在"单元"研究中加入了"技术""信息""知识""人力"等影响因素（Hyer，1999；Jarvis，2006），"单元"的研究范围也从制作单元延展到组织各领域，形成了"工作单元"，也就是"组织单元"基本的概念体系，认为组织单元是公司内部由多个成员构成，进行自我管理的单个实体，这些实体与共同利益及市场等因素融合，通过组织需求、目标管理、客户价值等影响因素进行整合，在变化的环境中构成完整的独特单位（Snow，1998；2001）。

结合以上研究总结，**单元（cells）是指公司组织中的每个独立部分（成员、小组织、功能部门）在整个公司中形成可以运作的实体，可以展开单独活动，并通过组织整体协同合作完成对客户的定制服务（Raymond，2000）**。

结合"单元"的定义，"组织单元（organization cells）"被定义为自我管理的商业实体，并在市场与共同利益的基础上对公司的运作独特单位（Snow，1998）。这个定义主要侧重对公司或者组织整体的关系，非常宽泛与笼统，并未对更小的"组织单元"构成及特质展开系统分析。事实上，组织单元应该从组织的单体运用层面确认清晰的功能定义。因此，组织单元是基于单元形成其功能定义，即把公司看成是一个复杂的组织系统，是由组织中具有自治功能的商业实体单元（如生物学中的细胞）组成，形成一套对于产品或产业体系具有规范性关联及优化功能的单元集合，呈现多样性特质，具有极强的适应性与生命活力（Mathews，1995；Raymond，2000；Greene，1982；Hyer，1999；Jarvis，2006）。

二、组织单元，组织的"生命之源"

1. 组织单元是组织的"细胞"

组织单元就是组织中如"细胞"一般的小单元（cells）。虽然，不同类型的组织单元功能并不相同，但其规范化的构造就如同细胞一样，具有相似性，并具有明确的结构界定。从组织功能审视组织单元，**组织单元是对于资源及生产过程中的所有关联环节形成的多样并行的工作单元**。这些单元享有充分的自主权，并与公司内其他组织单元、公司外利益关联组织形成程序或者利益上的协作，从而可以系统地应对环境变化及实现整体战略目标。

如同细胞一样，组织单元是整体组织的独立实体。因此组织单元的主要功能可以包括三个方面：

（1）组织单元是由两个以上明确功能的单元个体组成，个体人员具有专业性，同时具有综合性，组织单元应具备**计划制订能力、系统分析能力、判断决策能力**，特别需要具备组织间的**协调合作能力**。

（2）组织单元具有**相对独立核算**的功能，可以集成活动、产品或者任务中的设备、知识、技术、信息等因素，可以协同或者独立完成产品/服务的构思、设计及交付等主要工作任务，并具有判断、推导及学习优化能力。这里需要特别强调的是**组织单元并非完全独立单元，独立的目的是激活组织的"生存进化"功能、创新能力以及机会挖掘能力，核心是在整体组织中，形成系统协同的"神经"传导，与整体组织优势融合，构建超越竞争对手的组织优势，以及聚合内外优势资源，构建的独特生态系统**。

（3）组织单元具有**可扩展性与功能优化性**，可分为**制作单元、服务单元、虚拟单元、网络单元、配套单元等组织单元体系**，通过打破公司组织边界，形成以行业/产品等为核心的内部组织单元与外部相关联的组织系统。小单元之间不存在固化的组织结构关系，但**存在明确目标或系统**，关联体系与程序规则可持续优化，组织单元可以参与多个组织的不同类型工作协同。组织单元通过体系规则动态优化，形成组织惯性，对流程目标、组织特征和客户价值展开系统整合，形成目标明确、价值不断提升的组织系统（Mathews，1995）。

2. 组织单元的横向特征对比：传统职能部门、项目小组

组织单元是现代化公司以及组织未来发展的基本构造单元，是围绕公司核心业务优势、单元个体优势所形成的动态、可持续发展的稳定工作/服务单元。 它既有创业型团队应对市场的高效反应能力，又能对组织个体直接激励与优化。

近年来，信息科技、网络技术、物联技术、区块链技术等新技术的高速发展，大大促进了公司流程再造，强化了公司中个性化团队的敏捷性与适应性特征。促进了组织单元为核心的不同新管理模式的产生与实践。产业跨界及技术交互打破了原有的职能分工，将公司经营与市场个性化需求高效融合，更将技术、人员、知识、信息、设备等因素与不同组织在空间上深度融合，同时尽可能在最短时间内完成市场个性化需求，将产品/服务转化为公司价值，以此构造现有与未来的产业或商业逻辑。国际上，众多国家都在通过新技术体系，构造更为快捷与个性化的产业系统，如美国的"工业互联网"、德国的"工业4.0"，中国推行的"中国制造2025"以及现在强力推进的新信息设备建设为核心的"**新基建**"。

组织单元的构造特征：首先，**具有激活组织中的个体功能**，不断提升个体价值，实现小组织体系中的综合价值。其次，**具有明确动态的责权利及财务核算要求**，并以此为基准，推进组织内部成员之间协作，优化整体组织的市场应对能力，提高客户的服务质量。这与传统职能部门以及传统事业部制等组织结构中的"工作小组"完全不同（如表8所示）。

表8　　　　　　组织单元、项目小组和职能部门等组织结构特征的比较

	职能部门	项目小组	组织单元
人员特征	人员固定，人员只需拥有相关的专业知识	人员变动性强，不同的人拥有不同的专业知识	人员较为稳定，不同的人拥有多项技能和知识，执行能力更为广泛
成员关系	部门责任人与部门人员是直属命令关系	项目负责人与成员具有直属命令与相互合作的双重关系	单元负责人与成员相互合作，扮演教练角色，协同优化共同成长
技术	相似或相同的技术要求	拥有提供某项产品/服务的主体技术	拥有提供一组相似产品/服务的主体技术，可延展及创新
资源	按部门功能配置资源组合	集成某项产品/服务的所有资源展开功能配置	集成一组相似产品/服务的所有资源展开配置及优化创新
任务	完成产品/服务的单一环节	完成某项产品/服务的全部任务及活动	完成一组相似处理过程的产品/服务，且对产品的数量、质量、优化与创新等工作结果全面负责
流程	相似的流程活动程序化布局	将完成某项产品/服务的不同流程进行整体布局，并以完成为结点	将完成一定范围内的产品/服务的整体过程所有环节紧密布局在一起，并进行不断优化与创新

续表

	职能部门	项目小组	组织单元
决策权	不能决定产品/服务的类型和生产过程,只确认部分是否合规	具有短期开发和解决某一专门产品/服务问题的权力	能够决定一定范围内的产品/服务的开发、设计、生产和销售活动,以及市场开拓,实行自主管理
特点	分工过细、任务单一,决策缓慢、灵活性差,不能快速适应市场变化	任务清楚、目标明确;成员多头管理,协调难度大,企业缺乏稳定性和灵活性	能够随时根据市场变化和客户需要快速集成不同的信息、资源等,并提供个性化的产品/服务,可以自动调节外部干扰,并快速做出反应,权责明确

资料来源:刘群慧,2007;作者根据相关文献整理优化。

与传统组织相比,组织单元在资源、流程、信息处理、产品/服务应急处理及优化、决策权、创新力等构成要素方面具有更强的灵活性、高效性、组织柔性,对于客户需求及市场环境变化反应更积极、更高效。

3. 未来组织的重构核心:组织单元基本构成—引导未来的组织进化的"本源"

组织单元的结构构造,其本质就是组织基本功能的"本源"回归。组织单元虽然是组织的基本构造单元,但是依然遵循组织结构构造的基本原理。实际上,各种组织理论的创建与优化,均是在组织基本功能上的叠加、缩减、体系化,有的甚至会展开跨界优化。

组织单元与组织结构是基于6个关键构造要素构建组织与外部市场环境变化的对应关系,这六个要素分别为:**组织层级体系、组织规范化、功能基础、决策点权限、内部组织边界、外部组织边界**,并由此形成组织单元的基本概念界定。组织单元构造的目的:**最简化组织层级、持续优化组织规范、动态转化基本功能、打破内外部组织边界**(如表9所示)。

表9　　　　　　　　　组织单元基本构造的概念界定

特征	定义
组织层级体系	组织内部从基层到高层之间的层级数(包括基层员工层级与最高层管理者)
组织规范化	组织规章制度或程序等对指导工作与学习的程序化、标准化程度
功能基础	组织结构划分的依据
决策点权限	组织决策权分布点的高低及范围(从低层到高层之间的分布状况)
内部组织边界	组织内不同部门/单元间的合作关系及范围、部门/单元之间的边界调整
外部组织边界	组织与供应商、客户及周边等建立关联关系的程度

资料来源:作者根据相关文献综合整理。

从历史的视角重新审视组织构建体系与组织变革历程,本质是组织作为生产关系的载体与生产力之间形成相互对应的关系,也是市场需求与组织变革架构的对应。

因此，组织作为生产关系的载体，导致现代组织出现了多样化的变革，其变革的核心是生产力结构与市场结构发生了根本性的改变。典型表现为以前工业革命的核心，是能源转换的革命，现在以及未来工业革命的核心，是数据（信息与科技）转化的革命。

正因为如此，以往组织架构重点关注组织层级体系、组织规范化程度、功能基础及决策点权限这四个基本要素，并以此形成组织架构的基本特征，构造了规模化、集约化的传统经济形态，这种"静态"的组织变革促使组织变革目标更明显。在本书第一部分组织"简史"中曾论述了"分工协作理论"、亨利·福特时期的"福特工厂""法约尔"模型、"斯隆"模型、"规模经济理论"，都是基于组织四个基本构造要素，侧重在"效率"与"控制"为核心因素影响下形成的"静态"组织管理体系。

在高速变化的竞争环境与市场环境中，传统组织在应对个性化、多样化以及快速变化的消费者市场时，显现得无能为力。如诺基亚、摩托罗拉等公司的手机业务在消费者体验的市场环境变化中受到了灾难性冲击。这种现象出现不是因为这些公司的技术不先进，也不是因为这些公司规模不够庞大，实际上庞大、复杂的组织层级控制体系，让摩托罗拉与诺基亚这样国际知名的高新科技手机公司反应迟钝，对于市场缺乏敏感性，这是导致业务失败的重要原因之一。诺基亚前CEO约玛·奥利拉在手机业务被微软收购时说过这样一句话："我们并没有做错什么，但不知为什么，我们输了。"当时，几十名诺基亚高管无不落泪。实际上，庞大的组织更需通过组织变革形成"动态"处理各类市场信息变化的能力，这就需要打破内部组织边界与外部组织边界，让组织能够动态变化，以适应时代发展需求。因此现代组织逐渐朝着扁平化、虚拟化，甚至无边界化、网络化等多种类型组织形态进化。

对于未来，社会将越来越关注能源体系与数据体系的协同，组织将会越来越侧重资源的高效整合、快速适应、敏捷引导的能力。因此，**未来组织发展的关键之一就是将不同的资源、不同优势的人、不同的信息、不同的生产模式等所有环节高效地集成在一起，持续缩短客户/市场的产品/服务开发周期，形成产业引导优势，从而动态地形成市场的自适应能力，甚至形成产品/服务的主导能力。**

自适应能力与产业主导能力的形成，不仅靠战略，更需要靠组织进化思维，通过灵活的终端组织单元对核心业务展开应对与优化，逐步形成独特竞争优势。随着数据（信息）的进一步交互，科技体系的持续进步，组织中不同类型组织单元的优势将更加突出，甚至可以通过灵活的信息网络空间构建新的组织协调发展架构，其效能让传统组织根本无法匹级。

4. 多种影响因素形成了组织"动态"变化的新研究方向

对于组织变革研究，我们展开了文献系统整理，梳理了组织单元构造的影响因素，发现**组：织构造是基于市场形成动态优化的管理实践。组织动态构造了公司的市场适应体系**

与综合绩效（Droge，2004）。对于组织结构的变革存在众多的影响因素，在不同环境下，对于组织变革的影响并不相同，这里将不同学者对于组织结构构造特征的主要影响因素进行了整理，以方便组织变革实践者与学者参考。在组织变革实践中，可以结合变革目标，结合相关影响因素，梳理组织进化路径，搭建组织变革体系（如表10所示）。

表10　　　　　　　　　　组织结构构造特征的主要影响因素

学者	年份	组织结构构造特征
Van de Ven Miller 和 Droge	1976 1986	正式的层级结构、集权、正规化和专门化
Marsden，Cook	1994	层级、部门化、规范化、分权
Klauss 和 Bass Mintzberg Rudolph 和 Welker	1982 1979，1983 1998	决策点位置、规范化、层级数、水平整合程度
Germain	1994	整合、绩效控制、专门化、分权
Daft	1995	规范化、专门化、标准化、层级管理、复杂性、集权、专业主义、人事比率
Lysonski	1995	集权程度、规范化、结构分化
Germain	1996	专门化、分权、整合
Paswan	1998	规范化、集权、参与度、环境不确定性、分销机构
Koufteros 和 Vonderembse	1998	集权、规范化、复杂程度
Vickery，Droge 和 Germain	1999	正规化控制、分析、层级、管理跨度
Rondeau Vonderembse	2000	标准化、正规化、程序化和整合度
Damanpour Doll 和 Vonderembse Nahm 和 Vonderembse	1991 1991 2003	层级、水平整合程度、决策点、正规化特征、沟通水平
Ashkenas	2002	纵向界限、横向界限、外部界限及地理界限
Tata 和 Prasad	2004	组织集权、组织规范化

资料来源：作者根据相关文献综合整理。

对于组织结构构造影响因素展开历史性回顾，是为了对组织变革的一般性规律与主要影响因素进行总结与发现，这么做对于组织变革实践有积极推动效能。

发现一：公司的组织结构构造应该与执行的业务、面临的环境及可应用的条件相一致，这个观念形成了组织结构构造的基本特征（Lawrence，1967；Lorsch，1973）。

有学者依据"层级结构""规范化""专门化""集权能力"四个主要影响因素，研究了组织结构与公司运作、公司绩效之间的相互关系（Van de Ven，1976）。Marsden（1994）依据"组织层级""规范化""分权""部门化"四个主要影响因素研究了美国公司组织结构与环境之间的相互作用。也有学者从"规范化""分权""组织层级"等影响因素出发研究了基于客户定制对于组织结构变化之间的相互影响（Vickery，1999）。还有学者从"标准化""程序化""规范化""整合度"四个视角，对265家制造型公司展开研究，发现高水平制造公司往往有高水平运作体系，尤其"标准化""规范化"与"整合度"因素影响明显（Rondeau，2000）。这些研究都是针对公司最基本的组织结构构造进行的研究，实际上，不同行业与外部市场环境，"有效调节的组织层级""规范化流程""整合度"等组织基本结构构造的因素影响，都可以有效提升组织绩效。

发现二：不同新组织概念的出现，实质都是对组织中主要影响因素的优化调节与作用方式的变革。

学者Ashkenas在韦尔奇通用电气公司变革实践的基础上，基于公司横向与纵向组织边界，以公司合作客户、地理区域、供应商等企业关联的外部边界为研究基础，优化了韦尔奇"家庭杂货店"的观点（韦尔奇，1994），进一步提出了**无边界组织**（Ashkenas，2002）的新概念，认为组织形式是展开有效竞争的重要形式。Nahm通过"组织层级""决策点位置""水平整合程度""规范化""沟通水平"几个影响要素对组织结构展开研究，发现"水平整合程度""正规化""层级数"对于组织的决策与沟通能力有积极的作用，并对公司的绩效有积极影响（Nahm，2003）。对于组织外边边界的扩展，形成了具有动态变化特征的**网络组织（virtual organization）**，网络组织也被称为"**虚拟组织**"，其部门化程度很低，但却高度集权化（R. E. Miles和C. C. Snow，1995；Hedberg，G. Dahlgren，J. Hansson和N. Olve，2006）。网络组织最先在电影行业及咨询行业使用，后扩展到互联网、科技研发等众多行业领域（J. Bates，1998）。

5. 广义达尔文主义是组织单元构造的基础与核心"价值观"

广义达尔文主义是社会进化与发展的一般原则，主要由**"复制""选择""变异"**的基本特质，以及**"新奇""涌现""扩散"**的遗传进化特质所构成。广义达尔文主义是对"哲学本体论"的思考，既是组织结构进化的核心基础，也是组织变革的核心"价值观"。

组织单元同样遵守广义达尔文主义的一般原则，具有类似生物体的成长特质。尤其在信息科技不断发展的今天，组织越来越面临"虚拟现实"两个空间共同作用下形成的生存压力，只有建立一个多维有机的生命体组织，才可能应对新型市场的竞争与合作。

组织单元的"进化"过程，需要不断与周边环境进行信息、能量以及物质等因素交换，进而发生持续优化的变化过程，如同生命细胞，不断与周边组织产生关联与作用，而**组织内部每一个组织单元都具有自身独特的"遗传密码"，以应对公司所面临的内部环境以及外部环境的变化影响**（Cathcart，1997）。

组织单元的整体进化过程存在组织内部边界与外部边界两个层次。首先，组织单元在公司内部主要通过规范化系统构造组织体系之间的关联，形成**组织内部的进化环境**；其次，组织单元与公司外部客户、供应商、相关合作伙伴、竞争对手、政府机构等组织构成

组织外部的进化环境，外部环境会受到产业因素、政治因素、法律因素、区域经济、产业竞争、客户需求、地域文化、舆论导向等不稳定因素影响。

组织单元是基于组织生存与发展需要，对组织"本源"的回归，组织单元能够快速应对内外部环境变化，是具有生命特质，灵活、高效的新型组织模式。如同有机的生命体一般，组织单元针对外部传输的各类信号，通过组织体系中"神经末梢"形成本能的市场选择。

基于广义达尔文主义以"生存"为基础的社会特性，以及"进化"要素构成的一般原则。可以构造**组织进化的一般路径**，即基于"生存"需求，通过功能优化与学习等动态进化能力，将组织单元的个体与整体协同进化形成长期可持续成长的组织进化系统。

为此，组织单元具有五个进化特质：

（1）**自治与自存活（autonomy and Self – survival）**。公司一般由不同类型的组织单元构成，每个组织单元是高度自治、价值创造、持续进化的相对独立单元。这些组织单元主要通过系统、流程、法规等动态控制模式与内外部组织展开协作。

不同组织单元需要结合单元个体优势、组织整体优势以及市场需求，系统地推进及扩展组织单元业务功能，并通过单元个体的独特优势与组织整体优势，高效地完成业务活动，创造价值，并不断拓宽组织单元的"存活"空间。如果不能有效解决问题或创造价值，则会按照达尔文主义中的"丛林法则"，被市场或公司主动淘汰（达尔文，1859）。

（2）**自学习进化功能（Self – learning evolution function）**。组织单元进化是在外部环境的影响下，**通过复制（优势继承）、遗传（系统规则优化与组织优势融合）、变异（新惯例系统建立及新优势形成）三个因素共同做实现组织进化**。进化过程就是在组织的优势传承的基础上，通过自学习功能展开进化，以防止被市场淘汰（Hodgson，2002）。**自学习进化功能是有机生命体组织有别于传统组织最具优势的表现**。

组织单元进化主要是将应对外界环境所需的知识、信息、技术及创新技能通过学习、合作交流等模式传导到对应的组织单元当中（Witt，1985）。自进化过程包括程序优化、知识传导、权责优化、联盟构建、利益共享与利益分享等模式。

（3）**集成优化（Integrated optimization）**。组织单元虽然是可以独立核算及运营的独特单位，但更是以公司组织中的一部分，需要以内环境为中心的整体组织系统中展开活动。因此组织单元间不能仅追求自身利益最大化，需要集成优化整体组织的功能，充分利用有限的人力、资金、资源，甚至信息及知识资本，形成协同共生，具有集成优化功能的组织内生态。

因此，不同类型组织单元之间既要结合自身优势创造个体价值，更要通过组织流程与惯例系统的不断优化，建立组织整体市场优势，形成组织单元之间有形与无形的资源共享、优势互补的**动态管理体系**。

（4）**管理自优化（Self – governance）**。组织单元的资源分配及业务关联活动可以通过高效的信息体系或高度价值关联下的协同合作最终完成。这种合作对于公司内部组织单元之间，主要通过资源与合作程序所形成的组织"惯例"，对于外部市场，主要通过组织之间利益关系竞合或价值生态"共生"完成。

公司内部组织单元之间会基于业务目标、单元优势、公司战略等，协调形成以公司"生存"和发展为基础的"契约"关系，通过持续的资源优化与"惯例"优化，形成具有管理自优化的组织成长体系。

（5）自成长与再生能力（Self – growth and regeneration ability）。组织单元"进化"过程同样需要类似"生物体系统"所具备的"自成长"与"再生"能力。这种能力如同"生存"一样，是组织"进化"的基础本能。

当外部环境发生变化时，组织单元需要针对实际组织需求展开针对性地"动态"功能调节，以达到适应整体环境变化的目的。

当公司组织面临高速发展扩张，或者遭受重大挫折及危机的时候，公司组织可以通过对组织单元自成长与再生能力，分裂或增加"优质组织细胞"、剥离"局部坏死细胞"等模式，快速构建新竞争优势，通过"变异""涌现""扩散""选择"等功能优化形成动态的"生存与发展"组织"进化"体系，生成对应的新市场竞争优势。

本节为达到论述严谨性目的，讲述内容略显学术化，阅读过程略显艰涩。本节重点讲述：对于未来组织的系统研究，应该回归到组织概念本身，回归到组织"本源"，回归到组织最小构成单元——组织单元。组织单元是如同"细胞"一样的工作单元，具有协调合作等能力多重能力，可以独立核算，并具有可扩展性与关联性。组织单元存在多种类型，但均由"组织层级体系""组织规范化""基础功能""决策点权限""内部组织边界""外部组织边界"6个基本要素构成，6个构成要素的侧重点不同，构建了多样的组织理论，如"阿米巴管理""扁平式组织""无边界组织""量子管理""平台组织""IBM矩阵"等。在组织变革管理实践中，组织还存在众多影响因素，在不同的市场环境中，主要影响因素并不相同（可参照表7）。虽然外部环境在不断变化，但组织进化均是以"生存"和"发展"为核心目标，形成了"自治与自存活""自学习进化""集成优化""管理自优化""自成长与再生能力"5个"价值观"进化特质。

标杆案例研究 B：
华为公司组织单元构造与体系研究

基于本章组织单元的系统研究，发现：由于行业及企业类型不同，组织单元的构造形态并不完全相同。**组织单元不仅是一种组织构造结构，还是一个能力进化系统，是适应及引导外部环境，寻找及扩大"生存"空间的组织系统。**研究的关键是构造以"生存"为基础的组织单元系统动态进化路径。在追踪上百家知名企业的组织发展历程，总结其成功与失败经验发现：以华为公司为样板研究案例，对于未来新组织形成与新组织的实现路径，均具有一定的参考价值。华为公司是以广义达尔文主义的"生存"进化为推动基础，形成以组织单元为核心的"动态进化"新组织系统，在近几年的中美贸易冲突中，面对美国的针对性打击，华为表现出极强的组织生命力。

华为公司组织构造具有三个核心特质：**第一，以市场需求为基础展开针对性的组织变革形态；第二，非常注重以销售、研发为核心的业务类单元组织建设；第三，组织运营越来越注重业务端组织单元与公司整体资源优势的融合。**

华为组织单元的发展历程，侧重激活业务类组织单元的积极性与资源优势集成，最为知名的是华为"股权激励"体系，华为"铁三角"等业务终端的系统建设，以及 IPD 体系等。

在对华为公司长达数十年组织成长历程追踪观察发现：**华为公司虽然组织种类繁多，但均具有明确的组织"进化"目标**，组织单元可以简单地分为业务类组织单元与辅助类组织单元（非业务类组织单元），组织"进化"目标：无论组织构造多么庞大，都是以市场为中心（即以客户为中心），建立以"生存"为基础的高效执行组织系统。不同类型的组织单元如同生物体内不同类型的"功能细胞"，业务单元就是推动组织"进化"的"功能细胞"。不同类型组织单元都具有组织层级体系、组织单元规范化（组织惯性）、组织单元基础功能、组织单元内外部边界几个基本构造要素。

华为公司依托组织单元展开系列化变革，以达到组织整体进化的目的：最简化组织层级、持续优化组织惯性（规范）、动态进化基本功能、打破内外部组织边界。以此促使华为公司形成更具"竞争力"与"生存力"的新组织形态。

华为案例 B 追踪一：
组织单元的多种构造形态

华为现有组织构造形态已经从"产品""项目"为核心的组织架构向"客户""产品"与"区域"三个维度的为核心的组织架构转化。尤其自 2010 年起，华为将原有业务单元组织架构转化为按照"客户类别"划分业务单元，形成"企业（2B）""运营商（2G）""消费者（2C）"三类客户体系的组织架构。

针对不同客户的特色业务需求，华为公司结合 ICT 行业未来发展需求，2014 年成立与 ICT 行业深度融合，以产品解决方案为业务核心的组织单元体系，并在 2016 年又成立 Cloud BU 组织单元业务体系，主要推进新兴的云计算行业。

华为为了应对庞大的业务需求与组织管理需求，在不同阶段建立了不同体系的组织架构。从 2014 年开始，华为公司全面转化为以业务端组织为核心，构造了具有"进化能力"与"进化体系"的动态矩阵式组织架构。

该组织架构中，横向结构是按照市场与专业需求设立的区域组织，可以为**业务组（BG）**提供服务、监管与支持，以此构造"以客户为中心"的业务活动；纵向结构按照专业化体系设立了四大业务组（BG），包括**决策与经营管理（EMT）**组织单元、流程控制与优化组织单元等，纵向结构针对业务活动，提供组织"惯例"优化系统，包括：平台支持、专业考核、系统优化管理与运作规范等。这种动态多组织单元构造的组织系统通过多层次融合，构建了基于"客户/市场为中心"的新型组织"自进化"体系，该组织体系现已形成华为持续发展的组织推动力（如图 6 所示）。

华为的组织单元突出两个主要特征：**第一，突出了各组织单元的明确权属，可以充分发挥各组织单元的团队优势与权责优势；第二，形成具有优化能力的管理流程与组织惯例促使动态优化管理系统**，这里通过平台协调委员会、战略与发展委员会形成有效的辅助支持与战略决策平台，独立运行的审计委员会等控制管理平台，依托"动态能力"构建组织"进化"路径，通过 IPD、DSTE、ISC 等系统流程持续优化，**形成以"生存"为基础的"自进化"组织**。

为了应对新市场环境下的复杂变化，进一步提升市场应对能力，2018 年华为公司对董事会原四大委员会做出了重要调整（参见图 6）：

第一，合并原财经委员会与人力资源委员会，成立平台协调委员会。该委员会不参与各类型组织单元的日常业务决策与运作，但侧重准确推进公司战略意图，并落实改进优化与落地执行，突出推进跨领域创新。并对复杂组织系统下多业务组织单元之间形成组织

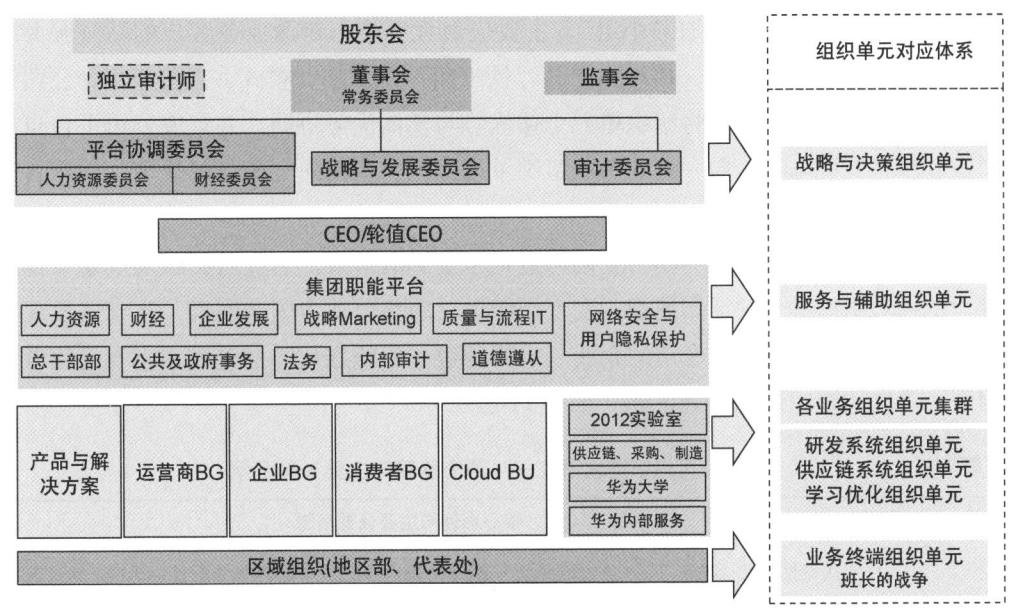

图6 华为公司组织架构与相关组织单元
资料来源：公司官网及公开资料，作者根据相关文献整理。

"惯性"持续优化，有效促进组织的"协同自进化"能力。

第二，将战略与发展委员会等组织高层权力下沉到各 **BG/BU** 等业务执行类组织单元，侧重前端业务类组织单元的权利匹配，全面推进"班长的战争"，促使华为公司形成独有的"组织竞合"战斗力。

第三，审计委员会作为独立运行的组织单元，如同人体内的"巨噬细胞"一样，保持高度独立，高度集权，一方面促进组织良性运作，一方面监督组织持续优化。其重要性在于当组织产生病变时形成对应**免疫系统**，形成组织"抗体"效能。

华为案例 B 追踪二：
组织进化动力基础与组织进化的主要考量目标

公司组织无论多么优秀与璀璨，不同类型公司在浩浩荡荡的时代潮流推动下，只有持续优化变革，只有永远"看着现在，盯着远方"，才有可能存活下来。

华为公司自成立的第一天起，就一直面临着市场的冲击，数次生死存亡，让华为公司内部组织持续发生着的系统变革，作为华为组织系统的构造基础——组织单元，其结构体系与功能也发生着对应性进化，表现在组织各单元之间、组织内部单元之间以及组织内外部单元之间都展开了对应性进化。例如，以业务类组织单元，在面对市场变化与市场竞争时，首先成立了业务终端"服务小组"，主要应对大客户与跨国业务客户的贴身服务，后来，逐渐发展成为较为成熟、相对独立的"铁三角"组织单元模式。近些年华为公司结合未来客户需求与产业趋势，将组织单元个体优势与整体优势协同，并集成公司平台自愿优势，进一步将资源与权力向一线业务类组织单元下沉，全面向"班长的战争"组织自进化形态转型。

为了深度挖掘组织进化的动力基础与进化考量影响因素，通过对文献及重要事件进行梳理，依托对组织进化的证据挖掘，发现组织进化的基础动力驱动因素，并尝试发现与总结核心认知概念，帮助组织变革的企业与机构构建"组织进化"的基础动力与进化考量影响因素，并构建组织进化考量目标（如表11所示）。

表11　　　　华为公司组织进化研究——动力基础与主要考量目标

公司进化的主要内容			核心事件与主要证据举例
进化基础——生存			**关键性事件**：2001年，"华为的冬天"事件；2001年，思科起诉华为事件；2018—2021年，美国针对华为设置"实体名单"、断供芯片等一系列制裁措施等 **核心认知概念**：以**生存**为基础，充满**危机感**地活下去 **主要证据举例**： ◇ 华为公司的最低纲领是要活下去（**《学习IPD内涵，保证变革成功》，1999**） ◇ 如果华为想在世界上站起来，就要敢于揭自己的丑。正所谓"惶者生存"，不断有危机感的公司才一定能生存下来，因此华为公司是一定能活下来的（**任正非在华为技术、安圣电气研发体系干部座谈会上的讲话，2001**） ◇ 对华为公司来讲，长期要研究的问题是如何活下去，积极寻找活下去的理由和活下去的价值。活下去的基础是不断提升核心竞争力，核心竞争力提升的必然结果是企业的发展壮大（**《活下去，是企业的硬道理》，2000**） ◇ 回顾华为10年的发展历程，华为体会到，没有创新，要在高科技行业中生存下去几乎是不可能的。在这个领域，没有喘息的机会，哪怕只落后一点点，就意味着逐渐死亡（**《创新是华为发展的不竭动力》，2000**）
进化动力 以市场（客户）为中心：适应市场变化和引导市场变化	外部环境适应		**关键性事件**：中国小灵通市场丢失事件；GMS与CDMA研发方向出现偏差事件；2013年构建5G全球生态圈；华为应对美国制裁推出鸿蒙系统、海思芯片，华为与众多车企展开智能物联合作；2020年华为出售荣耀手机品牌及技术等 **核心认知概念**：面对外部环境的优胜劣汰，组织必须形成应对**外部市场**的"自适应"能力 **主要证据举例**： ◇ 企业不是要大，也不是要强，短时间的强，而是要有持续活下去的能力与适应力（**《华为的冬天》，2001**） ◇ 华为首先得生存下去，生存下去的充分且必要条件是拥有市场。没有市场就没有规模，没有规模就没有低成本。没有低成本、没有高质量，就难以参与竞争，必然衰落（**《再论反骄破满，在思想上艰苦奋斗》，1996**） ◇ 华为要建立一系列以客户为中心、以生存为底线的管理体系，而不是依赖于企业家个人的决策制度。这个管理体系在进行规范运作的时候，企业之魂就不再是企业家，而变成了客户需求。牢记客户永远是企业之魂（**《在理性与平实中存活》，2003**）

续表

公司进化的主要内容		核心事件与主要证据举例
进化动力 以市场（客户）为中心：适应市场变化和引导市场变化	外部环境适应	◇ 公司将来要以客户需求为导向而不是技术为导向，这就是市场驱动原则。西方一些大企业的失败就在于过分强调了技术驱动。要以客户需求为导向，利用新技术，把产品做到最好的质量，最低的成本（任正非与阿拉伯联合酋长国代表处座谈纪要，2004） ◇ 无线电通信是马可尼发明的，蜂窝通信是摩托罗拉发明的，光传输是 Lucent 发明的，数码相机是柯达发明的……历史上很多东西，往往创始者最后变成了失败者。这些巨头的倒下，说穿了是没有预测到未来，或者是预测到了未来，但舍不得放弃既得利益，没有勇气革自己的命。**大公司有自己的优势，但大公司如果不能适应这个时代，瞬间就灰飞烟灭了。**……华为公司过去在几次重大战略上可都是犯过错误的：华为曾经是否定宽带的，后来才追赶上来；包括软交换也是重新追赶上来的。华为公司现在这么大的规模，在这个时代的快速变化中，如果华为没有勇气去拥抱未来，是很危险的（任正非在惠州运营商网络 BG 战略务虚会上的讲话及主要讨论发言，2012）
	内部环境优化	**关键性事件**：2005 年华为进入英国市场；2006 年华为"铁三角"组织单元模式形成与"进化"；华为全球研发中心的设立；IPD 等系统的建立与"进化"过程等 **核心认知概念**：组织对内部环境自优化、对外部市场的自适应与系统引导 **主要证据举例**： ◇ 华为能否活下去，取决于自己，而不是别人，活不下去，也不是因为别人不让活，而是自己没法活。活下去，不是苟且偷生，不是简单地活下去。活下去并非易事，要始终健康地活下去更难。**因为它每时每刻都面对外部变幻莫测的环境和激烈的市场竞争，面对内部复杂的人际关系。华为只有在不断地改进和提高的过程中才能活下去**（《活下去，是企业的硬道理》，2000） ◇ **华为公司到底能活多久？如果从华为公司的现实来看，是一天不改进就会死亡，多改进一天，生命就多延长一天。只有华为不断去改进，生命才会不断延长。**包括比尔·盖茨都说微软离破产只有 18 个月，也不敢说 3 年后他的公司是什么样子，更何况华为公司连管理体系都没有建立起来，能盲目乐观吗（《大树底下并不好乘凉》，1999） ◇ 管理的目的就是从端到端以最简单、最有效的方式来实现流程贯通。这个端到端，就是从**客户的需求端来，到准确及时地满足客户需求端去**。这是华为的生命线，只要华为能认识到这个真理，华为就可以长久生存下去。内部管理是为及时、准确实现客户需求服务的，这是华为内部管理改革的宗旨和基础。背离这个宗旨和基础，就有可能陷入烦琐哲学（华为《管理工作要点》，2003—2005） ◇ 谁能把华为打败？不是别人，正是华为自己。如果华为不能适时地调整自己，不去努力提高管理素质、强化管理能力，不将艰苦奋斗的传统保持下去，华为就会把自己打败。古往今来，一时成功者众多，持久度赢家很少。失败的基因往往在成功时滋生，**华为只有时刻保持危机感，在内部形成主动革新、适应未来的动力，才能勇立潮头**（任正非：《胜者举杯相庆，败则拼死相救》，1997） ◇ 寻找机会，抓住机会，是后进者的名言。**创造机会，引导消费**，是先驱者的座右铭（《华为向美国人民学习什么》，1998）

续表

公司进化的主要内容		核心事件与主要证据举例
进化影响因素 动态持续展开：构造生存、赶超和自优化的发展路径	环境	**关键性事件**：华为针对客户的市场服务需求，建立"服务小组"；华为在全球设立 15000 个"代表处"；全球设立研发机构，集合世界各地研发优势等 **核心认知概念**：以"客户为中心"，建立"市场环境自适应"的进化路径 **主要证据举例**： ◇ 华为要特别关注机会点，要迅速地集中能量，要有市场的敏感性，**要有快速响应能力**，特别是关注客户需求。既要关注长期的目标，也要集中力量抓住近两年的机会（研发管理委员会会议纪要，2001） ◇ 只要市场需要，而且这个市场需要有一个市场的支撑量，华为就要抓住这个机会。现在华为并不知道市场会出现什么导向。所以在市场比较模糊的情况下，华为轻易不能放弃，在目前模糊的情况下，必须多条战线作战，当市场明晰时，华为立即将投资重心转到主线上去。所以华为主张业务导向、产品导向，以利润为导向，但是不为利润所动，华为需要的是未来的机会（研发管理委员会会议纪要，2001） ◇ 华为的客户应该是最终客户，而不仅是运营商。运营商的需求只是一个中间环节，华为真正要把握的是最终客户的需求。最终客户需求到底是什么？怎么引导市场的需求，怎么创造需求？不管企业市场还是个人市场，把握住真实需求就是希望（《一杯咖啡吸收宇宙的能量》，2014）
	战略意向性	**关键性事件**：1997 年华为进入俄罗斯市场；华为从 IBM 公司引入 IPD 集成产品开发系统；华为全面推动"班长的战争"这一重大业务端组织单元系统"进化"系统等 **核心认知概念**：战略方向大致正确，组织必须充满活力的进化路径 **主要证据举例**： ◇ **面向客户是基础，面向未来是方向**。如果不面向客户，华为就没有存在的基础；如果不面向未来，华为就没有牵引，**就会沉淀、落后**（任正非在华为北京研究所座谈会上的讲话，1997） ◇ 眼前最重要的不是成本高低问题，而是能否抓住战略机会的问题。**抓住了战略机会，花多少钱都是胜利；抓不住战略机会，不花钱也是死亡**。节省是节约不出华为公司的（任正非在上海研究所的讲话，2007） ◇ 华为一定要在困难中寻找机会点，市场容量下降，但华为的市场份额不降，还要增长。华为一定要致力在低潮时期实现增长，我长彼消，甩开对手，这就是战略机会点（《抓住机会，在逆境中实现增长》，1999） ◇ 当发现一个战略机会点，华为可以千军万马压上去，后发式追赶，你们要敢于用投资的方式，而不仅以人力的方式，把资源堆上去，这就是和小公司创新不一样的地方（《用乌龟精神，追上龙飞船》，2013） ◇ 华为的观点是，在产品技术创新上，华为要保持技术领先，但只能是领先竞争对手半步，领先三步就会成为"先烈"，明确将技术导向战略转为客户需求导向战略。……通过对客户需求的分析，提出解决方案，以这些解决方案引导开发出低成本、高增值的产品。盲目地在技术上引导创新世界新潮流，是要成为"先烈"的（《华为公司的核心价值观》，2007 年修改版）
	制度与竞争压力	**关键性事件**：华为进入美国市场多次受阻；思科起诉华为事件；2018 年华为海思应对美国芯片限制，成为华为多领域主导芯片；2019 年发布首个 Harmony OS 发布，形成包括电脑、手机及物联的万物关联的生态系统等 **核心认知概念**：构建应对政策等复杂因素的动态"自进化"路径 **主要证据举例**： ◇ 你只要活到最后你一定是最厉害的，因为你每次合作的时候都要跟强手竞争，留着活下来的都是蛟龙（《开放、合作、自我批判，做容千万家的天下英雄》，2010）

续表

公司进化的主要内容		核心事件与主要证据举例
进化影响因素 动态持续展开：构造生存、赶超和自优化的发展路径	制度与竞争压力	◇ 华为的外部环境在变化，未来五年华为要成为世界领袖，就要针对确定性来推进公司内部深化改革，构建应对未来风险和变化的能力，适应外部环境的变化，对确定性的改革就是对不确定性的支持（EMT纪要〔2015〕007号） ◇ 华为是一个开放的体系。华为还是要用供应商的芯片，主要还是和供应商合作，甚至优先使用他们的芯片。华为不用供应商的系统，就可能是华为建立了一个封闭的系统，**封闭系统必然要能量耗尽，要死亡**。华为不要狭隘，华为做操作系统，和做高端芯片是一样的道理，主要是让别人允许华为用他们的系统，而不是断了华为的粮食。断了华为粮食的时候，备份系统要能用得上（任正非与2012实验室座谈会纪要，2012） ◇ 华为在困难时期是顾及同盟军，华为要并肩作战，去争取更多的机会。在全世界的IT公司中，华为并肩作战，去争取更多的机会。在全世界的IT公司中，华为肯定是最有希望渡过难关的公司之一（《认清形势，坚定信心，以开放的心胸和高昂的斗志和公司一起渡过难关》，2002）
进化结果 提升公司综合效能	财务效能	**关键性事件**：华为连续10多年营业额增长率超过15%，营业收入持续增加； **核心认知概念**：财务为核心的价值考量因素 **主要证据举例**： ◇ 华为将按照华为的事业可持续成长的要求，设立**每个时期的足够高的合理的利润率和目标，而不单纯追求利润的最大化**（《华为基本法》，1998） ◇ 华为要**追求合理的利润**，不能太高价，过高的价格就会有人进来。也不能太低价，太低价会破坏产业环境，自己也会生存不下去。任何一种产品都可能经历不盈利到盈利的过程，华为要用产品长期的盈利战略支持短期的不盈利战略，关键是要设置一个边际成本点，超过了这个规模量的点之后就能够盈利（《高质量，低成本，构建末端接入产品的竞争能力》，2009） ◇ **持续有效增长，当期看财务指标，中期看财务指标背后的能力提升，长期看格局以及商业生态环境的健康、产业的可持续发展等**。商业成功永远是华为生命全流程应研究的问题。管理要权衡的基本问题是现在和未来、短期和长期。如果眼前的利益是以损害企业的长期利益，甚至危及企业的生存为代价而获得的，那就不能认为管理决策做出了正确的权衡和取舍，这种管理决策就是不负责任的（《变革的目的就是要多产粮食和增加土地肥力》，2015）
	非财务效能	**关键性事件**：华为科技创新专利连续数年国内外排名第一，远超苹果、思科、爱立信等公司；华为已主导世界5G技术；2017年为全球最大电信设备运营商等 **核心认知概念**：非财务为核心的价值考量因素 **主要证据举例**： ◇ 企业的发展强调客户、资本、劳动者多赢。办企业一定要使**客户满意，这是生存基础**；也要使股东满意，这是投资的目的；同时，也要使贡献者满意，华为决不让雷锋吃亏，这是**持续发展的推动力**（《关于人力资源管理变革的指导意见》，2005） ◇ 华为公司选择做什么和不做什么，还应该考虑华为进入这个领域要有独特的优势，如华为**研发的优势、全球网络的优势**等。要利用华为的独特优势进入新领域，而不是站在和别人一样的起点上去做（EMT纪要〔2010〕030号） ◇ 华为要韬光养晦，宁愿放弃一些市场、一些利益，也要与友商合作，成为伙伴，和友商共同创造良好的生存空间，共享价值链的利益。……华为一直在跟国际同行在诸多领域携手合作，通过合作取得共赢、分享成功，实现"和而不同"，和谐以共生共长，不同以相辅相成，这是东方优秀的智慧。**华为将建立广泛的利益共同体，长期合作，相互依存，共同发展**（《华为公司的核心价值观》，2007年修订版） ◇ 企业的供应链是一条生态链，**客户、合作者、供应商、制造商命运在一条船上**。只有加强合作，关注客户、合作者的利益，追求多赢，企业才能活得长久（《华为核心价值观》，2007年修订版）

资料来源：作者根据研究主要成果进行整理。

根据华为公司组织变革历程与华为公司组织进化影响因素研究,华为公司的成长过程是"**以生存为基础,以对外部市场的自适应与引导为发展核心。**"突出表现在"**外部环境的优胜劣汰**"与"**内部的优化适应**"(达尔文,1859),从而构建"**被动适应**"与"**主动改良**"相互融合的组织"**自进化**"体系。

华为公司的**进化过程是"环境""战略意向性"和"制度压力"等共同作用的动态结果**(Luhmann,1986)。华为公司面对复杂的市场环境,**构造了以市场"存活"为基础的研发与生产体系**,打破国际众多知名科技型公司以研发为中心的成长路径,**形成了以"客户为中心"的进化路径,其目的就是以最快速度适应及引导市场环境变化。**

华为在组织"进化"过程以终端业务类组织单元为中心,构造了极强的"市场/客户为中心"的发展导向。在战略意图设定领域形成了"战略方向大致正确,组织必须充满活力"的动态战略发展思维,以此高效应对复杂的市场变化,打造了"面向客户需求,面向未来市场"的动态引导型战略,主动挖掘市场中每个"战略机会点",主动出击。面对制度与竞争压力,侧重构建具有"自进化"能力的组织体系,通过"激发组织活力","研发核心技术"与"弥补战略缺陷"等措施形成动态高效的组织"自进化"体系,即依托"确定性"的组织改革应对"不确定的市场风险",形成高效适应外部市场变化、引导行业未来发展、应对未知风险的能力。

华为案例 B 追踪三:
组织单元的构建、进化过程分析
——业务类与非业务类两种主要类型组织单元深度分析

组织单元是在一定业务及服务范围内创建的、能够独立核算及运营的独特单位,如同人体不同类别的细胞一样,是公司发展最基本的单元,并且具有多样性。举例:华为公司现已发展成为规模庞大、产业多元、信息交互量极大的复杂组织形态,但越是从简单向复杂的进化过程,越注重不同类别组织单元个体与整体的"协同"进化。

华为公司的组织体系中主要分为"**业务类组织单元**"与"**非业务类组织单元**"(**又称"辅助与参谋类组织单元**"),**业务类组织单元**主要通过不断"进化组织功能"强化市场开拓与客户服务,而关联的**非业务类组织单元**如"人力资源类组织单元"则通过不断简化流程与结构,提高组织敏捷性。各类组织单元系统的调整都是以市场环境变化为中心,"渐进式"推进组织"自进化"能力的形成。

实质上,未来组织"自进化"能力的形成,其组织单元的构建与进化重点是前端业务类组织单元，核心是应对不断变化的市场环境变化。华为组织单元为样板案例，就是挖掘组织单元"自进化"能力形成的一般规律。依据华为公司组织架构（如图6所示）的构成体系，华为公司除了前端业务类组织单元，还包括围绕市场与前端需求的研发系统类组织单元、供应链系统类组织单元、战略与决策类组织单元、服务与支持类组织单元等。不同类别组织单元的功能作用与"自进化"能力形成机理并不相同，一般分为两种类型：一类以市场端对端链接的业务类组织单元，一类为非业务类组织单元，即具有辅助支持等功能作用的其他类组织单元。

基于华为公司组织单元的研究发现，华为并不是以"成本与收益"为核心目标的公司，而是以"生存"为基础的组织体系。因此，华为公司组织单元侧重市场资源获取、组织运营效率、战略机会点抓取等。这促使华为公司侧重前端业务类组织单元为主导的战略"进化"方向，非业务类组织单元围绕业务单元将复杂组织系统进行"结构持续简化、流程不断优化、决策点前端化与整体化，组织内部运作敏捷化与程序化，组织外部关联开放化"等变革，从而达到"客户导向、组织间紧密协作、结构灵活轻便、内部快速反应、业务端高效市场需求引导"的目的，提升组织内部协调效率，降低沟通成本，提升市场机会获取与市场变化应对能力。

⚙ 主要类型一：业务类组织单元深度分析

业务类组织单元并不仅是"市场开拓"或"客户服务"类组织单元，而是基于市场/客户为中心，展开的业务系统的各类组织单元系统的统称。华为"业务类组织单元"主要包括：研发类组织单元、项目类组织单元、BG/BU业务组类组织单元等。

为了更好地对业务类组织单元展开"自进化"系统研究，这里分两部分展开分析，分别为：①业务类组织单元的进化过程、主要变化及对于公司绩效影响；②业务类组织单元要点构造特征。两部分分析研究可以帮助准备变革各类组织机构构建适合自身发展预期的、具有"自进化"能力的业务成长体系。

一、业务类组织单元的进化历程与对公司绩效的影响

第一部分主要对业务类组织单元的"进化过程""进化路径""组织单元的主要变化"与公司效能影响展开系统分析。本案例研究主要侧重华为公司终端业务类组织单元——"服务小组"到"班长的战争"项目类组织单元系统的"进化"过程。该类型组织单元的"自进化"过程，伴随着华为公司的"产品体系"与"公司绩效"全面提升。这种综合成长的"进化"过程，为不同类型组织"业务系统进化"提供了成长路径参考（如表12所示）。

表12　华为公司案例研究——业务类组织单元进化阶段、主要变化与公司效能影响的表现

业务单元的主要进化阶段	主要事件及发展要点	组织单元的主要变化	公司效能影响
第一阶段"服务小组"基层服务团队	**主要事件1：为高效参与国内与国际竞争，尤其针对加拿大北电与美国朗讯公司，华为成立快速反应的"服务小组"，其目的是优化业务前端客户服务品质** 自1997年开始，华为参与国际竞争，开始面对众多国际知名公司，其中以"大型排队机优势"而占据通信制造商市场的加拿大北电网络公司就是其中最主要的竞争对手之一。尤其北电公司进入中国市场后极大威胁了华为公司的"生存空间"。为此，华为公司经过细致调研，发现加拿大北电公司虽然技术非常先进，但由于技术及服务团队距离太远，一旦发生产品或服务问题，无法及时响应。华为公司针对竞争对手的服务缺陷，快速制定了新一轮商战计划，就是**建立起一个比平时相应速度更快的"服务小组"**，主要针对性解决客户时效反馈，客户一旦遇到问题，第一时间到达，并提出解决方案 华为从客户服务入手，通过"及时、周到"的服务，不但赢得口碑，更赢得客户信任，极大增强了市场的黏度，反向占据了北电的通信市场。在狙击朗讯的中国业务中，华为公司同样采用了"服务小组"模式，以高性价比及高服务品质，在与北电、朗讯竞争中获得最终胜利。 **主要事件2：通过"代表处"业务类组织单元的战略布局，采用长期与客户沟通、"农村包围城市"的"盐碱地"战略，逐步占据市场。其中案例事件为："代表处"的俄罗斯坚守；非洲、拉丁美洲等区域开拓最终获得巨大成功** 1997年，华为首进俄罗斯市场，当时俄罗斯通信市场已被阿尔卡特、西门子等国际知名公司占据，但是华为看到俄罗斯人口众多、占地面积大、通信普及率低等现状，采用"代表处模式"坚守这块阵地。由于俄罗斯经济危机，政府采用"休克疗法"，导致阿尔卡特、西门子等国际知名集团业务大量缩减，最终毫不犹豫地撤出俄罗斯市场，华为依然选择留下来，最终苦苦坚守了整整6年。代表处人员从无法与客户见面，到最终亲如兄弟，华为"代表处"团队用真诚、认真、执着、锲而不舍地坚持成为了俄罗斯最核心的通信服务商。坚持以市场为"生存"基础，让华为最终在俄罗斯这边土地上"活出了尊严，更活出了市场"…… 华为采用同样方式进入非洲与拉丁美洲等国际区域市场，由于"国际环境、战争风险、恶劣环境、政治因素"等影响因素让这片市场一直不被国际大品牌看好。这些区域通讯设备价格十分昂贵，华为采用"代表处"模式，在肯尼亚、巴西等地通过"细致的项目服务、及时的沟通、不断优化的管理流程"，最终促使华为在欧美等知名企业都不愿进入的市场，获得了市场的主导 **主要竞争对手对比性要点说明：** 华为以"技术为中心导向到以客户为中心导向"的组织结构调	(1)"服务小组"构建：建立了"以客户为中心"的组织基础。彻底改变了华为的业务发展方向，由"技术创新为中心"向"以客户/市场需求变化为中心"方向转变 (2)第一阶段业务类组织单元主要分为两种不同类型：一类是以"客户服务"为核心的"服务小组"模式，重点突出服务的快速反应与问题的高效解决；另一类是以业务区域布局为核心的代表处"服务小组"模式，主要增强客户黏性与主要业务跟踪。两类"服务小组"在业务类组织单元系统"进化"过程中开始相互融合	财务绩效： ①以客户服务为核心的"服务小组"在狙击北电与朗讯期间，华为营业额获得了巨大的增长。1999年华为销售额超过120亿元，主要竞争市场山东省销售额超过15亿元，2000年华为销售额220亿元，山东省销售额超过22亿元。 ②以区域战略布局为核心的业务代表处"服务小组"同样取得巨大成就。俄罗斯代表处在俄罗斯坚持6年，仅销售38美元，但自2000年开始发生持续改观，现销售额每年高达几十亿美元。同时，华为在现已成为非洲与拉丁美洲市场最大的通信设备服务商 非财务绩效： "服务小组"模式极大地扩展了市场区域、市场占有率，并与客户保持了深度黏合力。最为典型的表现为：众多区

续表

业务单元的主要进化阶段	主要事件及发展要点	组织单元的主要变化	公司效能影响
第一阶段"服务小组"基层服务团队	整,采用以"生存"为基础的长期发展思维、"市场为导向"的经营模式,将"组织单元价值再造"落实到客户终端。这种经营模式并不像欧美企业及一些互联网企业,以技术垄断或市场端垄断获取高额利润,而是满足市场/客户需求,形成市场为核心导向 对比:相比IBM公司,以及曾依靠贝尔实验室出色的技术研发能力成为通信领域内领先者的朗讯公司,在进入新千年之后,出现公司持续没落,究其重要原因就在于技术与市场严重脱节。这已成为华为众多知名竞争对手的通病。如摩托罗拉、加拿大北电、诺基亚手机业务等 关键点:市场环境的变化,导致组织不仅考虑技术因素与价格因素,更需要关注市场变化、客户需求等核心因素,需要从服务等多个方面展开持续变革,包括售后服务、服务更新速度、维修成本、能耗等方面		域华为建设的网络覆盖率超过50%。这为华为进一步综合业务发展提供了市场业务系统的保障
第二阶段"铁三角"基层团队	主要事件:华为公司基于苏丹投标失利,创建了三人组合的"铁三角"基层业务团队,后逐步"进化"为华为业务终端的核心模式 2006年8月,华为公司在苏丹移动通信网络的竞标中输给了竞争对手,分析原因发现:华为海外组织与客户需求不匹配,出现"客户线不懂交付,交付线不懂客户,产品线只关注报价"的现象,三条线分权管理,业务脱节导致失去客户信任。为此,由三人组成客户服务系统的核心管理团队。一人统一负责客户关系,一人负责交付,另外一人负责产品与解决方案工作的"铁三角"工作小组。这种模式有效解决了终端业务、服务、技术三者之间的矛盾,深度理解客户需求,提升了客户对华为的信任与技术等各方面的认可 "铁三角"组织单元模式在华为内部被广泛应用,并得到了深度优化,其核心就是打造成简单、快捷的客户服务体系 华为公司为了优化"铁三角"组织单元模式,成立了内部分享机制,各部门之间可以实现资源共享、信息共享、人员共享,这样一来,华为公司在市场反应与客户服务方面就具有了更大的优势 主要对比点说明: 国内与国际众多知名公司发展到一定阶段都会出现严重的组织机构臃肿,运营效率低下的现象,华为公司对此采用"去中心化"的组织规程,优化业务终端组织单元,不断增强组织整体活力,促使决策权向业务一线靠拢,达到应对市场风险的目的,防止出现如摩托罗拉、北电等公司"灰犀牛"事件的发生 关键点:"铁三角"深度"进化"了服务小组优势,并转变了组织单元的一些功能与构造,显现出更加灵活、高效的组织特性,其特点:只要一线组织单元察觉到市场的变化就可以直接做出相应的调整	(1)"铁三角"组织单元构建了"客户经理、解决方案专家、交付专家接口归一"的市场与客户协同优化服务模式,效率得到了急速的提升,"进化"成为较为完善的业务端组织单元 (2)通过组织系统持续推进,形成了"铁三角"组织单元的"自进化"引导功能,将业务终端组织单元的业务、服务、技术等融合,实现了业务端"以客户为中心",并与技术、服务高效协同的组织运营体系	财务绩效: 自实施"铁三角"模式之后,华为运营商等业务营业额得到高速提升,突破了日本、欧洲等大量服务商集成业务。市场占有率高速增长 非财务绩效: 在非洲、拉丁美洲、亚洲等众多区域持续扩张,出现部分区域规模数倍增长。连续超越了西门子、阿尔卡特、诺基亚、朗讯等国际竞争对手

续表

业务单元的主要进化阶段	主要事件及发展要点	组织单元的主要变化	公司效能影响
第三阶段 "班长的战争"基层结构团队	主要事件：华为公司将决策权进一步前移，系统构造"班长的战争"新型组织单元模式 "客户经理、解决方案专家、交付专家"构造的"铁三角"组织单元体系，促进了公司业务的高速增长，2009年，华为以出色的业绩超越了西门子、诺基亚、阿尔卡特、朗讯等公司。但华为领导层感觉到华为虽然做了大量组织变革工作，但还是欠缺敏捷的市场反应能力。华为存在机构臃肿、官僚化作风严重等问题，这会让华为成为一个反应迟钝、成长速度缓慢的大企业，最终导致华为公司灭亡 为此，华为进一步优化以业务端为组织单元"自进化"核心的变革思维。2010年，华为参考美国海军陆战队一线组织体系，发展形成了"班长的战争"新组织单元模式，该模式是一种"任务型"构造，一线部队只要把握住华为公司核心理念及管控规则即可，在面对具体的战场情况时，完全可以按照自己的理解做出判断，而没有必要汇报并等着上级下达指令，即将决策权转移到一线组织单元，形成灵活高效的组织单元运行系统，该模式具有高效资源调集能力，可以有效主导不同类型的市场业务，突出了"终端决策权与财务权"，采用持续简化与优化流程，提升后台服务质量与效率，形成新型"自进化"组织单元体系 从2011年到现在，华为在持续优化组织单元体系的同时，不断尝试通过最新科技与信息手段，改良决策、服务与支撑体系。通过流程、数据、信息、科技专利等模式，逐步实现云管端一体化（云网一体化）。帮助客户快速适应未来各种业务变化，构筑针对客户，也针对华为内部的弹性、虚拟、开放的云数据中心网络。形成"以客户/市场为中心"的动态优化路径	（1）"班长的战争"组织单元模式，提升了一线业务类单元的决策权，优化了研发、服务、产品的关联，形成全公司资源使用，并全面提升市场价值 （2）"班长的战争"提升了市场反应能力与研发主导能力，确保了研发等业务类组织单元为客户/市场服务 （3）精简了决策点，减少了部门与人员，删除不必要的流程，高效提升效率并降低成本	财务绩效： 2013年，营业收入395亿美元，2014年，营收465亿美元，2015年，营业收入608亿美元，2018年营收1085亿美元，增长率远远超出同行水平 非财务绩效： 2015年超过老牌竞争对手爱立信与思科等。成为了全球第一大通信设备商，服务全球超过40%的人口

资料来源：作者根据研究主要成果进行整理。

对华为公司业务类组织单元进化过程研究可以发现：

业务类组织单元是以"市场/客户为中心"，展开的对应性组织变革。业务类组织单元进化过程虽然存在多种外部因素影响，但对公司综合绩效（包括财务与非财务绩效）存在直接正向影响，这种影响包括公司销售额、销售增长率为主导的财务绩效；也包括客户响应速率、市场占有率等市场因素考量的非财务绩效。以此可以确认业务类组织单元与公司绩效之间存在正向关联。因此，推进业务类组织单元的"自进化"体系，可以有效提升公司绩效。

二、业务类组织单元要点构造特征

对华为公司业务类组织单元进化过程研究还可以发现：**业务类组织单元"进化"存在**

"机会挖掘""通过市场/客户获取存活空间""流程持续简化与优化""系统集成优化""通过学习与批判促进成长""边界有效开放""动态战略融合"等要点特征，并以此构造业务类组织单元，并构造"组织规范化""功能基础""决策点权限""内外部组织边界"等组织功能体系。

业务类组织单元的"自进化"核心是直接提升公司综合绩效，华为公司现有业务类组织单元变革重点是将组织单元体系目标化、标准化。为此，业务类组织单元将构造特征分解为以下几个主要维度（如表13所示）。

表13　华为公司案例研究——业务类组织单元要点构造特征的主要证据

业务类组织单元构造特征维度	原始证据举例
机会挖掘 业务类组织单元核心就是挖掘市场机会、获取业务发展机会及公司发展机会	华为系统部的铁三角，其目的就是发现机会，咬住机会，将作战规划前移，呼唤与组织力量，实现目标。系统部里的三角关系，并不是一个三权分立的制约体系，而是紧紧抱在一起生死与共，聚焦客户需求的共同作战单元（《以客户为中心，以奋斗者为本，长期坚持艰苦奋斗是我们胜利之本》，2010） 华为一定要在困难中寻找机会点，市场容量下降，但华为的市场份额不降，还要增长。华为一定要致力在低潮时期实现增长，我长彼消，甩开对手，这就是战略机会点（《抓住机会，在逆境中实现增长》，1999） 华为要特别关注机会点，要迅速地集中能量，要有市场的敏感性，要有快速响应能力，特别是关注客户需求。既要关注长期的目标，也要集中力量抓住近两年的机会（研发管理委员会会议纪要，2001）
市场/客户导向 业务类组织单元就是"围绕市场、围绕客户围绕业务活动与战略目标"展开客户服务与业务优化，以此促进组织单元"进化"	华为紧紧围绕电子信息领域来发展，不受其他投资机会的诱惑，树立为客户提供一揽子解决问题的设想，为客户服务（《华为的红旗到底能打多久》，1998） 华为公司将以毛利、现金流，对基层作战单元授权，在授权范围内，甚至不需要代表处批准就可以执行。军队是消灭敌人，华为是获取利润。铁三角对准的是客户，目的是利润。铁三角的目的是实现利润，否则所有这些管理活动是没有主心骨，没有灵魂的（任正非：与IFS项目组及财经体系员工座谈纪要《谁来呼唤炮火，如何及时提供炮火支援》，总裁办电邮讲话〔2009〕001号） 铁三角由多个角色组成，当然并不一定三个角，可以有多个角色。其中的交付经理就应该更多地在交付和维护环节进行普遍客户关系的滴灌，要把水一滴一滴地滴到你该滴的地方去；做解决方案的人要跟做解决方案、做商务的客户搞好关系；客户经理要对系统进行协调组织，这样从以前一个客户经理对着一个客户，变成多个角色对着多层客户，对客户关系的改善应该是好的（《对"三个胜利原则"的简单解释》，2010） 所谓铁三角就是在一个组里有三个角色，它是一个逻辑的概念，而不是物理的概念。这个角色是统一抱成一个团，它们是统一代表客户来督促华为公司，监督你的解决方案、你的交付和存量维护、你的干部评价，监督一切。它是代表客户监督的，这样的话华为才真正是以客户为中心。谁为客户说话谁就拥有权力，华为现在开始走向这一步（《对"三个胜利原则"的简单解释》，2010） 流程变革必须以客户为起点，以一线为中心，从一线开始，也只能从一线开始。平台（支撑部门）是为一线作战部队服务的，一线不需要的，就是多余的（EMT决议〔2008〕030号）

续表

业务类组织单元构造特征维度	原始证据举例
市场快速反应与综合应对能力 通过组织单元的功能优化与流程优化等模式，高效提升市场反应效率，并协同技术、产品等综合优势提升市场应对能力	华为的"项目经营"本质是划小经营单元，大公司要像小公司那样有活力、不僵化。但华为的体制能否支撑？大公司怕僵化，小公司怕失控（任正非：关于"严格、有序、简化的认真管理是实现超越的关键"座谈的纪要，**总裁办电邮讲话〔2014〕028号**） 华为讲"班长的战争"，强调授权以后，精化前方作战组织，缩小后方机构，加强战略机动部队的建设。划小作战单位，不是指分工很细，而是通过配备先进武器和提供重型火力支持，使小团队的作战实力大大增强。……5年以后，坚定不移地逐步实现让前方来呼唤炮火，多余的机构要关掉，这样机关逐渐不会那么官僚化（任正非：在人力资源工作汇报会上的讲话，**总裁办电邮讲话〔2014〕057号**） 代表处不再设这么庞大的作战机构，应该是精干的机构，这就是"班长的战争"。那缺少的作战队伍从哪里来？从重装旅、重大项目部、项目资源池等机动部队来。华为有一个机动的作战力量，应该可以缩小前方作战指挥中心的编制，管理好了，可以增产粮食（任正非：在**EMT办公会议上的讲话，总裁办电邮讲话〔2014〕059号**） "班长的战争"灵活、轻便和高效的组织运作，其核心是在组织和系统支持下的任务式指挥，实现一线呼唤炮火。任务式指挥是通过授权和指导，支持敏捷且适应力强的下级指挥官在意图范围内发挥有纪律意识的主动性，用自己的方式最有效地实现上级指挥官的意图（任正非：在**"班长的战争"对华为的启示和挑战汇报会上的讲话，总裁办电邮讲话〔2014〕078号**）
组织灵活，系统优化协同 针对庞杂组织体系，通过业务分解，对业务流程各环节不断梳理、重构，构造动态"自适应""自进化"的业务体系，通过持续系统标准化升级，简化程序，达到业务终端灵活协同的"自进化"特性	在主航道组织中实现"班长的战争"，一线呼唤炮火，机关转变职能；非主航道组织去矩阵化或弱矩阵化管理，简化组织管理。这就是未来公司组织变革的方向。……将来华为的作战方式也应该是综合性的，华为讲"班长的战争"，强调授权以后，精化前方作战组织，缩小后方机构，加强战略机动部队的建设。划小作战单位，不是指分工很细，而是通过配备先进武器和提供重型火力支持，使小团队的作战实力大大增强（任正非在人力资源工作汇报会上的讲话，2014） 要把华为的组织改革从后端推动变成前端拉动，这是一种大的改革。华为过去的组织和运作机制是"推"的机制，现在华为要将其逐步转换到"拉"的机制上去，或者说，是"推""拉"结合、以"拉"为主的机制。推的时候，是中央权威的强大发动机在推，一些无用的流程，不出功的岗位，是看不清的。拉的时候，看到哪一根绳子不受力，就将它剪去，连在这根绳子上的部门及人员，一并减去，全都到后备队去，这样组织效率就会有较大的提高（《谁来呼唤炮火，如何及时提供炮火支援》，2009） 公司组织与运作的改革要始终瞄准"流程简单清晰，组织精兵简政，奋斗能多打粮食"这个目标，华为要认识到不同组织要遵循不同的业务运作规律，只有进行差异化管理，才能真正地焕发各类组织的活力。当前公司主航道组织运作改革的重点是在坚持矩阵化管理基础上，逐步实现"一线呼唤炮火、机关转变为服务与监督"的运作改良。不断简化管理、提高效率，从屯兵组织转变为精兵组织；非主航道组织运作改革就是要去矩阵化管理或弱矩阵化管理，率先实施流程责任制，实现及时、正确、合理盈利的服务和支撑，不让腐败有滋生场所。有效地分担作战主管的压力（《非主航道组织要率先实现流程责任制，通过流程责任来选拔管理者，淘汰不作为员工，为公司管理进步摸索经验》，2015） "班长的战争"这个理念应该这么来看，大规模人员作战很笨重，缩小作战单位，更加灵活，综合作战能力提升了，机关要更综合，决策人不能更多。让组织更轻、更灵活，是适应未来社会发展的，也是华为未来组织改革的奋斗目标（任正非在人力资源工作汇报会上的讲话，2014）

续表

业务类组织单元构造特征维度	原始证据举例
组织边界有限开放 业务类组织单元利用公司资源优势，开放合作，有效吸收外部优势，拓展业务系统	架构一定要面向未来，具有良好的开放性和持久性，否则就是高成本。（EMT 决议〔2007〕015 号） 平台必须坚持开放与创新。一个不开放的文化，就不会努力地吸取别人的优点，是没有出路的。一个不开放的组织，会成为一潭死水，也是没有出路的。华为在产品开发上，要开放地吸收别人的好东西，要充分运用公司内部和外部的先进成果（《从汶川特大地震一片瓦砾中，一座百年前建的教堂不倒所想到的》，2008） 华为的系统是开放的。华为坚持对内开源、对外开放的政策，坚持优胜劣汰，物竞天择，会越来越有竞争力的（任正非与英国研究所、北京研究所、伦敦财经风险管控中心座谈的纪要，2015）
动态战略融合 业务类组织单元需持续优化终端决策权与财务权等。"以客户为中心"，紧紧围绕主核心业务优势深化延展，从而加快市场响应速度、提升客户满意度、降低交易与供应链成本，提升公司综合绩效	在责任分工方面，将战术指挥重心下沉一线，高层和机关聚焦"战略制订、方向把握及资源调配"；在权力授予方面，行政管理和作战指挥权分离，基于清晰的授权规则和下属的任务准备进行合理授权；在组织配置方面，根据作战需要，模块化地剪裁和调整一线组织；**在资源布局方面，战术资源贴近一线作战部队，战略布局，快速有效响应；在能力建设方面，以战略要求为主线，展开综合性能力建设**；在流程运作方面，作战流程是面对复杂多变、不确定的环境，聚集作战能力的实现，行政管理流程则严谨全面。在信息系统支撑上，通过构建互通的信息环境，使各级指挥官在任何时间/地点获取到完成任务需要的信息，对作战环境形成共同的理解（任正非：**在"班长的战争"对华为的启示和挑战汇报会上的讲话**，总裁办电邮讲话〔2014〕078 号） 坚持以客户为中心，逐步将中央集权的单一资源配置模式，转变为对准战略，让听得见炮声的组织呼唤炮火，前方组织有责、有权，后方组织赋能、监管，以拉为主、推拉结合的资源配置模式。战斗在一线的经营单元面对目标，奋力作战，抓住一切有效增长的机会，而后方大平台不仅要满足炮火呼唤需求，而且要聚焦主航道做好战略资源的配置，在主航道上创造出更多的需求和机会。这就是华为面向未来的管理体系的架构，也是实现超越目标的重要保障（郭平：《持续变革，提升一线作战能力，保障公司有效增长》，总裁办电邮讲话〔2014〕020 号）

资料来源：作者根据研究主要成果进行整理。

对华为公司业务类组织单元要点构造特征研究可以发现：

业务类组织单元要点构造特征可以分解为"机会挖掘、市场/客户导向、市场快速反应与综合应对能力、组织灵活与系统关联、组织边界有限开放、动态战略融合"几个关键维度。**要点构造重点体现了业务类组织单元在市场竞争中动态优化的"自适应"能力与内部持续优化的"自进化"能力。根据西蒙的有限理性原则，业务类组织单元在"机会挖掘、市场与客户导向、市场快速反应与综合应对能力"三个维度重点体现了外部"自适应"能力，而且业务类组织单元对外部自适应型能力有显著正向影响。而在"组织灵活与系统优化协同、组织边界有限开放、动态战略融合"三个维度重点体现了内部"自进化"**

能力，而且业务类组织单元对内部自进化能力有显著正向影响，业务类组织单元要点构造特征可以促使形成组织"进化"的动态路径。

主要类型二：非业务类组织单元深度分析

在组织单元的主要类型体系中，除了业务类组织单元，还包括**非业务类组织单元**。以华为现有组织构架为例，除了业务类组织单元集群外，还包括"战略与决策类组织单元、服务与支持类组织单元"等非业务类组织单元，协同构成了"研发系统组织单元集群、供应链系统组织单元集群、服务与支持组织单元集群、学习优化组织单元集群甚至包括产品设备类组织单元集群"等（如图6所示）。非业务类组织单元在组织体系中起到不同的链接作用，是组织体系中不可或缺的组成部分。但就整体组织而言，业务体系组织单元构造了**业务类组织单元**，并与**非业务类组织单元**共同构建了整体组织系统。如华为是以研发为核心驱动的业务体系，因此形成了以"市场、技术、研发、生产"等相互协作的**业务类组织单元**，并与"战略、变革、流程管理、后台支持"等**非业务类组织单元**共同构成了整体组织，非业务类组织单元主要功能为辅助与战略指导，因此，**也可称为"辅助与参谋类组织单元"**。

辅助与参谋类组织单元是未来具有"自进化"组织体系中不可或缺的重要组成部分，同样是以"客户/市场为中心"的根本导向，在"组织层级、组织规范化、功能基础、决策点权限、内外部组织边界"构成的动态组织单元体系中，辅助与参谋类组织单元**功能核心是促使组织"动态自进化"能力的形成，配合业务类组织单元提升公司综合绩效**，并形成"自进化、关键业务体系平衡、独立审计与监督"等多重功能，持续完善公司系统服务职能。

因此，华为公司在辅助与参谋类组织单元与业务类组织单元之间形成了众多优化系统与管理平台，如"产品研发系统、供应链系统、营销管理系统"等，并构造了"财务融资平台、人力资源平台、行政服务平台、公共数据平台、知识管理平台等辅助管理平台"，用于"协同进化"整体组织效能。

非业务类组织单元有两个工作重点：第一，支持、推动、监督业务类组织单元"以市场/客户为中心"的业务体系；第二，建立、执行、优化、变革具"自进化效能的惯例"流程，使组织系统合理化，流程执行简单化，形成动态"自进化"组织体系。为此，可以将辅助与参谋类组织单元（非业务类组织单元）构造特征分解为以下几个主要维度（如表14所示，关键性部门状况可参考图6）。

表14　　华为公司案例研究——辅助与参谋类组织单元（非业务类组织单元）
　　　　　要点构造特征的主要证据

辅助与参谋类组织单元构造特征维度	原始证据举例与要点说明
战略引导 以"市场/客户为中心"，结合业务类组织单元需求，对现有业务、未来业务、公司发展方向创建科学的集体决策体系，并对现有公司"组织自进化、客户管理、财务管理"等进行协调、监督和审核，从而提升综合绩效，提升核心竞争力	**关键性部门**：战略与发展委员会、平台协调委员会、审计委员会、战略 Marketing 等 **关键点**：集体决策、优化主航道、协调授权 华为推行新的管理体系，授权下去后，一是会使华为的工作效率大大提高；二是切实落实华为公司是前方指挥后方。华为明确一下，**战略问题是高层指挥基层，战术、战役问题是前方指挥后方，后方要尽力支持前方要求**。这是后方机关存在的唯一必要条件，机关不能为前方服务，那么这个机关是不必要设置的。**战略问题由高层指挥，是因为战略往往要牺牲短期利益换取长期利益，这个牺牲也得在财务上统计到受益者的财务表中去。要由高层投入保证**（任正非在地区部向 EMT 进行 2008 年年中述职会议上的讲话） 坚持以客户为中心，逐步将中央集权的单一资源配置模式，**转变为对准战略，让听得见炮声的组织呼唤炮火**，前方组织有责、有权，后方组织赋能、监管，以拉为主、推拉结合的资源配置模式。战斗在一线的经营单元面对目标，奋力作战，抓住一切有效增长的机会，而后方大平台不仅要满足炮火呼唤需求，而且**要聚焦主航道做好战略资源的配置，在主航道上创造出更多的需求和机会**。这就是华为面向未来的管理体系的架构，也是实现超越目标的重要保障（郭平：《持续变革，提升一线作战能力，保障公司有效增长》，总裁办电邮讲话〔2014〕020 号） 公司设立委员会目的，**要在每年进行不确定性及重大事项开展集体决策，以提高决策质量。在相对确定的日常业务场景下，应更强调主管负责制，以提高运作效率**（EMT 纪要〔2013〕009 号）
流程简化与机制优化 以"市场/客户为中心"，对各业务环节流程展开梳理与重构，减少审批层级、标准化，充分调集人、财、物、信息等资源 组织流程简化，同步展开"惯例"机制优化，包括授权机制、激励机制、评审机制、财务机制等	**关键性部门**：平台协调委员会、人力资源、质量与流程IT、总干部部、财经等 **关键点**："生存为基础，客户为中心"、对应"业务端流程简化、进化"，"惯例"机制优化 **1. 流程简化** 流程梳理和优化要倒过来做，就是**以需求确定目的，以目的驱使保证，一切为前线着想，就会共同努力，控制有效流程点的设置，从而精简不必要的流程，精简不必要的人员，提高运行效率，为生存下去打好基础**（《谁来呼唤炮火，如何及时提供炮火支援》，2009） 华为讲"班长的战争"，强调授权以后，**精化前方作战组织，缩小后方机构，加强战略机动部队的建设**。划小作战单位，不是指分工很细，而是通过配备先进武器和提供重型火力支持，使小团队的作战实力大大增强。……5 年以后，坚定不移地逐步实现让前方来呼唤炮火，多余的**机构要关掉，这样机关逐渐不会那么官僚化**（任正非：在人力资源工作汇报会上的讲话，总裁办电邮讲话〔2014〕057 号） 从长远来看，就是由功能型的组织结构，转化为流程型的组织结构，**并由 IT 支持这个组织的运作**。从目前看，就是使目前功能型的组织结构如何贴近流程，贴近客户需求，适应市场的变化，**也就是让组织更有弹性，更有活力**（《华为的机遇与挑战》，2000） 机关要精简，流程要简单。华为要减少总部的垂直指挥和遥控，要把指挥所放到前线去，把计划、预算、核算放到前线去，就是把管理授权到前线去，把销售决策权力放到前线去，前线应有更多的战术机动，可以灵活地面对现实情况变化。后方要加强按计划预算进行服务，用核算监控授权。权力是受约束的，这样才能既授权又约束，指挥权才能下到一线，而总部也放心。……总部机关小，部门少，是由有成功实践经验的人组成的，他们能理解前方的诉求，有清晰的战略与战术方向，决策准确，速度快，服务好，部门功能比较综合，因此部门少。中部承担了庞大的研发功能、专业功能和支撑任务，由于有许多具体的专业支持要实施，部门分工比较细一些，因此部门会多一些。而基层在操作执行上，部门的职责要综合，不能与中部组织一一

续表

辅助与参谋类组织单元构造特征维度	原始证据举例与要点说明
流程简化与机制优化 以"市场/客户为中心",对各业务环节流程展开梳理与重构,减少审批层级、标准化,充分调集人、财、物、信息等资源 组织流程简化,同步展开"惯例"机制优化,包括授权机制、激励机制、评审机制、财务机制等	对应,否则就会协调太多,内耗严重,成为前线的官僚主义,因此部门设置也比较少(任正非在英国代表处的讲话纪要,2007) **2. "惯例"机制优化** 目前各业务领域都在积极推进向一线的授权,对于**未来在"权力下沉工作方式""权力获取方式""权力落地方式"**方面同意如下工作方向:(1)权力下沉工作方式:在各业务领域沿着流程,通过权力梳理,自上而下加大向一线授权的同时,要从集成视角,围绕一线"项目经营细胞",对准客户和业务结果,自下而上识别并驱动权力下沉。(2)权力获取方式:目前授权是由上级主管逐级向下级授权(授权书),下一步应将权力直接授予到一线作战岗位。(3)权力落地方式:现在的流程还不能满足一线丰富的作战场景需要,需进一步场景化,权力的落地通过流程优化实现(关于权力下沉、三点闭环、代表处审结汇报的纪要,EMT纪要〔2016〕007号) 华为不能只建设基于行政部门的单一干部授权、价值评价与激励机制,还应该建立基于项目的干部授权、价值评价与激励机制,使一线、机关、支撑平台的人员及专家,勇于参加各种项目,使项目团队成为公司高效、敏捷的作战单元,确保项目的成功(任正非:《不要盲目扩张,不要自以为已经强大》,总裁办电邮文号〔2012〕006号) 人力资源体系和财务体系一定要把在项目中人的成本核算抓好。只要人头费不进项目,华为公司的管理进步就根本没有可能。所以,要加强计划、预算、核算对华为事业发展的引导性作用(《改变对干部的考核机制,以适应行业转型的困难发展时期》,2006)
系统集成优化 各组织单元聚合形成不同群类的"组织单元集群体系"。该体系可分解为"战略、研发、供应链、财务融资、营销、人力资源、行政服务、公共数据、知识管理"等子系统 不同流程与"惯例"机制关联,促使组织单元形成"集群高度协同、边界开放共享"的系统集成,从而构建并优化"自适应"能力,促进不同类别组织单元与整体组织形成"自进化"能力	**关键性部门**:平台协调委员会、质量与流程IT、供应链、采购、制造、网络安全与用户隐私保护、财经等 **关键点**:以业务端为基础的系统集成优化、客户为中心、端到端、眼镜蛇组织链接、IT支持系统、数据价值公司的运作正在从以功能部门为主的运作方式,**逐步向以项目为中心的运作方式转变,客户、研发、服务和变革项目将成为未来业务运作的主要形态。如何建立项目组合、项目群和项目的三级管理体系;如何通过GTS和供应链的早期介入拉通项目的端到端运作,实现真正意义上的项目经营;如何确定各类项目的责任中心定位并围绕定位合理授权;后方支撑平台如何响应来自项目的炮火呼唤,通过前方拉动、推拉结合,实现资源的高效配置,等等,都是需要深入研究和通过实践探索解决的管理难题。公司要实现项目为中心的转移,才能避免大公司的功能组织的毛病;去掉冗余,才能提高竞争力**(任正非:在"蓝血十杰"表彰会上的讲演稿,总裁办电邮讲话〔2014〕039号) 未来LTC变革的贡献一定是组织的逐渐精简,有一个很好的流程制度系统和IT支持系统。后方有强大的战略机动部队,机动部队之间的交易条件也是清晰的,这样资源可以高效流动起来。慢慢运转合理的时候,代表处就不需要这么庞大的队伍,就实现了精兵。代表处现在不能精兵而是屯兵,原因是它买啥资源都买不来,不如把资源先养着。精兵主要是面对不确定性,确定性的东西可以建在区域平台,共享(任正非在变革战略预备队及进展汇报座谈上的讲话,2015) 针对**确定性业务**,如交付、服务、财务管理、供应管理等,华为要建立平台制和共享制,关键是考虑如何**提升工作效率**。考核确定性业务就是效率与效益(任正非在变革战略预备队誓师及颁奖典礼上的座谈纪要,2015) 管理的目的就是从端到端以最简单、最有效的方式,来实现流程贯通。这个端到端,就是从客

续表

辅助与参谋类组织单元构造特征维度	原始证据举例与要点说明
系统集成优化 各组织单元聚合形成不同群类的"组织单元集群体系"。该体系可分解为"战略、研发、供应链、财务融资、营销、人力资源、行政服务、公共数据、知识管理"等子系统 不同流程与"惯例"机制关联，促使组织单元形成"集群高度协同、边界开放共享"的系统集成，从而构建并优化"自适应"能力，促进不同类别组织单元与整体组织形成"自进化"能力	户的需求端来，到准确及时地满足客户需求端去。这是华为的生命线，只要华为能认识到这个真理，华为就可以长久生存下去。内部管理是为及时、准确实现客户需求服务的，这是华为内部管理改革的宗旨和基础。背离这个宗旨和基础，就可能陷入烦琐哲学（《管理工作要点》，2003—2005） 华为把公司未来的管理体系比喻为眼镜蛇：头部可以灵活转动，一旦发现觅食或进攻对象，整个身体的行动十分敏捷，可以前后左右甚至垂直窜起发起攻击，而发达的骨骼系统则环环相扣，转动灵活，确保在发起进攻时能为头部提供强大的支撑。眼镜蛇的头部就像华为业务前端的项目经营，而其灵活运转、为捕捉机会提供支撑的骨骼系统，则正如华为的管理支撑体系，这就是公司未来管理体系的基本架构（郭平：《以项目为中心，促进公司长期有效增长》——在 PMS 的讲话，2014） 以项目为中心不仅是业务前端项目形式的运作，还包括为项目提供全面支持的管理支撑系统，是一个拉通业务前端和后端的完整架构，涉及人、流程、知识和战略等很多方面，也就是业界所称的组织级的项目管理体系（郭平：《以项目为中心，促进公司长期有效增长》——在 PMS 的讲话，2014） 数据是公司流程和管理体系建设中最为关键的管理要素之一，流程集成打通和管理体系运营高效的核心是实现数据的贯通。数据是企业的战略资产，数据准确是内控有效的基础，要通过持续有效的数据管理，确保全流程数据的一致、完整及准确，支撑作业效率提升、决策质量提高、财报内控等管理目标的实现（《关于数据管理的决议》，EMT 决议〔2016〕001 号）
组织功能与能力协同优化 不同类型组织单元，需构建不同的评价体系。辅助类组织单元需要逐步向独立核算的模式转化，以提升组织单元个体价值。同时组织单元开始向"精兵体系系统进化"，深化组织功能，提升服务质量 组织在能力方面需优化了包括学习能力、组织整合与重构能力、数据运用协同等方面的能力	**关键性部门**：战略与发展委员会、平台协调委员会、财经、供应链、采购、制造、内部审计等 **关键点**：生存为基础、精简部门、精兵制变革、不同组织单元不同评价体系、独立核算、学习优化能力 **1. 组织功能优化变革：** 公司要采用不同的指标系统来评价**不同类型的**业务单元，体现不同的牵引方向。（1）审视未来 2~3 年的市场机会，要区分清楚在这个历史时期，哪些业务单元正在向利润中心转移，哪些业务单元处于过渡阶段，哪些业务单元仍处于增长期。（2）按照利润中心建设的业务单元，要实行人员定岗定编和利润考核。按照销售中心建设的业务单元仍要首抓销售额增长。（3）评价销售增长幅度时，原则上对于基数大、未来增长空间有限的业务单元，要偏重增长绝对数量的评价；对于基数小、未来增长空间较大的业务单元，要偏重增长相对比例的评价（关于一季度公司经营审视汇报的纪要，EMT 纪要〔2009〕031 号） 公司非主业部门要逐步走向独立核算，要建立自己的赢利模式和生存模式，推进以市场机制与公司主业交易。员工广场和慧通，先行探索独立核算效果较好，后续华为大学等也进行独立核算。盈利多了就发展，没人买产品和服务就萎缩（关于 2012 年集团公司预算案第二次汇报的纪要，EMT 纪要〔2012〕010 号） 代表处经营管理真正的重心是项目和客户，应以项目、客户作为基础的核算单元。项目是细胞，细胞最重要。没有项目核算，系统部和代表处的经营管理都无法有效地开展（《拉通项目四算，支撑项目层面经营管理》，2010） 未来华为公司的建制就是精兵组织，未来作战方针就是要精兵化。前端应该是精兵，来对付不确定性，包括技术的不确定性、客户需求的不确定性、交易条件的不确定性、交付条件的不确定性。对确定性的运营由区域平台担负起来（任正非在变革战略预备队进展汇报上的讲话，2015）

续表

辅助与参谋类组织单元构造特征维度	原始证据举例与要点说明
组织功能与能力协同优化 不同类型组织单元，需构建不同的评价体系。辅助类组织单元需要逐步向独立核算的模式转化，以提升组织单元个体价值。同时组织单元开始向"精兵体系系统进化"，深化组织功能，提升服务质量 组织在能力方面需优化了包括学习能力、组织整合与重构能力、数据运用协同等方面的能力	**将现在的屯兵运作模式，改为精兵运作模式。提高组织的有效性、及时性、准确性。让不确定性的事情，由精兵组织来应对。让确定性的事情，由平台或共享组织来支持与服务。对不确定性的考核是风险的把握，对确定性的考核是效率与效益**（埃森哲董事长Pierre拜访任正非的会谈纪要，2015） 华为已明确变革要以作战需求为中心，后方平台（包括设在前线的非直接作战部队）要及时、准确满足前线的需求。华为机构设置的目的，就是为是作战，作战的目的，是为了取得利润。平台的客户就是前方作战部队，作战部队不需要的，就是多余的。后方平台是以支持前方为中心，按需多少支持，来设立相应的组织，而且要提高后方业务的综合度，减少平台部门设置，减少内部协调，及时准确地服务前方（《谁来呼唤炮火，如何及时提供炮火支援》，2009） **2. 能力系统协同优化** 项目管理是公司管理进步的基础细胞，要把项目管理作为华为公司最重要的一种管理往前推，华为大学的项目管理培训应该是系统工程。项目管理是个细胞，懂了项目管理，你其实当"军长"都够用的。所以项目管理是基本细胞，要管，要进步（任正非在华为大学教育学院工作汇报会上的讲话，2013） 20多年来华为与IBM合作，把华为的一堆散沙建成了平台。华为将再用10年，与埃森哲合作，把屯兵组织变成精兵组织。对交易条件、客户需求、技术实现、场景管理等的不确定性，华为使用精兵组织；对确定性就由共享平台来支持。那么在同样的销售额下，华为至少可以减少一部分人，增加的利润，就可以分给这些组织去增强作战能力。所以，你朝着不同国家不同基线、不同行业不同基线的前进中，就有效地支持了精兵组织建设（《区域差异化考核进展汇报》会议纪要，2015） 数据是公司核心资产，数据准确是有效内控的基础。数据的价值和风险应被有效管理，以支撑内部管理简化、业务流集成、运营效率提升和经营结果的真实呈现（《公司数据管理总纲》，司发公司政策〔2014〕005号） 　　数据是华为独一无二的资源。IT系统可以被复制，流程和组织可以被模仿，员工也可以跳槽，唯有数据既不会被复制也不会被模仿，如果能**充分利用数据资源创新产品，为客户提供差异化的服务**，华为就能创造出区别于竞争对手的核心竞争力（《大数据时代的财经管理——郭平在2013年集团财经工作会议上的讲话》，《管理优化》第423期，2013）

资料来源：作者根据研究主要成果进行整理。

对华为公司辅助与参谋类组织单元（非业务类组织单元）要点构造特征研究可以发现：

辅助与参谋类组织单元同样以生存为基础，依托于业务类组织单元，以优化业务类组织单元的市场需求、高效"惯例"及系统构建与优化为核心的"辅助支持型组织单元"。辅助与参谋类组织单元（非业务类组织单元）虽然与组织的业务及业务系统存在深度协作关系，但并不能直接影响公司销售额、销售增长率等主要财务绩效。虽然部分非业务类组织单元存在独立核算及公司绩效提升的作用，但是大部分非业务类组织单元并不能对财务绩效有显著正向影响。但对客户响应速率、市场适应性等非财务绩效存在一定的影响作用。

辅助与参谋类组织单元（非业务类组织单元）根据不同组织单元的功能，可以分解为"战略引导、流程简化与机制优化、系统集成优化、组织功能与能力协同优化"几个关键构造特征。辅助与参谋类组织单元与业务类单元深度协作，在未来组织体系中不可或缺，对组织"自适应"与组织"自进化"能力的形成，具有协同引导与优化监督等作用。部分辅助与参谋类组织单元具有独立业务功能，可以与市场产生直接关联。

辅助与参谋类组织单元在"战略引导、流程简化、组织功能优化"等三个维度充分体现了外部"自适应性"，对外部自适应型能力有显著正向影响。**在"流程简化与机制优化、系统集成优化、组织能力协同优化"三个维度充分体现了内部"自进化"能力**，对内部进化型能力有显著正向影响。

第五章
组织动态"进化"路径：动态能力构造下的"神奇"桥梁

对于组织变革研究，除了研究变革后组织的构造体系，更主要研究新组织形成的"进化"路径。在追踪了100多家知名公司的组织成长历程中成功与失败经验，发现了一个共同现象：**组织变革的关键，是寻找正确的组织变革方向，设计有效的组织"进化"路径。**但这一关键因素并不被重视，导致众多知名公司的组织变革失败。实际上，众多尝试变革的公司并不缺乏变革的决心，也不缺乏变革的理念与具有决断性的领导者，甚至很多企业追寻着已成功印证的组织变革模式，主动展开组织变革，但是成功的案例非常少，中国企业这种现象特别明显。很多管理者将其归咎为"组织惰性"与"组织无力症"。但实质上是组织变革方向不正确，更多的是没有建立组织"进化"的科学路径。

从众多组织变革失败案例追踪中发现：**多数知名企业的失败变革，多为盲目打破原有组织"惯性"体系**，想彻底构造一种具有活力的新组织系统。虽然，也有个别知名公司成功构建新组织系统，如韦尔奇在通用推动的"无边界组织"，郭士纳推动的"IBM矩阵"，这些都是企业"面临生死存亡"的重大抉择时，才可能成功引导组织开展大结构变革，但众多公司哪怕面临"存活"危机的时候，多数也会因为资金短缺、组织迟钝、决策权主导等因素导致组织变革全面失败。也因为如此，韦尔奇、郭士纳被视为企业家的传奇。实际上，多数组织变革成功的企业其过程都是动态的、渐进式的进化过程，尤其在无法明确组织变革方向是否正确的时候，持续性地组织"动态进化"推进，就会成为常态。

很长一段时间，我们会经常听到"创新"这个时代核心主题词，很多人希望在技术或者商业模式上实现"颠覆式创新"，让企业得到质的飞跃。但对众多企业创新的成功案例追踪发现：**希望一下就出现"颠覆式创新"，基本上是"痴人说梦"。**"颠覆式创新"的出现，一定会有外部环境的长期孕育，最终在"渐进式创新"积累到一定程度，才可能出现暴发，暴发的时间节点主要通过"跨界以及新技术迭代"的方式最终呈现。举一个现实的例子，很多科研机构都有非常先进的科研成果，但是想让这些成果转化为新科技产品，需要非常长的周期，并受到众多因素影响下，通过协调转化，最终制造出"颠覆性科技产品"，如乔布斯创造出 iMac、iPad、iPhone 等传奇科技产品，打造了苹果公司神话。这些"颠覆性产品"的转化难点并不是科研技术，而是科技转化过程与路径。现在众多人都非常关注人工智能、物联网等新技术的场景应用，但新技术实现的关键，首先是技术管道的铺设问题，也就是技术形成路径，这个路径的关键因素包括 5G、6G 技术的平台体系支持。2019 年，美国国会众议院听证会质疑"Facebook"创始人马克·扎克伯格，"支付宝有 9 亿用户，微信支付也取得巨大成功，但 Facebook 却还没有开始做支付平台。为什么你不做一个 Facebook 版的支付宝？"扎克伯格回复：中国金融基础设施（即中国金融领域的通信设备等基础设施系统）远远优于美国，没有金融领域的基础设施，"Facebook 版支付宝"的支付平台就建设不起来，并进一步论述，支付宝与微信在全球数字金融领域的竞争，不仅是 Facebook 的竞争对手，而是所有美国公司的竞争对手。这一论述直接点明了行业领域"颠覆式创新"需要众多领域的创新支持，以及行业创新的持续积累。

组织进化实际上就是"组织创新"，**成败的关键是合理化实现路径，形成市场与生产力相适应的高效生产关系，因此组织"进化"是一个动态持续的长期过程**。不要奢想直接就可以实现组织系统的"成功"变革，尤其不要奢望通过外来咨询公司就可以直接完成组织变革。实际上，哪怕如韦尔奇、郭士纳、稻盛和夫等企业家推行的组织系统转换都长达一年以上，甚至数年以及数十年的转化周期，而且变革的关键是组织之间各环节与节点的"共同进化"。但在组织变革的实践过程中，为防止组织结构性风险，众多成功变革的企业是从局部组织单元转换开始，通过探索，得出适合本企业的成功经验，在得到公司组织单元的整体共识后，才系统推广到全公司。

华为曾出现过这样一个事件，一个进华为仅 60 天的北大高材生，给任正非写了一封万言书，历数华为弊病和改进办法。任正非看后回复："此人如果有精神病，建议送医院治疗；如果没病，建议辞退。"此事引发全国讨论。这里不评论北大高材生的"妄言"，也不评论任正非发表的"狂言"。但就组织"进化"变革实践而言，必须要脚踏实地从组织局部"渐进式"优化变革开始，逐步实现组织的"整体进化"，这是大型公司"组织进化"的唯一路径，除非另起炉灶，创建相对独立的新创业公司，才可能激活新产业体系与组织体系。实际上，**组织单元作为新组织体系的构造基础，就是在尝试将原有的组织优势与新组织单元系统优势相互融合，在组织的"渐进式创新"与"颠覆式创新"中寻找"拉动力"，构造"暴发点"**。

组织进化路径的构造，实际就是科学化的管理实践。现在国内众多 MBA 课程会讲很多战略观念以及新组织形式，但缺乏对于组织体系与战略体系本质性的探讨，同时缺乏对组织理论实践路径的系统分析，导致这些理论仅仅是"空中楼阁"，无法付诸实践。现在要特别注意一种不良现象，国内外出现了很多新的组织变革理论，但这些理论多数仅为观点思考，并不能运用到组织变革的实践当中。举一个例子，合弄制是比较新颖的组织变革系统，该系统也融入了"进化"的观点，同时，提出了"无领导管理方式""去中心化""全体治理""以工作构建角色权利"等新理念与观点，合弄制强调"理想化"的构造，并强调必须进行不同圈层整体变革，而非局部变革的构想，但在现实组织实践中，该观点构想并不具备可操作性，尤其是中国企业，更不具备操作的可能性，其核心问题是虽然具备了很好的理念，但并没有形成针对实际环境构建可执行的组织实践路径，如果想将该观点形成可实践的理论，必须要对其观点设计实践优化路径，并加以实践论证。

本章，针对组织单元的构造基础，构建了"组织进化"的一般实践路径。该进化路径的构建，基于大量的实证研究与案例研究发现：**组织单元的进化具有"随机性"，但针对进化体系的构造，又具有"方向性"**。通过对大量理论的探索研究，感觉动态能力理论对于组织进化基础路径设计最为直接与有效。

一、动态能力，一个有趣的"成长优势"构建理论

动态能力理论是基于企业在"有限资源"的基础上，以现有能力为依托，为建立长期持久的竞争优势而形成的一套"动态成长性"理论。有学者认为该理论是基于"组织学习理论"为基础，所以认为该理论属于"学习流派"。

动态能力理论是由学者 Teece 在1997年首次正式提出，主要根据市场环境变化的情况下，组织所需要的对应能力构造形成的理论。该理论起源于20世纪90年代，R. D'Aveni（1994）在《超越竞争》一书中，阐述了动态能力理论的基础构思，后有学者将该理论认定为"企业竞争优势战略创建"的重要理论。

竞争优势的探索一直是战略管理领域的核心命题，尤其依托"理性分析模型"解释公司持续竞争优势，成为了战略管理研究的主导方向，并形成了众多知名战略理论，包括：产业组织理论（Porter，1980）、演化理论（Nel－son 和 Winter，1982）、资源基础观（Wernerfelt，1984）、竞争互动博弈论（Brandenburger 和 Nalebuff，1995）、动态能力理论（Teece 等，1994，1997）。这些理论研究对象从组织外部环境变化所形成的对应能力研究，逐步向整体资源控制、组织内部竞争能力构建系统转化。

国内外众多学者对于"动态能力的概念构造、特征"以及"动态能力的获取"等方面进行了深度的分析，形成了现有的动态能力理论框架。但是由于研究对象与研究目的等方面存在差异，导致众多学者对于动态能力理论的角色理解存在明显分歧，甚至出现相互矛盾的理论体系。

本书对于动态能力理论的定义，主要依托 Teece 的研究为核心，认为：**动态能力理论（Dynamic Capability Theory，DCT/Dynamic Capabilities Perspective，DCP）是组织针对不断变化的市场环境，以及能够持续建立、调整、优化、重组组织关联的内外部资源以建**

立竞争优势的一种弹性能力。

动态能力理论其核心是针对内外部市场资源的引导与整合,并通过"学习优化"与"组织重构"等方式提升创新能力,改进现有能力体系,进而提高综合效率,促使组织在复杂、不确定的环境下以获取竞争优势。

面对资源被强势垄断、技术不断迭代创新等众多影响因素引发的市场环境剧烈变化,组织必须迅速响应外部市场变化,及时调整内部资源配置。**"资源结构性配置"所引发产业组织与资源观的研究,就形成了动态能力理论的主要框架。**"动态能力"强调两个方面的关键要点:第一,"动态"强调:为适应不断变化的市场环境,组织需要具有不断更新的能力,从而建立自身竞争能力(competences);第二,"能力(capabilities)"则强调:组织的应对措施需要不断地进行调整、整合和重置,这是一种不断优化的技能、资源、功能的能力(competences)。动态能力的核心是通过能力的持续优化,形成应对瞬息多变外部环境的应对能力。

"动态能力"在激烈的竞争环境当中,通过组织不断"优化、整合、重构资源与能力"获取竞争优势。在科技高速发展的今天,进一步利用"物联网、IT 科技技术、组织关系资源"等获取更多的能力与竞争优势。

实际上,动态能力理论是一个"重传承,重发展,有故事,但又充满矛盾的'神奇'理论"。

1. 动态能力理论是一个深度"传承与发展"的进化理论

动态能力理论是在"产业组织理论"和"资源观理论"两种**静态理论**的基础上发展形成的**动态理论**,是结合两项理论的核心内容,将"外部竞争优势向内部组织转化"所构建的理论。

产业组织理论(Industrial Organization)是基于"交易成本理论",形成的产业与组织相关联的**"S-C-P"范式(structure-corconduct-perfomance,结构—行为—绩效模型)**。理论要点是构造精准的产业定位,依托"上游供应商与下游客户"的砍价能力,创造产业壁垒,从而建立持续的竞争优势,以阻止现有及潜在竞争对手(Porter,1980)。

资源观理论(resource-based view,RBV)重点强调公司竞争优势来源于"内部独特资源和能力",优势的创造来源于价值获取,主要让组织与市场形成相互关联,并通过组织与市场获取独特优势,并获得机会(Schroeder,Bates 和 Junttila,2002)。"资源观理论"认为:组织的竞争优势来自组织"内部惯性"对于环境变化的处理能力(如 Ketchen,Hult,Slater,2007),该理论后延展形成"资源基础理论"(resource-based theory,RBT)。

学者 C. K. Praharad 与 G. Hamel 基于上述研究发现:组织核心竞争优势具有"适用性、价值性、难仿制性"等动态特质。**动态能力是"组织通过一系列决策选择将组织内的资源**

投入转化为特定目标所形成的惯例集合"（Winter2000；2003），基于这个"动态能力"的基本定义，逐渐形成了动态能力的概念体系。

2. 动态能力理论是一个"有故事、多理论融合"的动态进化理论

Teece 于 1994 年提出动态能力理论的核心概念，认为**动态能力是组织"整合、构建、重新配置内部和外部资源"**以应对快速变化环境的能力。该核心概念的形成不仅融合了**"资源观、产业组织理论"等"静态"**理论的概念体系，更传承与发展了**"创新理论、学习理论"等"动态"**理论的思维体系。

创新理论是动态能力理论的体系重要概念基础。创新理论的提出者熊彼特（Schumpeter，1942）认为：市场是动态的，并处于不断的变化状态，而推动变化是由公司创新所主导。实际上，创新的核心影响因素与动态能力的核心影响因素是相似的。就是**打破习惯思维与原有的组织惯性，从而发现创新和实施创新，建造新的经济/产品结构，这种结构被称为"创造性毁灭"**，同样是动态能力理论的重要特征。

对于现今高速发展的社会，创新竞争相对价格竞争更具有长期利益。如乔布斯带领下的苹果，将"科技美学"的魅力展现得淋漓尽致，俘获了大量的"果粉"，创造了 iPhone、iMac、iPad 等众多伟大产品。今天，**想要成为高速成长型公司，规模绝对不是最优解，依托创新的产品、服务、商业模式等，将成为新的"可持续成长"的核心优势。**

熊彼特**创新理论**给动态能力理论提供了内在的**转化动力**。让组织能够获得持续价值增长的"惯例"。动态能力理论就是将组织能力看成是持续的"惯例进化"，这个观点明显来自"广义达尔文主义的进化思维"。

动态能力理论另一个重要的融合是深度借鉴了**"知识"**与**"学习"**的相关理论。因为，"公司是体系化知识的集合体"（Demsetz H，1991；Robert M. Grant，1996）。虽然动态能力侧重面对外部环境变化构造"自进化"能力，但是系统借鉴"知识"与"学习"相关理论体系，可以有效构造能力形成的核心路径，成为了动态能力理论"能力进化"的关键。

动态能力理论重点研究了"知识获取"的两种类型。一个是**显性知识，即知识的范围**，也就是"知道是什么"的客观知识。另一个是**隐性知识，即知识的路径**，也就是"知道怎么做"的主观知识。显性知识具有公共产品的特质，可以通过沟通和交流呈现其价值；隐性知识具有特有产品的特质，无法通过沟通和交流呈现其价值，隐性知识具有不确定性，转移难度大，速度慢，成本高。

基于"学习"视角，有学者把动态能力看成是"创造、存储、配置和利用知识的实体，强调公司是一个管理生产的组织，而不是管理交易的机构"（Demsetz，1998；Robert M. Grant，1996）。认为动态能力是"资产增值来自学习过程"（Teece，2014），而"外部知识资源如果做得好，可以增强公司的内部能力"（Capron 和 Mitchell，2009）。

3. 动态能力理论是"长期探索与充满矛盾"的系统进化理论

动态能力理论从提出到现在已经超过 25 年，在此期间，众多学者展开了深度研究，并产生了丰富的研究成果。但到现在为止，动态能力理论目前仍然处于探索阶段，出现了多种概念体系，各体系之间存在许多认知矛盾，这也导致动态能力的不同的认知结构与模型体系。

为了帮助组织变革研究学者及组织变革实践者深度理解动态能力理论的概念内涵，并展开进一步探索与实践工作，这里对动态能力的主要定义进行了整理（如表 15 所示）。

表 15　　　　　　　　　　　　　动态能力的主要定义

学者	年份	定义
Teece	1997	动态能力主要指应对瞬息多变的环境，公司组织通过"整合""建立"和"重构"内外部资源的胜任能力（competence）
Helfat	1997	组织动态能力可以使公司组织通过创造新产品、新路径以应对快速多变市场的所属能力
Demsetz Robert M. Grant	1998 1996	"创造、存储、配置和利用"知识的实体，强调公司是一个管理团队生产的组织，而不是管理交易的机构
Eisenhardt 和 Martin	2000	动态能力指使用资源的流程，包括"整合、重构、获取和释放资源"的流程，以对应现有以及未来市场的变化。这种能力会随市场的变化而"生成、关联、裂变、进化与消亡。"动态能力是实现新资源结构配置的"组织和战略惯例"
Griffith 和 Harvey	2001	全球动态能力可以创造难以复制的资源组合，尤其在全球范围内提供为公司竞争优势创建所形成的组织间的协调能力
Zollo 和 Winter	2002	动态能力是一种"稳定的、集体学习"的行为模式，组织可以依托动态能力进而系统地产生及修正组织运营惯例，从而提升组织绩效
Rindova 和 Taylor	2002	动态能力主要从两个层次进行进化：通过提升组织管理能力展开的"微观进化"与重构市场能力展开的"宏观进化"
Zahra 和 George	2002	动态能力是"重新配置及重构公司组织资源"的基础能力，以"优化消费者需求"及"与竞争对手竞争"的动态变革能力
Winter	2003	动态能力可以"延展、改变、创造"综合竞争能力
Zahra 等	2006	动态能力是以公司或组织主要决策者所构想、通过适宜的模式"重构资源和惯例"的能力
Ravlou 和 Sawy	2006	动态能力是重构职能的能力（Functional Competencies）以获取动态环境变化的应对能力
Helfat 等	2007	动态能力是指组织有目的地创造、延展或改变其资源基础的能力
Teece	2007	动态能力可以系统分解若干能力，包括：①捕捉机遇；②掌握机会；③整合、提升、塑造，必要时甚至重构组织的有形及无形资产，用于优化与创造竞争优势
Wang 和 Ahmed	2007	为了更好地在多变环境中获取并保持竞争优势，组织需要不断地"优化整合、重构更新、再造组织资源和能力"的行为路径。同时，不断提升与重构组织核心能力

续表

学者	年份	定义
Teece 和 Augier	2009	动态能力是指"感知或抓住新机会",进而"重构与保持隐性资产、竞争力及互补性资产",从而优化竞争力的能力
Barreto	2010	动态能力是组织系统解决问题的潜力,由"捕捉与把握机会",以市场为导向的决策制订、组织变革资源体系搭建等若干潜在能力构成
Teece	2014	在动态能力"整合""构建"和"重构"内外部能力基础上,确认"流程、职位和策略"是动态能力三个核心构建模块
Sheng, Hartmann 和 Chen	2015	动态能力可以激活组织内部流程,并以此解释组织创新领域所存在的巨大潜力

资料来源：作者根据相关文献综合整理。

通过动态能力不同定义的对比，可以看出：动态能力在研究对象、目的以及性质上面存在明显的概念体系的分歧。表现在不同学者将动态能力看作为"能力"（Teece，1997）、"流程"（Eisenhardt & Martin，2000）、"行为模式"（Zollot & Winter，2002）、"潜力"（Barreto，2010）等。动态能力的最终目的，则分别为"快速适应多变的环境"（Teece，1997），"提升组织绩效"（Winter，2002）、"重构组织职能"（Zahra，2006）、"改变资源结构"（Helfat，2007）、"形成竞争优势"（Teece，2007；2014）、"系统性解决问题的能力"（Barreto，2010）等。

虽然，存在众多分歧，但动态能力却是组织"进化"路径形成的基础。动态能力是基于管理者的"有限理性"，在不确定条件下，构建并持续修正优化发展的能力（Alchian，1950；March，1958；Simon，1993）。

基于动态能力的不同类型定义，结合"组织进化与优势构造"的目的，可以发现动态能力三个基本特质，分别为：**快速变化的应对感知（外部环境感知能力）；解决问题的基本能力（基本能力）；解决问题路径构造的思维系统（高阶动态改变能力）**。

动态能力具有"能动性"，可以持续改变资源构造，调整"惯例"结构，形成并发展"能动性"的动态能力构造路径，具备"创造性毁灭"的特质，被认为是一种**高阶能力**，其运用价值越来越受到重视。

结合动态能力不同的概念与三个基本特质，可以发现动态能力四个重要目标："**高阶能力**""**创造性毁灭**""**路径进化性**"与"**认知能动性**"。

第一，高阶能力。动态能力具有"延展、改变、创造、优化"的运营能力（Winter，2003），动态能力依托决策者需求，进行"资源和惯例"重构（Zahra，2006），动态能力存在不同层次，并与市场环境变化对应，存在"渐增、更新与再生能力"（Ambrosini，Bowman 和 Collier，2009）等。

第二，创造性毁灭。动态能力是一种"整合、创建、重构内外部资源"的胜任能力，由"流程、职位和策略"三个核心模块构成（Teece，1997；2014）。动态能力通过系统"产生及修正组织运营惯例"（Zollo 和 Winter，2002）。动态能力通过"整合、重构、获取和释放资源"流程，应对未来市场的变化（Eisenhardt 和 Martin，2000）。动态能力是"重新配置及重构"公司组织资源基础的能力（Zahra 和 George2002）。动态能力通过"创造、延展或改变资源基础"（Helfat，2007），"感知机会和威胁"，从而形成决策制订的能力（Teece，2007；Barreto，2010）。动态能力本身就具备"创造性毁灭"的特质。

第三，路径进化性。动态能力通过提升组织管理能力的"微观进化"与重构市场能力的"宏观进化"两个层次展开进化（Rindova 和 Taylor，2002）。通过"反复实践、经验总结、错误修正"等引导机制推进，**组织进化的重点是"变异"，市场中进化的重点是"选择"**（Eisenhardt 和 Martin，2000）。

第四，认知能动性。动态能力面对不断变化市场，会存在不同层次的动态选择，选择的依据会出现多种不同的解释，而且充满着对市场认知的矛盾。如有学者强调"决策者需求"（Zahra，2006），也有学者强调"实施目的性"（Helfat，2007），更多学者认为应考虑"感知机会、威胁以及决策制订的能力"（Teece，2007；Barreto，2010）。动态能力不仅具有"行为能动性"，更具有"认知能动性"，是有意识的人类感知与行为（Teece，2009；Katkalo，2010），**因此对于不同组织，其"进化路径考量因素"并不相同**。

动态能力的推进核心是基于"组织内外部资源"，通过组织不断地"持续调适、整合和重构"相关的能力系统，形成快速应对多变环境，获取并保持竞争优势。

二、动态能力，基于动态"进化"路径构建的主要影响因素

国内外学者对动态能力理论做了大量的实证探索，以寻找动态能力形成的主要影响因素。虽然基于不同研究视角，动态能力构成要素及影响因素的界定存在一定差异，但是可以根据组织"进化"目标需求，结合动态能力主要影响因素，分层次展开组织"进化"路径变革的管理实践（如表 16 所示）。

表 16 　　　　　　　　　　动态能力的构成要素与影响因素

学者	年份	构成要素与影响因素
Teece 等	1997	协调；整合；学习；重构；转型
Helfat	1997	外部知识获取；知识内部消化；技术能力
Eisenhardt 和 Martin	2000	整合；重构；获取；释放
Zahra 和 George	2002	获取；消化；转化；利用
Pavlou	2004	协调能力；吸收能力；集体意识；市场导向
Branzei 和 Vertinsky	2006	吸收；消化；转化；配置

续表

学者	年份	构成要素与影响因素
Teece	2007	感知环境；抓住机遇；适应、重塑公司所处环境
Wang 和 Ahmed	2007	适应；吸收；创新
Hoop 和 Madsen	2008	知识、技能、经验、惯例、公司基因（文化等）
Ambrosini 和 Bowman	2009	整合；重构
Cetindama, Phaal 和 Pobert	2009	资源配置方式；创新方式
Barreto	2010	系统解决问题；感知机遇和威胁；变革资源；适应环境
Jiao et al.	2013	环境识别；整合重构；**组织柔性**；**技术柔性**
Teece	2014	整合；建立；重构；流程；职位；策略

资料来源：作者根据相关文献综合整理。

基于不同学者对于动态能力的影响因素与构成要素的研究总结，可以发现三个共同点：第一，动态能力是组织的"**整合与重构能力**"；第二，动态能力的核心内容是"**知识与信息管理**"；第三，动态能力的目的是"**有效应对多变复杂的市场环境影响**"。

动态能力的要素构成体系，可以通过三个步骤构建。第一步，以应对外部环境变化而展开的**信息捕捉**；第二步，通过**知识与信息管理**实现公司"产品与服务创新"，构造动态能力体系的组织"进化"基础；第三步，通过"**整合、协调与重构**"内外组织资源，实现运营能力与组织"惯性"的"进化"，基本完成动态能力的体系构造。为此，有学者系统地提出了"资源整合、建立、重构、环境、机遇、适应、策略性调整"等动态能力层次化的控制因素（Teece，1997；2007；2014），后有学者补充了知识、技能、经验、惯例、公司基因（文化等）等动态能力转化因素（Hoop 和 Madsen，2008），"动态资源"因素（Eisenhardt 和 Martin，2000），构成了较为成熟的动态能力理论系统。

可惜的是，动态能力理论主要来自实证研究，理论体系研究依然处于认知与创建阶段，案例研究与定量研究的成果并不多见。不过近些年动态能力研究做了大量的探索实践，尤其在"实时反应能力、短期竞争优势获取能力、迭代创新能力、改变导向（Change-oriented）能力、资源组合与重整能力、获取与调适能力、组织网络化控制能力"等动态能力应用场景研究上做了大量的探索，形成了众多新颖的理论与观点。

虽然动态能力理论主体概念存在争议，并且构造路径存在"动态"随机性，但是对近些年成功进行组织"进化"变革的公司研究发现：这些公司均针对组织现有内外部资源的实际状况，采用了动态能力与之关联的主要影响因素（参见表13），从不同时间层面建立"机会挖掘、资源整合、优势获取"的动态能力"分层次化进化"路径，采用对运营能力的"进化"改良，分层次、分逐步完成"组织系统进化"（常被分解为"短期、中期、长期"三个层次）。这里结合动态能力的核心概念及主要学者关于动态能力的系统观点（Teece，1997；2007；2014、Winter，2000；2003、Eisenhardt 和 Martin，2000、Hoop 和

Madsen，2008），构建动态能力的层次化形成路径（如图7所示）。

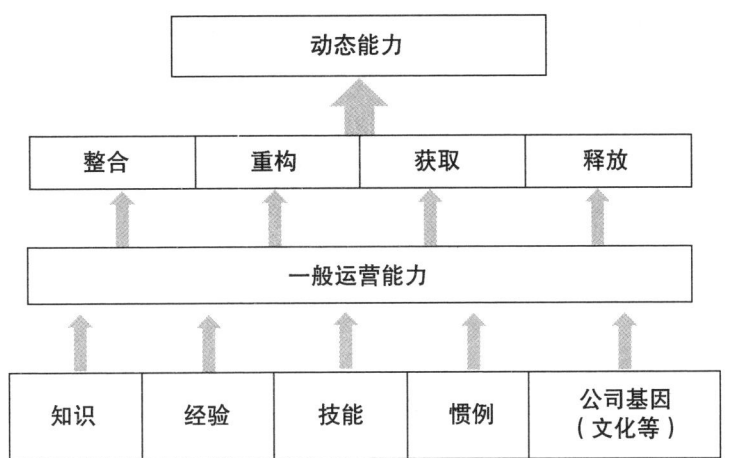

图7 动态能力基本因素构造的层级示意图

资料来源：Teece（1997；2007；2014）；Winter（2000；2003）；Hoop 和 Madsen（2008）；Eisenhardt 和 Martin（2000），作者略有调整。

动态能力的本质是"组织进化"引导生成的能力与模式，重点是对组织内外部资源进行"整理、创造、改变及扩展"等动态持续优化的创新过程。动态能力构建基础包括"无形与有形的所有内外部资源""组织运营能力"两个基本要素（Winter，2000，2003；Helfat et al. 2007），而组织进化能力的"层级性"（Collis，1994；Winter，2000，2003），构成了动态能力的形成路径，即**先构造"如何生存"的基本运营能力；再整合内外资源构造动态能力**，也就是通过"发现、创造、拓展与改变"过程，达到高效适应环境变化，创造"组织进化创新"的持续优势。

三、动态能力对于组织进化的一般推进路径

对数百家公司的追踪，发现一个不良现象：在企业管理实践中，当面临风险与危机的时候，企业会才尝试通过改变组织结构、流程以及提升员工能力用于应对风险，但是这种"临时抱佛脚"的组织变革大多数并不成功，同时也不持久，这些现象哪怕在知名公司中也非常常见。统一变革的思维认知，建立"层次化、系统化"的组织进化变革路径，已然成为现代企业发展中最难解决的问题之一，可以说组织单元系统"进化"变革是科学，也是艺术。

基于动态能力建立的组织进化系统路径，可以持续性地促进组织创新与技术创新。虽然不同学者对于动态能力路径构造系统的认知并不相同，但对于路径框架的建立过程却非

常相似。这里针对动态能力的"组织进化理念、进化内容、进化路径、进化目的"四个基本问题的展开对比总结,帮助管理实践者根据企业实际情况,寻找适合企业组织变革进化的实施路径(如表17所示)。

表17　　　　　　　　　　动态能力对组织进化的路径对比

学者	年份	动态能力要点界定	动态能力进化理念	动态能力进化内容	动态能力进化路径	动态能力进化目的
Teece	1997	"整合、建构、重新组合"公司内外部竞争力,以形成适应环境快速变化的能力	应对快速变化的环境需要,重构公司资源基础	专属的公司资源	发挥组织流程的作用,如协调或整合、学习和重构	使公司资源与环境相匹配,重构公司竞争优势
Eisenhardt, Martin	2000	优化公司使用资源的流程,特别是公司"整合、重构、获取、放弃"资源,以便适应或创造市场变化的流程	在变化相对不大的产业环境中,动态能力是持续的"分析性惯例";在快速变化的环境中,动态能力是简单的"经验性惯例"	资源	发挥特殊的战略性和组织性的惯例的作用,如战略联盟、战略决策等	获取资源与新价值并与战略结合,创造新竞争优势
Zollo, Winter	2002	能系统地创造和修正其"运作惯例",以提高组织效率的"探索性惯例",即一种稳定的集体活动的学习模式	外部环境的变化要求公司改变现有的"运作惯例"	运作惯例	"经验积累、知识表述、知识编码"三者相互衔接、循环学习	通过更好的运作惯例替换以模仿为核心的组织效能
Zahra, Gecorge	2002	公司创造和利用知识的能力(即吸收能力),有两类动态能力:现实的和潜在的	动态环境中,公司需要不断地创造和利用新的知识	知识	变革公司"获取、吸收、转化和利用知识"的流程或惯例	具有稀缺性、价值性、难以模仿和替代的"知识创造与利用能力"使公司具有竞争优势
Zott	2003	一系列指导公司"资源结构演化"的惯例	外部环境的变化要求公司改变现有的资源结构和惯例	资源、惯例、流程	改变流程或组织惯例,即改变公司资源结构和运作惯例	动态能力与绩效之间存在是间接联系,成本、学习和资源配置相互影响,会形成不同绩效
Helfat等	2007	公司有目的地"创造、延伸或修改其资源基础"的能力	环境的根本性或非根本性的变化都要求公司适时地改变资源基础	资源基础	变革资源配置流程	具有"稀缺性、价值性、难以模仿和替代性"的资源和能力是价值创造与价值占有的来源

资料来源:作者根据相关文献综合整理。

对于理论文献与组织案例整理，可以清晰地发现组织"进化"路径：组织进化基本是以外部市场环境变化的适应因素为基础，通过内外部组织资源的合理配置，展开对"活动、流程、惯例"等影响因素的系统调整，动态地有目的性地构造进化路径。不同类型组织单元"进化路径"并不相同，但动态能力作为"不可或缺"的中介变量，起到"资源整合、学习探索、价值再造"的作用。

现代企业可以利用动态能力理论，针对产业、市场、政府等不确定因素，以组织单元为基础进行"流程及惯例"的"适用性"探索与"引导性"创新，动态形成有效的可依赖的组织"进化"路径。

1. 动态能力"动态"路径构造的基本框架

结合动态能力的概念、主要构成要素与影响因素，可以总结出组织"进化"的基本生成逻辑：

内外部环境分析→发现并定义新的价值创造机会→制订以"产品、知识、信息"等为核心的组织进化目标→依托组织动力驱动因素形成新的组织发展能力，完成组织创新的系统构造→以协同合作为基础，建立新的"动态组织平衡体系"→建立新的竞争优势→动态能力再优化，继而促进组织持续进化。

动态能力理论虽然侧重组织动态能力的构造，但实质是合理利用与挖掘组织内外部有效资源，不断创造新优势，寻求更大的"生存发展空间"。

在复杂多变的市场竞争中，会出现这样一种"奇怪"现象：曾经被视为竞争优势，在后续的发展过程中很有可能会成为阻碍组织成长的劣势。较为典型的例子就是诺基亚手机对于质量的追逐，却忽视了"客户体验时代"的到来。曾经的科技巨头 IBM、科研先锋"贝尔实验室"，在追逐科技领先世界时，却丢弃了市场对科技实用性的需求，痛失了科技领袖的时代发展契机。

构造未来的组织体系，必然属于不断打破现有平衡，不断形成持续化、系列化的组织竞争优势，不断保持高效成长趋势的"进化型组织"。动态能力是持续创新的"组织进化的基本动力与路径"。动力核心推动者就是组织"细胞"——从"组织单元"开始就要形成持续优化的动态能力，并逐步形成高效敏捷性、灵活多变性的具有"进化能力"的组织单元系统。

动态能力的体系构建过程，是一个动态的、互动的推演过程，是基于驱动动力构造下的能力构建过程。主要通过对"外部环境的感知与应对"，"学习形成自适应、吸收、重构能力"，以此构造互动的、系统化的运作体系，并通过"组织资源、能力、惯例"的持续优化形成长期竞争优势，这种体系化的路径构造，形成了动态能力路径构造的基本框架（如图8所示）。

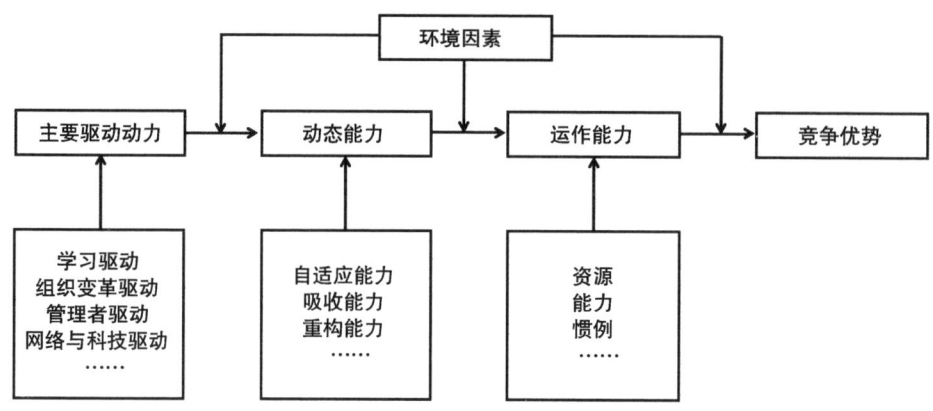

图8 动态能力路径构造的基本框架

资料来源：Teece（1997；2007；2014）；Winter（2000；2003）等；作者根据相关文献整理优化。

2. 组织进化动力的"引擎"构造——动态能力的驱动动力

虽然"组织进化"是一个系统性工程，但工程构造基础都源自基础驱动动力，如同建筑工程打地基一样，不可或缺且十分重要。

动态能力有多种动力驱动因素，但核心驱动动力因素有两个：一个是以"**学习为主导**"的驱动动力，主要用于能力的形成与优化；另一个以"**组织变革为基础**"的驱动动力，主要用于组织系统承载与保障。随着科技、行业及内外部资源等多种因素影响，"**管理者驱动、网络与科技驱动、资源整合与转化驱动**"等多种动力驱动因素，同样可以导致组织体系动态能力系统的结构变化。

第一，学习驱动。组织进化的基本路径，都是以"**学习、吸收、转化**"过程为基本成长过程。学习驱动的动力构造包括"形成学习规范""形成能力转化程序"两个关键步骤。

首先，需要形成学习规范。有学者以新兴经济体为研究对象，发现"**组织学习**""**反向工程**"和"**制造柔性**"是形成学习规范的三个核心影响因素（Malik 和 Kolabe，2009）。

其次，需要将能力转化成"组织惯例"，即形成能力转化程序。有学者以转型经济体为研究对象，发现"**组织惯例**"优化分为三个阶段（Dixon、Meyer 和 Day，2010）：第一阶段"通过学习将知识、信息等转化为机会"，产生基本需求；第二阶段"通过知识驱动，重构资源"，将一般运营能力转化为一定的组织优势；第三阶段，"通过探索式学习与创新，形成组织'自适应'的组织柔性"，并不断通过组织价值挖掘，形成持续"惯例进化"的正向反馈环。如转型中的中国企业，除了反向模仿学习外，还需要不断优化"人才体系""研发系统"等动力优化因素，实现从"模仿向研发创新的组织进化"方向转化。

第二，组织变革驱动。在外部复杂多变的市场环境中，组织单元构造的驱动动力，取决于"组织单元系统扮演的工作角色，以及组织更新与竞争优势"的目标变化。如果想激发形成组织持续进化系统，首先需要激活组织单元当中的"人、惯例、专业、流程"等影响因素，并对组织单元的"不同构造结构、各决策点权限、组织边界"等构造要素展开系统优化，这样才能持续，并从多方面促进"组织进化"。

对于本书所构建的"基于组织单元形成的新组织体系"而言，动态能力是由一系列反复、同时发生关联的行为"共同耦合"而成，并整合组织内外部有形、无形资源，通过"模式化的进化行为"催化能力更新与发展（Akwei，2007）。**组织变革驱动**的动态能力构造包括："业务范围与组织结构创新"；"内部系统创新"；"知识获取、模仿、创造"；"与合作伙伴、竞争者、客户竞合，以获取组织优势"等。

动态能力的创建过程同时也是组织单元"系统持续协同进化"的过程，组织单元的持续优化会促进动态能力的持续改进，形成其他组织难以模仿的独特竞争力。

第三，**管理者驱动**。企业家是公司发展的宝贵财富，企业家精神更是企业发展的核心动力之一。企业家的认知决定企业发展进化方向，这是组织体系化建设不可回避的关键因素之一。企业家通过自身的独特认知，引导组织系统执行具体的活动，并构造以自己意识形态为核心"组织惯性"，进而驱动组织"动态"变革（Naray–anan，Colwell 和 Douglas，2009），管理大师德鲁克就认为企业家是企业重要的资源，企业家精神是企业管理的核心内容，其核心就是"创新精神"，"创新精神"使企业在竞争中立于不败之地，在变化的市场环境中创造更大的生存与发展空间。

依托企业家等管理者驱动同样具有强大的"组织进化"推动力，基于管理者驱动创建的"组织动态进化系统"，同样需要三个常规步骤完成：第一步，识别组织潜在的动态能力；第二步，利用领导权形成各类组织单元之间的基本关联，并启动动态能力系统优化路径；第三步，利用动态能力建设形成"持续进化的组织创新惯例系统"，进一步引导组织"进化"创新（Pablo 和 Reay，2007）。

第四，**网络与科技驱动**。随着科学技术的高速发展，尤其是互联网与物联网等新兴技术的广泛运用，动态能力的科技驱动力量越来越"高效化、广域化"。尤其当知识分享打破了空间界限，展现出更深层次的"创造、扩展与迭代"效能，这都促使"内外部组织边界"的界限被彻底破坏，组织通过网络虚拟空间创造了"新的身份与协同规则"，整合了组织系统与组织关联模式，促使组织模式越来越多样化、组织反应越来越敏捷。

有学者基于"网络科技视角"探索动态能力的关键影响因素，构想三个步骤构造动态能力体系：首先，激励组织成员主动参与并分享关键信息；其次，构建组织动态能力以外"分层化壁垒"；最后，建立网络规则，创建网络身份，并有效转移"显性和隐性知识"（Dyer 和 Nobeoka，2000）。

四、动态能力对于组织单元系统"渐进式"持续进化路径的构造

构建新组织体系过程，是一个"渐进式"持续进化的动态过程，不仅需要构建有效路

径实施系统,更需要优化与持续改良"路径与组织进化过程"。在组织管理实践中,面对内外部环境变化,动态能力引导下的组织"进化"路径,需要不断涌现新能力"进化"变革需求,从而形成新的竞争优势。这将促使组织形成"自进化"路径(见图8),这与动态能力路径构造的基本框架(见图7)存在一定的不同。

组织单元系统在成长进化过程中,需要利用"资源、资本、技术能力"等因素,在多边市场中不断展开更新及优化,形成持续更新的动态能力系统,只有不断挖掘市场机会,才能推进组织"良性进化"。

动态能力是对组织内外部资源"获取、交互、优化"过程。对于内部资源,重点依托"学习吸收与资源重组";对于外部资源,重点依托"组织系统协调与资源整合";两者相互协同与重组,并动态地获取资源和能力,"渐进式"重构新能力系统,持续"进化"新组织单元体系,最终获取"动态持续"的竞争优势(如图9所示)。

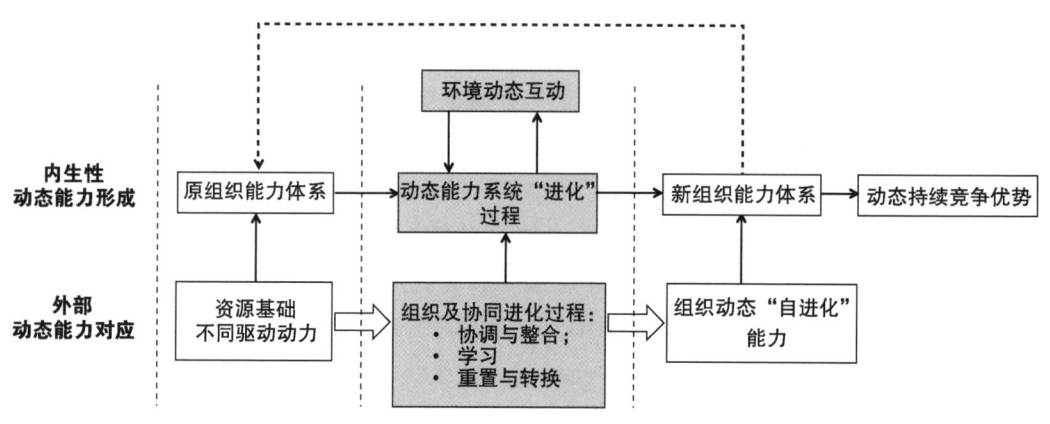

图9　组织"动态自进化"路径的构造

资料来源:Teece(1997;2007;2014);Winter(2000;2003)等;作者根据相关文献整理优化。

基于动态能力的组织"自进化"路径构建,主要依托三个因素:"学习""协调与整合""重置与转换"。**第一,学习因素**。通过不断地"重复及优化"业务流程,以达到更快、更好地完成组织目标,并发现新机会。学习因素既包括组织与个人的技能,又包括组织学习过程中形成的新组织"范式"、新组织"逻辑"、新组织"惯例"。**第二,协调与整合因素**。就是重新整合与协调内外部资源。主要通过打破原有的运营模式,对优势资源构造竞争壁垒,拉开竞争优势;对于薄弱环节,展开系统合作,形成难以被复制,不断被优化的独特发展能力。**第三,重构与转化因素**。重构和转化能力是针对多变环境,重新构建公司资产结构与组织单元体系,形成最适合现有市场环境的组织状态,依托优化组织"惯例"等影响因素,通过"学习、吸收、创新"化优势等转,渐进形成动态能力的"自进化"功能系统。

动态能力不应被片面地作为组织"应急问题处理"模式(ad hoc problem solving),而应被视为组织应对内外部市场环境变化,主动引导组织变革的能力与系统"进化"过程。这种"路径进化"过程分为三个层次:"动态能力替代""动态能力转化"与"动态能力进化"。三个层次是动态能力"渐进式"的"能力创新"过程,由组织单元系统的"动态能力构建"向"动态能力自进化"转化,真正形成"组织单元系统的自进化"能力。不同类型组织单元系统将在不同领域展开不同体系的"动态能力进化",包括:"资源及资产管理的进化""组织结构的进化""技术创新体系的进化""团队与个人学习能力的进化"等多种能力系统的协同进化等,如表18所示。

表18　　　　　　　　动态能力"渐进式进化"机制与路径比较

	动态能力替代	动态能力转化	动态能力进化
"进化"轨迹	能力组合	特定能力	特定惯例
行动	获取、放弃或保留能力	获取、放弃和调整惯例	优化与重构惯例
过程	剧烈的短期反应	同步定向反应	持续改良
持续时间	即时	逐渐转化但受到限制	无限
动力来源	外部环境主导	内外部结合	组织内部主导
组织影响	对"技术创新"有强烈要求	将"新惯例"目标与"原有惯例"进行整合转化	"进化"路径构造依赖并影响组织内外部资源配置

资料来源:Lavie,2006;作者进行局部调整。

本章构建以"生存"为基础,有效的组织进化路径,形成具有"动态进化效能"的组织单元,以此为核心,打造面向未来的"组织单元系统"这一新组织形态。对于理论文献的整理,发现:动态能力理论是最适合在不确定环境下,构建组织"进化路径"的理论。在这里,动态能力既是一种能力,也是一种行为模式,具有"环境感知、问题解决、路径构建"三个基本特质。动态能力的本质是"组织进化"的引导生成能力与模式,重点是对组织内外部资源进行"整理、创造、改变及扩展"等动态持续优化的创新过程。

组织系统进化过程是以适应外部市场环境变化为基础,通过内外部组织资源的合理配置,展开对"活动、流程、惯例"等影响因素的系统调整,动态地有目的性地构造进化路径。动态能力的核心驱动动力主要有"学习驱动"与"组织变革驱动"两种因素,随着时代发展,还出现了"管理者驱动、网络与科技驱动"等驱动因素。

动态能力对于组织系统进化过程是"渐进式"持续进化的动态过程。主要依托"学习""协调与整合""重置与转换"三个主要影响因素。主要通过"动态能力替代""动态能力转化"与"动态能力进化"的渐进式顺序,分层次、分步骤地生成"组织单元系统的自进化"能力。

本章与上一章共同构建了面向未来的新组织形式,即以"组织单元为核心的动态自进化的组织系统",其前置因素为广义达尔文主义以"生存"为基础的进化思维。下一章将以华为为案例研究对象,深度阐述未来组织的实现路径。

标杆案例研究 C：
华为公司组织进化动态路径构建过程

基于动态能力理论文献整理与第四章关于组织单元的深度研究，本案例将以华为公司组织进化过程展开跟踪研究，并以此为案例样板构建组织进化的动态路径。基于标杆案例B：华为公司单元构造与体系研究，可以发现华为公司为代表的**高速成长公司，是以广义达尔文主义的"生存"需求为"进化"基础**，核心是应对市场环境的"自适应能力"提升，即以"客户为中心"；而成长关键则是基于"市场危机感"所形成了组织持续优化能力，即"以奋斗者为本，以价值为纲"。

"自适应性"与"自成长性"形成了组织单元的"进化路径"形成的关键，并以此搭建不同类型组织单元与组织综合效能之间的关联关系。动态能力作为组织"进化"能力形成的路径方法，对于不同类型的组织单元与公司效能之间起到了中介效能，即可作为两者之间的中介变量。

华为案例 C 追踪一：
不同发展阶段动态能力主要特质、对应公司效能分析

华为公司能够在动荡变化的市场环境下得以高速成长，除了基于各类组织单元的活力，成功关键在于公司所匹配的动态能力系统。

对于动态能力系统的文献梳理，动态能力存在多种构成体系与不同影响因素，应用在华为公司组织变革，充分体现在："**认知能动性**""**创造性毁灭**""**路径进化性**"等特质。华为公司动态能力体系的构建都紧紧围绕以"生存为基础"的公司成长逻辑。具体表现在围绕外部环境变化所对应的"**自适应能力**"、内部进化所需要的"**学习吸收与组织重构能力**"展开。

研究发现：华为公司为实现动态能力中介效能，主要依托"**学习驱动**"与"**组织变革驱动**"，通过"流程、系统、网络科技"在"资源、能力、惯例"等方面展开系列更

新，从而"获取、整合、重构与转化"动态能力，形成持续优化动态能力体系，获取组织"自进化"的持续竞争优势。

这里结合华为公司组织变革的发展历程（见表4、表5），通过寻找关键性证据，对不同阶段动态能力的"主要特质、进化过程、对公司组织单元系统之间的效能影响"展开深度分析，如表19所示。

表19 华为公司案例研究——不同发展阶段动态能力主要特质与公司效能分析

发展阶段、时间与主要组织形态	原始证据举例与要点说明	动态能力优化要点	公司效能影响
初创起步阶段 1988—1997年 公司组织主要形态 直线职能制转向事业部制	阶段重点：从农村市场向中心城市转化，业务体量不断扩大，建立初步研发体系，规模化发展为主导，开始尝试进入国际市场 华为首先得生存下去，生存下去的充分且必要条件是拥有市场。没有市场就没有规模，没有规模就没有低成本。没有低成本、没有高质量，就难以参与竞争，必然衰落（《再论反骄破满，在思想上艰苦奋斗》，1996） 华为公司从创办到现在，从来没有追求完美，追求完美华为就根本动不了。华为在推行各种政策时，只要大的环节想明白就推行，然后在推行过程中慢慢优化。华为企业文化的一个特征是，只要有新增长点就不能追求完美，追求完美就不可能有增长点，一定要追求实事求是、可操作性、可运行性（《基本法》会谈纪要，1997） 华为在开放的基础上，从来都是坚持独立自主，自力更生，从来都不依赖别人。开放和依赖是两个不同的概念，开放就是吸收别人的成果，充实自己，提高自己。如果没有自己独立自主的基础，华为的开放就会引进、引进再引进，其结果是自己什么也没有。两者不矛盾（《调整心态，尽快找到自己的位置》，1997）	①核心重点：应对外部环境，侧重发展"自适应能力" ②驱动动力：侧重技术领域学习吸收；侧重操作性与可行性的组织变革 ③动态能力要点：获取与整合—ISC处于准备阶段，IPD处于引入阶段	财务绩效 华为连续数年持续性增长，年增长率超20%，其中1995年，华为公司销售额达15亿元，员工数量达到800多人 非财务绩效 由单一程控交换机研发销售向全面通信解决方案公司转化，建立了初步的研发系统，重点突出产品的"覆盖率、占有率、高增长率"。科技产业扩张，机会和市场占位
二次创业阶段 1998—2004年 公司组织主要形态 二维组织矩阵	阶段重点：实现国内市场高速扩张，迅速成为国内最具竞争力的通信设备制造商，同时加速推进国际化进程，终端实行"服务小组"，战略"从技术向以客户为中心"方向转化 重要组织管理事件：向IBM学习，全面引入IPD和ISC流程管理，加速组织"惯性"系统变革 华为的管理系统，是从小公司发展过来的，从没有管理，到粗糙的管理；从简单的管理，到IPD（集成开发）、ISC（集成供应链）、财务的四统一、IT的初步建设。公司的管理正在走向职业化、规范化，正在走向与国际接轨。如果华为不是不断地自我批判，而是说哪位领导制定的管理制度动不得，某某领导讲的话不能改，改动一段流程会触及哪些部门的利益，导致要撤销××岗位，都不敢动，那么面对全流程的管理体系如何建设得起来？没有这些管理的深刻进步，公	①核心重点：高效应对内部环境，并与外部环境互动，侧重"学习吸收"以及"组织重构"能力 ②驱动动力："组织流程变革"与"战略性学习"，形成新旧体系交换；侧重组织变革与组织学习流程化、程序化	财务绩效 在IPD流程变革期间因行业市场环境恶化及组织内部变革惰性出现一段时间的震荡期，后出现持续高速增长，2002年销售额162亿元，2003年全球市场销售额317亿元，2004年销售额

续表

发展阶段、时间与主要组织形态	原始证据举例与要点说明	动态能力优化要点	公司效能影响
二次创业阶段 1998—2004年 公司组织主要形态 二维组织矩阵	司如何实现为客户提供低成本、高增值的服务？那么到今天市场产品竞争激烈，价格一降再降，华为就不可能再生存下去了。管理系统天天也在自我批判，没有自我批判，难以在迅速进步的社会里生存下去（《为什么要自我批判》，2000） 从长远来看，就是由功能型的组织结构，转化为流程型的组织结构，并由IT支持这个组织的运作。从目前看，就是使目前功能型的组织结构如何贴近流程，贴近客户需求，适应市场的变化，也就是让组织更有弹性，更有活力（《华为的机遇与挑战》，2000） 管理的目的就是从端到端以最简单、最有效的方式，来实现流程贯通。这个端到端，就是从客户的需求端来，到准确及时地满足客户需求端去。这是华为的生命线，只要华为能认识到这个真理，华为就可以长久生存下去。内部管理是为及时、准确实现客户需求服务的，这是华为内部管理改革的宗旨和基础。背离这个宗旨和基础，就有可能陷入烦琐哲学（《管理工作要点》，2003—2005） 华为要活下去就要学习，开放合作，不能关起门来赶超世界。华为所有的拳头产品都是在开放合作中研制出来的（《任正非总裁答新员工问》，1999）	③动态能力要点：重构与转化—ISC建设实施阶段，IPD处于固化阶段	462亿元，呈现了持续急速增长的趋势。 非财务绩效 全面扩张国际市场，分别进驻俄罗斯、拉美、中东、非洲、欧洲、北美等国际区域，完成了全球布局。开始全面转化为"以客户为中心"的"市场拓展、研发等系统"。产品具有极高的性价比
商业模式变革阶段 2005—2010年 公司组织主要形态 二维组织矩阵向产品主导的组织矩阵转化	阶段重点：进一步持续发展国际化战略运营商业务，由"通信设备商"转型为"电信解决方案提供商"，并从B2T市场为主导向B2T和B2C市场转化，开始向消费者业务扩展 重要组织管理事件：加速国际化拓展步骤，终端构建了较为成熟的"铁三角"式组织单元模式 逐步落实总部从管控中心向支持、服务、监控中心的转移。建立以前端对后端的牵引能力。制订从中央集中管控到具体作战权利授予基层作战组织的转变计划并执行，保证指挥所建到听到炮声的地方。成功帮助各级组织转变为合适的利润中心（《关于2007—2009年EMT有限重点工作及其管理办法的决议》，EMT决议〔2007〕013号） 华为要按地区、按产品线实现从销售中心到利润中心的转变。通过这些利润来支持前方市场发展，支持产品线建设，这样才能构建华为全方位转变为利润中心（任正非：《改变对干部的考核机制，以适应行业转型的困难发展时期》，总裁办电邮文号〔2006〕036号） 架构一定面向未来，具有良好的开放性和持久性，否则就是高成本（EMT决议〔2007〕015号） 引进世界领先企业的先进管理体系，坚持"先僵化，后优化，再固化"的原则。华为一定要真正理解人家上百年积累的经验，一定要先搞明白人家的整体管理框架，为什么是这	①核心重点：综合开展外部环境与内部环境动态能力系统化协同建设，侧重"学习吸收、组织重构能力"与"自适应能力"的相互融合 ②驱动动力：组织流程优化，并与"战略性学习、技术性学习"相互协同；侧重组织变革与组织学习"自优化" ③动态能力要点：将"获取、整合、重构、转化"相互协同优化—ISC进一步进入GSC建设实施阶段；IPD处	财务绩效 营业收入持续增长，国际业务营业额持续高速增加。2005年国际销售首次超过国内，2006年销售额656亿元，2010年高达1852亿元，五年增长了2.8倍 非财务绩效 各国市场的服务体系、服务深度、满意度等方面均得到极大地提升，众多业务连续超越竞争对手。"铁三角组织单元"业务

续表

发展阶段、时间与主要组织形态	原始证据举例与要点说明	动态能力优化要点	公司效能影响
商业模式变革阶段 2005—2010 年 公司组织主要形态 二维组织矩阵向产品主导的组织矩阵转化	样的体系。刚刚知道一点点，就发表议论，其实就是干扰了向别人学习（《华为公司的核心价值观》，2007 年修改版） 流程变革必须以客户为起点，以一线为中心，从一线开始，也只能从一线开始。平台（支撑部门）是为一线作战部队服务的，一线不需要的，就是多余的（EMT 决议〔2008〕030 号） 不要狭隘地强调自主知识产权，不能狭隘地自主开发，要让世界科学技术为我所用；一切要以市场成功来评价（EMT 纪要〔2006〕031 号） 华为可与竞争伙伴基于各自擅长的领域开展互补优势的合作，在不损害双方核心技术机密，在不削弱对方市场竞争力的非核心领域，可进行共同开发，共同降低成本，共同提升对其他对手及潜在对手的竞争力（EMT 决议〔2007〕021 号）	于"固化"阶段	终端综合提升了整体服务体系与质量；开始向消费者业务扩展，增加业务宽度；持续的研发投入，在技术领域不仅接近，甚至赶超竞争对手
云管端一体化转型阶段 2011 年至今 公司组织主要形态 客户为中心的组织矩阵向组织单元为主导的新型组织形式（动态矩阵型组织）转化	阶段重点：在"运营商业务、消费者业务、企业业务"的基础上，构造"面向未来的产业体系与组织系统"。着力打造"云端一体化服务"体系，促使客户"感受、感受、喜爱"未来云数据中心网络的系统服务 重要组织管理事件：在终端构筑"班长的战争"的组织单元体系化模式；成立"2012 实验室" 从 1998 年起，邀请 IBM 等多家世界著名顾问公司，先后开展了 IT S&P、IPD、ISC、IFS 和 CRM 等管理变革项目，先僵化，再固化，后优化。僵化是让流程先跑起来，固化是在跑的过程中理解和学习流程，优化则是在理解的基础上持续优化。华为要防止在没有对流程深刻理解时的"优化"。经过十几年的持续努力，取得了显著的成效，基本上建立起了一个集中统一的管理平台和较完整的流程体系，支撑公司进入了 ICT 领域的领先行列（任正非在"蓝血十杰"表彰会上的讲演，2014） 20 多年来华为与 IBM 合作，把华为的一堆散沙变成了平台，华为将再用 10 年，与埃森哲合作，把屯兵组织变成精兵组织。对交易条件、客户需求、技术实现、场景管理等的不确定性，华为使用精兵组织；对确定性就由共享平台来支持。那么在同样的销售额下，华为至少可以减少一部分人，增加的利润，就可以分给这些组织去增强作战能力。所以，朝着不同国家不同基线、不同行业不同基线的前进中，就有效地支持了精兵组织建设（区域差异化考核进展汇报会议纪要，总裁办电邮讲话〔2015〕050 号） 内生性增长是支持华为未来发展的核心和主要驱动力（《关于资本运作政策文件及决策体系方案的决议》，财委会决议〔2011〕038 号）	①核心重点：突出对于未来外部环境、未知风险的"惯性"应对系统的打造，侧重学习吸收以及组织重构能力，并反向提升自适应能力 ②驱动动力："组织流程变革""战略性学习与探索"，提升"自优化"能力；"组织变革"与"组织学习"侧重"简化" ③动态能力要点：重构与转化—ISC 进一步进入多业务横向融合实施阶段，IPD 处于"简化"阶段	**财务绩效** 在各业务版块中，营业额持续增长，并在数个领域世界排名第一或进入世界前三行列；2016 年起，连续三年运营商业务销售额世界第一，2018 年消费者业务超过运营商业务。手机业务世界排名前三 2011 年华为销售收入达 2039 亿元，2012 年销售收入 2202 亿元，2017 年销售收入超 6036 亿元，2018 年销售额超 7212 亿元 **非财务绩效** 业务覆盖全世界，并在多项领域成为全球技术

续表

发展阶段、时间与主要组织形态	原始证据举例与要点说明	动态能力优化要点	公司效能影响
云管端一体化转型阶段 2011年至今 公司组织主要形态 客户为中心的组织矩阵向组织单元为主导的新型组织形式（动态矩阵型组织）转化	华为要实打实地来整改这个组织，提高效率，大家要挤掉冗余人员（任正非：在EMT办公例会上的讲话，2012） 变革的目的就是更简单、更及时、更准确（任正非：《变革的目的就是更简单、更及时、更准确》——在ISC+变革项目汇报会上的讲话，总裁办电邮讲话〔2016〕016号） 华为要有"聚焦战略，简化管理"的高视野。对基层加强授权，减少KPI指标。KPI指标要尽可能减少对过程的考核，以及不许分段设置KPI。要逐步渐进地改革分配机制，从授予制转变到**获取分享制**（任正非：《聚焦战略，简化管理》，总裁办电邮文号〔2012〕41号） 这是一个巨大的转变，意味着要夺功能部门的权。功能部门未来就是能力中心、资源中心，要把它们的权力转到项目经理团队中来，也意味着未来以衙门为中心转向为以作战团队为中心，意味着激活了千千万万的作战团队，以班为单位、以连为单位的作战团队（《基于流程构筑能力，实现有效增长和高效运营》，SDC办公室函〔2013〕011号） 理想的境界就是每个作业环节匹配其独特价值，输出下游需要的刚刚好的信息，不冗余，不缺失，满足该作业环节的质量要求（徐直军：《谈业务、流程、IT、质量、运营的关系》，《管理优化》第421期，2013） 华为在学术会议上要多和竞争对手交流，并在标准和产业政策上与它们形成战略伙伴，就能应对快速变化的世界（《最好的防御就是进攻》，2013） 华大还是要坚持案例式的教学，案例有两种，一种是故事化的案例，让学员更容易看懂教材；一种是表格化的案例，可以帮助学员更好地掌握科学的方法，直接用在实际的工作里（任正非与华为大学教育学院座谈会纪要，2013） 华为公司想不死就得新生，华为的组织、结构、人……所有这一些都要变化。如果不变化，肯定不行。如果华为抛弃这一代人，重新找一代人，这是断层，历史证明不可能成功，赋予新能量，承前启后，传帮带，使新的东西成长起来（任正非：在战略预备队建设汇报的讲话，总裁办电邮讲话〔2016〕085号）		主导，成为了全球第一大通信设备商，服务全球40%的人口。消费者业务发展强劲，并全面进入企业业务与全栈等全新业务版块；研发领域进入无人区，成立"2012年实验室"，一共包含16个研究所，包括香农实验室、谢尔德实验室、高斯实验室、欧拉实验室、图灵实验室等。2018年开始，专利数量连续全球第一

资料来源：作者根据研究主要成果进行整理。

对华为公司不同发展阶段的动态能力研究可以发现：

动态能力是以"学习驱动"与"组织变革驱动"为动力核心，重点构建应对外部环境的动态"自适应"能力，内部环境的"学习重构"行程单"自优化"能力。动态能力的动态优化过程对于公司综合效能有着直接影响，也就是说外部"自适应型"能力与内部学习重构等所形成的"自优化"能力对财务绩效、非财务绩效均有显著正向影响。这里的财务绩效主要包括**销售额**、**销售增长率**等；非财务绩效主要包括以市场直接关联的**客户响应速率**、**市场占有率**、**专利拥有数量**等。

基于组织中动态能力的周期变化还可以看出：动态能力的中介效能影响会随着市场的变化而变化，从侧重外部环境适应到内外部环境的相互影响推进，再到对于未来外部环境的引导与未知风险的规避，形成了不同阶段动态能力特征差异与"进化"过程。动态能力的"动态进化路径"研究，将在后续案例 D 研究中持续展开（可参考图 16）。

华为案例 C 追踪二：
动态能力"进化"的两大驱动因素：学习驱动与组织变革驱动

基于华为公司动态能力进化过程研究，可以发现：华为公司"动态能力"的系统建设受到两个主要因素影响，分别为"学习驱动"与"组织变革驱动"，并由此形成环境"自适应能力"，并推进组织系统"进化"。

一、学习驱动要点说明

学习驱动：学习驱动是动态能力的主要驱动因素之一，在复杂的外部环境影响下，主要**通过包括专业领域、管理领域等方面持续地学习与创新，从而适应市场变化与行业变革**。采用学习与交流的方式，可以对外部市场展开"机会挖掘、变革优化、重构更新与组织应对"，还可以展开未来组织系统的探索与发现。未来组织对于**"学习驱动"的构造基础是市场的"自适应"要求，即以"生存"为基础**。为此通过"专业学习、领域学习"获得机会抓取与高效应对能力。动态能力的学习驱动因素主要在**业务类学习**与**战略类学习**两个领域展开。

通过华为公司深度研究发现：

动态能力学习驱动第一类是基于专业技术、科技创新以及技术优化等为核心的**业务类学习**。案例证据表现：第一，建立完善的学习与研发体系，华为以业务类组织单元推进并引导技术创新，从初期"学习优化"打造研发团队到现在利用全球资源，建立**"2012 实验室"**，现全球下属 18 个研究中心，28 个联合创新中心，每年专利申请数全球第一，并且不断在 ICT 行业领域以及人工智能等新领域展开探索创新；第二，华为每年拿出营业总收入的 10%～15% 投入研发，该部分资金 70% 用于技术开发，30% 用于探索研究。极大地促进了华为在专业领域的学习与创新；第三，华为采用了开放的学习与研发体系展开业务类组织单元深度专业学习，通过"技术交流、学术研讨、培训与考核"等方式建立开放的学习体系，并在组织内部建立"知识管理平台、公共数据平台"等学习交流平台，展开开放式业务学习。另外，创建华为大学，对于华为内部人员展开专业技术系统化培训学习，并对华为文化等进行研讨与交流等。

动态能力学习驱动第二类是基于"公司流程、组织管理、文化、战略、愿景、目标"等协同优化为核心的**战略类学习**，其目的是通过持续"文化、战略、流程"等类型学习，动态改进现有"管理流程、组织惯例"，"渐进式"生成面向未来的"组织、业务以及战略管理'自进化'体系"，形成长期的"自适应性"与"自成长性"，并对行业形成引导性。华为案例证据表现在：第一，从 IBM 公司引入 **IPD（集成产品开发）、ISC（集成供应链管理）系统**，后又引入了 **CRM（客户关系管理）、IFS（集成财务管理）、LTC（销售管理流程）以及 CSD 系统（战略决策管理）**等系统，并展开对应的"系统体系化学习以及流程适应性学习"等战略类学习；第二，整体流程性"进化"改造，华为前前后后支付了 300 多亿元咨询管理费用，并从高层到基层开展全面学习，通过战略性"惯例系统"改造形成具有极强"外部适应力与内部决策力"的 **EMT（经营管理团队）**；第三，整体学习优化过程采用"先僵化，再固化，后优化，最后简化"的战略类学习过程，经过 20 多年的持续优化学习，成效显著，取得令世界惊叹的骄人业绩，获得了"涅槃重生"般高速成长。

⚙ 二、组织变革驱动要点说明

组织变革驱动：组织变革驱动是动态能力另一个主要驱动因素，主要**通过组织结构、业务范围、内部系统、合作体系与合作管理等方面的组织系统调整，形成组织单元系统"进化"的驱动动力**。组织变革驱动对于复杂多变的外部环境，不仅可以展开"自适应性"的变革，更可以对于未来组织发展需求，通过组织系统调整，展开组织"自成长性"变革，综合提升组织整体"动态自进化"能力，促进公司综合效能提升。对于组织单元的动态能力变革，主要通过**"变革更新能力、资源重构能力"**这两类能力的系列变革，达到组织变革驱动的"进化"目标。

动态能力组织变革驱动第一类是**变革更新能力**，主要应对外部市场变化主动构建组织持续优化的自适应体系，促使组织具有挖掘机会与处理危机的能力。华为公司的变革更新能力表现在**"组织单元的变革更新、业务流程的变革更新、业务类型的变革更新"**等众多方面。案例证据表现在：第一，华为建立了 IPD 与 ISC 持续变革更新的组织优化管理流程，并在研发、供应链体系发展的不同阶段，在应用范围及管理系统持续展开优化，形成敏捷化与全球化的研发与供应链管理体系；第二，构造了战略与决策组织单元，形成了

"轮值CEO制度"以及EMT（经营管理团队），并构建CSD系统（战略决策管理），促进华为从战略决策到研发都可以与市场终端做到紧密关联与高效反应，并持续优化了"发现机会、应对危机"的能力；第三，建立了功能持续"进化"的"业务类组织单元"、不断"协同简化"的"非业务类组织单元"，促进组织系统的动态进化，促使权力不断向一线管理者倾斜等。

动态能力组织变革驱动第二类是针对资源进行**整合重构能力**。通过组织整合重构，优化公司的资源配置，构造产业生态，这将成为未来组织进化的重心。尤其对于未来几年的华为公司，组织的整合重构能力已成为决定"生死存亡"的关键因素。近些年，中美贸易战已出现了"你死我活"的科技争夺状况，面对美国等国家的"技术、电子元件、软件系统构建的产业生态封锁"，华为公司乃至中国科技领域更**需要建立资源有效利用与技术开发突破的"整合重构能力"，突出"产品""信息""技术""客户"等多项资源系统的搭建与融合，构造"以生存为基础"新生态、创建"以生存为基础"新优势**。案例证据表现在：第一，华为建立**资源共享内部平台与开发合作的外部授权平台，包括人力资源平台、公共数据平台、财务融资平台、知识管理平台等平台体系**等，并针对外部合作与授权的"科技""专利"等领域共享共进，建立并优化合作体系；第二，加强与世界各国的行业公司交流、政府沟通联系、媒体信息沟通，突出防范不确定政策因素风险，采用具"自适应"能力的组织变革有效应对外部市场环境的急速变化；第三，针对华为主业务体系以及未来可高速发展的业务体系快速展开资源整合，建立面向未来的产业与资源引导系统，如重点布局"车联智能、城市智能、教育智能"等新发展业态及相关科技系统。

华为案例C追踪三：
"学习驱动"与"组织变革驱动"构造的动态能力特征分析

动态能力的系统化建设与组织单元的"体系进化"主要通过"管理流程与组织惯性"逐步完善形成。除了**外部环境变化导致组织"被动性、应对性"的变革**，更多的是基于现在与未来"生存需求"展开的组织"主动性、系统性"的变革。主要采用"**组织结构动态调整，科技系统运用、流程简化**"等模式，构建较为稳定的组织体系，以此应对多变的外部环境及突发事件，促使组织整体效能提升。

不同类型组织单元系统对应的动态能力特征及变化并不相同，各阶段的动态能力在发展侧重点也存在着差异。在实际的组织变革过程中，需要各类型组织单元在不同阶段对动态能力推进重点做及时调整。这里以华为公司为样板案例，针对动态能力变化特征展开深度分析，如表20所示。

表20　华为公司案例研究——组织单元对应动态能力特征及对公司绩效影响分析

不同类型组织单元 动态能力特征		原始证据举例与动态能力 变化要点说明	公司效能等 相关变化
学习驱动 研究先以整体特征为基础，再分层次展开：业务类学习、战略类学习两种类型分析	组织单元"学习驱动"整体特征	**特征重点**：突出表现为"业务类学习"与"战略类学习"两种类型相互融合、协同优化 **具体表现**：建立"学习、研发"对应的学习体系，形成多个研发中心与能力中心，供应链系统等学习优化平台，并注重终端组织单元的学习优化 **关键词**：生存、开放、合作、引进、消化、吸收、创新、体系 创业者和继承者都在销蚀着自己，为企业生存与发展顽强奋斗，丝毫不敢懈怠！一天不进步，就可能出局；三天不学习，就赶不上思科、爱立信、阿尔卡特，这不是一句玩笑，而是严酷的事实（《天道酬勤》，2006） 广泛吸收世界电子信息领域的最新研究成果，虚心向国内外优秀企业学习，开放合作、独立自主地发展领先的核心技术体系。在核心技术方面，国内企业必须承认自己是追赶者，必须承认西方企业通过几十年甚至上百年的积累，在科学技术方面已经远远领先于华为。华为也不例外，所以实事求是的做法就是抱着开放合作的态度，……与国内外合作伙伴开展合作研发，很多的时候是站在巨人的肩膀上，通过引进、消化、吸收的方法，然后进行再创新和集成创新，发展自主的专利技术体系（《华为基本法》，1997） 华为要活下去就要学习，开放合作，不能关起门来赶超世界。华为所有的拳头产品都是在开放合作中研制出来的（《任正非总裁答新员工问》，1999） 抓住业界中突然冒出来的小苗子，回来输入华为的平台中，经过科学家们虚分析，如果方向正确，形成战略虚会要点，输入2012实验室，开始启动未来10年或20年的技术研究。有了一定的阶段性研究成果，再进入战略MKTG（华为负责市场营销的部门）体系继续规划业务发展（任正非在固网产业趋势及进展汇报会上的讲话，2015）	**财务绩效** 不同类型组织单元学习驱动的财务绩效，最为明显的是以"研发为发展动力"的销售业绩近20年的高速增长，销售总额远超"爱立信、思科、朗讯"等众多知名国际公司。财务绩效突出了**盈利性**特质，同时体现了**成长性**特质 **非财务绩效** 学习驱动突出表现在"市场敏捷性"，表现出顽强的"生存"能力。尤其在近期美国将华为列入实体名单后，华为突破部分技术封锁，发布鸿蒙系统，自主芯片独立研发、车联网深度布局等精彩表现，展示出强劲的生命力，突出了"自适应性"和"自成长性"特质。同时华为技术
	业务类组织单元	**特征重点**：以"业务类学习"为主，兼顾"战略类学习"，强调两类学习的相互融合与协同优化 **具体表现**：强调建立开放的核心技术，注意合理化开放，通过以市场为中心的研究与开发驱动多轮业务体系，注重学习交流，形成科技研讨中心，基于一线终端要求形成科学化与系统化的解决方案 **关键词**：生存、向别人学习、开放、紧迫感、核心技术、能力中心、批判、市场、系统解决方法 华为强调开放，更多一些向别人学习，华为才会有更新的目标，才会真正地自我审视，才会有时代的紧迫感（任正非：《开放、妥协与灰度》，2010） 如果华为不掌握核心技术，开放也是埋葬自己。但是华为光拥有了核心技术，却没有开放，就不会带来附加值，肯定没有大的效益。所以华为既要拥有核心技术又要走向开放，这样核心技术的作用才得到体现，开放周边能够使华为的核心价值再次得到升值（《只有开放，才有出路》，2001） 现在的时代，科技进步太快，不确定越来越多，华为也会从沉浸在产品开发的确定性工作中，转而加大对不确定性研究的投入，追赶时代的脚步。华为鼓励华为几个能力中心的科学家，数万专家与工程师加强交流，思想多碰撞，一杯咖啡吸收别人的火花与能量，把战略技术探讨变成一个"罗马广场"，一个开放的科技探讨平台，让思想的火花燃成熊熊大火。公司要具有理想，就要具有在局部范围内，抛弃利益计算的精神。重大创新是很难规划出来的。墨守成规	

续表

不同类型组织单元动态能力特征		原始证据举例与动态能力变化要点说明	公司效能等相关变化
学习驱动 研究先以整体特征为基础，再分层次展开：业务类学习、战略类学习两种类型分析	业务类组织单元	是最容易的选择，但也会失去大的机会（任正非：《为祖国百年科技振兴而努力奋斗》，总裁办电邮讲话〔2016〕067号） 要使用批判的武器，对自己、对今天、对明天批判，以及对批判进行批判。不仅要研究适应颠覆性技术创新的道路，还要研究今天技术的延续性创新迎接明天的实现形式（《用乌龟精神，追上龙飞船》，2013） 华为是两个轮子在创新，一个是科学家的创新，华为要靠另一个轮子Marketing（市场营销）。Marketing不断地在听客户的声音，包括今天的需求，明天的需求，未来战略的需求，才能确定华为掌握的技术该怎么用，以及投入市场的准确时间（任正非在变革战略预备队第三期誓师典礼上的讲话，2015） 由于IT业的技术换代周期越来越短，技术进步慢的公司可能市场占有率很快萎缩。因此，这就迫使所有的设备制造商，必须世界领先（《创新是华为发展的不竭动力》，2000） 基于数据和事实的理性分析和决策，本质上是一种批判性思维，这是一种客观的、公正的、态度谦逊的和不带成见的思维方式。而批判性思维恰恰是创造性思维的出发点。公司经营管理的复杂性使仅靠主观努力和加大人力投入是无法根本改善的，这也是为什么华为到今天还要向蓝血十杰学习的原因，要运用蓝血十杰奉行的基于数据和事实的科学管理方法，剖析问题的根因，寻找系统的解决方案（任正非：在"蓝血十杰"表彰会上的讲话，总裁办电邮讲话〔2014〕039号）	专利数申请，连续三年世界排名第一。通过"战略类学习"增加并创新了产业类型，明确了企业发展方向，优化了"组织惯例"，提升了市场自适应力，突出表现在"高成长性"与"可持续发展"的组织绩效
	非业务类组织单元	**特征重点**：不同类型"非业务类组织单元"，侧重不同的学习重点，相对突出"战略类学习"，同时注重以业务为主导，兼顾"业务类学习"。 **具体表现**：通过不断的战略类学习，优化"战略、流程、组织惯例"等，提升内部效益，形成"渐进式学习"体系，采用"先僵化，再固化，后优化，再简化"的学习"进化"体系 **关键词**：流程体系、岗位交换、动态优化组织和流程、提升内部效率、优胜劣汰 华为花了28年时间向西方学习，至今还没有打通全流程，虽然华为和其他一些公司比管理已经很好了，但和爱立信这样的国际公司相比，多了2万管理人员，每年多花40亿美元管理费用。所以华为还在不断优化组织和流程，提升内部效率（任正非，"新华社专访"2016年5月） 华为现在通过片联大规模循环干部，重新配置干部，调整方法和资源，把这个队伍派遣到全世界，相信3~5年一定能把问题解决。将来要选拔一部分项目财务人员当项目PD（项目总监），选拔一批业务人员去做项目财务，进行交换，这就是华为所期待的干部苗子。高级干部若不学习、不读公司文件，就有可能会被这些年轻苗子所取代（任正非：《三年，从士兵到将军！》，总裁办电邮讲话〔2014〕031号） 从1998年起，邀请IBM等多家世界著名顾问公司，先后开展了IT S&P、IPD、ISC、IFS和CRM等管理变革项目，先僵化，再固化，后优化。僵化是让流程先跑起来，固化是在跑的过程中理解和学习流程，优化则是在理解的基础上持续优化。华为要防止在没有对流程深刻理解时的"优化"。经过十几年的持续努力，取得了显著的成效，基本上建立起了一个集中统一的管理平台和较完整的流程体系，支撑公司进入了ICT领域的领先行列（任正非在"蓝血十杰"表彰会上的讲话，2014）	

续表

不同类型组织单元动态能力特征		原始证据举例与动态能力变化要点说明	公司效能等相关变化
组织变革驱动 研究先以整体特征为基础，再分层次展开：流程变革更新、资源整合重构两种类型	组织单元"组织变革驱动"整体特征	**特征重点**：强调"流程变革更新"与"资源整合重构"的不同变革重点，并逐层优化、逐步协同 **具体表现**：建立敏捷性的精兵组织体系，突出权利迁移与流程简化，形成端到端的动态优化过程，同时展开动态战略布局，突出华为公司资源为业务与市场服务 **关键词**：精兵组织、组织变革、前进中调整、红蓝军、简化管理、机关资源化、资源市场化 要建立一个扩张机制，不能建立一个停下来的机制。整个公司必须在前进中调整，在前进中交接班，决不允许停下来整顿，停下来交接班（任正非2009年3月25日在后备干部总队例会上的讲话） 在责任分工方面，将战术指挥重心下沉一线，高层和机关聚焦战略制订、方向把握及资源调配；在权力授予方面，行政管理和作战指挥权分离，基于清晰的授权规则和下属的任务准备进行合理授权；在组织配置方面，根据作战需要，模块化地剪裁和调整一线组织；在资源布局方面，战术资源贴近一线作战部队，战略布局，快速有效响应；在能力建设方面，以战略要求为主线，展开综合性能力建设；在流程运作方面，作战流程是面对复杂多变、不确定的环境，聚集作战能力的实现，行政管理流程则严谨全面。在信息系统支撑上，通过构建互通的信息环境，使各级指挥官在任何时间/地点获取到完成任务需要的信息，对作战环境形成共同的理解（任正非：在"班长的战争"对华为的启示和挑战汇报会上的讲话，总裁办电邮讲话〔2014〕078号） 进一步推进组织变革、简化管理、下移管理重心，加大一线授权。公司可以越做越大，但管理不能越来越复杂。严格、有序、简单化的认真管理是实现超越的关键。2014年，华为将进一步推进组织变革，下移管理重心，推动机关从管控型向服务、支持型转变，加大向一线的授权，让听得见炮火的组织更有责、更有权；让最清楚战场形势的主管指挥作战，从而提高整个组织对机会、挑战的响应速度。同时，华为将加强在一线作战面的流程集成，提升一线端到端效率，使客户更容易、更简单地与华为做生意（徐直军：《聚焦战略，简化管理，有效增长》，总裁办电邮文号〔2013〕） 20多年来华为与IBM合作，把华为的一堆散沙建成了平台，华为将再用10年，与埃森哲合作，把屯兵组织变成精兵组织。对交易条件、客户需求、技术实现、场景管理等的不确定性，华为使用精兵组织；对确定性就用共享平台来支持。那么在同样的销售额下，华为至少可以减少一部分人，增加的利润，就可以分给这些组织去增强作战能力。所以，朝着不同国家不同基线、不同行业不同基线的前进中，就有效地支持了精兵组织建设（区域差异化考核进展汇报会议纪要，总裁办电邮讲话〔2015〕050号） 机关资源化，资源市场化。华为要逐步构建起资源买卖的交易模式，前线调动资源，后方根据项目预算提供资源并进行结算。这样指挥权就是谁有钱谁指挥，不再是由机关领导来审批。前后方相互制衡，就慢慢减少了前线作战的盲目性，也为后方能力供应明确了需求（任正非：在"运营商三朵云2.0"阶段进展汇报会上的讲话，总裁办电邮讲话〔2017〕018号） 变革成功后，起到的作用是什么？不是拥有资源的人通过IT来指挥前线，而是在前线指挥战争的指挥员要通过IT来调配后方的资源。应该是前线指挥后	**财务绩效** 不同类型组织单元通过组织变革驱动，极大激活了不同业务版块的协同发展，除"运营商业务"外，同时促进了"消费者业务""企业业务"领域的发展，同时推进了未来人工智能等众多科技领域的发展。在这里突出表现为"自成长性"特质，主要通过"资源整合"与"流程变革"快速提升了盈利能力 **非财务绩效** 突出体现为"可持续发展"特质，以及"自成长与自适应性"特质。通过组织变革，深度地保障了华为的"技术研发能力、市场服务与拓展能力"，并促使现有与未来可高速发展领域暴发全新的创新力

续表

不同类型组织单元动态能力特征		原始证据举例与动态能力变化要点说明	公司效能等相关变化
组织变革驱动 研究先以整体特征为基础，再分层次展开：流程变革更新、资源整合重构两种类型	组织单元"组织变革驱动"整体特征	方，而不是后方指挥前线，打不打仗，后方决定；怎么打仗，前方说了算。《CEO 的海军陆战队里》这本书里讲美国 50 万海军陆战队的作战方式，就是说的这个。这次变革完成后，华为的验证标准应应为总部（财经体系）是支持、服务监管的中心，而不是中央管控中心（《财经的变革是华为公司的变革，不是财务系统的变革》，2007）	尤其在外部市场突发巨大风险时，动态自优化的 ISC、IPD 等系统流程与资源高效整合，快速建立新供应链体系、尖端科技的替代与研发。并在 5G、6G 以及多个领域迅速领先世界，快速填补技术短板，促使华为在恶劣的环境中逆势成长
	业务类组织单元	特征重点：通过"资源整合重构"对市场广度的影响，通过"流程变革更新"市场深度的影响 具体表现：组织"惯例"与系统优化：IPD（集成产品开发）、ISC（集成供应链管理）、IFS（集成财务管理）、LTC（销售管理流程）、EMT（经营管理团队）等，强化一线决策体系 关键词：生存、班长的战争、适应外部环境、开放、纵向发展，横向扩张、将指挥权系统搬到一线、龙头原理 在当前历史时期，华为要充分认识到自己的历史使命，坚定不移地前进，也要建立灵活机动的战略战术。……建立全世界最快、最及时、最好的连接系统。集中火力，聚焦力量，砍掉枝节，扑上去，撕开它，纵向发展，横向扩张。……华为改变不了外界环境，华为可以改变适应外部环境的胜利方式（任正非：在 CNBG 向 CBG 移交"千疮百孔的烂伊尔 2 飞机"战旗交接仪式上的讲话，电邮讲话〔2019〕078 号） 华为设计了一种"任务型"的管理模式，一线的部队只要把握住华为公司核心理念及管控规则即可，在面对具体的战场情况时，完全可以按照自己的理解做出判断，而没有必要汇报并等着上级下达指令。"将指挥权系统搬到一线"，"谁离客户最近，谁就是领导阶级。"把指挥权决策中心往一线迁移，对一线能够充分授权，从而避免高层不授权、中层不决策的情况出现。同时重点强调："应该让听得见炮声的人来决策。后方配备的先进设备、优质资源，应该在前线一发现目标和机会时就能及时发挥作用，提供有效的支持，而不是由拥有资源的人来指挥战争、拥兵自重。谁来互换炮火，应该让听得见炮声的人来决策"（任正非，《让听得见炮声的人来决策》，2009） 华为公司要活下来，就要缩短战线，提高竞争能力，进行战略性和策略性合作。在企业发展的过程中需要不断地砍掉一些项目，不断向核心竞争力收缩，并且逐步建立自身的核心技术体系，在体系中该开放的就要开放（产品线管理办公室工作汇报会议纪要，2000） 在组织变革中，最后指挥权和决策权的授权要清晰。我同意有多种决策权，我讲的是最后决策权。以销售为中心，是 BG 的责任；以利润为中心，是区域的责任。我认为战争决策权应该授权给区域；BG 更关注资源建设、战略建设、参加作战，未来促进销售额，要想办法让前线指挥官接受他的观点（任正非：在"班长的战争"对华为的启示和挑战汇报会上的讲话，总裁办电邮讲话〔2014〕078 号） 在主航道组织中实现"班长战争"，一线呼唤炮火，机关转变职能；非主航道组织去矩阵化或弱矩阵化管理，简化组织管理。这就是未来公司组织变革的方向（任正非在人力资源工作汇报会上的讲话，2014） 华为要形成以 Marketing（市场营销）为龙头，内部组织通过 IPD、ISC 等管理体系相互关联相对稳定，龙头摆动其他关节也相对摆动，这就是龙头原理（任正非与阿拉伯联合酋长国代表处座谈纪要，2004）	

续表

不同类型组织单元动态能力特征		原始证据举例与动态能力变化要点说明	公司效能等相关变化
组织变革驱动 研究先以整体特征为基础，再分层次展开：流程变革更新、资源整合重构两种类型	非业务类组织单元	**特征重点**：强调"流程变革更新"能力提升组织综合效能，进一步展开组织"固化、僵化、优化、简化"等层次性的动态"进化"，集合组织整体优势，并促使权利向一线转移，以此构造新竞争优势；通过"机关资源化，资源市场化"，强化了"资源整合重构"能力 **具体表现**：逐步形成"自进化"的系统流程，持续优化后台资源，促进业务优势与公司整体优势，通过战略、组织、数据等系统平台大幅提升公司绩效 **关键词**：全流程管理系统、规范化、国际接轨、自我批判、持续变革、标准化、数据化、简单化、易用化、合作开放、机关资源化，资源市场化 华为的管理系统，是从小公司发展过来的，从没有管理，到粗糙的管理；从简单的管理，到IPD（集成开发）、ISC（集成供应链）、财务的四统一、IT的初步建设。公司的管理正在走向职业化、规范化，正在走向与国际接轨。如果华为不是不断地自我批判，而是说哪位领导制定的管理制度动不得，某某领导讲的话不能改，改动一段流程会触及哪些部门的利益，导致要撤销××岗位，都不敢动，那么面对全流程的管理体系如何建得起来？没有这些管理的深刻进步，公司如何实现为客户提供低成本、高增值的服务？那么到今天市场产品竞争激烈，价格一降再降，华为就不可能再生存下去了。管理系统天天也在自我批判，没有自我批判，难以在迅速进步的社会里生存下去（**《为什么要自我批判》，2000**） 用互联网方式改进内部运营管理，让标准化、数据化的信息快速传递，并全流程透明。要加强内部的信息沟通和共享，充分挖掘和分析公司内部的"大数据"，牵引优质资源向前方作战组织倾斜，支持及时、准确、优质和低成本的交付，与优质客户创造共同价值（郭平：《持续变革，提升一线作战能力，保障公司有效增长》，总裁办电邮讲话〔2014〕020号） 华为变革要把一部分权力的指挥中心放到一线需要的地方去，让听得到炮声的人来呼唤炮火，避免公司机构过于庞大、官僚。随着LTC流程的贯通，华为已逐渐听到了炮声。后方将是具备更强的专业服务与支持能力（**埃森哲董事长Pierre拜访任正非的会谈纪要，2015**） 区域组织变革优化，区域是能力和资源中心，"机关资源化、资源市场化"，并以区域牵引公司职能部门、研发、BG。一线购买"炮弹"，将来实行CIF（要货成本）定价方案，目前正在试点。CIF定价过程中，叠加了公司确定性成本，全球统一海关前的到岸价；对当地不确定性因素授权代表处决策定价。CIF超额获取的利润，不归机关，扣除机关应允许的平均薪酬和奖金后，作为全球的共享利润，全体员工二次分配。区域能力与资源中心建设，不局限在大区，地区部也可以。因为目前全球只有拉美可以成立大区，其他地区成立大区的意义不大。集团董事会承担终极经营责任，保障能力中心的能力提升和资源中心的支持量提升（任正非：在泛网络区域组织变革优化总结与规划汇报的讲话，总裁办电邮讲话〔2017〕030号） 战争决策权应该授权给区域；BG更多关注资源建设、战略建设、参加作战，为了促进销售额，要想办法让前线指挥官接受他的观点。除了消费者业务我可能同意是BG有决策权，其他业务必须是区域有决策权（任正非在"班长的战争"对华为的启示和挑战汇报会上的讲话，2014）	

续表

不同类型组织单元动态能力特征		原始证据举例与动态能力变化要点说明	公司效能等相关变化
组织变革驱动 研究先以整体特征为基础，再分层次展开：**流程变革更新、资源整合重构**两种类型	非业务类组织单元	华为要站在全局的观点上，对未来信息传送的思想、理论、架构做出贡献。未来的网络结构一定是标准化、简单化、易用化。……华为不能光关注竞争能力以及盈利增长，更要关注合作创造，共建一个世界统一标准的网络。……华为一定要坚信信息化应是一个全球统一的标准，网络的核心价值是互联互通，信息的核心价值在于有序地流通和共享。而且这也不是一两家公司能创造的，必须与全球的优势企业合作来贡献（《变革的目的就是要多产粮食和增加土地肥力》，2015）	

资料来源：作者根据研究主要成果进行整理。

对华为公司不同类型组织单元在不同发展阶段的动态能力特征研究可以发现：

动态能力对于组织单元与公司绩效之间起到了中介作用，主要通过"学习驱动"与"组织变革驱动"构建组织单元系统的进化路径，形成了提升公司综合效能的组织"进化"范式。动态能力在构建不同类型组织单元"动态进化"路径时，主要侧重对外部"自适应"与内部如学习重构等"自成长"等动态能力系统的"自进化"，达到对**财务绩效、非财务绩效等**公司效能的影响，从而起到"中介效能"。财务绩效主要包括销售额、销售增长率等，非财务绩效主要包括以市场"自适应"与组织"自成长"为核心的客户响应速率、市场占有率、专利拥有数量等。

第六章
面向未来的组织系统：以"生存"为基础的组织单元一般"动态进化"路径

随着世界政治经济的风云变幻，中国乃至世界已悄然展开全新的产业变革，新产业领导权的竞争，在零和博弈的状态下甚至变得你死我活，以芯片为科技代表的争夺在新冠肺炎疫情的影响下，越发激烈。组织将面临未来更为复杂与不确定性的市场环境，需要创造符合未来发展的组织形态。从组织发展目标来讲，就是形成高效适应市场或引导市场的新型组织形态。

第二部分研究重心——组织单元研究，其核心并不是确认一种通用的小单元组织的构造结构，毕竟不同类型企业与不同类型行业，会导致组织单元的构造形态并不完全相同。实际上：**组织单元不是一种组织结构，而是一种能力进化系统，是适应及引导外部环境，寻找及扩大"生存"空间的组织系统**。组织系统的核心是构造以"生存"为基础的组织单元系统动态进化路径。在追踪上百家知名企业的组织发展历程中的成功与失败经验，发现以华为公司为样板的研究案例，对于未来新组织体系的形成与未来新组织的实践路径，具有样板参考价值。即以广义达尔文主义的"生存进化"为推动基础，形成以"组织单元为核心"的动态进化新组织系统。

组织进化路径重点依托组织单元通过**市场选择（自然原则）与持续变革（变异）**逐步实现组织进化。随着组织人员的增加、产业体系的复杂化，组织体系呈现出**"从无序到有序、从同质到异质、从简单到复杂"**的"持续自进化"过程。依托组织单元系统、动态能力驱动形成的组织进化路径研究，结合未来组织进化径构造概念模型（见图5），可以系统构建未来新组织体系一般框架，通过"系统构建与案例结合"的视角构造本书的研究核心——创建面向未来的组织系统，形成激活组织进化的思维模式与系统进化路径。

⚙ 一、未来新型组织进化体系的一般性结论

根据文献整理、多案例深度观察、单案例深度分析,可以发现不同类型公司存在不同类型的组织单元,并且不同类型组织单元具有不同结构、不同特征。但**不同组织单元均由:组织层级体系、组织规范化、功能基础、决策点权限、内部组织边界、外部组织边界几个核心要素构成。并且组织单元均按照:最简化组织层级、持续优化组织规范、不断动态转化基本功能、打破内外部组织边界的"进化目标"发展。**同时不同类型组织单元的动态能力"进化驱动因素"也存在差异,对公司绩效影响也不相同。

基于系统化研究(见附录:研究方法与资料收集说明)与华为公司案例的深度分析,初步验证了理论假设与理论模型(见图5),其研究价值在于:**对于中国现有市场环境下产业转型、组织变革以及国际市场竞争等都具有参考价值,尤其对高新科技公司更具实效的指导意义。**

第一,基于组织单元的理论分析与案例研究,组织构造的基础因素是基于广义达尔文主义的思维构建,突出以生存为进化基础,强调充满危机感的存活体系。其进化路径是通过**外部环境适应(自然选择)**和**内部环境优化(变异)**逐步完成。整体进化过程是动态的优势转化过程,突出了**"市场环境""战略意向性""制度与竞争压力"**等几个方面的进化目标。形成了组织单元进化的前置因素。

第二,基于组织单元构造的影响因素分析与案例研究,组织单元想要长期存续,除了需要建立以生存为核心的进化基础外,还需要在"环境变化感知""应对高效性""学习优化""组织变革"等方面建立系统化的进化路径,其核心突出**"组织敏捷性"**与**"自适应性"**,并在**"组织层级体系、功能基础、组织规范系统、决策点权限、内外部组织边界"**五个方面建立对应的组织架构,从而形成组织单元动态优化路径。同时,公司基于不同的组织系统功能,会形成不同类型的组织单元构造,而不同类型的组织单元实施目标也存在巨大差别。可以根据市场业务需求形成"业务类组织单元"与"非业务类组织单元(辅助与参谋类组织单元)"。

第三,基于动态能力的"形成过程与驱动要素"分析与案例研究,组织单元不同时期所侧重的动态能力驱动因素并不相同。驱动核心主要围绕现在与未来"生存发展"需求,分别在推动核心重点、推动驱动力、重点推动行为等方面跟随性地发生动态变化。这种动态能力影响因素会随着整体环境变化与企业成长需求变化,而形成不断变化,并在"学习驱动"与"组织变革驱动"两个核心驱动力系统化推动过程中,形成"生存与发展"的"组织惯性"。

第四,组织单元与动态能力构建的新型组织系统研究还处于概念构造期,但已经在军

队、公司等社会实践中展开了尝试与探索,美国的海豹突击队、中国海尔的创客模式等都是基于组织单元模式构造的新型组织形态。采用单案例深度研究与多案例实证研究方式,对于未来组织发展构建了新的研究思路,并展开长期组织动态观察。尤其在中国改革开放攻坚中,产业体系与组织环境将发生结构性的根本变化,为产业转型升级也处于关键阶段,这都导致中国公司通过组织"自进化"变革研究,以适应市场环境的快速变化,因此,本书的研究内容与研究体系,具有了重大的现实意义与参考价值。

二、未来新组织体系的一般模型框架

基于"组织单元"与"动态能力"构建的"组织进化路径"的理论研究和案例分析,并结合未来组织进化路径的概念模型(见图5),在此进一步修正并优化理论模型,形成更为完善的研究理论模型(如图10所示)。

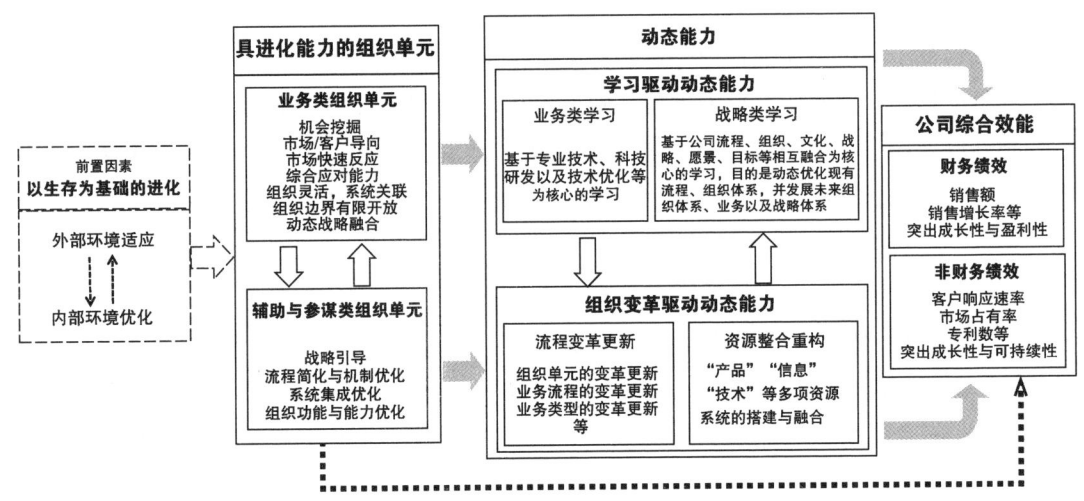

图10 组织单元对公司效能的进化路径——修订后的概念模型

资料来源:作者根据研究成果进行整理。

基于修订后的概念模型,进一步展开"组织单元对公司效能的进化路径"理论模型的机制原理分析讨论:

该模型对于公司"未来组织自进化体系"内在机理做了系统研究,其理论贡献在于:对于复杂多变的市场环境,提供了一个整体性的组织动态优化变革框架,并对未来新型组织的"构造特征及组织进化过程"研究提供了要点框架,同时对动态能力"周期性过程变化"与"进化路径"赋予了"实际价值",并深化了理论概念模型的应用价值。

(一) 不同类型组织单元主要进化特征的一般结论

1. 组织单元对于复杂市场变化的响应速度明显优于传统组织。围绕"市场环境与客户"组建组织单元体系越有活力,其应对环境变化的"自适应能力"的优势越明显

组织单元能够充分发挥"科技、信息等"类型公司的主观能动性,突出表现在"研发、市场、服务"等类型的业务类组织单元。对于组织层级构建越少、越突出"以市场/客户为中心"的组织单元系统,环境的自适应性越强;对于决策点数量减少、内外组织边界越开放的组织单元系统,所反应的敏捷性越强。

2. 组织单元类似生命体系统一样,不同组织单元主体功能不同,其组织单元内部的构造也不相同

本书简单地将组织单元分为了"业务类组织单元"与"非业务类组织单元(辅助与参谋类组织单元)",业务类组织单元存在"机会挖掘""市场/客户导向""快速反应""综合创新能力""组织灵活,系统关联""组织边界有限开放""动态战略融合"等影响维度;非业务类组织单元(辅助与参谋类组织单元)则存在"战略引导""流程简化与机制优化""系统集成优化""组织功能与能力优化"等影响维度,这些影响维度构造了不同类型组织单元的系统构造特征。

3. 在公司的不同发展时期,同一组织单元的系统构造及主体功能也不相同

公司发展的不同阶段,同一组织单元为应对外部市场与内部协作需求,组织功能与构造发生了动态调整,部分功能产生了"进化",而部分功能则出现了"简化、退化、消失",调节主要因素为内外部环境"自适应"与"自成长"需求,尤其对外部市场环境变化感知最为敏感。

虽然不同类型组织单元特质各异,但均具有**五个主要特征**:"自治与自存活、学习自进化功能、集成优化、通过信息与科技网络等技术展开自优化管理、自成长与再生能力。"

组织单元的进化过程既突出了小单元的**局部进化特征**,同时又具有**整体协同进化特征**,组织单元如同高度自适应的有机生命个体,与不同组织单元、与外部组织之间相互影响,形成了"集技术、资金、平台等多因素相关联的复杂综合系统"。这都符合广义达尔文主义的一般特质,形成了**"从无序到有序、从同质到异质、从简单到复杂"的组织进化过程**(斯宾塞,1892年)。并表现出**"变异、复制、选择、新奇、扩散、涌现"六大要点特征**(Hodgson,2006)。

(二) 动态能力推动下组织单元作用机理的一般结论

不同功能组织单元对于公司绩效影响不同,"非业务类组织单元"并不能直接对公司

组织大未来 ——激活组织高效成长的自进化思维 以华为、小米、亚马逊等为例

绩效产生影响,但是**动态能力对于公司组织进化起到了重要的推动作用,对于组织单元与公司效能之间起到了的路径搭建与路径优化作用**。科学的动态能力系统构建方式是基于以公司"生存"为基础的发展逻辑,重点突出了两个维度的动态能力构建,分别为:围绕外部环境变化的"**自适应能力**",围绕内部进化的"**自成长能力**",并以此形成"**学习吸收与组织重构能力**"。组织单元的进化驱动主要通过打破原有"**惯例与流程**"实现。不同组织单元虽然主体功能不同,其组织结构、权利范围、财务独立性均存在明显差距,但可通过"流程构建、协调优化、相互学习成长"等形成组织单元协同的"自进化"效应,以此构建动态互动关系。关系的形成重点依托"学习驱动"与"组织变革驱动"实现,通过不断提升组织单元系统的"自适应能力、吸收能力、重构能力"等,同时借助对应性的"资源、能力、流程、惯例"的协同优化,形成具有自进化效能的活性组织。

标杆案例研究 D：
华为公司组织单元系统应用深化分析

本案例在标杆案例 A、B、C，以及相关理论文献的基础上，结合组织单元对公司效能的进化路径优化模型（见图 10），进一步对未来新组织体系的"运作惯例"与"实践系统"展开深度分析。对"组织单元、动态能力及自进化路径"展开应用研究。从而科学构建未来组织自进化思维与实践路径。本案例研究从三个要点层次化展开：华为"铁三角"构造及进化体系、组织变革中部分动态进化管理体系、动态能力特征差异及进化过程。

华为案例 D 追踪一：
"铁三角" 组织单元构造及进化系统优化分析

截至 2019 年底，华为公司全球员工总数约有 19.4 万，营业额高达 8588 亿元人民币，年度增长率达到 19.1%。即使面临美国毁灭性的打击情况下，2020 年，华为公司依托自身核心技术研发优势与未来产业布局，强行突破技术短板，优化产业系统，深度构建 Harmony OS 系统、HMS 生态系统、车联网及科技物联网等产业体系，实现产业逆势增长，营业额达到 8914 亿元人民币，同比增长 3.8%。2021 年，华为面对科技壁垒、新冠肺炎疫情、芯片断供、荣耀出售、消费者业务断崖式下滑等多重结构性风险冲击，面对生死存亡，华为坚持以"生存"为发展前提，紧急在产业及组织体系等方面展开全新的系统性进化。

深度研究华为公司的组织进化过程，实际上就是在研究适应于市场、适用于客户的企业组织动态变革进化过程。企业在不同发展阶段，需要构建不同阶段的组织形态。单一的组织形态，哪怕被认为最先进的组织形态，也不能成为组织发展的最终形态，以"生存"

为基础目标，才可能形成具有竞争力的组织体系。

华为公司组织架构伴随着公司规模、业务种类、发展区域等众多因素的变化发生根本性变化。前后经历了"直线型与部门型组织、事业部制、矩阵式与混合矩阵制、动态（组织单元）矩阵结构"四个阶段（见表4、表5）。华为公司国际化组织变革进程同样经历了四次大的变化，从"项目小组制"，到"代表处、分公司模式"，后发展为"动态（组织单元）矩阵结构"，并构建"区域平台"（见表6）。华为公司不同组织形态的变化都带有时代的印记及不同阶段市场的需求。

2021年，华为面临新的发展时代，面临更为复杂化的市场环境。华为公司不同组织单元系统动态集成，战略性应对复杂动荡的市场，形成组织单元高效灵活的运行机制，这将是华为公司现在乃至未来组织进化变革的核心。

一、华为公司"铁三角"组织单元的系统构造与运营机制

华为"铁三角"组织单元，是华为公司营销终端最基本的"业务类组织单元"。正是由于"铁三角"组织单元的系统化协同，才形成现阶段华为庞大的业务组织体系，形成了产品与区域系统关联的巨型动态（组织单元）矩阵结构。

现阶段华为公司根据客户类型及产业系统设置了三大业务运营结构，分别为运营商业务（2G）、消费者业务（2C）、企业级业务（2B）；并按照业务区域进行了结构划分，分别在全球划分了10多个片区和100多个办事处、代表处，现拥有员工约19万人。如此众多业务线及项目版块，采用矩阵结构管理后，极容易出现流程冗长，协调工作庞杂的状况。正是因为如此，华为组织单元的进化变革，特别突出了业务单元的灵活空间，突出对市场、对客户的快速反应速度及客户满意度。通过界定内外部组织边界，充分授权，综合提升业务类组织单元的市场效能。

"铁三角"组织单元，采用清晰界定产品与客户的实际需求，形成针对第一线客户的业务类单元。"铁三角"组织单元不是简单的销售单元，也不是独立的服务单元，而是针对一线市场的独立项目单元。

"铁三角"组织单元的出现是基于2006年8月，苏丹移动通信网络一次竞标中失败，其失败组织中根本原因是华为海外组织与客户需求不匹配：产品人员只关注报价，客户服务人员不懂技术、技术人员不懂客户服务，组织中各类人员各自为政，最终失去客户。为了避免这种现象的再次发生，华为开始构建由"产品、客户、技术"共同构建的项目核心管理团队，并形成归一化输出，**形成了"客户经理、解决方案专家、交付专家"这样一种"铁三角"组织单元。**"铁三角"组织单元极大地提升了服务质量、提升了服务效能，更主要的是：华为业务类组织单元由"技术为中心"全面向"以客户为中心"的动态组织

系统，并形成了一套"资源共享、信息共享、人员共享"的内部分享机制。

华为"铁三角"组织单元是由包括"产品、技术支持和销售服务"三条线人员组成的项目型团队。其优势是具有"高效终端决策权"，而且决策权随着组织单元持续地动态进化，进一步对应性强化。这种面向未来的组织单元进化体系被华为总裁任正非称为"班长的战争"。"铁三角"组织单元具有敏捷的市场反应能力与高品质的客户服务能力，能够一线接触客户需求，针对性地作出反应，如图11所示。

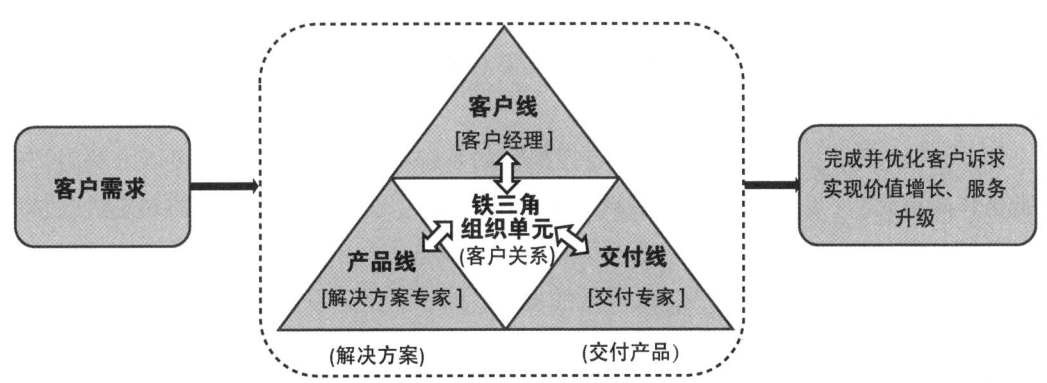

图11 华为"铁三角"组织单元构造机理示意图

资料来源：作者根据公开资料与相关文献整理。

华为"铁三角"组织单元构造机理突出了客户前端市场"任务型"的管理模式，是以"客户为中心"的独立小型组织单元。华为总裁任正非认为："铁三角并不是一个三权分立的制约体系，而是紧紧抱在一起生死与共，聚焦客户需求的共同作战单元。他们拥有的权力实质是客户授予的。""铁三角"组织单元突出基于"客户需求"的业务专家管理职能，强调"任务型"的目标管理模式，侧重敏捷的市场反应能力，突出强调流程执行和业务运作的"管理权限"，采用建立专业决策的终端管控机制，通过去"中心化"的组织规程，发挥业务专家的服务效能，逐步激活终端组织单元活力，促使决策权主动向一线靠拢。

"铁三角"组织单元模式自2007年开始在华为全面推广，并展开持续的组织单元动态进化工作，为此华为公司参照了美国海军陆战队一线作战单元模式，突出"前端高效轻装与单元小组能力综合化"优势，不断提升客户经理、解决方案专家、交付专家为核心的"铁三角"组织单元协同优化效能。华为公司还通过"减少平台部门，精简平台人员，减轻协调量"等惯例优化措施，综合提升沟通效率，将决策权向一线"铁三角"组织单元逐步转移。截至2010年，华为已经构造了相对灵活、成熟的"铁三角"组织单元，完成了终端业务类组织单元体系的基本构建。"铁三角"组织单元极大地促进了华为业务绩效的提升，以出色的业绩超越曾经无比强大的竞争对手——西门子、诺基亚、阿尔卡特、朗讯等，甚至超越了爱立信、思科等行业头部公司。

二、华为公司"铁三角"组织单元"协同与授权"的动态进化体系

"铁三角"组织单元模式就是"让听得见炮火的人去做决策",就是"谁离客户最近,谁就是领导阶级",就是"将指挥权系统搬到一线",对一线充分授权,并将"指挥权决策中心通过系统协同与授权逐步向一线迁移"。前端"铁三角"组织单元只需把握住华为战略发展方向及管控规则,就可以根据市场实际状况做出决策,不用进行上传下达式流程控制式管理。

因此,"铁三角"组织单元"协同与授权"的系统构建与动态进化,可以分解为"前端业务作战单元"(见图11)与"后端系统支持体系"。这种协同与授权的动态进化体系就是"让听得见炮声的人来决策。后方配备的先进设备、优质资源,应该在前线一发现目标和机会时就能及时发挥作用,提供有效的支持,而不是由拥有资源的人来指挥战争、拥兵自重。谁来呼唤炮火,应该让听得见炮声的人来决策"(任正非,《让听得见炮声的人来决策》,2009)。在地区建设"重装旅",在一线建立"陆战队",就是**让前端实现个性化与综合化,后端实现标准化与专业化**。"在组织变革中,最后指挥权和决策权的授权要清晰。……以销售为中心,是 BG(事业群)的责任;以利润为中心,是区域的责任。我认为战争决策权应该授权给区域;BG(事业群)更关注资源建设、战略建设、参加作战,未来促进销售额,要想办法让前线指挥官接受他的观点。"(任正非:"班长的战争"对华为的其实和挑战汇报会上的讲话,2014)。

随着科技的高速发展,现代公司的市场主角从之前"师团级"组织转变为市场/客户端的"班组级"组织单元,如"铁三角"三人一组构成的组织单元,就是最小的业务单元。为此,任正非认为:指挥权必须前移,否则会导致战争的失败。无论组织如何改良及进化,都需要满足市场需求,以"生存"为基础。因此,未来的公司总部组织(辅助与参谋类组织单元)应该瘦身,减少管理层级,把公司资源及力量向一线倾斜、向一线"铁三角"类组织单元放权,但同步需要依托审计、财务等机制有效管控一线组织单元系统。任正非将这种组织单元体系称为"班长的战争"。

"班长的战争"是一种灵活、轻便和高效的组织运作机制,更是"铁三角"组织单元"协同与授权"的动态进化体系,其核心是在组织单元和惯例系统支持下的任务式指挥,实现集中一切公司资源支持一线。这里的任务式指挥是采用授权和分权,一线"铁三角"组织单元的负责人只需明确实现集团战略意图,就可以利用一线业务端的敏捷性与自适应能力主动"挖掘机会"、应对各类风险提升综合绩效。如一线业务类组织单元发掘到市场的突然变化,可以直接展开有针对性的需求调整,而集团组织对应相关支持部门,根据一线业务类组织单元提供的客户/市场信息展开针对性的系统研发与服务改良,以确保华为

的技术优势为客户及市场服务。

"班长的战争"是华为基于"铁三角"组织单元未来发展方向,打造的组织单元协同与授权动态进化体系。"班长的战争"强调其清晰的一线授权,精化一线作战组织单元体系,缩小集团及平台机构规模与束缚,同时强化战略机动部队的建设。系统划分一线小作战组织单位,其目的并不是细化分工,而是配备华为"先进的武器系统"和"重型的火力支持",使一线组织小团队实现整体作战实力提升,形成未来组织的核心竞争力,如图12所示。

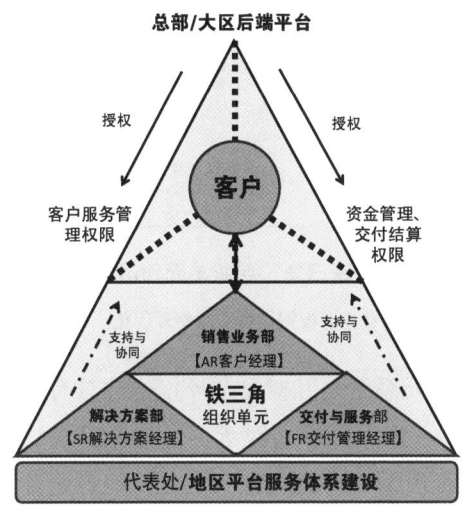

图12 华为"铁三角"组织单元协同与授权动态进化体系示意图

资料来源:戴水文,符正平,等,2018;作者根据相关文献整理优化。

"班长的战争"作为华为未来组织进化的核心方向,是组织单元系统进化构建的战略目标。这里既包括华为总部及区域总部对"铁三角"组织单元展开分权和资源协同,又包括各BG业务集群及配套系统对"铁三角"组织单元的分权与技术集成,通过对组织集成、市场集成、资源集成、信息集成等不同系统集成,将财务、信息、产品研发、供应链等管理系统协同在一体化体系下,形成了"协同与授权"动态组织单元进化系统,可以快速完成对内部资源的动态整合,对外部环境的动态自适应。任正非曾反复强调:"公司要用10年时间,完成从中央集权模式,转换为分权模式,把指挥所建在听得到炮声的地方。"

"班长的战争"不是"班长"一个人的战争,是组织单元体系整体的改变,是在组织、责任、权限、能力、资源、流程、信息等多个组织体系要素达成协同。责权分工强调战术指挥不断下沉到业务端组织单元,集团及平台聚焦"战略制订、资源协调与目标贯彻";权限管理突出业务端授权规则与指挥权力合理优化,并与行政权分离;组织单元系统进化依据客户/市场需求,向一线业务单元倾斜;资源聚合则以"高速有效响应"为目标,突出"战略与战术资源"的有效互动,战略资源集中布局,战术资源贴近一线业务单元;流程控制突出行政流程严谨全面，突出组织优势能力，突出应对不确定且复杂多变的市场环境；信息系统突出关键信息的动态分层授权与整体协同，通过动态互动的信息环境，使各级组织单元在任何时间、任何地点均可获取有效信息，并达成协同管理，如图13所示。

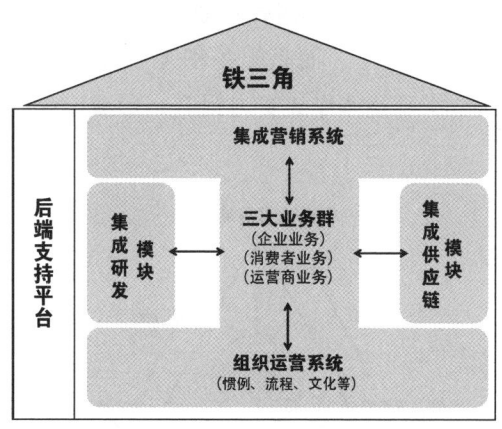

图13　华为"铁三角"组织单元动态进化协同机理

资料来源：戴水文，符正平，等，2018；作者根据相关文献整理优化。

"铁三角"等类型组织单元系统是针对复杂环境构建具有战略进化能力的自适应系统，主要通过将复杂的业务结构分解为灵活、创新、高效、以客户为中心的子系统，突出将"战略目标、服务机制、流程惯例"等进行整合优化，将各业务系统聚合成为具有自适应、自进化特征的子系统协同体系，以此提升整体组织灵活性、敏捷性、适应性。

华为案例D追踪二：
产品研发（IPD）、供应链（ISC）动态组织变革进化流程体系分析

华为公司构建了以"生存"为基础的组织进化体系，并在组织变革过程中侧重"以客户/市场为中心"，非常注重"生存"为核心的动态能力变量因素，除了不断优化"学习驱动"外，还将进化重点放在以"管理流程与组织惯例"为核心的组织变革驱动影响因素等方面。

关于组织流程性变革需要对"商业环境、客户需求、利益相关方"等业务领域开展全面成熟度评估，找到系统运作中的痛点与短板。主要采用"系统集成、系统规则、战略导向、流程优化"等步骤，实现流程持续优化，最终达到"端到端"的组织进化目标，综

合提升组织进化能力,如图14所示。

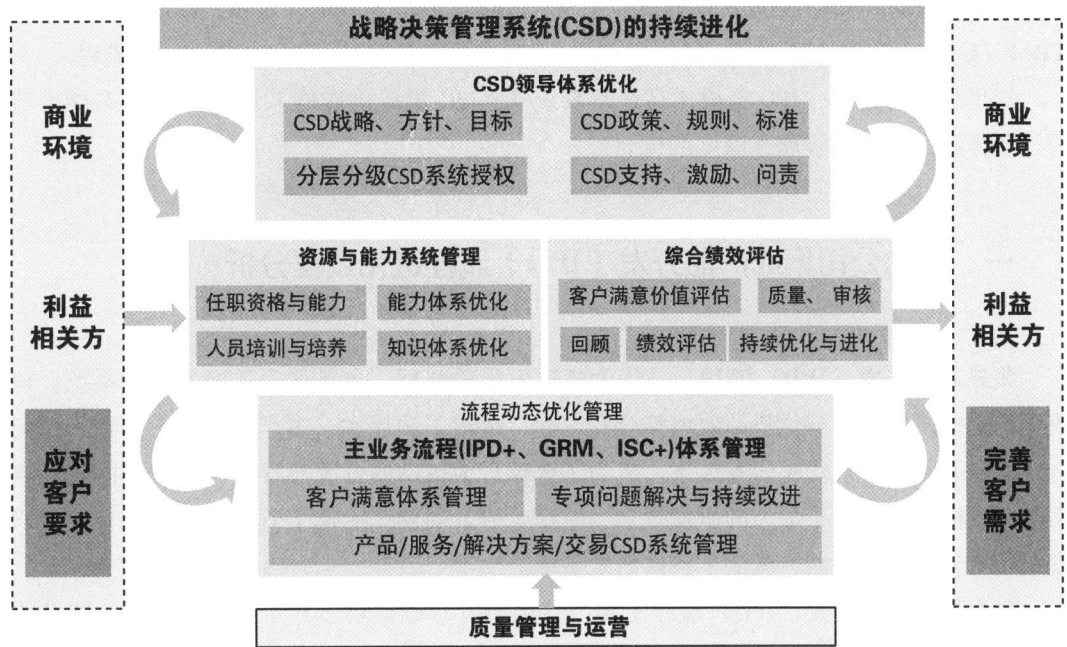

图14 基于市场为基础的动态进化管理体系(以华为公司为样板)

资料来源:中信证券;作者根据相关文献整理优化。

对于复杂的组织体系变革,需要对不同类型的组织单元,主动分解为具备自适应能力的进化功能子系统。如华为就拥有"研发系统(IPD)""供应链系统(ISC)"两大主要核心系统,并以两个系统为核心,集成形成高度协同的自适应系统及关联平台。较为知名的包括"战略决策管理系统(CSD)、客户关系管理系统(CRM)、集成财务管理系统(IFS)、销售管理流程(LTC)等,并围绕这些系统形成了财务融资平台、人力资源平台、公共数据平台、知识管理平台、行政服务平台以及中间试验平台"等十大主要平台。

基于这些系统与平台,华为构建了"人、财、物、信息"等资源于一体的统一管理系统规则,形成了"充分授权、目标清晰、绩效明确、激励高效、预算科学、信息共享"协同机制。而系统流程与协同机制的构建,为华为建立针对性的战略目标提供了系统支持,形成了基于战略发展大方向为核心的组织目标与战略目标,形成了以市场/客户为中心,综合提升"公司竞合力、提升协同效能、降低交易成本、应对突发风险"的战略目标实现能力。

动态进化管理体系的核心是通过持续的动态流程优化,以达到"组织惯例"的动态进化。主要通过对业务流程展开梳理和重构,提高业务绩效、实践战略目标、提升工作效能,让整体流程及相关子系统拥有明确的管理输入与输出端口,促使权力机动明确、审批层次简洁、流程清晰快捷、组织活动标准化等。

以华为公司为例，最为突出的动态进化管理系统，具体表现在"IPD（Integrated Product Development，集成产品开发）、ISC（Integrated Supply Chain，集成化供应链）、CRM（Customer Relationship Management，客户关系管理）"等几个核心系统流程。

这里将华为公司"IPD 集成产品开发系统""ISC 集成供应链系统"作为动态能力流程进化体系的案例样板展开深度剖析。

一、华为公司集成产品开发（IPD）流程进化过程分析

集成产品开发（IPD）流程，是华为高速发展最基础，也是最为重要的支持系统。该流程将全球研发资源与优势高效地整合在一起，形成了多层次、多产品、分工细致、协同合作与资源共享的自优化研发体系。成为了全球最为成功的资源与管理一体化协同的经典案例，这极大地提升了华为的研发效率、缩短了研发周期、降低了研发成本、提升了各研发组织单元的协同效能，激活了整体研发系统。

华为集成产品开发（IPD）流程主要由共用研发基础模块、异步开发、跨部门团队协同、结构化流程、客户需求分析、项目和管道管理、投资预算组合、绩效管理等几个主要板块构成，根据不同的研发需求，构成华为集成产品开发（IPD）流程，该流程可展开针对性的系统自优化，如图 15 所示。

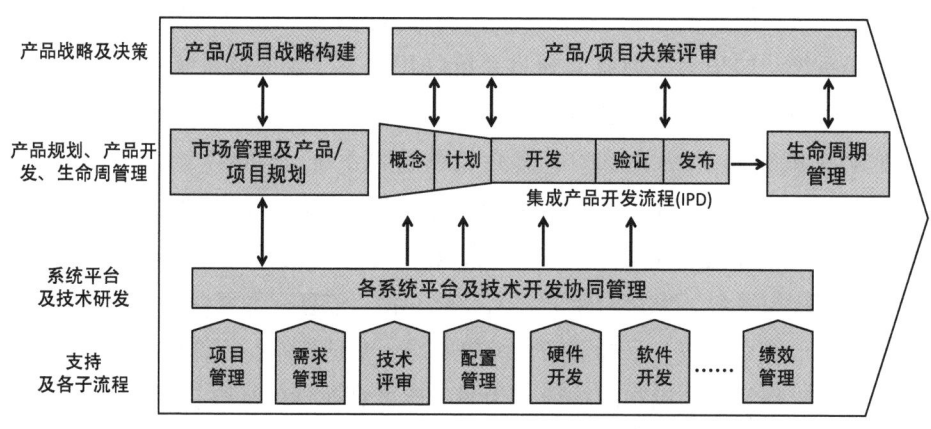

图 15　华为集成产品开发（IPD）流程主要框架

资料来源：戴水文，符正平等，2018；作者根据相关文献整理优化。

华为集成产品开发（IPD）流程其本质是建立以市场/客户为中心的研发"生存"与"进化"系统。经过 20 多年的进化，华为集成产品开发（IPD）流程经历了"先僵化""再优化""后简化"几个阶段。华为研发能力作为公司发展的核心驱动力，综合提升了产品收益、解决了公司系统性运营问题。IPD 系统研发从根本上变革了科研开发模式，系

统优化研发费用，提升研发质量，缩短上市周期，最终提升盈利能力。华为 IPD 实施流程基于投资、流程及绩效构建在认知与行为层面，构建动态能力体系，如图 16 所示。

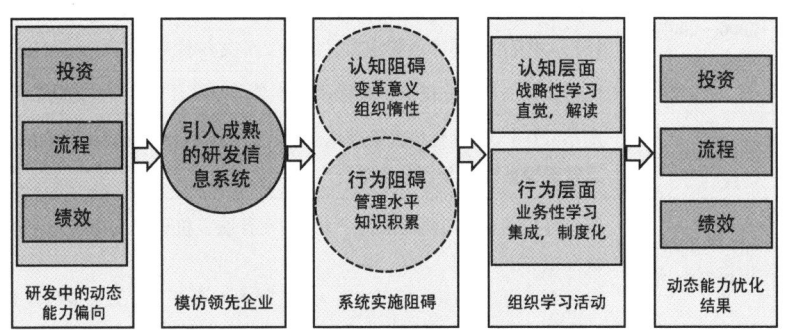

图 16　华为 IPD 实施流程构造体系

资料来源：晏梦灵，董小英等；2016；作者根据相关文献整理优化。

华为产品开发（IPD）流程自 1998 年确认从 IBM 引入，到 2016 年整体流程系统正式发布，华为用了 13 年时间系统完成了 IPD 流程的"僵化""优化""简化"三个关键阶段，2010 年 IPD 开发流程在终端消费者业务推进中发挥了巨大作用。2018 年，为应对新市场环境变化，华为大幅简化了 IPD 流程以促进高速创新需求，如表 21 所示。

表 21　　　　　　　　　　华为公司 IPD 20 年持续优化建设历程

实施阶段	实施时间	实施主要内容
启动阶段	1998—1999 年	IPD 项目启动，并对华为技术人员进行动员
僵化阶段	2000 年	建立 IPD 管理体系雏形，并组建第一个 **IPMT**（Integrated Portfolio Management Team，集成组合管理团队），并试点成立 PDT（Product Development Team，产品开发小组）
	2001 年	正式发布 IPD 1.0 管理体系，在各产品研发线 IPMT 引入 **TPM**（Total Productive Maintenance，全员生产维护）评估
	2002 年	根据试点情况，优化发布 IPD 2.0，公司全面推行 IPD 体系
	2003 年	IPD 与 **CMM**（Capability Maturity Model Integration，能力成熟度模型集成）融合建立技术优化管理体系，并根据不同技术要求，组建解决方案管理团队，构建 **RMT**（Requirement Management Team，需求管理团队）、**PMT**（Portfolio Management Team，组合管理团队）、**PF-BMT**（Product Family-Business Management Team，产品族业务管理团队）等流程相关组织单元体系
	2004 年	IPD 流程进一步完善 Life Cycle（生命周期业务管理）
	2005 年	IPD 进一步深化流程，包括研发全流程的对应定价、管道管理等，实现 IPD 端到端流程的无缝衔接

续表

实施阶段	实施时间	实施主要内容
优化阶段	2006—2007 年	IPD 进一步优化，突出落实 UCD（User Centered Design，以用户为中心的设计），并突出依赖关系管理项目的开发解决方案流程的系统惯例优化
	2008 年	优化并增加分层分级 IPD 流程评审体系，以应对全球开发的能效问题
	2009—2010 年	发布 IPD 6.0，优化权责管理体系，并与 OMS（Operations Management System，运营管理系统）分层分级融合
简化阶段	2010—2018 年以及未来	依托科技发展与简化需求，IPD 流程在智能人机研发发挥作用，并构建全新动态研发矩阵。 2018 年余承东对 IPD 流程进行大刀阔斧的简化变革，以适应研发高效创新的需要

资料来源：作者根据相关文献及公开资料整理。

二、华为公司集成供应链（ISC）系统进化过程分析

集成供应链（ISC）系统，是将原材料、产业生产、工程安装、物流、维修、调试等业务部分外包，通过体系化认证与管理，集成整合众多供应链系统中的相关利益方，集合形成产品或项目的产业资源集成系统。集成供应链（ISC）可以达到提高客户的满意度，降低供应链总成本的目的，可以有效提升资源购买的质量并提升服务响应效率，极大地降低产品供货周期，提升产品合格率。

华为通过构建集成供应链（ISC）系统，将供应商、制造商、渠道商、仓库、配送中心等组织形成利益共同体，共同应对外部市场及政策环境的变化。通过不断优化供应链，以达到提高效率，降低成本，革新技术，逐渐升级成为自适应、自进化的供应系统，从而优化并淘汰无法达到发展需求的供应链组织。

实际上，华为在应对美国技术及产品封锁，集成供应链（ISC）与集成产品开发（IPD）系统都发挥了极其重要的作用。华为公司的集成供应链将遍布全球的供应商聚集起来，形成一个具有共同价值的供应链网络，通过动态、复杂的供应链自进化系统，不断聚集、分裂、进化成为一个复杂的华为生态系统，以强化应对各种风险。

华为公司集成供应链（ISC）经过多年优化，具有自发性、动态性、适应性、融合性、多样性等特征，各供应商会根据华为公司不同产品、不同区域的采购需求，针对性地采用提升产品质量、降低产品成本、区域建厂等方式，自发性地成为或提升华为主体供应商。集成供应链持续的选择与优化过程，极大地提升了组织的动态"自适应与自进化"能力，如图 17 所示。

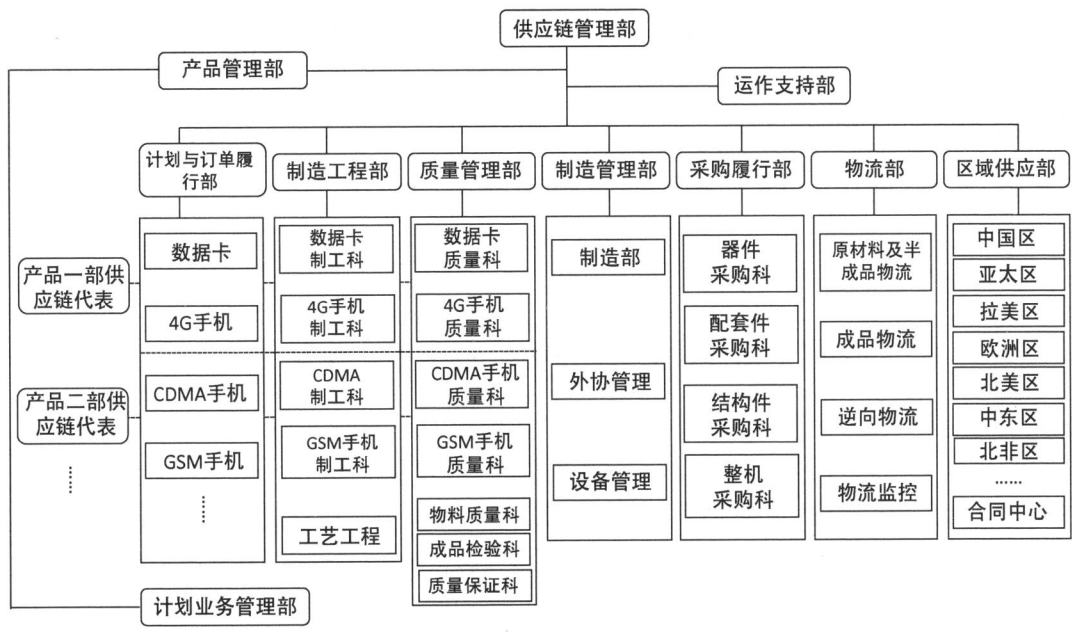

图 17　华为集成供应链系统（ISC）主要框架

资料来源：戴水文，符正平等，2018；作者根据相关文献整理优化。

华为公司集成供应链（ISC）是基于国际供应链 SCOR 模型，针对全球供应链体系进行的持续优化，其建设目的是适应华为国际化与 ICT 多产业领域协同发展需求。华为供应链系统大致经历了三个主要历程，分别为"供应链基础建设""全球供应链建设""打通供应链与产品交付"的协同供应链体系，并通过 IT 等技术手段不断优化供应链，提升供应链的管理绩效，如表 22 所示。

表 22　华为公司集成供应链（ISC）实施建设历程

实施内容 实施阶段	第一阶段 ISC 前期准备	第二阶段 ISC 建设实施	第三阶段 GSC 建设实施	第四阶段 多产业供应链实施
主要实施 内容	**1999 年** 供应链为粗放式流程，通过开放的 IT 系统优化供应链，并实施 Oracle MRP Ⅱ 系统	**2000—2003 年** 以国际 SOOR 模型为基础，构建 ISC 业务流程和 IT 系统 Oracle ERP 11.0，并与生产排程进行融合	**2004—2007 年** 以 ISC 建设为基础，扩展到 **GSC（Global Supply Chain，全球供应链）**建设，深度优化海外供应链	**2008—2011 年** 基于 ISC 流程架构展开多业务横向调整；针对不同业务形态，进行差异化供应链模块优化，并与其他流程系统持续融合

资料来源：作者根据相关文献及公开资料整理。

华为案例 D 追踪三：
组织单元不同阶段"动态能力进化"分析

⚙ 一、华为公司不同阶段动态能力特征差异与进化路径

基于华为公司不同发展阶段动态能力特征差异及进化过程分析（见表16），发现：

华为公司组织发展的不同阶段，其动态能力的主要特征与驱动因素存在巨大差异，并且随着组织进化，动态能力也随之变化。动态能力转化的核心因素，是基于公司组织体系与外部环境的相互作用，形成不断阶段"自适应能力与组织自进化能力"的需求变化。

对于组织发展的不同阶段，动态能力的侧重维度会发生动态变化，可转化为"组织资源与竞争力构建、整合、重构"的能力（Adner 和 helfat，2003）。基于时间与内外部环境变化，公司相关组织单元系统所掌控的资源与竞争优势会发生了连续性变化。基于环境的变化，组织单元结合自身与整体组织需求，分别从组织单元个体与组织整体动态改良组织系统，持续对组织资源与组织惯例进行构建、整合与重构，使组织系统与外部环境相互匹配、相互影响。这里根据华为公司的成长周期，可简要将动态能力变化过程分为四个阶段：开始阶段、成长阶段、高速发展阶段、优化阶段。

第一阶段，组织变革开始阶段：面对环境的变化，首先需要打破公司之前的原有流程与惯例，其次形成与外部环境相关联的自适应能力。为此，组织单元动态能力系统构建侧重业务类学习，尤其会将"**科技研发与市场推动**"等业务类组织变革作为重心，推动重点就是推动对"**资源的整合与重构**"，以达到应对环境变化，形成自适应能力，敏捷性等因素是自适应能力的重要特质，主要应对环境变化所形成的机动感知能力。从华为公司的案例分析可以看出：在第一阶段，面对国内外市场众多知名企业的竞争，华为突出"服务小组与核心研发小组"优势，持续占领国内外主要区域市场，通过"狼文化""垫子文化"的推动，积极推动了华为公司的资源整合与重构，为组织单元及整体组织深度进化奠定基础。

第二阶段与第三阶段，组织成长与高速发展阶段：随着业务等资源进一步优化，此时组织将会深度打破原有惯性与流程，通过持续的动态能力优化，建立不断进化的组织体系，并逐步通过内部学习与组织变革驱动，渐进式形成整体组织的内外部环境的相互影响，依托动态能力有效规范组织内众多组织单元，构造良性发展的组织生态体系，推动组织动态能力系统进化。从华为公司案例分析中可以看出：在公司成长与高速发展阶段，华

为公司有意识地在公司组织层面及不同类型组织单元层面强力推进不同体系的流程与惯例变革，通过学习与组织变革驱动，持续优化了 ISC 与 IPD 等流程系统，在世界范围建立研发中心、研究机构，以及华为大学，通过经营管理团队（EMT）推进战略决策形成 CSD 系统等。这些举措均通过不同组织层面持续对流程与惯例进行分层次的优化变革，变革不但增强了组织对于环境的自适应能力，同时形成应对内外部环境变化所匹配的动态能力系统，这是华为公司取得持续进化的重要动力。

第四阶段，组织持续优化阶段：面对公司组织逐渐趋于稳定状态，为了进一步应对未来环境的快速变化以及政策等未知风险，动态能力进入自发性持续优化状态。这个阶段侧重在原有流程与惯例的基础上，有针对性地进行深度流程与惯例变革。这里包括"固定优化流程、简化流程、变革绩效管理体系、决策体系、组织单元架构与运营体系、科技及大数据技术优化"等，从而持续提升资源获取与竞争优势获取等方面的能力，并在庞大复杂的组织体系中，探索高效敏捷性与未来环境变化相结合的自适应能力，从而获得可持续性成长的自进化能力，动态提升公司整体效能。

基于华为公司动态能力演化过程，可以构建四个阶段动态能力的进化路径与核心重点，如图 18 所示。

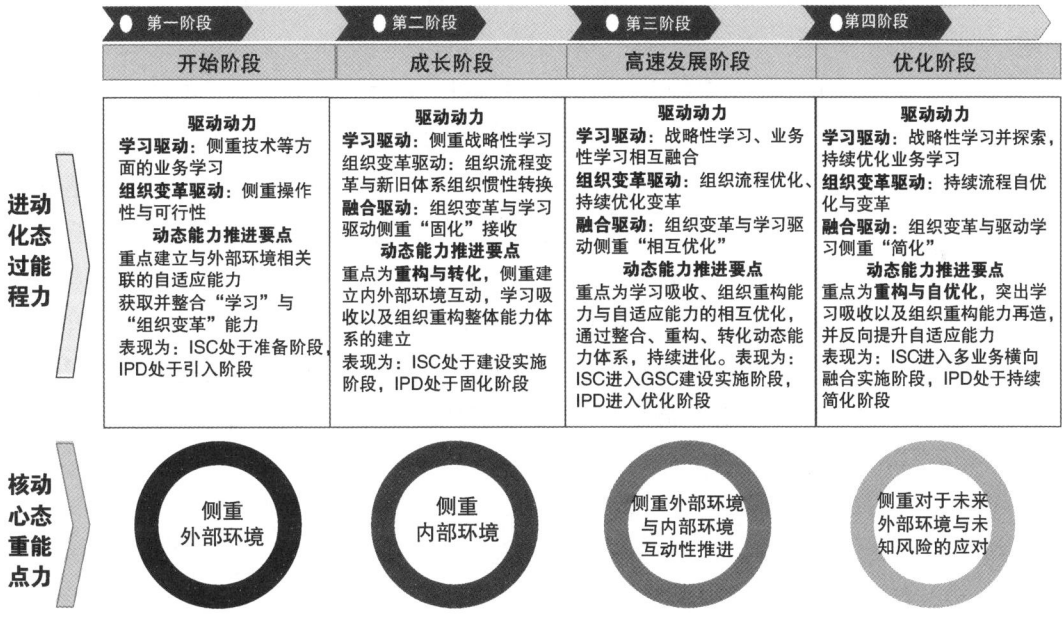

图 18　不同阶段动态能力特征差异与进化路径

资料来源：作者根据研究成果进行整理。

二、不同类型组织单元对于动态能力需求差异

进一步对华为公司动态能力特征差异分析（见图18）还可以发现：

不同类型组织单元在整体进化过程中，对于动态能力的推进重点及需求特征存在明显差异。既相互关联，又各具特点，并存在不同的依存关系，对于组织效果的影响结果也存在巨大的区别。

动态能力特征差异具体表现在业务、研发、项目、战略决策等业务类组织单元，需要具有更多的权利，且更具有财务独立性，对应的专业要求也更高，对整体组织引导功能表现更突出。学习驱动的动态能力表现中，**更侧重以技术性为主的业务类学习，突出外部环境的自适应性**，在组织变革的推动中更注重"资源整合、重构能力"的培养。

动态能力特征差异具体表现在财务、人力、控制等辅助与参谋类组织单元，职责体系与财务权限等更具明显的服务偏向性，其组织效能一般无法直接表现，但整体组织系统运营又无可缺失。学习驱动作为动态能力的主要因素，**更侧重系统管理与功能主导的战略类学习，突出内部惯例的优化更新功**能，在组织进化推进中更注重"流程变革能力"的系统构建。

组织单元除自身具一定动态能力外，对不同组织单元之间、组织单元集群之间，同样需要依托动态能力展开关联与优化。科技与物联技术的发展，扩展了组织单元的边界，并建立组织单元系统之间"真实与虚拟"的协同关系。组织单元在复杂生态环境下，越来越注重高效敏捷性与自成长性特征。组织在动态能力的系统打造过程中，可以在"降低综合成本""缩短组织应对时间""提升组织应对灵活性""持续改进""机会挖掘"等方面建立动态能力的优化维度，依托"组织单元之间高度配合""组织流程持续简化""组织惯例持续进化""面向未来市场的产业引导"等方面构建具有综合进化效能的组织单元，从而提升"生存"能力与"进化"能力，实现公司可持续发展与公司综合绩效提升。

第三部分
组织的无边界战争战略

引子

在科技高速发展的今天，市场已经不是无限大的蛋糕。竞争对手已经从同类产品之间的竞争，转化为全域市场的跨界竞争，科技的进步将颠覆传统的产业体系，资本的力量成为了巨型的动力推手。在竞争不断加剧，市场不断被迭代的今天，除了拥有一个极具"生存"活力的组织外，还需要不断打破原有产业体系，通过重塑市场边界与重塑组织边界，在无边界的世界中创新拓展自身有限的"生存"空间与发展空间。面对已知与未知的竞争对手，需要重塑"竞合"思维，以客户与市场为导向，积极整合资源，创新优势，动态调节组织的进化形态，形成适合自身公司或机构的组织进化优化模型（参考模型如图 10 所示）。

第七章
无边界时代：创新时代的战略失衡

随着时代环境的变化，原有的"知识体系、产业体系、商业逻辑、组织体系"已然发生了根本性变革。这种变革如同一把"双刃剑"，既创造了众多新的机遇，同时也摧毁了原有的产业系统，剥夺了众多工作岗位，甚至颠覆了原有了知识体系，以致众人无奈叹息：不是我们不努力，而是我们跟不上时代气息。互联网、人工智能等新技术的持续推进，一方面极大地提升了产业与工作效能；另一方面极大地冲击了现有的产业系统与工作机会。特别需要注意的是：以互联网为代表的资源控制平台，通过利用客户端与产品端贯穿产业生态，再进一步利用资本等手段封锁产业资源，这种新"垄断"模式，一方面极大地整合了产业、金融等社会资源；另一方面极容易造成资源的结构性"垄断"，形成"赢家通吃"，这都进一步加速资源集中化、社会内卷化。在未来的10年里，我们将面临一个基于科技创新与资源控制的新无边界时代，将面临时代创新的战略失衡，将面临越来越严重社会资源的聚集化、**内卷化（Involution）**。正如英国作家查尔斯·狄更斯（Charles Dickens）所说：这是一个最好的时代，也是一个最坏的时代；这是一个智慧的年代，这是一个愚蠢的年代；这是一个光明的季节，这是一个黑暗的季节；这是希望之春，这是失望之冬。

面对全新的时代，"生存"将成为组织建设的第一要务。为此第一步，要打破原有以"财务绩效"为核心的经营理念，构建以"生存"为基础的新经营理念；第二步，重新梳理自身战略目标，打破内外部边界，即形成市场创新与组织变革两者之间互动协同的战略目标；第三步，针对产业竞争与跨界竞争状况，打造以创新与资源获取为核心的新"生存"体系，构建多方共赢的企业生态圈，通过动态"竞合"关系的建立，不断扩大竞争优势，最终通过"研发、客户端控制、个性化体验、新互联网思维"等核心优势迅速占领跑道，并集成创造组织的新跨界生态。

为此本章将从战略的本质、市场边界与组织边界、竞争的本质与开放式颠覆、无边界创新等几个方面分析时代变革的应对之策。

一、战略的本质

战略（Strategy / Strategic）是管理学中重要的研究门类，也是大型及超大型企业非常关注的企业作业内容。战略概念起源于战争的整体性构想，主要指企业发展的策略与计划，具有全局性与全面性。与注重局部及短期技术路径的**战术决策（Tactical Decisions）**所不同。现代战争主要通过整体战略目标与小作战单元战术目标相互融合，达成最优化战争成果的目的。

现代企业战略管理起源于20世纪60年代的美国，先后出现了**战略规划理论（Strategic Planning）**、**环境适应理论（Envirnmental Adaptation）**、**产业组织理论（Industrial Organization）**、**核心能力学说（The Core Competence）**、**资源基础理论（Resource-based Theory）**、**战略制度观（The Strategic System View）**等主要战略理论流派。这些理论流派相对独立，但又相互融合，推动了战略学的时代进步。这些流派主要由以往理论体系及历史大背景下逐步形成，大致分成四个主要阶段：经典战略理论（20世纪80年代前）、战略的产业观（20世纪80年代）、战略的资源观（20世纪90年代）、战略的制度观（20世纪90年代后）。战略研究的核心问题是解决"如何创建可持续的竞争优势"。随着不断前行的时代步伐，战略研究从静态地建立竞争优势，逐步转变为动态地建立可持续发展优势，研究重点从企业能力理论等静态理论，逐步向复杂理论、合作竞争理论、动态能力理论、企业生态理论等动态理论转化，如表23所示。

表23　　　　　　　　　　　主要战略理论要点比较

理论分类	企业能力理论	动态能力理论	复杂理论	合作竞争理论	企业生态理论
市场条件	系统稳定方向可测	不可预测、无序、易突变	非线性、非周期性、混沌	关联性、互动性	周期性、互动性、系统性
动静态竞争优势	静态持续难于模仿	动态持续优化自创新成长	动态持续可优化商业系统	动态变化展开合作与竞争	动态变化形成市场生态
对资源需求	核心持久能力	系统优化能力	复杂适应能力	资源平衡能力	生态构造能力
企业分析系统	企业内部	市场环境与经营单元	商业系统	博弈参与者利益/价值平衡	企业生态系统市场环境
战略重点	培养、利用和提升核心优势	动态、敏捷地打破原有均势	形成商业系统或平台	动态博弈价值均衡	形成企业与市场融合生态
核心能力	突出核心竞争优势	优化与创新	建立优化和垄断关系网络	动态保持合作竞争关系	持续优化与创新生态系统
合作要点	机会合作	合作变革	共生或资源垄断所形成的合作	竞争合作	协同、竞争、变革形成的合作系统
战略特质	长期性、稳定性	敏捷性、动态性、惯性	资源性、互动性	动态性、互动性、适应性	协同性、敏捷性、周期性

资料来源：作者根据相关文献整理调整。

从表23中五种战略的对比分析可以看出，五种战略都是相对独立的理论系统，并对应形成了多种相关理论。在企业管理实践中，各战略并不存在绝对的优劣，只存在是否合适现阶段企业管理与发展的需求。随着市场环境复杂多变，新战略系统设定越来越注重动态性、敏捷性、生态性。

未来企业战略，越来越受到市场、政策、科技等多种变量因素的影响，众多知名企业已经无法设定清晰的战略路径，甚至能否"生存"都无法确认。构建"清晰的战略"，只是理想化的臆想，这导致在实际战略构造过程中，制订战略的时候"很宏达、很爽"，但执行起来却变成两张皮，这使战略构建变为一支兴奋剂与麻醉剂。华为总裁任正非对战略有一条清晰务实的认知：**方向大致正确，组织充满活力**。也就是说：未来市场战略及组织效能只要方向正确且有效，就是非常好的战略。

为此，面对未来，需要对战略有一个明确的认知：要跳出现代管理学界对以往管理展开的独立、系统的理论总结，在实际践行过程中，对多种理论融会贯通、互通优化，形成面向未来的新战略思维：**由静态转向动态，由简单转向复杂，由长期转向短期，由有边界转向无边界或新边界**。这也是本书撰写主要目的之一。

二、市场边界与组织边界

随着互联网与人工智能的广泛应用，创造性出现了虚拟现实相互融合的多维空间，孕育生成了"颠覆性创新"与"降维打击"的新市场创新形态，迫使各行业快速跨界与整合，行业之间的界限越来越难以界定，原有的出版、培训、传媒、影视、零售、餐饮等行业都面临颠覆性挑战，也创造出众多新机遇，出现了抖音（TikTok）、拼多多等新独角兽企业，无边界时代已经来临，这也促使市场与组织之间的竞争转化成为无边界竞争。无边界竞争进一步激活了市场中某些行业需求急速扩大，甚至呈现几何级增长，但同时有限的市场，也极容易创造规模超大的产业托拉斯，导致众多组织、创新、机会、就业被极大限制，出现了社会深度"内卷"。也因为如此，无边界竞争已经成为了一把"双刃剑"。

无边界竞争的核心是基于时代机遇，进行高效率与灵活的**产业与组织创新**。虽然对于未来，科技创新具有不可预见性，但在面向未来的创新方向上可以寻求最有效的价值重塑，打造新的组织生态。在现实的科技产品转化过程中，一个好的"产业体系从理论、到科研、再到转化成为系列产品"，需要几十年甚至上百年的时间。但是，正是划时代的产品打破了原有产业结构，推动了社会生产力的发展，为企业探索出巨大的生存与发展空间。实际上，**无边界并不是没有边界，其目标就是打破边界与重塑边界，使企业持续动态"进化与成长"**。

打破边界意味着产业与组织面临新一轮颠覆式创新，这将导致企业不仅需要应对竞争冲击，更多需要面临产业迭代。而**边界的突破场景，必然会在更优体验，更低成本，更高效能，以及共享与分享思维几个方面共同作用**。面对无边界竞争时代，应对重点是针对市场环境的变化，在优势或者蓝海领域打破边界与重塑边界。需要注意的是，打破边界与重塑边界一定要有一个系统认知：首先，打破边界与重塑边界相互之间深度关联；其次，打破边界与重塑边界需要从市场与组织两个方面分别寻找对应的关键突破口。

（一）突破市场边界是对产业结构与商业逻辑的创新

近些年，随着全球化与反全球化并存的产业体系推进，导致产业链系统越来越复杂，同时越来越精细。**出现了产业逻辑相对非常清晰，但盈利手段却相对隐蔽的新商业现象**。如苹果公司、中国小米公司、华为公司的手机盈利主体，不仅是通过销售手机业务盈利，更重要的是建立手机产品端口体验生态体系，通过手机的应用衍生品，在软件、消费者体验、加盟提成等消费者生态体系中获取更多的利润，手机作为终端端口，成为了盈利的核心载体。

另外，**产业系统的重构创新，极容易造成产业的颠覆性创新，甚至造成某些产业的降维打击**。如亚马逊的高速成长就是通过动态能力的多轮驱动，重构了出版、零售商业、云计算、人工智能等产业系统，先后对标超越了包括巴诺传统书店、沃尔玛线下超市、IBM系统数据计算等原有庞大的产业体系，而且这种超越，不但侵蚀了原有产业空间，更重构了产业逻辑。边界的模糊，让未来市场出现无限跨界融合的可能，但由于资本的利益控制、国家利益等因素的影响，导致未来市场的技术及创新壁垒越来越严重，行业之间的内卷现象也将越来越严重，这些都是时代发展必须面对的现实状况，尤其是中国这种现象更需要引起注意。

基于市场，对产业结构与商业逻辑创新，需要从打破市场边界，重塑市场边界两个视角构建突破市场边界的路径。

1. 打破市场边界

打破市场边界，首选需要清晰市场需求。**市场是以客户为中心的多方交易系统，交易系统的侧重不同，市场边界的结构体系就会出现巨大差异**。市场交易侧重商品生产成本与价格，**市场边界聚焦重点就是商品价值网络**，如与淘宝竞争的拼多多，就是深度挖掘了客户群体与商家群体，打破了淘宝的市场边界封锁，在多年的竞争中，获得了高速的发展；同样，**市场交易过程非常注重产品的体验创新，市场边界的聚焦重点就是产品体验的研发系统**。如乔布斯时代的苹果，就在深度客户体验的探索与创新研发中，创造了iMac、iTunes、iPhone等影响时代的传奇产品，又如华为手机、华为智能汽车，均是通过扎实的体验创新，被国内外客户所追捧。

这里尤其需要警惕这样一种普遍现象：**打破市场边界，不是自以为是地闯入市场**。尤其是近几年，中国产业面临转型升级的关键时刻，很多企业（甚至包括众多知名企业）基于原有资本及客户的积累，积极跨界进入自身并不熟悉的行业领域，进入时甚至连基本的产业领域专业知识都不具备，更别说对应的人员及组织等的系统搭建，虽然很多企业的思考路径是基于资本市场等因素考虑，但这种非产业为发展核心的模式风险更大。而且这种不良现象，会导致大量的资本无序投入，并没有让中国公司走上高速发展的快车道。通过对多家知名企业跨界转型的跟踪以及作者多年的工作实践，这类状况的成功案例罕见。

实际上，打破市场及产业边界，构造新盈利模式，尤其构建跨界新盈利模式，并不代表可以在新领域重新尝试，相反，需要以原有产业为优势基础，并在多个专业领域专业学习及优化，同步通过系统贯通，才可能突破原有的市场边界。而这种市场边界的突破，很多时候会出现颠覆性的产业系统重塑。

2. 重塑市场边界

未来社会将向着**体验、共享与分享、低成本、高效能**的方向持续创新。产业及商业逻辑出现了"羊毛出在猪身上，狗去买单"新商业模式，尤其在互联网领域，这种现象尤其突出。如互联网企业针对传统零售商业的系统重构，经常采用这样一种模式：利用互联网客户端（资源端）优势，针对传统零售商业可实现利润版块，采用补贴等手段，强行分割市场，突破传统零售商业缺乏互联网系统形成空间销售网络的真空地带，依托便捷的网络、物联、金融等互联网系统优势，打碎并重组整个产业系统。这些掌握着客户端（资源端）的互联网企业集团结合互联网多产业资源集合优势，重构新产业价值网，通过精准"降维打击"与"覆盖战略"，实现"赢家通吃"。这样的商业操作，推动了如腾讯、阿里、美团、京东、拼多多等众多知名互联网企业的发展。在未来，打破传统产业，创建新市场跑道，还将会孕育出新一批独角兽企业，并形成新一轮的市场竞争。而成长与竞争的关键就是持续打破边界，形成新的产业系统与组织生态，塑造全新的市场边界。

重塑市场边界主要通过再造供应链客户体验等价值网系统与创新市场体验实现，核心是在无边界竞争的时代潮流中，重构生态系统。现代企业已经无法靠单打独斗就能在市场上立足，只有置身多变的生态系统中，动态协同市场生态系统的各关联环节，不断突破自身成长瓶颈，才可能"生存"下来。并以"生存"为目标，不能以简单的利润为导向，才能在市场生态中持续进化。

市场生态系统是以利益相关者共赢为前提和基础，但同时也面临着现有、替代者等不同类型竞争对手的直接竞争。这就要求企业打破传统以"利润"为核心的经营思维，懂得多方协作，在市场生态中不断通过"优化供应链系统、重构商业模式"等合作共赢的战术手段，尽可能多地聚集客户等市场资源，从介入市场生态，逐步到主导及重构整体市场生态系统，最终达到重塑市场边界的目的。

企业重塑市场边界，成为生态体系主导方法有很多，这里介绍三种常见方法：第一种，以客户消费为主导，侧重构建以消费为核心的一体化生态；第二种，以技术创新为主导，侧重构建行业规范；第三种，以信息交互为主导，侧重构建社交与为核心的一体化生态等。如腾讯是第三种以信息交互为主导构建的生态体系，主要依托社交平台的信息入口，"垄断"形成竞争力核心，操作方法主要通过对终端流量端口的控制，侧重构建生活体验一体化的市场生态体系；再如华为运营商业务是第二种以技术创新为主导，侧重构建未来通信等行业的行业规范，实现生态体系核心主导，操作方法主要通过4G、5G等技术领先专利打造行业系统，形成新行业规范与标准，通过高效成本控制与高品质服务占领国内外主要市场，因此，技术领先性、高性价比、高品质服务构成了华为运营商业务生态体系的竞争力核心；又如阿里巴巴是第一种以客户消费过程为主导，侧重构建消费体验一体化的市场生态体系，操作方法依托购物平台系统化为竞争力核心，通过对终端客户全生命周期的消费管理进行控制，如图19所示。

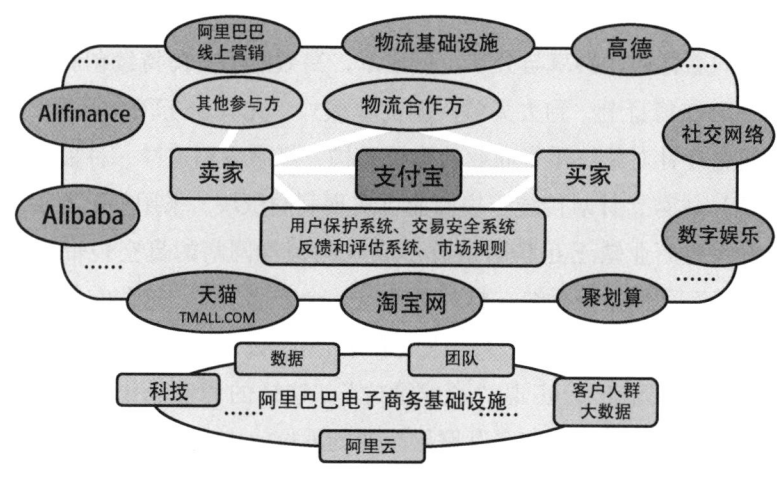

图19　阿里巴巴从客户购物到消费一体化的市场生态体系

资料来源：作者根据相关文献进行整理。

实际上，**通过多产业系统的资源整合、市场体验与消费习惯的价值创新，同样可以重塑市场边界，创新市场生态**。如小米公司通过系统整合，集成优化了"硬件+软件+云存储"于一体的"生活米生态"，形成了极具多产业集合的创新生态系统。华为公司消费者业务采用了同类型的创新生态体系以及现在打造的鸿蒙Harmony OS系统；又如腾讯与阿里在支付之争中，腾讯通过强大的终端消费者体验，结合春节这一中国传统节日，在2014年开辟了微信红包功能杀入金融支付领域，腾讯公司通过微信支付"共享、娱乐、创新"的全新体验，借助微信红包渗透到支付终端，在短短几天时间，突破了阿里支付宝数年的客户积累，以极高的增长率，占据了中国移动终端支付市场的半壁江山。

当然，企业生态体系重构过程中必然会导致众多相关企业的生存与发展空间发生根本性变化，如企业短时间内的营利能力、企业的增长能力，以及企业对自身资源的掌控能力等。这是因为在新经济常态下的市场生态，会在"互联网+"、大数据等新技术的整体革新过程中持续突破，使整个市场生态体系各环节联动更加高效、紧密，企业的发展已经不再是自身的事情，更多受到市场生态系统的持续影响。作为企业，想在新的环境中生存下来，只有不断打破市场边界、重塑市场边界，才可能最大范围拓展"生存"空间，得到高速成长。

（二）突破组织边界是对未来市场发展的协同创新

组织边界（Organizational boundaries）是组织内部与外界环境之间的界限，起到单个组织与外部组织之间的链接作用，也可视为与内外部环境沟通的管道与接口，既是客观存在又是主观认知。一般而言，会将组织边界分为内部组织边界与外部组织边界两种类型。而组织研究中的基本组织单元是由组织层级体系、组织规范化、功能基础、决策点权限、内部组织边界、外部组织边界六个核心要素构成。

杰克·韦尔奇（Jack Welch）针对通用电气（GE）组织机构臃肿、管理层级复杂、灵活性低、官僚气息浓重、工作效率低下，提出再造 GE，并提出了"无边界"理念，希望从组织管理体系上彻底改变通用电气。韦尔奇的组织变革侧重打破公司内部的垂直界限和水平界限，消除与客户及供应商之间的外部障碍，减少管理层级、保持合适的管理跨度、以授权团队取代部门制。变革后美国通用电气（GE）在短短 20 年的时间里，市值达到了 4500 亿美元，整体增长了 30 多倍，排名从世界第 10 位升到第 2 位。该模式在沃尔玛、微软、IBM 等知名企业也得到了广泛应用。

无边界组织（boundary less organization）并不是没有组织边界，其核心是打破组织边界与持续重塑组织边界，**是指其横向的、纵向的或外部的边界不由某种预先设定结构所限定或定义的组织设计形式。**面对日益激烈的市场竞争、高速发展的信息科技技术、动荡的全球化市场，"**网络组织、扁平化组织、多功能团队、流程再造、学习型组织、虚拟企业、战略联盟、海星式组织、平台组织**"等新组织概念孕育而出，均是从不同视角重构**组织边界**，优化组织形态，以适应新市场环境的变化。因此，很多学者认为可渗透与模糊化的组织边界都可认为是"无边界组织"。

一般而言，组织包括四个方面的边界：**垂直边界、水平边界、外部边界、地理边界**（本书认为**空间边界**更为合适），研究中常将垂直边界与水平边界统一为内部边界、外部边界与空间边界统一为外部边界。垂直边界是指组织内部的层次和职务等级；水平边界是分割组织中职能部门及规则的界限；外部边界是组织与顾客、供应商、管制机构之间的分隔；空间边界是区分地区、文化、国家和市场的界限。

无边界组织系统构建的根本目的是激活组织，如同一个生命体一样形成一个有机组织体系。无边界并不是没有边界，边界本身是保障组织的长期稳定与秩序，而无边界组织同样存在组织内必要的管理控制要求，尤其是责权利等，只是更强调对固定的组织边界持续优化与创新。为此，采用减少管理层，形成扁平化组织；基于组织目标，将职能部门通过新模式重新汇合，形成多功能团队；聚合供应商、竞争者、客户、社群、平台等多种外部组织，形成网络组织等新组织形态。这些新组织形态均是通过"打破组织边界""重塑组织边界"的方式形成更适应市场"存活"的新组织构造系统。

本书关于组织单元一个关键的研究核心就是**最优化组织边界**。尤其对于无法界定边界的无边界组织，需要将组织视为一种有机系统，对不同组织单元的研究，侧重如动物细胞、细胞体一样展开的进化研究，并以此为基础，优化并进化形成庞大的有机组织体系。作为生物体而言，不可能不存在隔膜（边界），甚至组织单元个体隔膜（边界）之间均存在有一定的强度和韧性，但是隔膜（边界）并不影响能量、氧气、血液、微量元素等物质在各组织单元之间流动，对于企业各组织单元中"信息、资源、资金、技术、经验"等因素主要通过"组织惯例"传递到企业整体的组织系统当中，并通过动态能力为核心的"学习、创新、惯例优化等模式促使整体与个体组织协同进化，达到提升工作效率和激励创新的目的。组织单元的进化过程，遵照广义达尔文主义："变异""复制""选择""新奇""涌现""扩散"六个主要原则，侧重整体组织"生存"为核心的进化原则，对于极具潜力的组织单元进行深度发展，对于存在问题的组织单元进行治疗或淘汰。尤其在智能算法、网络化等技术高速发展的今天，未来组织将更强调"速度、整合、创新、弹性"为关键的快速应对市场变化的"自适应、自进化"型组织。

1. 打破组织边界

打破组织边界，就是打破原有组织缺陷或组织困境，从组织内部与外部重新建立有利于组织进化的新边界体系。尤其对于未来的组织系统，将在新信息与新科技介入的基础上，将动态地层次化地打破内外部组织边界。打破内部边界主要从组织单元突破，注重打破部门化、工作固定化的横向边界，以及组织层级所形成的纵向边界；打破外部边界主要从市场生态突破，注重打破传统价值网中客户、供应商等形成的阻隔，对原有价值网进行重构，同时通过"新技术、新商业模式"等创新体系打破原有的产业边界，引导组织边界持续突破以及组织系统持续进化，进一步创新产业与市场生态系统，形成组织新的竞争优势与产业壁垒。

在"互联网+""人工智能"的新时代背景下，客户个性化需求增多、全球供应链动态变化，促使现有组织系统必须面对动荡的产业变革，导致组织系统中每个组织单元动尽量扁平化、自组织化，现实的市场环境迫使组织内部架构不断重构组织的垂直边界与水平边界。

在中国新一轮"新基建"的"5G""工业互联网"等技术创新变革过程中，企业的内外部边界越来越模糊，产业链中"供应、制造、销售、服务、研发、运输"等各个环节基于利益整合在了一起，并形成不断变化的动态生态系统当中。另外，基于"5G"的互联网技术高速发展迫使单一产业系统与不同产业系统之间均打破了资源和地域的限制，组织单元系统极容易通过"知识、技能、资金、创意、渠道、商业模式"等方面展开个体创新，并依托个体单元组织及整体组织通过市场生态系统获取各种系统资源。

"新基建"与"人工智能"等新技术创建的未来时代，迫使组织必须对最基本的组织单元分级打开内外部边界，重组关键环节，整合资源、优化交易，扩大合作范围，进化组织系统和管理流程，使资源配置效率最大化。

打开组织边界是一个动态的持续优化过程，很多时候并不是简单地改变权限，或打开某一部分管理范围，而是结合市场环境与组织目标打破内外部边界。组织单元"自进化"系统的建设就是基于"生存"目标，持续突破内外部边界。打破组织边界主要分为打破组织内边界与打破组织外边界两部分。

第一，打破组织内边界包括：打破组织垂直边界与水平边界。

首先，打破组织垂直边界。核心是打破传统的金字塔式组织，以及该组织结构所对应的分层化机构、等级制度、岗位结构及权力职责，以此打破组织僵化的现状。最明显的特征表现就是"权力下放"，促使组织扁平化，**让最接近客户并能够直接对结果负责的人做出决策**，关联的组织单元则需要通过学习等方式打造可胜任的能力。新组织惯例则需要借助科技力量，推动信息共享，依托新组织系统，最大限度地将个体能力与团队能力发挥出来。

其次，打破组织水平边界。核心是打破传统的职能部门结构构造与利益隔阂等，将产品、项目及发展目标形成一体化的统一整体。正如杰克·韦尔奇所述："应该将各个职能部门之间的障碍全部消除，工程、生产、营销以及其他部门之间能够自由流通，完全透明。"尤其在科技高速发展的今天，更要突出围绕客户展开高效统一、目标明确的系统工作，尤其对不同客户需求，形成多功能团队，也可以是本书重点论述的业务类组织单元。

第二，打破组织内边界包括：打破组织外部边界与空间边界。

首先，打破组织外部边界。核心是打破传统组织与外部环境之间所形成"内外有别、隐瞒信息、各有打算、以利益为导向"的半封闭系统，将原有"供应商、客户、竞争者、政策、社群"等外部市场所形成的产业生态。打破外部边界，必须打破内外部边界，与外部环境深度融合，基于外部关联组织需求、组织自身的价值地位等因素，形成动态变化的"竞合关系"，并逐步创新形成极具成长力的生态系统。打破组织外部边界可以采用多种手段及方式，如"打破供应链、形成战略联盟、组建虚拟组织、优化研发体系、创新商业模式、展开网络化经营"等模式。

其次，打破组织空间边界。核心是打破市场区域、国家、文化等空间界限。空间边界侧重国际市场的边界为主，因此关注空间边界的公司组织主要为国际性的跨国集团。由于跨国类组织存在区域空间"政策、文化、法律、产品"等领域的局限性，因此，很多优秀的公司仅能在某一个市场或者区域存在较大发展空间。因此，打破空间边界需要采用"文化本土化融入、人员本地化融入、产品区域化改良、建立全球化组织"等方式,通过持续的文化融入、人员学习及交流等行为逐步打破空间边界。

组织边界的颠覆与重构是一个全方位的过程,更是一个复杂的系统工程,如华为集成供应链(ISC)从1999年就已经开始实施,到现在已经优化了20多年时间,从粗放式开放的IT – Oracle MRP Ⅱ系统供应链,到基于国际SOOR模型构建ISC业务流程形成与IT – Oracle ERP 11.0系统,已经可以深度打通内外部生产体系,在此基础上,华为进一步将ISC延展到GSC(Global Supply Chain,全球供应链),后续又延伸到不同业务形态差异化供应、与其他流程系统持续融合,华为集成供应链(ISC)动态打破内外部边界所对应的水平边界、垂直边界、空间边界等,形成了较为成熟的"无边界网络控制系统"(见表19)。华为集成产品开发(IPD)同样对研发组织的边界进行学习、重构、创新与优化过程(见表18),并通过最新的科学技术,将内外部研发组织、资源等深度地融合在一起,使研发效率得到极大的提升,并通过技术平台将碎片化、分散化、独立化、个性化的复杂内外部研发系统统一到以华为研发驱动的整体生态当中。

2. 重塑组织边界

从组织简史的演化推进过程(见第一部分,第一章)发现:无论对组织单元个体的研究,还是对庞大组织系统的研究,其核心就是研究均是围绕:组织层级体系、组织规范化、功能基础、决策点权限、内部组织边界、外部组织边界这六个构造要素展开。组织变革的目标就是希望简化组织层级、优化组织规范、突出高效敏捷的功能体系,尤其侧重打破内外部组织边界,实现融合与创新。

重塑组织边界,其本质是重塑组织系统,激活组织,形成高效成长与变革的"自进化"思维,并在实践中逐渐形成符合自身实践的组织体系。现实组织管理实践中,打破金字塔顶端,充分利用信息技术,突出技术创新与平台效能,构造众创平台等,都是不同企业组织根据自身发展需求,构建具有战略目标的组织变革实践。本书侧重的组织单元研究,更是从组织中最基本的个体单元出发,设定了"生存进化"目标,基于整体组织生存与发展的需要,形成具有进化能力的自组织系统,其构造推进是希望通过组织自身能力及系统构造,重塑组织边界,形成动态的组织"自进化"体系。重塑组织边界与打破组织边界所不同,本身就是以不同组织本身存在的优势或劣势,通过针对性的战略目标,重塑改变劣势与扩大优势的过程,整体过程一般不是打破一个边界,而是打破多个内外部相互融合的边界。如海尔、华为、字节跳动(抖音与TIKTANK母公司)等知名企业的国际化扩张过程,就存在综合性重塑"垂直与水平边界"为核心的组织内边界,同时也重塑了"空间与供应链"等因素构成的组织外边界,并且在整体推动过程中,不断创新与重塑内外部组织边界。

一般而言,**重塑组织边界主要通过"组织敏捷性、组织弹性、组织创新力、组织整合**

能力"四个方面在组织的垂直、水平、空间及外部组织关联的边界综合重塑。常见的组织重塑方法是针对组织边界重塑目标进行设定，然后针对目标设定优化组织变革思维与路径。

第一，重塑组织垂直边界。

重塑组织垂直边界的目标设定：针对组织敏捷性，让一线业务类决策权逐步向直接接触客户的团队及团队领导转移，并要求承担相关责任，从而极高效率对应客户需求与问题进行反馈；针对组织弹性，进一步促使组织扁平化，分解一线管理任务与结构，形成战略、服务等动态优化机制；针对组织创新力，侧重打破组织层级体系，融合内外部资源进行头脑风暴，共同挖掘新思路及新方法，形成现场决策，同时将信息汇聚，进行层次化信息共享；针对组织整合能力，侧重关键问题不受组织级别限制，依托动态惯例持续优化，分层次利用各组织单元系统协作完成。

重塑组织垂直边界目标的解决办法：①充分授权，权力分散化。打破上层决策，下层执行的上下反馈程序。采用上层充分授权，下层具有所属工作范围主导权，决策由直接关联目标并能够对结果负责的人员或团队自主完成，从而提升决策效率与准确率，以达到高效、准确地完成任务。②组织单元个体领导及成员的决策能力。打破高层重决策，基层重技术的组织惯性，侧重培养对应人员或团队相符的决策与领导能力，鼓励组织人员主动参与发展培训与战略培训，根据人员状况逐步调整权力结构及工作范围，最终达成正确高效的决策与实施目的。③信息与管理协同一体化。打破所有信息仅由高层掌控，根据不同业务及层次人员工作需求，高效开放对应的信息系统，并做到不同组织单元之间的关联信息共享，并在"信息管理系统、集成产品开发（IPD）、数据交换系统、ERP等网络程序系统"等流程及惯例的辅助下，达成组织整体战略与不同业务目标相互一致。④动态分层次化的绩效薪酬体系。突破传统以职位为薪酬考量核心的体系，侧重以绩效为核心的多层次薪酬体制。突出"以奋斗者为本"的绩效管理模式，并通过动态绩效，打破组织等级，基于组织战略目标，达到不同组织单元的管理目标，形成"基本工资、业绩提成、技术绩效、管理绩效、股权、期权"等多重绩效激励措施，以真正激励不同特质的人员及组织单元，达到专注自身业绩提升。创新的绩效激励体系既可以激发每一员工对组织做出的贡献，又奖励组织团队共享荣誉，从而达成组织高效协同的目的。

第二，重塑组织水平边界。

重塑组织水平边界的目标设定：针对组织敏捷性，强化挖掘客户价值，针对不同客户需求，将对应的新产品或服务高效提供给客户；针对组织弹性，打破各类资源的部门化或小团体化分割体系，形成核心资源高效、无障碍向急需资源的组织单元系统之间流转，尤其向一线业务单元倾斜；针对组织创新力，针对"攻坚难题、创新业务方向、新技术、新方法及探索性业务"，组织通过"跨单位、跨企业展开专题研讨会、科研交流会"等创新探讨，并针对技术难题组织技术攻关小组，并展开"创业业务探索小组"的推进等，综合利用组织资源展开创新;针对组织整合能力,形成既能有效应对常规业务,并提升业务绩效,又能针对非常规或突发事件从不同组织单元里抽调人员组织具有协同能力的项目小组,在资金允许的情况下,可以建立预备队、红蓝军等组织对抗形式,参与组织资源整合。

重塑组织水平边界目标的解决办法:①构造以客户为中心的共生价值体系。打破各自为政的传统官僚组织体系,回归到企业存活的根本目标,即为客户创造价值。根据市场环境变化,在"加强客户关系、深化客户需求体验、拓展外延客户、创新客户需求"等方面展开系列化的工作,并以此形成组织行动。②形成一体化的端口思维。针对复杂的组织体系、繁杂的产品或项目系统,需要打破多部门对于客户信息不对称等因素所形成的"服务推诿、服务延迟、服务矛盾"等问题,形成一个高效、便捷的客户服务端口,将"营销、生产、项目、维护"等职能人员统一在客户需求应答与解决上面,保证客户对于组织形成可信赖整体。③动态优化多功能组织单元。现在众多团队个体由于个体思想、专业、能力的不同,会形成极具差异化、且相对独立的组织单元,这些组织单元按照市场、区域、产品的不同,动态地拓展了"新业务、新市场及新行业领域",最终实现整体组织优化各类新资源,增强组织的整体竞争力与市场应对能力。多功能组织单元,就是打破原有组织结构,集中多种职能,持续重塑组织边界。如华为的"铁三角"就是将"产品、技术支持和销售服务"三条线人员组成多功能组织单元,具有高效的终端决策权,极大地提升了市场反应能力与客户服务能力。④共享知识与信息,形成"自进化学习型组织"。重塑组织边界过程,是对各职能的专业知识与关联信息重组融合,尤其动态多功能组织单元需要针对不同客户,掌握大量信息,并需要不同经验与方法,这要求组织建立信息共享与知识经验相互交流的学习平台,以达到观念、信息、战略目标的相互统一,达到优化并重塑组织功能及创新服务的目的。如华为"铁三角"业务类组织单元,本来仅是在苏丹移动通信网络竞标中失败后总结出来的项目管理模式,后通过学习交流、信息共享等模式不断优化该组织单元体系,并在华为广泛推广,最终成为了华为极具竞争优势的业务类组织单元主要形态。

第三,重塑组织外部边界(也可被视为外联边界)。

重塑组织外联边界的目标设定:针对组织敏捷性,与客户及利益相关方形成合作共赢的伙伴,并针对利益相关方的需求、问题等形成服务预案,共同优化;针对组织弹性,采用灵活的组织控制及资源流转模式,提升产业或服务效能,并与供应商和客户能够展开有效的资源协作;针对组织创新力,基于客户及产业链需求展开大量新技术、新工艺、新产品的协同创新与开发;针对组织整合能力,形成客户、供应商共同协作的组织运行及组织变革系统。

重塑组织外联边界目标的解决办法:①组织的产业链协同优化。产业链协同优化包括"原材料供应、生产、流通、终端、消费客户"等形成产业网络体系。产业链协同优化管理包括"产品、信息与资金"所形成的不同价值流,并与业务交互形成动态的价值网系统,组织需要针对产业价值网不同阶段的协作目标展开"计划、组织、协调、控制、优化及激励"等系列管理动作,并采用数字化、信息化等技术手段不断突破组织边界,促使各组织间关联更紧密、交流更频繁。②优化不同形态的成长联盟。不同形态的成长联盟包括基于同一战略目标的战略联盟、基于网络为基础的虚拟组织、基于资源汇聚的平台组织、基于同一产业关联的产业联盟与产业协会等多类型组织联盟形态,不同类型组织联盟基于"利益、产业控制、优势互补"等目的,通过"契约与协议、技术许可证、合资企业、供应协定、营销协定"等多种形式达成优势互补、风险共担的资源双向或多向流动的契约型动态组织,通过较松散的组织链接,打破或扩展原组织边界,达到"共享市场、协同优化资源、形成行业垄断或行业优势"的目的。③组织网络化、虚拟化。组织网络化及虚拟化是组织发展的必然方向,网络化是相关组织间基于"信任、认同、互惠"等因素结合而成的可长期合作的网络关系,这种网络关系可促使组织间形成较为稳定的结构关系,可以有效促进资源要素的交互与共享。组织虚拟化则是整体组织中不同组织单元,通过业务契约等模式与其他组织展开产品或项目"研发、生产、销售"等系列化经营活动,其核心是打破不同组织间的界限,进入组织业务中"营销、研发"等系统化统筹,并展开虚拟化运营。组织网络化扩展了组织边界的链接方式,可以有效突破组织的经营理念与商业模式,常出现"组织集群、电子商务、组织专业网络、网络社群"等多种网络化模式。组织虚拟化是基于组织核心竞争优势,集中核心资源,推动高附加值业务,通过设计、生产、销售等虚拟化及业务外包等模式,最优化组织综合效益,并在非优势产品、服务等方面补足短板。

第四,重塑组织空间边界。

重塑组织空间边界的目标设定:针对组织敏捷性,组织内部与组织外部系统关联,对于跨国、跨地区形成基于资源、技术等因素的合作联盟,以应对各类问题;针对组织弹性,定期与不定期推进不同区域、国家的业务、管理协同决策及组织创新;针对组织创新力,跨国与跨地区参与新产品、新项目等技术协作创新、评估及产品推广等系列化工作;针对组织整合能力,基于组织内外部不同类型联盟,形成统一产品标准、展开统一行动、共享资源及技术平台、相互交流学习及共同提升。

重塑组织空间边界目标的解决办法:①组织全球化。打破空间边界,首先要有全球化的战略思维与全球化的组织战略体系,尤其需要将区域资源与信息优势转移到更为广阔的外部市场。其次,在组织结构上从区域中心向多中心的全球化组织体系转化,并针对区域需求,集合全球资源及技术优势,形成区域组织与全球资源的互动。②战略全球化与行动本土化。打破空间边界核心就是构建全球化的市场,并针对不同区域、不同国家、不同文化、不同风俗习惯等细分市场,形成战略全球化与战术实施本土化的执行策略。如肯德基存在全球标准化的汉堡与饮料等产品,但针对中国、墨西哥等不同饮食文化的国家和地区推出皮蛋粥、油条等不同风俗的区域食品。③跨文化融合。文化的融入与融合是突破组织空间边界的最大难点，基于不同民族、国家的文化风俗习惯，需要从不同国家与民族的文化入手，系统学习交流、持续优化改进的组织跨文化融合管理体系，既要达成全球化目标，又要吸收与融合区域文化当中的优秀经验与方法。④全球化员工招募与本土化人员匹配。全球化组织空间边界重塑，必须匹配合适的组织管理人员与工作职能相匹配的团队成员。因此，需要全球化招募符合组织价值观，且具有全球视野、本土实践的管理者。同时，针对国际化战略目标与本土文化特色，需要对本土人员展开匹配学习，以及对组织成员展开系统规划与持续优化，从而有效打破国家与文化的限制，重塑组织空间边界。

打破组织边界，重塑组织边界，就是针对基于商业模式与技术创新所创建的新生产力体系，对应性构建更具优势与发展能力的新生产关系。边界的扩展与创新，必须打破组织边界，将组织变革视角融入更为广泛的利益相关群体，基于技术与商业模式的持续创新，重新设计组织的合作与竞争关系，并对应性地动态优化。当然，由于产业发展、市场环境等外部影响因素的不断变化，不同产业与商业组织的变化并不相同，但是，只有持续保证行业增长率或创新力，才可能寻找到更为广阔的"生存空间"，而这一切只有不断打破并重塑市场边界与组织边界才可能实现。

三、无边界创新：竞争的本质与开放式颠覆

任何行业的行业规模都不是无限大的蛋糕，行业发展到一定规模，最终的结果都是竞争，要么被行业头部企业所统领，要么被技术创新或者跨行业创新所颠覆或迭代。

每一次工业革命都重构了生产力体系，极大地推动了社会进步，同时也重构了生产关系，促使组织向着更高效、快捷的新生产关系转化。现在，新工业革命的时代洗礼即将到来，"人工智能、大数据及5G"等新科技构建的智联网体系将重新构建全新的工业体系、商业体系，在新的时代浪潮中，似乎存在更多的发展机遇。但事实上，更高速的技术创新、更深度的技术研发，已经很难通过小型个体创新导致行业技术创新或者颠覆，因此，出现了大量的社会内卷化与技术内卷化现象。尤其在高新科技领域，为追逐产品差异性，形成了某个单项功能极致化内卷现象，以手机为例，各手机大厂面临深度的焦虑，导致"内卷"达到了前所未有的状况。为什么会出现这种状况？第一，手机硬件革命性突破越来越少。最明显表现为手机外观造型极度相似，几乎无法分辨，均以可触摸电子屏为主。为解决这一尴尬状况，各手机大厂采用提升硬件指标，通过整屏率等硬件指标突出所谓产品优势，但各硬件都有技术极限，导致研发投资与回报不成正比。第二，市场增量消失，部分手机市场出现萎缩，导致各大手机品牌均遇到成长天花板，为此各大手机厂商努力通过子品牌抢夺已被竞争对手占据的细分手机市场，如华为曾经旗下的荣耀、小米旗下的红

米、OPPO 旗下的 realme、vivo 旗下的 iQoo 等。在手机摄像领域，某手机品牌用徕卡摄像头，另外手机品牌就用哈苏摄像头；在指纹解锁领域，某手机品牌采用正面解锁，其他品牌就采用侧面解锁、底端解锁、眼球解锁等；在手机屏幕显示领域，出现了普通刘海屏、升降刘海屏、水滴屏、瀑布屏，以及折叠屏、全面屏等；最为奇特的是女产品经理都呈现出五光十色的 PK 状态，OPPO 莫妮卡、vivo 瑶瑶、小米琪琪、iQoo 宋姐姐、中兴馨馨、红魔倩倩等。手机已然没有乔布斯时代的科技迭代式创新，局部小创新，促使各手机大厂希望通过差异化子品牌占据不同层次手机跑道，对各层次手机客群体拼命争夺，这都导致不停投入资源、不停优化，但提升空间却越来越小，手机创新速度严重放缓，出现前所未有的内卷。各行各业突破性创新已成为产业与组织发展的关键。

（一）摩尔定律与竞争的本质

1. 摩尔定律的发现与失效

摩尔定律（Moore's Law） 是由英特尔创始人之一戈登·摩尔（Gordon Moore）于 1965 年提出，认为："当价格不变时，集成电路上可容纳的元器件数目，约每隔 18~24 个月便会增加 1 倍，性能也将提升 1 倍。"该定律揭示了科学技术进步的成长速度。学者对该定义存在三种理解：第一，集成电路芯片所集成的电路数目，每隔 18 个月就翻 1 倍。第二，微处理器性能每隔 18 个月提高 1 倍或价格降一半。第三，1 美元所能买到的计算机性能，每隔 18 个月就翻倍。三种定义理解都确认了主要因素的"翻倍"周期约为 18 个月，虽然摩尔定律是通过观测与推测得到的一般性结论，并不是物理研究方法，但该结论在超过半个世纪均适用。

但随着整体科技产业的高速发展，ICT 产业推进的速度开始变缓，典型特征就是近些年"摩尔定律"推进速率开始变慢甚至停滞不前。2010 年国际半导体技术发展路线图当中的更新增长速率明显放缓，从 2014 年开始，之后很长一段时间晶体管数量密度预计只会每 3 年翻一番，甚至更长时间。有研究认为在 2021 年之后，以晶体管制造的微处理器技术将不再具有速度与体积上的优势，届时摩尔定律将彻底失效。

摩尔定律逐渐失效的典型表现为：苹果等美国知名科技公司创新乏力，同时华为、三星等众多科技类公司已经在部分领域远超美国及欧洲同类科技公司。从近几年苹果发布的手机产品来看，虽然增加了无线充电、多摄像头、全显示屏技术，但这些技术在三星、华为、oppo、小米等手机中均已同步使用，三星、华为公司更在双折叠屏、快充、高清多摄像头等技术领域超越苹果、但性价比却明显优于苹果智能手机，这都导致苹果在手机领域市场占比不断被压缩，直到美国针对华为等公司展开针对性专项政策制裁，才导致市场才出现巨大变化。实际上，美国针对中国科技公司进行芯片、操作系统软件等多项领域制裁，就是为了通过政策干预强化科技霸权。

2. 摩尔定律的进化：摩尔第二定律与关联研究

20世纪90年代中期，摩尔定律提出30周年，集成电路芯片的整体性能已经得到了大幅提升，但芯片生产成本却不断提升。1995年，Intel董事会主席罗伯特·诺伊斯预见到摩尔定律将受到**经济因素**的制约。因此，摩尔基于**经济成本视角**进一步深化了"摩尔定律"，在《经济学家》撰文中提出了关于芯片领域新成长规律，被称作摩尔第二定律。

摩尔第二定律认为：技术进步的推进速率正受到财务现实的抑制。技术创新，不论如何有利，但在经济上很多时候也许并不可行，……这种变化形成了另一条指数曲线。这种基于芯片成本趋升的预言，被电子信息学界称为摩尔第二定律。

摩尔第二定律关于成本趋升问题引发科技领域关注。尤其在技术和工艺方面，坚持原有摩尔定律所预测的道路将会出现越来越多的困难和障碍；尤其在经济和成本方面，制造芯片的机会成本将不断增加。近些年，学者关于对摩尔定律的研究指出：芯片研发速度已经开始放缓，主要是经济原因。并指出芯片研发成本将越来越高。通过数据统计发现：芯片尺寸缩小到0.1微米时，芯片生产基本成本将增至100亿美元，其投资比核电站还大。实际上，摩尔定律除面临成本影响因素外，还受到工艺技术、基础理论、物理基础科学等众多因素影响。摩尔第二定律不仅适用于芯片领域，对于超音速飞机、新能源汽车、磁悬浮列车、高铁等高速大运力公共交通工具等，以及受高成本制约的高技术领域研究，具有极强启示与预警作用。

在摩尔定律与第二摩尔定律的基础上，在科技创新与信息科技领域发展形成了**新摩尔定律**。

在信息科技领域，图灵奖获得者杰姆·格雷（James Gray）在1998年提出**新摩尔定律**，即"**每18个月全球新增信息量是计算机有史以来全部信息量的总和**"。该定律揭示了以信息为基础的大数据时代来临，并提出数据存储方法、关系数据库、数据挖掘、数据处理和数据分析方法等领域将面临新一轮的变革与创新。

在科学技术创新领域，杰弗里·摩尔（Geoffrey Moore）在2000年提出了基于高新科技的技术产品生命周期的**新摩尔定律**，该定律深刻影响了美国高新科技产业的发展，为世界高新科技发展周期提供了参考。该定律指出：新科技产品的生命周期可分为早期接纳期、中断期、保龄球道期、旋风期、主街期、衰退期等几个周期阶段。不同周期阶段的客户特征并不相同，其研发状态也不相同，分为技术狂热者、梦想者、实用主义者、保守者等，且早期接纳者更喜欢尝试新事物。该定律不仅对科技研发提供了参考，更对研发系统、研发资金投入、营销推广等不同系统推进给出了思考路径。

3. 竞争的本质

摩尔定律及相关定律揭示了高新科技的发展规律。尤其摩尔定律的放缓及失效将重新整合行业技术与制造工艺，尤其对芯片研发的极限，促使众多芯片研发企业通过跨界研发将更加智能算法融入芯片技术，这都导致芯片后发者韩国三星、中国华为海思等公司通过自身研发及并购等模式逐渐掌握芯片上游核心技术。

摩尔定律的逐渐失效，虽然受到工艺技术、基础理论等因素的影响，但本质影响因素是经济因素，即成本投入与市场的投资回报逐步失去正向关联。尤其是增量市场逐渐消失，导致市场从高速增长转化为激烈竞争，因为**市场不是无限大的蛋糕，竞争成为了市场的最终表现**，严重的内卷就是市场竞争的本质表现之一。

竞争的最终目标是获取存量市场或开辟新市场。为此，高新科技主导组织会采用众多手段阻止高速成长或具有一定优势的科技型企业发展。这也很好理解美国一方面通过芯片、系统、专利、法律、资本等技术与政策手段强行打压华为等中国高新科技手段，一方面又大谈"竞合"，强调在中国在局部优势领域可以展开合作，其战略目的就是在其主导的科技领域形成长期且强势的产业生态霸权，具有远见的国家及企业面对这样的情况，需要通过本土化实现原材料、元器件、软件开发等生态分层建设，逐步打破原有的产业生态平衡，创造新的竞争市场与产业生态环境。

实际上，无论传统行业还是新兴产业，市场竞争越激烈，行业发展的不确定性越明显，这将导致巨大的机遇与巨大的风险。这种现场虽然会引发一定的内卷，但同时也会出现持续性创新，甚至出现无边界跨界创新，企业在竞争中无法确认最终竞争对手，市场将出现新的蓝海。举一个例子，柯达曾经将胶卷生产确定为企业发展的核心主业，尽管柯达曾是第一台数码相机的发明者，但让人惊讶与惋惜的是数码科技的崛起，直接将柯达主业被市场淘汰。很多时候，领域的"专注"无法带领企业走向辉煌，曾经的核心优势，很大可能会将企业带入深渊。

因此，**现在以及未来产业发展：竞争是本质、创新是路径、组织是保证、竞合是手段、产业生态主导权与话语权是战略目标**。

（二）突破之路：无边界创新

面临新的动荡的市场竞争环境，竞争根本不会遵循固定的市场规则，公司更不可能在固化战略发展构想之上展开运营，更多时候，创新者需要尝试寻找新市场，以最快的速度获取最多的客户、流量以及市场份额，这都无意识打破了原有的产业结构与规则。虽然摩尔定律的效能正在消失，但是创新的步伐却没有停步，将会引导未来电子消费市场出现更为广泛的技术创新、价值网络变革、商业模式创新等产业生态结构化变革。举个例子，虽然手机增量市场已经饱和，芯片研发速度放缓、芯片短缺，全球5G市场推进缓慢等因素导致近几年手机产业发展缓慢，各大手机厂商又面临着严重的内卷，整个手机产业似乎进入瓶颈期，但事实上，以手机为端口或基点的产品系统及产业生态引来了新一轮的创新，并出现了巨大的蓝海市场，系统化产业创新得到深度延展：出现了包括智能音箱、智能手表、无线耳机、无人机、AR/VR/MR、智能家居等新型消费类电子产品，甚至众多企业开始构建"元宇宙"的未来生活体系。这种跨界的无边界创新是面临竞争的关键突破口与全新发展路径。

如何实现突破，展开无边界创新？

一般情况可以通过三个步骤完成：**第一，知道大致的无边界创新方向；第二，打造无边界创新体系；第三，不断修正无边界创新的正确方向，形成持续进化的无边界创新组织体系与市场优化系统。**

第一，知道大致的无边界创新方向。 无边界创新不是无目的创新，而是需要有相对明确的创新方向、创新资金及匹配的组织体系。这里尤其**需要防范专业致死与固守原有市场的不良现象**，以防止诺基亚手机与柯达胶卷在时代的创新浪潮中，最终无奈退出市场的现象。实际上，无边界创新主要分为**产品的无边界创新、产业生态的无边界创新、商业模式的无边界创新**等类型。企业希望出现的无边界颠覆性创新一般是渐进式创新积累到一定程度的基础上，在市场、资本、组织等多因素影响下出现的结果。成功的无边界创新绝大多数并不是第一个产品或者商业模式的实践者，多数时候会受到资本、市场、企业自身产业生态与组织能力等众多因素的影响。数码相机由柯达公司第一个成功研发，却成为了打败柯达核心主业的创新产品。微信类产品也并非腾讯第一个推向市场，但最终却在市场中获得成功。每个成功的无边界创新都带有时代的印记与企业自身独有的特色，每一个小的创新点，都可能引导大的创新生态，乔布斯带领下的苹果能够成为科技创新的典范，并不是一开始就有明确的创新体系，而是有着相对清晰的创新方向，这一点非常值得借鉴。尤其是乔布斯带领下的苹果所缔造的无边界创新模式与无边界创新的形成路径。

乔布斯带领下的苹果公司有两个非常值得关注的**无边界创新模式：一个是在产品创新方面，将艺术与科技融合；一个是注重产品创新后的产业生态体系，形成了完善而系统的盈利模式与客户体验**，也因此创造了曾经无法超越的数码科技传奇。乔布斯的回归，着力通过电脑、平板电脑、智能手机等系列产品，将科技与艺术融合，连续的开放式颠覆创新，创造了协同共生的产业生态。而苹果公司的**无边界创新路径的形成：是基于公司的资源及独特优势从渐进式创新，逐步向无边界颠覆性创新与无边界产业生态创新转化。** 乔布斯再度接手时的苹果公司，虽然面临巨大的困境，但在资本、组织、品牌等领域依然拥有独特优势，正因为如此，乔布斯首先通过无边界渐进式的产品创新打造全新的 Mac 电脑新品，扩展了苹果的"存活空间"，形成了艺术、简约、时尚与产品全新体验的创新模式，为划时代产品 iphone 手机推出，提供的无边界创新的基本路径。其次通过系统化的产业生态体验系统创新，推出了过渡型的 Ipod 产品，颠覆了整个 MP3 与 MP4 市场。而 iphone 手机的推出，跨界颠覆了整个手机产业，开创了智能手机的新时代，并形成了以智能手机为端口的强大产业生态。苹果现总裁库克的接手，虽未像乔布斯一样连续出现颠覆性无边界创新，但却致力跨界创新优化供应链及产业体系，侧重整合苹果的价值网络资源，打造独有的产业生态，极大地提升了苹果的经营规模、营利能力，并降低了苹果的经营风险。苹果的成功不仅是科技的持续创新，更多的是打破边界，形成开放的且具有进化能力的竞争生态。苹果创造了近 200 家覆盖全球的供应商体系；创造了超过 250 亿首歌曲的世界第一数字音乐商店，创建了覆盖全球的音乐内容提供商；苹果应用商店有 120 万个应用软件；全球拥有超过 900 万个开放型注册开发人员……这种无边界创新，是绝大多数竞争对手无法超越的存在。

第二，打造无边界创新体系。没有公司可以确认最终竞争对手，也许现在被认定的竞争对手，仅是短时间在同一条竞争赛道上，这是这个时代必须面临的无边界市场与无边界组织的新竞争环境，而打造无边界创新体系，对组织成长至关重要。对苹果公司无边界创新体系的成长过程分析，可以看到一条清晰的无边界创新成长认知体系。

首先一定要打开思维，要有打破产业与组织的边界，构造开放性创新体系的决心，并在内外部展开层次化系列工作。竞争还是合作，不仅需要在外部展开，还要从组织内部开展，其实施目标就是为了随时应对产业系统的跨界与迭代。打开思维需要从技术、商业体系、产业生态等层面入手，敢于从 0 开始，敢于内部竞争，敢于另起炉灶，建立更为高效与广阔的生存空间与产业生态，如微信的无边界创新就具有一定的借鉴价值。

微信通过 10 年的高速发展，现已成为全球最大的智能终端即时通信工具之一，整体成长过程面临众多内外部竞争对手，也面临众多的系统化的产业生态合作。微信的无边界创新是从前期的产品创新逐步向中后期的功能生态创新转化。对于腾讯内部，首先需要面对腾讯 QQ 原有核心产品与构建原有的营利生态的竞争，这种结构功能性的产业颠覆与迭代，促使腾讯内部既得利益全体形成强力对抗，这也是柯达在数码潮流中落败的原因之一，为此特别需要关注微信的组织系统构建。微信的团队组织是跳出腾讯原有组织体系，由张小龙带领腾讯广州研发中心产品研发团队以新创业公司的组织体系进行构建；在腾讯外部，微信不同发展阶段面临不同的竞争对手，初期阶段主要竞争对手是移动的飞信、通信商的短信业务等，**微信的无边界创新重点是产品在功能与体验上的创新，主要颠覆了电信运营商的营利模式，通过更低成本、更高体验的流量导入，使其拥有大量的终端客户**；发展阶段主要竞争对手主要为新浪微博、各地区新闻机构等社群交流、信息传播类产品等，该阶段微信通过产品创新功能构建**以社群为核心的产业生态体验**，其朋友圈、微信公众化、微信小程序等功能系统的开发，跨界颠覆了原有的社群交流、信息交互的产业结构；突破阶段主要竞争为支付宝及传统商业银行等支付与存储等金融领域服务，通过微信红包、第三方支付、钱包及理财通等金融业务的创新，**打破了传统的金融支付习惯，形成了更高体验、更高效能、更低成本的金融生态服务工具**。微信基于最初对客户终端的控制，建立了深度关联的客户体验产业生态，**重新整合了互联网、通信、金融等产业及生态体系**，缔造了微信神话。

第三，不断修正无边界创新的正确方向，形成持续进化的无边界创新组织体系与市场优化系统。无论是乔布斯创造的苹果神话，还是腾讯构造的微信帝国，刚开始都不可能想到未来的巨大成功，但是深究两家公司的成功因素，会发现两家公司之间有一个共同之处，就是两家公司均会注意产业与组织的无边界持续创新，并且及时修正无边界创新的核心方向，从而达到进化组织与市场的目的，以此扩大公司或产品的"生存空间"。

如何修正无边界创新的核心方向，持续进化无边界创新的组织与市场体系，达到扩展"生存空间"目的？

结合案例与成功经验总结，可以得到六条建议：①树立"生存基础、价值导向，创新明确"的发展使命；②紧跟时代潮流，形成不断创新的进化思维；③关注科技前沿，系统化地找寻创新突破口；④创新组织要素，搭建创新团队，拓展组织创新体系；⑤洞察市场需求，勾勒创新步骤，形成产业生态，优化创新管理；⑥引导全员系统创新，优化创新流程，不断修正阶段创新重点。6 条建议本质是无边界创新的优化与修正过程，是从使命、思维、科技、组织团队、市场、产业生态等几个重点领域主动进行无边界系统创新。

当今中国和世界，公司仅靠单一品类，采用规模、品质称霸的时代已一去不复返。如曾经风光一时的知名空调品牌志高在家电市场增量市场不断减少的市场环境下，发展速度减缓，最终失去往日光辉，而家电行业的市场边界在科技潮流中逐渐消失。未来，一体化的智能家居将多种家电体系融合在一个生态体系下，构造更加互动与智联的新生活体验。

四、面向现在，着眼未来

面对无边界时代的滚滚浪潮，各类组织需要以开放的心态，直面时代的变化，正如本书深度关注的广义达尔文主义中进化的核心因素——**"新奇"**。对于现在与未来，不能只盯传统，更需要关注"新奇"的事物。这些年崛起的苹果、亚马逊、FACEBOOK、华为、小米、特斯拉等企业都是智慧互联以及智能物联的创新典范。数字技术的时代切换，需要快速的技术创新、高效且具进化能力的新型组织，持续融入动态竞合的产业生态中。这既要面向现在，也要着眼未来。为此，侧重数字化思维、注意系统转换、形成共同价值观与组织创新目标，是组织迎接时代浪潮的关键。

数字化思维与生态转换思维可以帮助打破原有产业与组织边界，构造动态进化的基本逻辑。这里简要总结五个方面，以此构建数字化思维与生态转换思维：

（1）通过技术、组织、商业模式寻找新的市场空间，构造一个高效快捷的"组织单元集群"。重点突出角色的快速转化，构造更高效的"生存空间"，尤其注重对于传统产业颠覆性冲击，将生存模式从关注竞争对手向关注产业生态全面竞合创新转换。

（2）通过大数据挖掘及算法体系创新，形成以消费者为中心，不断优化"决策与核心驱动动力"。典型的操作就是整体数字化转型，这里既包括产业也包括组织，以此构造基于大数据所形成的智能化体验，包括交通、购物、社交、消费、通信、区域服务、组织管理等智能体验与管理升级。

（3）**依据市场环境与需求变化，不断改进及调整组织面对的各种关系**。这里尤其注意价值链与价值网络的动态变革与重组。如组织与供应链生产商、金融银行、同类产品竞争对手及可替代产品之间的竞合与协同。

（4）**将相关利益人与竞争者纳入产业大生态，构建具有动态竞合特征的企业成长型生态系统**。不同的利益人与竞争者之间可以构造了不同的生态系统，如华为侧重构造"云管端一体化"的竞合生态系统；亚马逊与腾讯等企业侧重以消费者体验为中心的生态系统，以此紧紧锁定消费者的消费习惯及端口构造的创新生态；阿里巴巴生态体系则由：阿里软件生态（如钉钉、口碑等）、支付宝、淘宝（含天猫）、阿里巴巴、雅虎中国等共同构建（见图 19），生态系统打通了 **B2B、B2C、C2C、C2B 以及 O2O、ITM** 等众多模式。

（5）**重新划定无边界背后的"新边界"，形成基于组织新核心能力的新生态价值重组**。这种价值重组不是产业多元化，而是形成组织相互之间的新生态系统，新生态系统价值关注点包括消费群、成本与收益、渠道资源、能力系统、竞争与合作体系、生存与发展空间等。

这里就互联网金融举例说明数字化思维与生态转换思维可以有效打破原有产业与组织边界。近些年来，互联网与人工智能技术的广泛应用，一直推进着传统金融的变革，甚至带来传统金融的颠覆，出现除银行、股票债券市场外，第三种金融模式：互联网金融模式。虽然，这几年伪互联网金融给金融市场带来了巨大震荡与不确定性风险，但如支付宝、财付通等新金融创新却推进了新金融系列创新，尤其促进了数字人民币的持续发展，改变了传统金融无法形成的高校电子化支付系统，扩展了金融边界，也促进了传统金融机构的创新与转型，形成了广泛的新金融创新探索。主要表现在三个方面：第一，通过社交网络的关联性、传播性，结合新消费习惯的快捷性，可以做到所有信息的高效交互；第二，通过消费习惯及消费路径等所形成的大数据优化风险防控体系，形成科学化的风险管理系统；第三，形成高效快捷的移动支付，短时间完成需求到供给过程，而且整个过程不但成本几乎为零，而且极大促进了货币流通。另外，新金融模式还在人脸识别等人工智能展开了一系列技术创新探索，这都形成了新的商机与风险。2020 年 4 月 16 日，由央行牵头发行**央行数字货币（DC/EP）**，并在各银行就各类应用场景进行了测试，将进一步促进数字化金融创新。

共同的价值观和组织目标，可以激发以人为本的忧患生存意识与无边界创新思维。

韦尔奇在 GE 公司提出"无边界"的概念，除了打破臃肿的组织体系外，更主要是形成独特且相同的价值观与组织目标：保持正直的品格；坚持做到卓越，决不容忍官僚主义；按照无边界模式行事，时时探索最好的理念，无论它来自何处；珍视全球的智力资本及其提供者，尽可能地建立多元化团队。正是这种共同的价值观和组织目标推动下，韦尔奇带领下的 GE 形成了运作优良的企业发展体系。

"无边界"创新不同于一般组织与管理创新，是在熟悉企业传统创新与组织管理体系的基础上，通过熟悉边界的人才依托组织全体力量重塑边界。"无边界创新"需要设立共同的价值观，并设定层次化的组织目标，从而防止组织陷入混乱无序的状态。**"无边界创新"核心是在稳定与惯例优化的前提下，以组织单元个性化成长为核心，实现以生存为基础的"无边界组织创新。"**

"无边界创新"本质是激发组织单元（人才小团体）的能力，并进一步激发组织团队的能力。为此，国内众多知名公司采用小团队创新方式，如海尔把销售环节、研发等环节打成碎片，弃用原来的组织方式，形成各业务相互独立又相互协同的自主经营体，并与各环节参与者一起构造产业生态，海尔成为了"平台型生态系统"的组织者，人力资源则是平台生态的联络者，通过项目及资源展开内外部资源联络，即"人单合一"。自主经营体（即组织单元）实行"竞单上岗，官兵互选"的机制，进行资源匹配，并将这种组织模式定义为**量子管理**。海尔总裁张瑞敏认为：海尔是集合世界资源形成海尔的研发部、人力资源部，并形成"平台+创客+消费者"的产业生态体。通过激活组织单元个体，实现团体目标，从而打破部门之间、管理者以及员工之间的界限，提升资源配置效率，形成人与组织之间的价值共同体。海尔无边界创新强调对人的信任和对人价值创造的认可，并提供创造舞台和空间；强调完全可以自主自发去工作，自我管理、自我驱动；对激励既强调内激励（精神）又强调外激励（物质），以内激励为主、外激励为辅，突出荣誉感，而不仅是物质；对于团队强调组织管理在于激活而不是命令，是支持而不是强制；并进一步强调协同产生价值，而不是只支持"个人英雄主义"，组织平台的作用在于提供协同支持；个体与组织团队关系构造强调人与组织共同成长，强调人在组织中的潜能开发、能力成长和成就实现，并强调激活每个人的责任感，与组织共担责任、共担风险、共享成果，并形成利益共同体，通过人与组织的自由发展、自我约束、自我成长，实现价值无边界；进一步侧重强调在既竞争又协作的组织生态体系中，所有人应是一种基于共同价值观的自由存在，即"在价值观笼子里的自由自在"。

无边界并不是没有边界，是在合理的组织架构基础上，从运营、技术、管理等多方面突破边界的阻碍，形成具有创新力的进化系统，也就是说无边界创新其核心是形成具有进化能力的有机组织。

标杆案例研究：
不断突破边界的小米生态的层次化创新与系统迭代

小米成立于2010年4月，仅仅用了9年时间，就在2019年就凭借264亿美元的营业收入位列世界500强第468位，成为世界500强公司中发展最为迅猛、最年轻的世界500强公司。2020年小米公司世界500强排名第422位，2021年更以2459亿元人民币的营收将排名升至第338位，企业平均增长率高达20%，小米公司已成为了移动互联时代的典型代表，更以超高的增长速度，成为了科技类企业高速发展的典范。以小米为研究对象，重点就是研究小米高速增长的核心动力因素，尤其是不断突破产业边界、生态边界的战略迭代发展思维。

一、立足产业风口，以"互联网生态"思维形成边界分层化的突破性创新

"站在风口上，猪都能飞起来。"作为小米总裁雷军早年的"惊人"言论，道出了小米高速发展的重要原因：**基于技术创新为核心的生产力变革将重构了未来核心产业生态，成为产业高速发展的核心动力。小米公司的高速发展正是立足于生产力发展潮流趋势之上，不断打破小米的业务边界，通过层次化的战略体系创新，突破性推进小米高速发展。**

小米是互联网时代的产物。回顾2010年至今的科技发展历史节点，可以清晰地看出2010年是移动互联时代的关键时刻，具体表现在：苹果公司凭借iPhone 3GS智能手机全面引领全球手机市场，并不断压缩诺基亚Symbian与黑莓BlackBerry的市场份额；苹果iOS与谷歌Android操作系统急速扩张，开始全面占据移动操作终端；亚马逊网络购物也在这一年飞速成长，用户数量成倍数增加，销售品类也增加到28个大类，近600万种产品；腾讯公司的"微信"也在这一年正式筹备，移动互联将迎来天翻地覆的变化。小米公

司正是在中国手机全面向智能机转换的新时期成立,2011年8月"为发烧而生"的小米1正式发布,1999元的独特高性价比定位,让小米成为了高价智能手机市场的破局者。小米智能手机2012年销售719万台、2013年销售1870万台、2014年出货量更是高达6112万台,位居中国市场第一。小米在国际市场的发展也非常迅猛,2017年小米手机在全球74个国家与地区展开销售,总销量达9140万台,全球销量排名第四。

1. 互联网三个主要发展阶段

纵观互联网发展历程,主要分为三个阶段:第一阶段为PC互联网阶段,第二阶段为移动互联网阶段,第三阶段为物联网(IoT)阶段。

第一阶段为PC互联网阶段。该阶段包括Web 1.0与Web 2.0。Web 1.0主要将广告等信息实现数字化,该阶段颠覆了传统广告业,催化了搜索引擎,创造了雅虎、谷歌等互联网公司。Web 2.0主要将内容产业数据化,出现了众多的文字、图片、视频和音频等内容,并展开传输交流,出现了新浪网、维基百科、博客、微博等信息交互平台。

第二阶段为移动互联网阶段。该阶段对生活与服务等众多领域展开了数字化变革。移动互联网阶段依托时间、空间、身份等因素,深刻影响衣食住行,出现了美团、淘宝、优步、滴滴、亚马逊、拼多多、京东等情境应用型公司与相关软件。该阶段也赋予了虚拟与现实相结合的身份特征,通过现实中消费、运动等行为信息,数据化分析个人喜好与习惯。如抖音(TikTok)通过模型算法,推送客户喜好的视频内容;拼多多、淘宝则通过产品浏览与消费,推送客户喜好的产品。这种数据收集与优化应用,促使生活与服务实现数据化行为转换,深度打破了产业边界,促进了以生活与服务为主的产业跨界创新与融合。

互联网从Web 1.0到Web 3.0,是基于1G到4G信息技术的系统革新,促使互联网生态出现了快速创新与迭代,形成了不同的网络特征与网络角色设定,如表24所示。

表24 互联网Web 1.0到Web 3.0网络角色发展特征迭代要点对比分析

阶段	网络角色设定	特征
Web 1.0时代	信息提供者	以编辑文字为主要特征,主要为用户提供内容,主要由网站编辑进行编审,用户主要阅读网站提供的内容
Web 2.0时代	平台提供者	主要关注用户间的信息互动,用户既是网站内容的访问者,也是网站内容的生产者(微博、天涯等);该模式加强了网站和用户之间的沟通;网站内容由用户提供,网站的众多功能也是由用户需求构建,并由此实现了网站与用户之间的双向沟通;用户在Web 2.0网站系统中创建自有信息;基于Web平台实现浏览与其他功能
Web 3.0时代	用户需求分析与转化	用户信息可以直接与平台等相关信息需求进行交互和反演;多平台信息可以通过第三方信息平台进行汇集和使用,用户在互联网上有对应的数据身份,可以在不同软件中使用,通过算法等实现复杂的系统功能,如即时消息传递、消费购买、习惯模拟等

资料来源:作者根据相关文献整理优化。

5G 技术的广泛推动，促使信息变革从移动互联网向物联网（IoT）全面转换。

第三阶段为物联网（IoT）阶段，该阶段是未来各产业的发展方向，其核心是**各类物品均实现数据化，最终实现万物互联**。

2. 小米在"互联网"风口变革下的层次化生态迭代

小米公司自 2010 年成立起，就充分利用移动互联网的风口效应，基于小米在互联网营销中的创新优势，实现了公司的高速发展，并在 2013 年开始了对物联网的研发探索，并层次化构建了小米在"互联网"风口下的生态迭代成长路径。更为重要的是小米围绕整体市场、围绕消费者需求，不断打破小米业务边界，持续延展小米生态的产品外延，形成了以手机为核心入口，布局物联网的高速成长生态格局。基于互联网发展的不同阶段，可以将小米发展分为：**移动互联网增量阶段、手机生态扩展阶段、物联网生态布局阶段**。

小米发展第一阶段：**移动互联网增量阶段**。该阶段以小米社群营销（粉丝营销）为基础，借助移动互联网风口效应带动手机高速增长。操作方法：基于互联网社群营销优势，通过 MIUI 系统获取大批粉丝，当粉丝数达到 50 万以上的规模时，通过不断打磨 MIUI 系统、优化设计、提升品质，最终以超高性价比获取大批用户。依托手机将小米用户、粉丝与小米品牌形成深度互动，通过病毒式营销与饥饿营销等模式，实现暴发式增长。

小米发展第二阶段：**手机生态扩展阶段**。该阶段移动互联网手机风口增量优势消失，甚至出现大量竞争产品，小米转变发展方向，重点推进以手机移动终端为核心，展开生态系统层次化建设。当手机增量减缓甚至消失的时候，小米利用在技术、供应链、品牌等方面的优势积累，结合小米早期创建的营销优势，围绕手机形成的生态系统中心，持续向外部拓展小米生态产品，形成"手机周边、智能硬件、生活消费品"分层次的生态体系。在分层化的生态系统中，一方面，小米通过不同产品引流新用户，形成新的增量与生态衔接，以此构建智能硬件的生态端口，可以系统推进物联 IoT，创建庞大的用户基础；另一方面，小米加速促进营销生态的新零售布局与全营销渠道覆盖。

小米发展第三阶段：**物联网新生态布局阶段**。小米开始构建以客户为中心的未来大物联生态体系，为此，小米不仅深度发展了手机及周边硬件产品，以及对应的软件产品，形成基于新 AIoT（人工智能物联网）的新生态，并展开了深度生态系统扩展。

基于小米的用户聚集效应，小米以手机与笔记本为数据处理中心，逐步扩展生态产品边界，构建了小米智能音箱、电视、手环等终端端口，现已链接超 1 亿台的智能设备，成为了现阶段世界上最大的消费者物联网 IoT 平台之一。特别值得关注的是小米以手机智能终端为中心，构建了手机周边、智能硬件、生活消费品三层产品生态圈。小米采用孵化与投资，促使小米 IoT 与生活消费产品再度高速增长，2017 年小米 IoT 与生活消费产品同比增长 88.9%，营业额达到 234.4 亿元。2018 年小米 IoT 与生活消费产品再度同比增长 86.9%，营业额达到 438.2 亿元。

3. 突破小米业务生态边界，形成三大产品圈层的迭代效应

自 2010 年小米成立以来，一直被认为是一家科技互联网公司，但从小米公司的营收结构看，小米公司更像是智能硬件（又称内循环）公司。小米自成立以来，紧紧围绕小米智能手机，展开业务生态系统建设，在智能手机市场逐渐饱和、竞争对手不断增多的情况下，小米基于营销、供应链等核心优势，开始向移动终端周边、智能硬件、生活消费品等逐层展开生态迭代。小米业务生态边界的重构不但增加了客户黏性，增加了小米的营收，更让小米业务生态发生了根本性改变。2015 年小米智能手机营收 537.2 亿元，营收占比高达 80.4%，但到 2019 年智能小米手机营收 1220.9 亿元，营收占比下降至 59.3%。小米 IoT 与生活消费品 2015—2019 年营收从 86.9 亿元增长到 620.9 亿元，营收占比从 13.0% 增长至 30.2%。另外，互联网服务也因为边界的不断拓展，出现了成倍的增长，营业占比从 2015 年的 4.8% 增长至 2019 年的 9.6%，成为了一家"**以智能手机为核心，兼营 IoT 与生活消费品、互联网服务于一体的生态型高速成长型公司**"。

针对小米的业务生态，小米形成了以智能手机为中心，三个层次的迭代生态圈，分别为"手机周边、智能硬件、生活消费品"生态圈。**小米三个生态圈之间不断打破产品功能边界，形成了"共享客户与销售渠道"的跨界协同增长型发展体系，通过消费者物联网 IoT 的生态迭代，形成高速成长型的生态系统。**

小米三个圈层对应着不同的产品与生态逻辑，分别为：

第一圈层：手机周边。产品主要包括：耳机、小音箱、移动电源、手环等，主要依托小米手机获得的市场影响力及庞大客群，依托手机推动延展性、辅助性的配套产品。该产品生态圈共享小米用户，形成系列化的产品搭配，形成"智能手机、用户、周边配件"相关联的良性"三角互动"循环，放大产品生态效应。

第二圈层：智能硬件。产品主要包括：空气净化器、电饭煲、平衡车、净水器、无人机、扫地机器人等智能化产品。此类产品主要通过小米投资孵化或联合共享渠道等方式，在多个领域创新智能化硬件产品。智能硬件主要依托米家品牌的生态系统化构造，与客户展开联动，提升消费者对小米智能产品的使用率与忠诚度，为物联网互联的生态化构建提供了硬件终端。

第三圈层：生活消耗品。产品主要包括：跑鞋、牙刷、行李箱、眼镜、沙发、背包等小米生态链延展品牌。主要针对高品质生活需求，一方面促进消费升级，提升高频率活跃客户的黏性；另一方面通过小米商城、小米之家等销售渠道，提升小米销售渠道的商家的商业联合效率，通过客户反馈，提升小米生态链产品的技术含量，促使材料、设计、技术创新，打造"智能牙刷、智能拖把"等新型智能体验产品。另外是可通过消耗品的高使用量，对冲企业发展风险，降低科技产品研发的不确定风险，如图 20 所示。

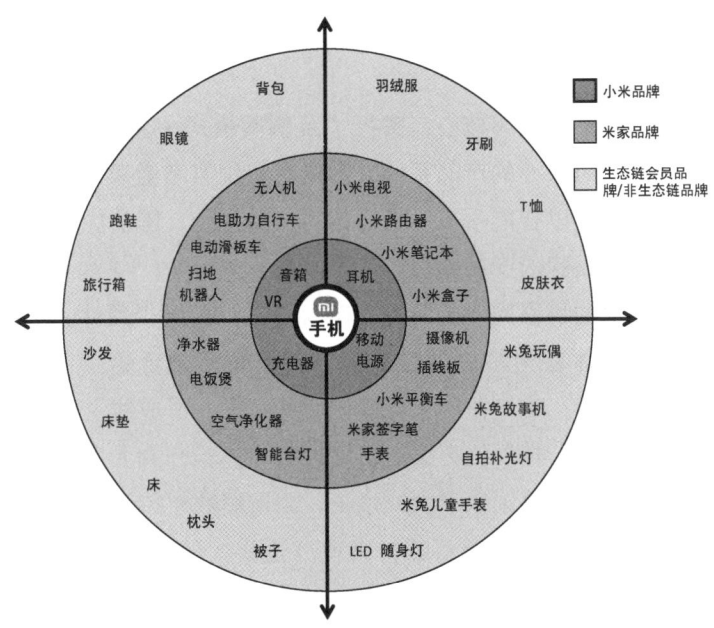

图 20　小米业务生态的三个圈层

资料来源：作者根据公开资料与相关文献整理。

二、小米生态层次化边界重塑，形成系列产品快速拓展与快速迭代

小米公司是世界上发展最快的公司之一，2017 年小米营收 1146 亿元，首次突破千亿大关，进入"千亿企业俱乐部"。从开始成立到千亿业绩的销售奇迹，华为用了 21 年，阿里巴巴用了近 17 年，而小米仅仅用了 6 年多的时间。2020 年小米营业额达到约 2459 亿元，在 2017 年销售额的基础上增长 1 倍多。

1. 小米基于"营销"核心优势，通过层次化边界重塑，动态实现了快速拓展与迭代

小米从智能手机进入市场，到布局生态链，再到试水电商进入新零售，展开了全渠道的实践探索，并着手布局物联网 AIoT。小米对产业边界的层次化重构，主要通过不断拓展新商业模式，以极"快"速度、极"短"周期、极"高"效率，动态实现产品生态的快速拓展与生态圈叠加。通过有限的资源、有限的市场、有限的人员，依据市场与消费者的需求变化，从"客户数量、产品系统、跨界生态融合系统"三个层次重塑"营销"核心优势，分层实现快速拓展与迭代。

第一层次以**客户数量拓展为核心，实行"互联网风口 + 硬件 + 软件"模式，形成了围绕客户群体社区平台为核心的商业营销体系**。客户数量快速增长模式：以互联网销售方式缩减销售成本，以高性价比高速扩充智能手机购买客户，以饥饿营销模式建立高度品牌忠

诚度，通过手机操作系统 MIUI 将客户转化为忠实粉丝，并形成多次立体式病毒传播，扩展获取更广泛的客户群体。

第二层次以**系统化产品拓展为核心，实行"互联网模式＋生态链运营＋新品牌营销"模式，形成围绕客户体验为核心的产品系统，形成商业价值增量模式**。该模式一方面优化产品生态链，另一方面构造以智能手机为核心的新产品体验，围绕庞大的小米客户与粉丝群体，建设系统化的小米品牌的产品生态。

第三层次以**面向未来的物联网 IoT 跨界生态为核心，实行"硬件＋互联网服务＋新零售"模式，形成围绕客户体验为核心的多产业、新场景相融合的"沉浸式"商业模式**。基于新零售时代的技术革新，小米重构了互联网服务生态，形成线上线下相协同的全营销模式。大力推动线下体验店，拓展销售渠道，增加客户体验，融入区域市场，促使小米国际业务在印度、俄罗斯、巴西等国家暴发式增长，并连续数年持续性快速成长。

在不断变化的市场环境中，小米不断打破业务边界，通过自身独特的技术与营销优势，围绕客户需求，快速构建全新的产品与客户体验，最终动态实现系统快速拓展与迭代的进化发展目标。

2. 基于营销边界突破的源创新："手机＋AIoT"双引擎的生态迭代

小米公司创新体系是以"营销"为核心的平台生态创新体系，与华为基于研发驱动的系统化创新所不同，小米侧重以硬件生态为核心，基于智能手机的中心效能，依托"营销"边界的持续突破构造"源创新"动力，"将客户、供应商、创业者、政府部门"等利益相关组织的不同优势进行汇聚与融合，形成了**营销创新迭代效应**。首先，系统内部不同组织间协同合作打破了原有的营销边界，带来了新的创新机会；其次，资源联结的外部性会吸引更多创业型企业加入资源体系，拓展营销边界；再次，资源联结的内外部融合进一步聚集了企业资源优势，重构营销边界并形成独有特色，引发生态迭代；最后，新商业生态分层优化可以促进更高的价值创造潜力，引发生态系统源创新。小米正是通过系统的源创新，构建了"手机＋AIoT"双引擎发展战略。

2019 年年初，小米启动"手机＋AIoT"双引擎战略，成为小米基于未来 5G 技术的业务生态变革方向，"手机＋AIoT"双引擎战略既保持了小米智能手机业务的核心发展优势，又基于人工智能的未来科技潮流，围绕物联网（IoT）构建"手机＋AIoT"协同发展的新生态体系，以此实现既扩展又迭代的小米优势，实现产品升级与生态切换。

首先，在小米"手机＋AIoT"双引擎中，**智能手机业务是小米的核心**，也是 AIoT 领域最大的技术支撑平台。近几年小米手机推出多品牌、多系列智能手机产品，就是围绕不同层次客户的需求，形成赛道全覆盖。

其次，在小米"手机＋AIoT"双引擎中，**AIoT 成为了小米面向未来的新驱动力**，以此挖掘人工智能与 5G 物联网的新生态赛道。2019 年 3 月 7 日小米成立 AIoT 战略委员会，并计划在 5 年内投入百亿元在 AIoT 领域，推动"物联网、人工智能、区块链"等产品与应用的发展。2019 年 5 月 17 日，小米成立大家电事业部，通过入股 TCL，后联合电视、冰箱、面板等众多知名家电领域企业，布局智能家居。小米推出"电脑、路由器、电视、智能音箱"等系列产品成为除手机外高速发展的流量入口。2019 年小米开发者大会公布：小米自营 IoT 和生活消费品同比增长 40.3%，营收超 270 亿元人民币，MIUI 操作系统达到 2.92 亿月活用户，平台智能家居类产品的家庭用户数量超 5599 万户，每天的智能场景触发次数超过 1 亿。到 2019 年底，小米 IOT 平台设备（不含智能手机与笔记本电脑）连接数同比增长 55.6%，达 2.348 亿台。五件及以上小米 IOT 平台设备用户数同比增长 77.3%，达 4100 万。

小米作为智能手机的后起之秀，想要在苹果、三星等知名品牌的夹缝中生存下来，就必须以后来者身份，**打破原有的商业构造体系，重构生态边界，采用营销"源创新"思维，颠覆性建立一个与先入者完全不同的生态模式**。传统智能手机生产商主要通过销售手机获利，小米则放弃智能手机销售利润，让小米手机成为巨大的流量入口，从周边产品与服务获取利润，并以此扩大客户人群。如小米早期基于客户群对于智能手机"核心痛点"作为"切入点"，成就了小米前期的成功。小米依托"源创新"实现核心突破，主要具有以下特征：第一，小米依托"源创新"思维展开价值重构，重点在深度解决客户痛点；第二，与客户构建深度粘连的互动关系，如小米的"米粉""营销模式"；第三，成功扩展与迭代以"痛点"为重心的客户群核心需求。三个特征要点均是以"深度解决客户痛点"为基础，是新生态边界突破的原动力，是新生态系统的"源头"，第二特征要点侧重在短期内构建广泛的客户群体，第三特征要点强调通过服务与产品等拓展生态系统。

小米前期的发展重点并不是赢利，实际上**后发成长型企业早期发展重点均不是赢利，而是建立有规模且忠诚的客户群体，进而扩大平台或生态，形成更大的"生存空间"**。

小米"手机 + AIoT"双引擎新生态模式就是通过系统创新打破边界，建立强大的生态系统。小米基于庞大的客户数量，通过大数据、云计算、物联网等新技术收集与分析客户群体，重构及优化源创新价值，分层化展开新生态迭代。小米分层拓展了新产品与服务，形成"满足日常需求的生态系统平台"，进而促进客户、产品供应商等小米成员的黏性与忠诚度。

三、小米从生态链构建到生态圈崛起，协同突破组织、粉丝、营销边界，为未来生态价值赋能

小米围绕智能手机为中心，在 2013 年底开始筹建生态链团队，计划建设 100 家小米智能生态链的企业战略布局。通过数年的发展，2016 年营收增速超过 200%，年收入超过

了 150 亿元，诞生了小米移动电源、小米手环等销量过千万级的爆品产品，2017 年迎来了暴发式增长，小米生态链企业达到 89 家，其中 16 家企业年营业额破亿元，有 4 家企业成为估值破 10 亿美元的独角兽企业。现在的小米生态链以小米手机为中心，逐步向智能家居等物联网（IoT）生态体系转化，为此小米联合美的等知名公司优势资源与生态系统发展理念，构建生态圈。依托小米互联网营销优势，协同突破组织、粉丝等边界，重构行业系统，重塑组织竞争力，达成未来生态价值赋能。

1. 从生态链到生态圈，无限延展万物互联的新生态边界

小米从生态链到生态圈的升级迭代过程中，是整个系统的营造构建者，采用汇聚优质创新产品与创业资源，形成与手机互联互通的价值网效应。小米生态链重点推动三方面工作：第一，小米公司在产品定义、工业设计、产品研发、品质控制等方面为小米生态链企业提供全方位支持；第二，小米提供品牌、渠道、营销、销售和售后支持；第三，小米公司采用零孵化、合资、占股等形式帮助生态链企业创业创新。

小米基于自身资源优势对生态链企业起到架构搭建与资源支持作用，生态链企业高速成长可以对小米生态链带来反哺效能，可以快速扩展小米业务边界，增大业务规模，促进技术协同研发与创新。小米生态链成功孵化了以移动电源为业务核心的紫米公司，以智能净化器为业务核心的智米公司等数个独角兽企业，创造了小米空气净化机、小米智能手环、小米移动电源等 10 多个中国第一的新品类，结合手机、平板、电视机、平衡车等产品的销售，小米公司已然从一家手机公司，转化成为全球最大的智能硬件 IoT 生态公司之一，形成了"硬件+软件+互联网服务"新生态发展模式，更成为了研发制造类企业融合互联网营销创新的典范。2017 年雷军在中国企业家论坛发表了"小米新常态"主题演讲，阐述了基于"互联网平台""生态链投资""社群电商"为核心的小米"新销售模型"，开始从生态链向生态圈再度延展，如图 21 所示。

2018 年小米重构了"以手机、智能硬件和 IoT 平台为核心的互联网公司"的全新定位，突出了小米以产品、技术、营销为核心优势的全新生态圈，标志着小米公司以物联网为战略发展目标，并以此形成三层生态圈构成，分别为：第一生态圈：移动互联生态圈。主要基于 MIUI 操作系统在小米设备上创建的生态圈，打造从发现消费者需求到完成消费者需求的完整移动闭环；第二生态圈：智能终端生态圈。主要以手机、路由器、电视作为核心，整合家居场景、小米硬件生态链公司，形成办公到生活的智能互动；第三生态圈：小米互联网平台。依托互联网连接优势，分别在电商平台、云服务、大数据等领域展开 IoT 产业生态布局。

2019 年初，小米全面进军物联网，同年 IoT 与生活消费品营收大幅度提升，业绩占比高达 30.2%。小米通过云计算、大数据、深度学习，构建了 AIoT 的业务战略框架，形成了人工智能与小米物联网协同的全方位市场布局，依托平台与生态边界的重构，开发 IoT

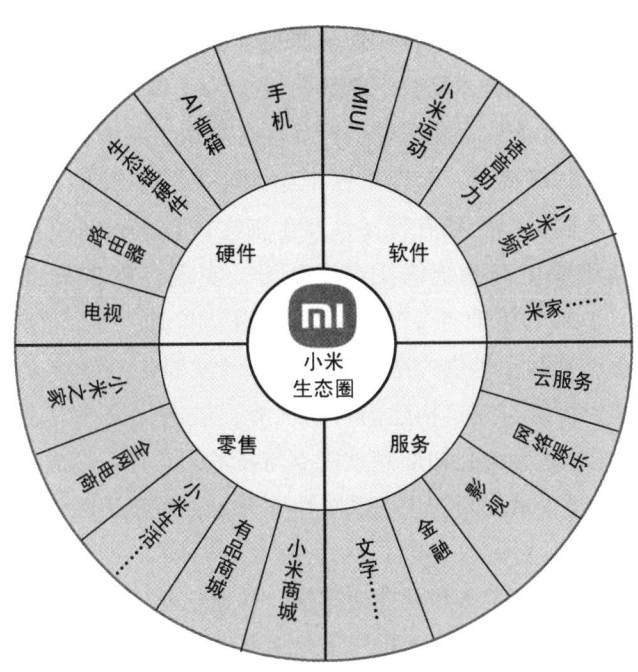

图 21　小米生态圈"新销售模型"

资料来源：陈润，吴越舟等，2021；作者根据相关文献整理优化。

系列产品。小米 IoT 开发者平台通过开放共享的平台协同研发能力，打造了经典的 IoT 人工智能音响"小爱同学"，并将此作为重要的 IoT 战略入口，将 IoT 向 AIoT 升级，促使形成生态圈基于端口思维的成长模式。此外，小米投资 20 亿美元在云计算产业与视频内容产业，丰富互联网价值构造，形成了围绕客户需求，小米硬件 AIoT 作为流量入口，互联网创造利润，新零售强化黏性，同步实现协同、变现的生态圈迭代发展战略。

2. 重构组织、粉丝、营销边界，实现系列化的价值协同赋能

小米能够高速发展，得益于组织、粉丝、营销等不同体系对应性的系统变革，并形成了价值协同赋能。这里分别对组织、粉丝、营销三个边界的重构展开分析：

第一，突破组织边界，创新组织生态，形成多类组织形态共存。从生态链向生态圈的成长过程，小米孕育了庞大的组织生态，自小米上市至今，已经展开了 7 次以上的组织系统战略调整，以达到适应小米新产业生态变革，并探索新组织发展需求。基于此，小米形成了竹林生态的系统论述，认为：竹子代表了小米生态链中充满活力且独具个性的创业组织，竹林代表了小米生态链各组织间和谐发展，同时代表着小米基于业务产品的深度拓展与高速成长，竹林生态代表了小米生态系统如根般庞大的生态支撑体系。小米组织生态构建了充满活力的组织单元，组织生态和谐共存的组织互生模式。

这种组织构建与本书构建的面向未来的组织理论体系非常相似。小米的高度成长表面看是小米不断打破业务边界，实行业务生态圈层次化扩展，实质上是基于共同目标客户群，不同组织间打破自身的技术、标准、市场等边界，在小米的组织协同下，形成开放共享的供应链、销售渠道、产品技术融合、新品研发、品牌共享等。小米依托组织协同，节约时间与成本，实现小米生态中品类繁多的产品在各类组织间的合作与互补。小米的组织边界突破具有突出的互联网特质，表现出三个组织生态创新特性：共生、互生、再生。共生突出可相互包容不同组织的独有特性；互生则注重各组织间相互竞争与合作的深度依存关系；再生则指组织生态系统依托市场环境，实现优胜劣汰、进取扩张、协同成长。在物联新时代，小米基于业务生态体系，采用"竹林生态"的组织创新实现基于不同组织的科技创新，带动小米供应链众多企业协同发展，最终形成数万人的大组织生态效应。小米不断基于流量与端口构建的营销优势，层次化放大对小米组织生态内不同组织的成长价值。在组织单元孵化初期侧重资本与技术的支持，在成长期注重供应链与渠道的支持，在发展期注重价值创新与生态系统协同升级，最终不断创造新价值，实现组织再生与进化。

第二，突破消费者边界，扩大粉丝效应范围，构建粉丝经济学。自小米成立至今，小米就是依存粉丝活着的公司，尽管小米推出了众多新营销手段，但其本质，都是紧紧围绕粉丝展开深度营销，小米是依托粉丝基因驱动发展的公司。在创业早期，为了回避产品与渠道上的劣势，以及线下渠道拓展的困难，小米依托互联网独有的风口效能，创建了独特的粉丝营销模式，并以小米粉丝为成长基因，开辟了特有的"米粉经济学"。这么多年，小米公司与小米粉丝相互成长，创造了小米的商业传奇，更为全渠道、新零售的体系化贯通打造了基础。

小米的粉丝经济发展过程，是不断突破消费者边界，层次化建设的过程；同时是以互联网为载体，以粉丝为核心，以全渠道为路径，构建的"高效率、低成本"的消费者为中心互动营销模式。粉丝经济通过联结粉丝的认知、沟通、交易、社群活动、关系、价值传播，形成与粉丝认知、交易、持续关系优化的良性循环经济。一般分为"建立联结、活化联结、深度情感互动"三个阶段：第一阶段为建立联结。小米公司主要通过 MIUI 社区、米聊等联结工具，达到接触粉丝、发展粉丝、维系粉丝的目的，小米通过 MIUI 社区在小米高性价比的推动下，缔造了小米手机的诞生，创造小米手机高速发展的传奇，并形成了"米聊+MIUI 社区+小米手机"的消费者联结模式；第二阶段为活化联结。通过米粉节、发烧友、校园俱乐部、小米同城会等活动，达到聚集并沟通小米粉丝、宣传小米品牌、促使粉丝裂变、贯穿联结渠道等目的，达到保持用户活性，增加客户流量，提升品牌忠诚，优化客户黏性的良性循环目的；第三阶段为深度情感互动。围绕粉丝有组织、有计划地提供扩展性与智慧性的服务与关注，通过社群营销，筛选目标客户，通过多元化粉丝活动，强化粉丝沟通，形成情感网络互动，加强忠实粉丝聚合，最终实现用户与品牌的情感互动，转化为新的产品与服务，如表 25 所示。

表 25　　　　　　　　　　　　　　小米粉丝管理策略总结

具体策略	特点	功能/作用	具体形式
小米论坛	核心为集中铁粉，方便粉丝交流 品牌与用户广泛互动 小米社区内容及时调整，推陈出新服务提高黏性 线上线下开展活动，增强愉悦的真实感	绑定粉丝 提供米粉间相互认识的机会 提供粉丝与品牌对话平台 展开米粉线上与线下活动 反馈问题 沉淀用户	
微博	受众广、用户多、一对多、互动性强	侧重事件传播 注重对新客户的吸引	微博转发抽奖 微博转发折扣
微信公众号	社交属性强；受众广、用户多；定制性强	发布信息 客服平台服务 产品销售引导	后台留言 微信推送 转发福利
QQ空间	使用群体普遍年轻化、在三四线城市应用较广、一对多宣传	事件的传播、吸引新客户 在三四线城市营销活动中起到关键作用	促销活动
小米商城	功能清晰 参与感好，购物体验顺畅 客服服务好	线上零售中心 展开线上促销活动 产品评价与产品反馈 米粉聚集处	酷玩帮、橙色跑和同城会
米粉节	受众广、规模大 对应粉丝层次较低，初级米粉零门槛 促销形式多样 新品在活动中连续推出	系列化线上线下促销活动 粉丝聚会 新闻发布会 米粉节的粉丝福利和关注	线上促销活动 线下促销活动 产品发布会（新品首发）
校园俱乐部、技术发烧友等组织活动	规模较小，但成员多为高级米粉 成员因兴趣相聚 多以校园、地域并依托组织展开活动	各地区同城会、俱乐部 提高粉丝忠诚度	小米公司参观，并优先获取小米热销产品，优异者优先参与小米公司线下爆米花、发布会、米粉节等一切大型活动
同城会	分布较广，百城均有同城会，成员大部分为较为资深的粉丝，忠诚度高 规模较校园俱乐部更大，主要经人介绍或通过论坛等渠道加入，部分一线城市自发组织 小米总部指导各同城会的活动形式和主题，给予部分活动经费 形成良性循环，老带新机制成熟	提高粉丝忠诚度并发展资深米粉 为品牌和用户的交流提供平台 让资深粉丝能够认识更多粉丝 满足资深粉丝的高阶需求	周年庆典（聚餐、交流、游戏）、特邀茶话会、集体出游、各类形式的团建、会员交流等形式
小米家宴	一年一度在北京总部举行，参与粉丝提供全程资助（往返、食宿）开设百城小家宴分会场，全国米粉同享美味欢乐。由各地同城会协办，其菜品为国宴级菜品 参与者为核心米粉，资历老、贡献大 雷军等公司高管出席	牢牢抓住核心米粉的需求，让其获得参与感、能够与小米高管及核心互动	雷军亲自下厨、表演节目 抽奖、送礼品、年度总结

资料来源：吴越舟，赵桐，2021；作者根据相关文献整理优化。

未来的全新的商业生态系统中,成长的第一要素是粉丝,并以此构建的粉丝经济。当众多品牌还为客户担忧时,小米通过核心超级粉丝引爆中间铁杆粉丝,中间铁杆粉丝引爆外围大众粉丝,销售了数以千万部的手机。

当很多品牌还在为获取消费者绞尽脑汁时,小米与粉丝已经通过系列活动开始了情感沟通,在文化引领、粉丝认同的精神共振中,创造出一个个令市场震撼的营销壮举。粉丝是小米成长的原点,更是小米发展的核心,也将是小米构建 AIoT 生态的关键一步。未来高速成长型组织,会因为"粉丝"效能构建各种各样的商业模式和新组织形态,粉丝将成为组织发展的桥梁,助力组织生态进化。

第三,突破营销边界,依托新零售与全渠道,赋能生态系统协同创新。华为总裁任正非曾认为:华为需要向小米学习营销模式。小米在进入智能手机市场,以高性价比的绝对优势,快准狠地实现了市场突破。将营销做到极致的小米,不断突破营销边界,依托互联网的燎原之势,通过粉丝快速扩张与快速裂变,奠定了小米智能手机的市场地位。

随着消费者信息与需求的多元化,营销渠道发生了根本性变化,先后经历了实体店、电子商务、多渠道、全渠道四个阶段。尤其到了多渠道阶段更是深度推动了 O2O(Online to Offline,线上到线下)营销模式的发展,移动互联的发展促使消费者的工作与生活方式发生了根本性转变,出现了个性化的全场景需求,因此形成了全渠道营销。为此,小米展开了系列化的营销体系变革,通过营销升级,开始全渠道营销的新发展步伐,如图 22 所示。

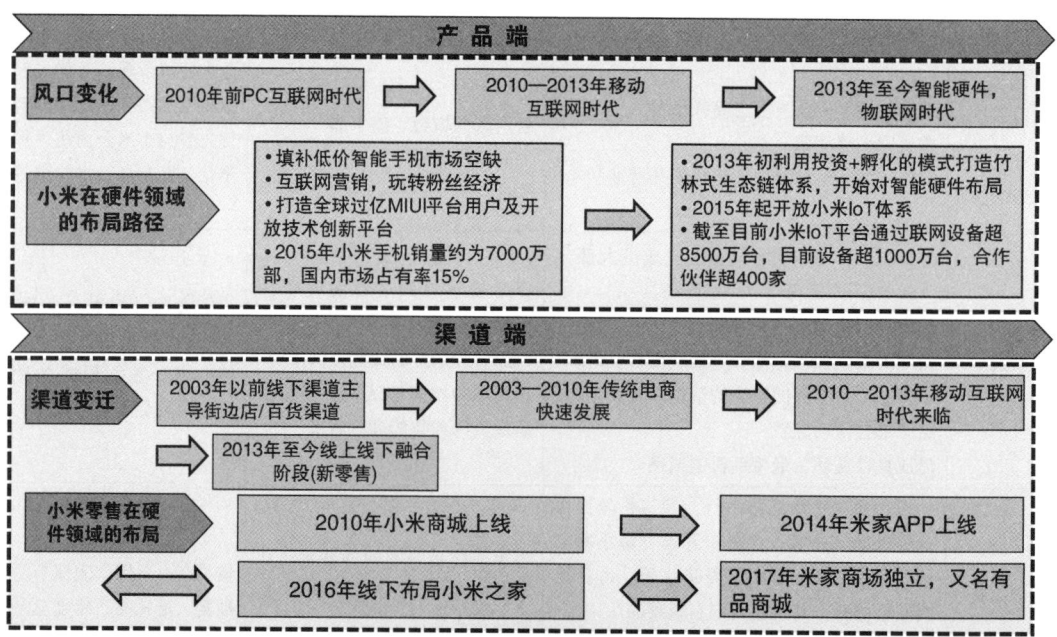

图 22 小米全渠道营销的发展过程

资料来源:作者根据相关文献整理优化。

小米层次化、系列化的全渠道营销探索，主要通过四次渠道模式的边界突破，构建了小米全渠道营销模式。第一次突破：小米互联网电商。最早通过米聊与MIUI积累用户，并通过小米社区、新媒体、小米商城等线上方式快速将粉丝增加到百万以上，同时打造小米家宴等年度盛典；第二次突破：小米电商平台。小米商城主要进行小米手机、平板等科技数码产品销售，并与亚马逊、京东、苏宁等国内外知名第三方平台展开全面电商合作。2017年推出小米有品，构建精品生活电商平台，并联动小米生态链，形成小米、米家及第三方独立品牌，形成立体化销售；第三次突破：小米线下产品店。建立小米之家、小米专卖店、小米体验店、小米直供店几种类型的线下产品店，以达到销售、体验、推广等不同销售体验需求；第四次突破：小米社交电商。通过小米有品、小米商城、小米之家为重点构建社交电商平台，依托小米生态圈体系，打造系列化生活消费品，并与生态链企业共同构成小米自营的层次化全渠道构造，小米与行业头部企业达成了深度合作，小米平台协同优质商家提供客服、物流、品控等全方面支持。小米公司构建的全渠道分为小米有品、小米商城和小米之家三层，小米有品和小米商城为线上电商，构建丰富的小米产品，小米之家工作重点是促进线下线上的相互引流，增强小米系列产品的现场体验，形成全渠道的协同效应。

小米通过全渠道重构小米营销边界的广度，同时通过探索新零售，拓展小米营销边界的宽度，并优化物联网生态的终端体验。小米以家居物联网为切入口，将智能家居产品延展到智能家电、家庭自动化、个人护理等系列产品领域，通过在新零售的探索，促进物联网展开深度营销，促使小米IoT生态产品的市场占有率。新零售作为小米生态重要一环，是小米战略的第三条战略曲线，不但加强了小米战略的整体动力，还支撑着小米业绩持续提升。

通过重构组织、粉丝、营销边界，小米构建了基于用户为中心的生态协同体系，并了形成多层次创新，该体系包括三项内容：第一，加大基础智能硬件投入，促进生态体系基础构建，促使小米推进大量高性价比产品价值创新；第二，提升互联网增值服务，将服务延展到金融、文娱、游戏等领域；第三，新零售探索，形成线上线下协同价值增长。"铁人三项"强力推进，可以形成强大的协同效应，为小米生态深度赋能，如图23所示。

四、突破边界持续创新，缔造未来无限可能

（一）突破边界，形成系统化颠覆的"降维打击"

小米的高速成长过程，是不断突破行业边界，持续系统创新的价值创造过程。小米生态的层次化、系统化构建是基于"产品为王""营销创新""品牌赋能""系统协同""组

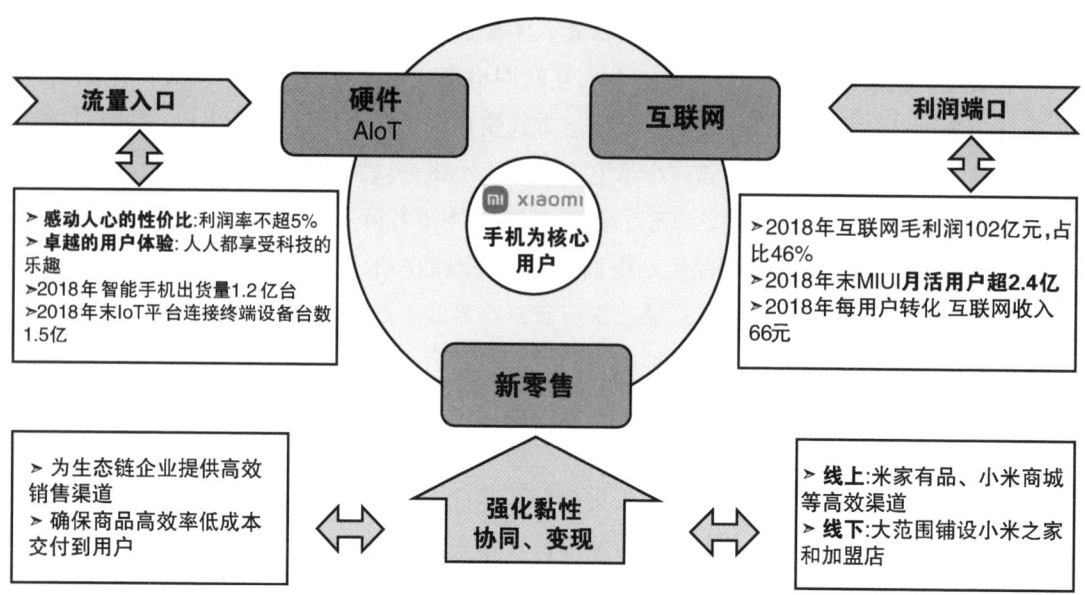

图 23　小米"铁人三项"多层生态创新

资料来源：方正证券；作者根据相关文献整理优化。

织创新"等方式围绕用户群痛点展开的生态系统建设。小米的粉丝经济、全渠道构建、供应链生态化、团队的联合创新等方面创新，都是基于不同领域的边界突破，形成的独特价值创新生态系统，具有深度的"降维打击"效能。比如，小米供应链打破传统供应链管理思维，通过优化成本、延展产品链体系、集成高精尖领先技术，促使小米一方面通过供应链优化创造了高性价手机，成就小米初期手机高增长传奇；另一方面延展产品供应链，创造了小米手环等爆款产品，千元的进口手环价格，被小米降低到不足百元，同类传奇还在智能平衡车等爆款产品延展。

实际上，世界上众多知名的公司都在自身的领域通过边界的系统颠覆，创新公司的生态价值系统，并促使缔造公司传奇。以韩国三星为例，智能手机数年世界销量第一，但同时三星也是世界知名的显示屏、半导体公司，在供应端、应用端、资源整合端不断打破生态边界，持续展开颠覆性创新，构造了现在的三星帝国，如图 24 所示。

（二）元宇宙——创建未来"沉浸式生态系统"的"新风口"

在这个充满梦想的时代，任何一种创造都在不断突破人类认知的边界。2021 年，元宇宙这一全新概念搅动着世界各大科技公司，元宇宙相关概念与技术成为了科技人员未来的探索方向。马克·扎克伯格更是将 Facebook（脸书）公司更名为"Meta"（意为元宇宙的元），尽管他知道这样的调整可能会给公司带来巨大的损失。

元宇宙（Metaverse）这个概念最早源自美国 Neal Stephenson（尼尔·史蒂芬森）在 1992 年写的一部科幻小说 *Snow Crash*（雪崩），元宇宙（Metaverse）的概念组合中 Meta 表

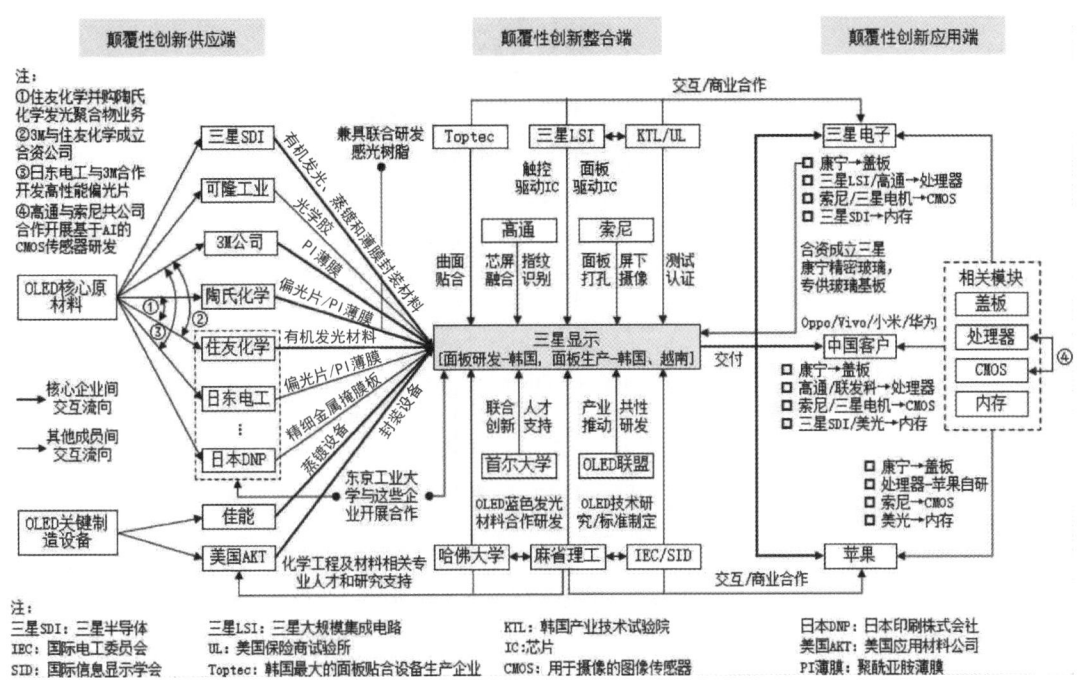

图 24　三星生态的系统创新

资料来源：王海军，金姝彤，郑帅，等，2021。

示"超越""元"，verse 表示"宇宙 Universe"。**元宇宙本质是人类创造的一个与现实对应的虚拟世界**，因此很多人幻想这是一个人生可以重来的平行世界，《黑客帝国》和《头号玩家》等科幻电影就是在这样的幻想中孕育而生。面对虚拟与现实，**元宇宙具有四个明晰的特征：沉浸式体验、虚拟身份（也称数字身份）、虚拟经济（也称元宇宙经济）、虚拟社会治理**。2021 年 12 月，中纪委给出了中国关于元宇宙的定义认知：元宇宙是基于互联网而生、与现实世界相互打通、平行存在的虚拟世界，是一个可以映射现实世界、又独立于现实世界的虚拟空间。元宇宙不是一家独大的封闭宇宙，而是由无数虚拟世界、数字内容组成的不断碰撞、膨胀的数字宇宙。这种重构产业边界的互联网创新生态伴随着 5G、6G 等技术的推进，正逐步将虚拟与现实通过 VR（虚拟现实）、AR（增强现实）等 3D 技术呈现出来，元宇宙越来越真实地展现在大众面前。

为什么元宇宙在 2021 年突然爆火？这是时代发展与创新的必然抉择。众多学者将元宇宙突然爆火总结为三个主要因素：各行各业严重"内卷"、新冠肺炎疫情催生元宇宙的形成、科学技术到达一个奇点。

实际上国内外信息科技的高速发展，催生了包括**区块链、人工智能、物联网、交互技术、游戏感知、网络算力**等六大支撑元宇宙的技术系统。元宇宙通过区块链、交互技术、游戏感知、网络算力构造了核心技术体系及四个主要特征，如图 25 所示。

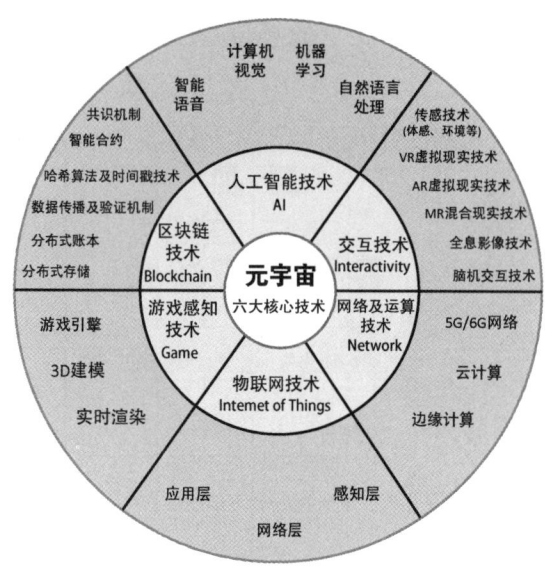

图 25　元宇宙的主要核心技术

资料来源：作者根据文献资料整理。

推动元宇宙发展的六大核心技术，本质上是在大数据、人工智能、5G、区块链、物联网、芯片等相关技术积累的基础上，通过融合、重构、创新与突破形成的新产业生态系统，并且具有巨大的市场与发展潜质。如同乔布斯把握了移动智能时代技术奇点，创造出智能手机这一划时代的天才产品，开启了智能手机时代的来临，创造了苹果的奇迹。

元宇宙之所以被称为新技术奇点，是由于元宇宙所需的六大核心技术都具备了奇点特质，更主要的是对应的基础硬件技术得到了高速提升，比如人工智能芯片、基带技术、5G/6G网络技术、GPU技术等技术得到了突破，并与人工智能、大数据、区块链，以及物联网等技术展开了深度融合。元宇宙这一影响着社会、生活、经济等各领域的全新概念生态自然而生。

虽然元宇宙里一切都是虚拟的，除了数字就是算法（即数学），但这种建立在基础科学创新形态会激发新一轮的科学系统创新。也就是说**元宇宙推动数学，数学推动科学，科学推动科技，科技推动社会、经济及生活等各方面的整体革新。**如同1994年的互联网时代的到来，元宇宙将激活虚拟与现实联通的全新业态以及对应的生态系统。比如智能汽车、智慧城市、智慧金融、智慧农业、智慧旅游等，都会形成基于数字空间对应的新生活体系，如同互联网时代会形成的互联网＋，元宇宙时代会形成元宇宙＋。

2021年的"元宇宙热潮"，主要源于两大因素：**市场发展的需要、庞大的生态系统将带动未来几十年的产业创新与高速发展。**

第一，"元宇宙热潮"源自市场发展有需求。市场发展的需要源自资本、技术、用户三个方面。

资本方面：当新的风口来临时，最具敏感嗅觉的产业资本就会进入新风口产业生态的从孵化到产业化的各个阶段，通过各项技术创新及应用场景价值落地，实现价值变现。自 Roblox 首个元宇宙概念股于 2021 年 3 月 11 日在纳斯达克上市，元宇宙就迅速被世界各大头部公司及产业资本所追捧，尤其 Facebook 全力押注元宇宙，激活了世界各国科技巨头的"元宇宙热"。

技术方面：以中国、美国为代表的大数据、云计算、人工智能等高新科技技术已成为未来国家发展的核心技术，寻求技术融合突破将成为各大国争夺科技主导权的核心战场。

用户方面：现有客户已经从传统的静态体验向动态体验转化，抖音的兴起、直播网红的火爆都在提升客户的感知。元宇宙的兴起将进一步完善其购物、游戏、旅游等众多场景的沉浸式体验，感受身临其境的极致感受，随着智能周边设备与科学技术的不断进步，元宇宙的全新生活场景将呼之欲出。

第二，"元宇宙热潮"源自**庞大的产业生态。庞大的产业生态可以支撑未来 30 年以上的世界支柱产业核心构成。**

元宇宙核心技术涉及六大技术系统版块，实际上还影响着更多的领域。如同房地产与汽车一样，不仅包括庞大的客户群体，更涵盖着多个庞大的产业链所形成的周期性发展的产业生态。

从客户层面看用户生态：元宇宙将拥有非常庞大的用户群体，几乎所有的公司、政府部门、事业团体、购物消费与游戏消费用户都可能成为元宇宙生态的用户。元宇宙作为互联网未来的全新生态，将通过场景改造、场景映射，创新与优化用户体验。

从产业层面看企业生态：元宇宙将重新构建庞大的上中下游产业生态，涉及数以万计的企业集群。比如以构造元宇宙基础逻辑的上游企业，包括芯片、基带、网络、云计算、人工智能等；以构造基础支撑平台与虚拟现实转化的中游企业，包括区块链、数字孪生、数字编辑器等，另外还包括孪生基座、数据智能、共性服务的操作系统、数据库、编译器等基础软件等中游企业；以社交、游戏、广告、媒体、政务、场景内容等相关企业将构造更为广泛的元宇宙下游产业生态，下游产业生态涉及各行各业，包括航天、航空、交通、军事、金融、电商、会展、文体教育、文旅、卫生安全、农业、能源等各种生态应用领域，并派生出各种层次化的服务配套企业。如此庞大的产业生态将成为中国经济乃至世界经济的巨大引擎，如图 26 所示。

从发展周期层面看数字生态：元宇宙发展到现在虽然还是概念，但元宇宙相关技术及基础设施却在不断迭代，比如智能终端尽管现阶段还处于初期阶段，但 VR、AR 等智能产品已经开始迭代创新，依托着 5G 与 6G 技术、人工智能、大数据、物联网等强大的技术更新能力，现代科技正逐步打破元宇宙的次元壁，依托智能交互等先进技术镇逐步双向联通平行世界与现实世界，而区块链等技术实现资金、数字安全等系统保驾护航。随着持续的科技探索，元宇宙会随着时代潮流影响着未来几十年的人类生活，并逐步形成深层的数字化体验。

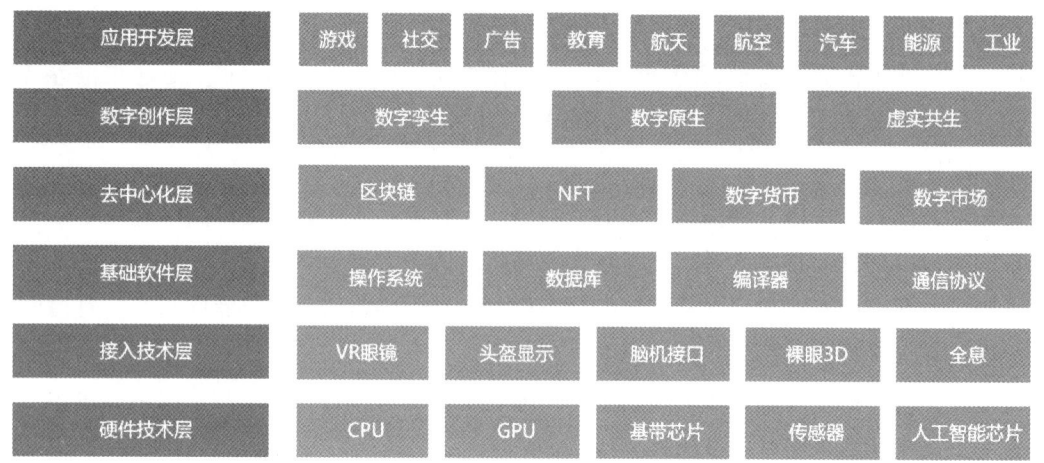

图 26　元宇宙的整体研究框架

资料来源：孙喜庆，张宗帅，龚才春，2022。

对于元宇宙科技界有了共识，将未来元宇宙技术发展分为三个阶段：**数字孪生阶段、数字原生阶段、虚实共生阶段**。现阶段世界还处于数字孪生的初级阶段，实现虚实共生需要全世界连续几十年的科技创新，这将促进高新科技高速发展几十年。这里简单地说明一下三个阶段的大致状况：**数字孪生阶段主要将现实世界映射到虚拟世界当中；数字原生阶段主要是创造者在数字世界中创造新产品、新体验以及与现实对应的创新项目；虚实共生阶段主要是将虚拟与现实生成共生场景，形成人工智能化的 Matrix（矩阵）**。元宇宙三个阶段的演化过程需要众多的技术创新与生态体系创新，因此，未来元宇宙的形成过程将成为多种产业生态长期创新与融合的过程。

自从元宇宙概念股 Roblox 在 2021 年美国上市之后，在元宇宙的赛道竞争中，世界上各大企业、科研机构都在深度布局元宇宙。中美两国的 Facebook、微软、腾讯、字节跳动、小米、华为、三星、阿里巴巴、三星等科技大厂都在尝试融入元宇宙生态，重点主要围绕 VR/AR 硬件设施、智能周边、云计算与云储存、3D 游戏引擎、内容制作平台等领域在元宇宙新生态系统中展开战略布局。但就技术发展而言，美国在元宇宙的区块链、技术平台、内容制造、软件开发等领域领先全球，中国则在人工智能、角色扮演、场景体验、应用开发等领域紧随其后。

美国在区块链领域出现了 Decentraland、opensea、Cryptovoxels、Sandbox 等平台，技术平台领域出现了 Roblox、微软 Mesh 平台、TwinMaker、Meta、Omniverse 等平台，这些平台构造了元宇宙的基础平台；美国同步推动了 STARL、Shahid、Crayta、Core、Weta、Parsec、SyncSKetch、Mirror、MLAPI、QFrameWork 等系列插件，推出了幻影 UE5、Unity 等内容建设，并通过 Lightship、Godot、touchdesigner、Zbrush、Lingo3D、Blender 等软件共同构建了元宇宙良好的体验生态基础；苹果 AR、微软 holense3、HtcVivePro、ocluse quest2 等周边设备则在构建元宇宙良好的体验终端。中国推出了中科虚拟人、元主角、轨道镜、聚

力维度、MetaAPP、Vswork、thingJS、iCloser 等元宇宙产业生态项目，在人工智能、智能场景等方面领先世界。实际上世界各国众多知名企业都在跨界布局元宇宙。比如，麦当劳在 2022 年 2 月为虚拟餐厅申请商标，开始元宇宙专利权及虚拟餐厅的布局。各科技大厂更是依托自身优势不断打破产业边界，融入元宇宙全新的生态体系，如小米公司依托米家等智能终端，大力投资元宇宙，通过在 VR/AR 等领域 6 项投资，成为了近两年元宇宙领域投资项目最多的公司之一。

脸书 Facebook（现改名 Meta）：全力布局元宇宙，成为元宇宙大潮中最激进的科技企业。Facebook 在 2021 年 9 月投资 5000 万美元成立 XR 计划和研究基金，与行业伙伴、政府、非营利组织、学术机构、民权组织等展开深度合作，开展元宇宙生态规则的探索和研究。在元宇宙生态构造方面通过前瞻性布局 VR/AR 领域生态、积极推广全球数字加密货币 Diem、拓宽元宇宙内容生态三个方面在金融、硬软件、内容生态系统中紧紧控制元宇宙的未来主导权。

微软 Microsoft：立足企业元宇宙生态系统为构建基础，将企业作为元宇宙的核心切入口，认为元宇宙是"智能云和智能边缘的巅峰之作"。其本质是构建一个与现实世界持久、稳定连接的数字世界，将让物理世界中的人、物、场景等要素与数字世界形成对应共享。为此，微软将元宇宙布局重点布局办公和游戏领域，在技术与产品研发方面，微软则将重点放在驱动元宇宙发展的相关技术与产品服务上面，研发产品主要包括数据预测与模拟、建模与检测、数据追踪、数据同步等，技术创新主要在 IoT、混合现实、数字孪生等领域，侧重自然语言交互、视觉处理等人工智能技术的积累，技术创新产品包括 Microsoft Mesh、Azure、Power Platform、Microsoft HoloLens 等。微软与脸书对于元宇宙的理解完全不同，脸书侧重规则制定与控制，而微软则希望将不同元宇宙生态进行贯穿融合。

腾讯：作为以社交和游戏为核心的企业，腾讯是最早布局元宇宙，也是最早从元宇宙概念中受益的互联网科技集团。早在 2019 年 2 月，腾讯就与美国最早的元宇宙概念上市公司 Roblox 共同出资成立了一家叫"罗布"的合资公司，开始了元宇宙的战略布局。腾讯通过社交与游戏为入口，从游戏开发引擎 UE、大数据中心、云服务等底层技术搭建元宇宙基础平台，通过内容产品与成熟社交网络互通形成元宇宙中层网络的虚拟与现实的生态互联，再通过动态组织优化对 PCG 部门展开战略调整，形成了元宇宙布局的优质切入口，创造了布局元宇宙的优厚条件。同时，腾讯通过"资本+流量"的战略控制，将互联网所能关联的虚拟世界控制入口展开了垄断及封锁，比如电商、直播、区域生活、游戏与版权等，将介于现实与虚拟之间的场景通过资本、技术、专利权或版权方式生成了全方位的强关联。

字节跳动：字节跳动在元宇宙中的布局过程主要依托自身流量、内容运营、智能算法的体系优势，构建基于内容运营的特色"元宇宙"。依托战略投资、部署元宇宙所需要的数据基础设施和硬件设施，持续贯通"设备—内容—平台"，形成字节跳动的生态闭环，促使将二维图像升级成三维图像，让用户身临其境地感知到虚拟世界中的真实体验。为此，字节跳动在机器学习、计算机图形、计算机视觉、数据挖掘、自然语言处理、语音与音频、系统与网络、安全与隐私等科技领域展开持续创新，还收购了Pico公司，用于形成元宇宙内容运营的生态闭环。

第八章
竞合的动态博弈：组织的新战争模式

在新的国际关系中，尤其是中美竞争当中，"竞合"关系已成为两个超级大国之间的新型关系。2020 年 5 月，《美国对中华人民共和国的战略方针》明确定位："对中国采取了一种竞争性方针"，"也欢迎中国在同我们利益一致的地方进行合作。""竞合"战略方针目前被拜登政府沿袭，提出了基于美国利益的"竞争、合作、对抗"的两国未来发展关系。

"竞合（coopetition）"是指既竞争又合作的一种关系战略。简单来说：没有永久的朋友，也没有永久的敌人，只有永恒的利益。无论国家还是企业，"竞合"本身就是动态的中间过程的控制战略，即保持必要的互利合作，管控好冲突所形成的良性竞争，即在相关产业领域或者**价值网络（value network）**中展开具有目标性的"竞争与合作"。通过竞合的"从属地位、发展目标"，动态决定以竞争为主导还是以合作为主导。如供应链之间的竞合关系构造，一般情况下会突出以协作共生为目标的合作关系。当然，竞合关系的构建过程，如果过分突出竞争关系，很容易陷入"零和博弈"的陷阱，过分突出合作关系，将出现"吞并""利润剥夺"的不良状况。

竞合本质上是一种全新的竞争理念，其本质还是竞争，只是在更广阔的体系中竞争，与传统的竞争理念有所不同，并不是相对独立的竞争与合作，而是基于双方**"博弈"**的过程中，展开的高层次竞争，既是合作中的竞争，又是竞争中的合作。因此，竞合既是有机统一，又是互相影响，同时又可相互转化。竞合关系的出现，是组织双方既存在共同利益，又存在竞争、分歧与对立。竞合是基于利益双方的动态统一，常常伴随合作与竞争同时发生。中美两国的关系如此，如华为、三星等公司之间的竞合关系也是如此。

组织面对未来的竞争，一方面在竞争中学会妥协与合作，建立双方共赢的竞合关系；另一方面寻求一切优质的合作机会，通过联合创造更大的市场竞争体系，从而在合作过程中打造更强大的竞争能力。因此，可以这样理解竞合：**合作的目的是竞争，竞争以合作为主要方式**。

面向未来组织单元的进化系统，竞合关系构造了组织单元动态调节效能，可以作为组织发展与公司绩效之间的调节变量。在进化过程中对于各组织之间,形成动态的调节效应。

一、竞合,未来组织的核心影响因素

竞合概念是由哈佛大学的亚当教授(Brandenburger)和耶鲁大学的巴里教授(Nalebuff)在1996年合著的《合作竞争》一书中首先提出:组织活动是一种特殊的博弈,整个博弈过程中既有竞争,也有合作。因此,合作竞争(Co – competition)理论是以**博弈论(Game Theory)**为基础,是"一个组织与其利益相关组织在利益博弈中形成的同时既竞争又合作的一种关系",其实质就是组织间基于利益的竞合博弈。Brandenburger 和 Nalebuff(2010)深化了竞合定义:两个或多个参与者同时既有竞争又有合作的互动过程,竞合可以存在于组织、组织之间或网络等各层面上。

竞合关系存在的基础是"双方的共识",这种共识依托于组织之间的相互利益,包括价值创造与价值分享过程中存在利益关联。在这种利益关联结构中,竞争与合作同时存在,并且深度影响,就此形成了竞合(Padula 和 Dag nino,2007)。因此,竞合不同于孤立地从合作或竞争的纯粹视角看待组织间关系(Gnyawali 和 Park,2009),竞合理论研究属于动态关系研究,包括获取价值与创造价值。获取价值是关联竞争过程,创造价值共进合作过程。

1. 竞合关系形成的主要动力因素

竞合理论不同于单独的竞争理论或合作理论,是基于两个相关理论融合发展起来的一种动态分析理论。竞合价值研究必须基于竞争与合作的相互之间的动态博弈,尤其对于组织研究,更突出组织之间的利益关系,因此组织竞合形成了不同的研究视角:相互依赖视角(Pfeffer 和 Now ak,1976)、竞争视角(Heide,1994)、权力—控制视角(Yan 和 Gray,1994)、信任—承诺视角(Morgan 和 Hunt,1994)、冲突管理视角(Xie 和 Song,1998)等。

竞合是基于竞争框架下的体系研究,即合作的目的是竞争;同时,对竞争向合作的转化过程也展开了研究,即竞争以合作为主要方式。这里结合现阶段主要学者在资源环境、价值链等领域研究,探索组织存在竞合关系的主要动力因素,以此构建组织"进化"的调节效能,如表26所示。

竞合是竞争与合作综合形成的一种组织间的关系依赖以及组织间价值创造的动态系统。竞争与合作既是矛盾体,也是统一体。组织需要在竞争中捕捉合作的机会,需要在合作中开展更好的竞争,从而形成新的竞争关系,最终提升组织系统的竞争力。这与中国的

表 26　　　　　　　　　　　影响组织竞合的主要动力因素

学者	年份	主要动力因素
Axelrod	1988	组织间彼此依赖、互利互惠
Powell	1987	
Borys 和 Jemison	1989	资源共享
Hamel	1991	
Bleeke 和 Emst	2000	组织生存环境发生变化
Hamel Doz 和 Prahalad	1989	开拓市场、提升技能和降低成本
Ring 和 Van de Van	1992	竞争环境、技术变革、战略需要、压力影响
Combs, Ketchen. JR	1999	降低组织个体资源耗费,获取更多利益
Porter	1980	抗衡竞争对手,开拓市场
Singh 和 Mitchell	2005	
Cravens, Shipp 和 Cravens	1993	提升组织自身优势
Hamel, Doz 和 Prahalad	1989	
Hoop 和 Madsen	1997	能力提升应、优势互补
Quintana, Benavides	2002, 2004	
Burger, Cromartie 和 Davis	1998	获取垄断利润
Khnna, Gulati 和 Nohria	1998	汇聚资源、立足目标市场、资源与能力互补、降低风险
Dussauge, Garrettei 和 Mitchell	2000, 2004	建立联盟、学习互补
Nowak 和 Sigmund	2000	克服囚徒困境,实现共赢
Rothaermel	2001	行业主导者防御新进入者
Levy, Loebbecke 和 Powell	2001	知识分享
Luo	2002	克服契约性质的适应性限制
Kotabe, Martin 和 Domoto	2003	关联价值链效率提升

资料来源：作者根据相关文献综合整理。

阴阳学说同出一辙,既对立,又统一,并在一定条件下互动转化。

2. 竞合对于不同类型组织绩效的价值影响

竞合作为价值的重要调节手段,为组织之间价值创建了一种动态互动、共存、共变的新型进化关系,并由此形成了与之对应的动态价值体系。不同层面组织系统在竞合中形成了不同的价值体系,分别从宏观、中观、微观层面可以构建不同的竞合对象,并形成不同的动态知识价值与绩效经济价值（Dagnion 和 Padula,2002）,如表 27 所示。

竞合对于组织领域的研究,重点突出竞争对手之间的竞合关系,包括组织内部各单元之间、上下游价值链之间、战略联盟成员之间等组织形成的竞合关系。

表 27　　　　　　　　　　竞合对不同层面组织绩效的价值影响

竞合层面	竞合参与者	动态-知识价值	绩效-经济价值
宏观	相同行业组织集群	信息交流和信息传递	降低急进和次优的寻租行为
	不同行业组织	行业间的知识创造和转移	利润与资金分享
中观	行业内的组织（横向关系）	行业内的新知识创造和转移	研发投资 人力培训投资 更快达成标准协议
	客户及供应商（纵向关系）	信息交流及信息传递 合作设计和开发	加快进入市场 联合研发 联合生产
微观	组织内职能部门	信息交流及信息传递 组织内新知识 新知识创造和转移	更快和更有效地 研发一直到生产转化
	组织内的人员	更大的激励和承诺 努力工作创造知识	通过承诺而实现更高的生产率

资料来源：Dagnion，2002，作者根据动态能力理论等相关文献调整。

二、竞合的动态效应，未来组织进化的调节手段

组织在发展的不同阶段，针对市场等多重因素的影响，针对不同组织之间的相互关系，会选择不同的组织竞合策略。

（一）不同组织状态下竞合关系的选择

组织间竞合关系的构造，常常分为三种常见类型：竞争为主导关系、对等关系、合作为主导关系（Bengtsson 和 Knck，2000），后续又将动态的竞争与合作关系加入进来（Bengtsson 和 Eriksoon，2010；Luo，2005）。对于组织相互之间的竞争或合作的行为选择，主要基于竞争与合作的地位强弱，基于不同的价值寻求，动态建立主导关系，如图 27 所示。

行为选择	竞争	
合作	强	弱
强	竞合行为	合作行为
弱	竞争行为	垄断行为

图 27　组织对于合作与竞争行为的选择

资料来源：Said Yami，2011；作者根据相关文献整理优化。

组织对于合作与竞争行为的主导关系选择,主要侧重对于外部竞争与合作强弱的判断。对于外部环境,竞争条件与合作条件都很强,就容易导致竞合行为的发生,而外部环境的竞争与合作条件都很弱,就容易形成区域或者行业性垄断。

组织间存在着动态的"竞合互动"关系,组织间将合作关系分为四种形式,"强竞争强合作""弱竞争强合作""强竞争弱合作"及"弱竞争弱合作"(Wilkinson,1993)。对于合作者的关系确认,主要侧重合作方资源及能力的判定。一般情况下依据外部资源与行业地位作为重要参考,根据资源需求的变化,形成不同的主要竞合战略,竞合的目的是突出获取稀缺和互补的资源,随着资源需求的不同,竞合模式也会不同,如图28所示。

行为选择		组织在行业内的相对位置	
		强	弱
组织对外部环境资源的需求	强	竞合	合作
	弱	竞争	共存

图28 基于资源–组织竞合模式的选择

资料来源:Bengttson 和 Kock,1999;Said Yami,2011,作者根据相关文献整理。

组织竞合模式的构造,很大程度上是组织对于不同资源的获取或补充,以达到最佳的竞争优势。因此竞合过程是一种动态优势的持续强化过程。组织在行业中的位置,以及在价值网中的位置,构成了组织选择竞争、合作、共存、竞合的关系基础。同时,组织在市场上的相对权利,可以构造组织竞合的不同组织形态,这些形态包括股权合作、合作伙伴、战略联盟、供应链合作、外包与特许经营等,这些竞合形态的合作关联由强变弱,形成不同的竞合系统,如图29所示。

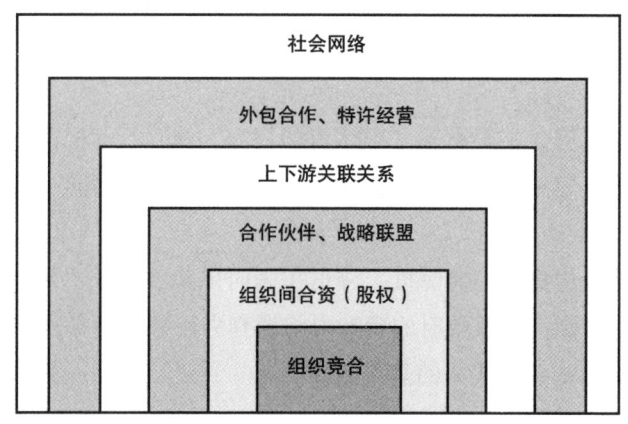

图29 组织竞合行为的不同表现形态

资料来源:作者根据相关文献综合整理。

组织可以采用不同的竞合形态，对市场变化建立进攻或防御措施。其目的是通过组织自身优势，构建竞合模式，达到压缩竞争对手市场、提升价值体系、减低成本，形成市场进攻型优势；或者建立行业壁垒、巩固稳定的产业生态，从而形成防卫性优势。

建立竞合关系过程中，合作关系的构建非常关键，主要通过组织间"协议及合同"等模式展开合作，不同的合作模式可以形成不同程度的竞争。常见竞合控制模式包括"合资、协会、联盟、网络、互为董事、贸易组织"（Barringer，2000）。也可以按"合同关系、股权关系、联盟、非联盟"等模式展开分类。而联盟是基于各方组织的"利益进行交换、分享、资源联合、能力互补"等构造的关联体系（Gulati，1995），如表28所示。

表28　　　　　　　　　　组织间竞合关系建立方式

类别	合同安排	股权安排
联盟	合作制造	股权交换
	合作营销	少数股权投资
	标准或研发协会	
非联盟	买卖合同	全资子公司
	特许权	并购
	许可协议	
	相互许可协议	

资料来源：Yashino和Rangan，1995。

（二）动态竞合优势的形成路径

在动态竞合关系科学选择与建立基础上，组织间会形成基本的动态竞合价值关联，并由此形成一定可发展的合作空间，借助合同、股权，及联盟与非联盟的方式，从"**市场、资源、技术、学习促进**"等一个或数个核心因素作为竞合目标，形成竞合的基础路径。

1. 基于市场的竞合优势构建路径

基于市场的竞合优势，主要通过"确认市场权力，建立行业标准，构筑市场渠道壁垒以及进入性行业壁垒，建立稳定性行业空间，主导并分解行业产能"等方式形成竞合优势的基本路径。

对于新市场的竞合优势，主要侧重"降低扩张时风险、降低不确定性以及成本，通过增强市场准入许可，增强市场及政府的影响力与谈判力，并在财务及关联设施方面建立多方利益获取"等方式形成竞合优势的基本路径。

2. 基于资源的竞合优势构建路径

基于资源的竞合优势，主要通过"组织间资源互补，突破行业及贸易壁垒，获取产业结构优势，对抗其他竞争对手，形成更大规模资源优势"等方式形成竞合优势的基本路径。

3. 基于技术的竞合优势构建路径

基于技术的竞合优势，主要通过"组织双方的互补技术优势及研发能力，技术对应市场的开拓能力，从构建新产品、扩大市场空间、加快市场的进入速度、加快构成产业价值链及产业生态，形成领先的行业标准，有效减少非优势投入，降低资金风险"等方式形成竞合优势的基本路径。

4. 基于学习进化的竞合优势构建路径

基于学习进化的竞合优势，主要通过"建立持续性的动态优化能力，如学习行业先进技术、学习竞争对手以及合作伙伴的专有知识、学习领先的运营体系"等，依托动态能力优化，形成组织核心竞合优势。学习是组织进化重要的途径与关键。通过学习形成动态竞合优势，常采用两种学习方式，分别为显性知识学习与隐性知识学习。越是隐性知识学习，越能获取难以被模仿及转化的竞合优势。通过"技术引入、专利合作、共同研发"等模式，建立有效学习、转化及吸收的优势。虽然知识学习在竞合关系推进中并不被特别关注，但这种竞合优势将是未来组织的重要核心优势。

（三）动态竞合系统化构造过程与调节效能

竞合系统化构造是以价值获取或价值创造为基础，出于不同的竞合目标，构建竞合实践路径。

常见动态竞合系统化构造过程：构造价值关联目标→绘制价值网络/价值链→确定博弈组织的竞合关系→实施 PARTS 战略/五力模型等来改变博弈→分析和比较各组织博弈结果→确定合作竞争战略系统→扩大价值体系机会、实现共赢。

动态竞合系统化构造过程，首先需要找到竞合组织间的价值关联，并绘制其价值关联系统。现阶段多数企业及学者多采用**价值链模型**或者**五力模型**分析组织间竞合关系，将**竞争者（含替代者）、顾客、供应商、互补者**进行互动关联。

以此为基础，通过对组织间博弈关系分析，对参与者（Participators）、附加值（Added values）、规则（Rules）、战术（Tactics）、范围（Scope）五个要素展开竞合系统构建，形成不同类型的博弈，构造 PARTS 系统战略，结合自身状态，形成更适合组织成长的目标。尤其市场环境变化，让竞合体系更加动态、更加现实。因此，对中国现阶段特有产业与国际等市场"生存"环境，更需要展开动态竞合分析。

常见的动态竞合分析，主要是明确组织间的关系，突出组织间的竞争优势建立，多采用 2×2 矩阵模式，如组织间对于竞合行为选择（见图 30）、基于资源－组织竞合模式选择（见图31）等，都是矩阵模式在不同条件下的应用。

实际上，竞合系统化实践，不仅要考察组织竞合主体之间的竞合关系，还需要考虑多种因素，如行业特质、供应链、产业链、组织管理模式等。如上下游产业链组织之间可以构造四种竞合关系：高合作高竞争竞合型、低合作高竞争冲突型、高合作低竞争伙伴型、低合作低竞争依赖型（Wilkinson 和 Young，1994）；对于同一跨国公司两个子公司之间也存在四种竞合关系：高合作高竞争型网络领导者（network captain）、低合作高竞争型争斗挑战者（aggressive demander）、高合作低竞争型价值贡献者（ardent contributor）、低合作低竞争型沉默实施者（silent im plementer）（Luo，2005）；两个相互竞争的跨国公司之间也存在四种竞合关系：高合作高竞争配合型（adapting）、低合作高竞争争斗型（contending）、高合作低竞争伙伴型（partnering）和低合作低竞争孤立型（isolating）（Luo，2005）。

因此，组织与多个竞争对手之间则形成了市场的不同竞合形态：多竞争对手竞争市场网络型（networking）、多竞争对手竞争市场关联型（connecting）、少竞争对手竞争市场分散型（dispersing）、少竞争对手竞争市场聚集型（concentrating）（Luo，2007）。正因为如此，组织的竞合系统分析既包括组织内部分析，又包括供应链之间、战略联盟之间等组织外部分析。结合市场关系、供应链等竞合系统分析，可以形成组织间动态竞合系统化的构造体系，并形成竞合调节效能，如图30所示。

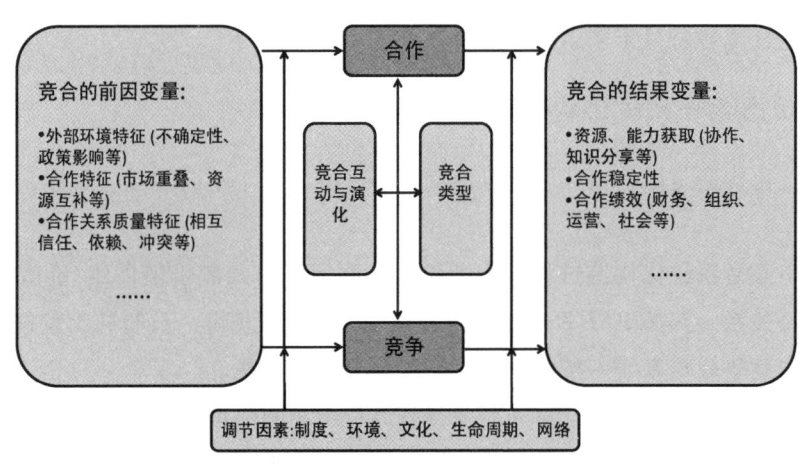

图30　组织间动态竞合关系系统化构造过程

资料来源：Luo，2005，2007；作者根据相关文献整理优化。

组织间竞合关系的形成，需要关注形成因素（自变量）、影响因素之间的关系、竞合系统的互动、竞合所形成的共生、共变，以及动态竞合所形成的推动效能，以此突破资源依赖、社会依赖等组织进化的缺陷部分，以提升组织综合竞争力。在实践中，竞合受到"组织特征、目标、环境氛围、关系以及内部治理因素"等多种因素影响，会对组织绩效的实现形成市场控制效能，可以作为组织进化关键性调节变量，对组织内外部直接进行调节控制，对于组织进化具有动态战略导向效能。

第三部分 组织的无边界战争战略

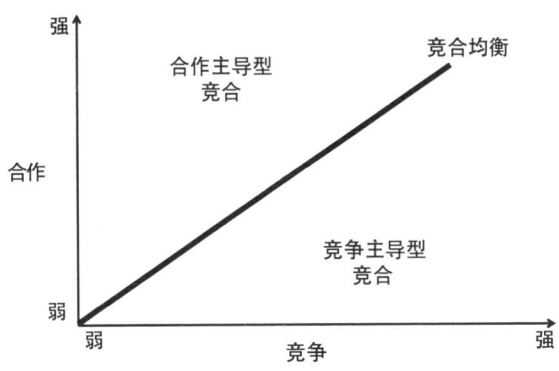

图31　竞合关系的核心主导模式

资料来源：Wilkinsen & Young, 1994；Luo, 2005, 2007；作者根据相关文献整理优化。

因此，竞合效应的目标设定，是基于现有及未来组织进化目标为出发点，既要立足现在，更要关注未来，由此形成竞合效应核心因素考量指标，已达到竞合的相对最优化调节，如表29所示。

表29　　　　　　　　　　竞合效应核心因素考量指标

指标	考量指标要点	考量指标项	考量标准
基于目标的考量	组织展开竞合均需要设定一定目标，通过达成有效的分解目标，会获得相关目标收益或者超额完成目标任务，该部分收益或者超出任务目标作为竞合考量标准	①组织超额完成目标；②降低了成本，③获得新的组织资源与能力，增强组织自身的竞争力	组织获得综合收益越多，各方面提升程度也越大，同时竞合效应效应越明显
基于竞争力的考量	组织间建立竞合关系不仅可以提升自身竞争力，还可提高组织供应链或产业链整体竞争力，使组织更好地服务各类客户需求，提升整体效能，降低运营成本	①组织能更好更快地满足不同客户需求；②供应链/价值网运营成本降低；③供应链/价值网效率提高	组织发展越快，供应链/价值网效率越高，对客户响应速度越快、服务越好，综合价值越高，竞合效应越大
技术与组织创新的考量	以产品或者独立科研竞合项目为目标，建立产品创新技术要求及标准，对应性组织创新同样建立组织创新要求及标准	拥有提供某项产品/创新项目/创新组织的主体技术或组织控制系统，并转化为经济效益或组织效益	拥有相似或创新产品/项目的主体技术或技术使用权，可系统性延展及创新产生更大经济等效益

资料来源：邱国栋等：《基于差别优势和比较优势的企业竞合效应研究》，作者根据需求做了系统调整。

在界定竞合效应核心考量因素的基础上，可以系统化地展开动态竞合系统的建立过程。一般情况下可以分为三个阶段：第一阶段，选择竞合关联组织阶段，即竞合关系建立前对需关联组织推行的竞合关系进行选择；第二阶段，竞合关系建立阶段，即组织选择一定的方式界定"竞合形式、内容、双方责权利及利益分配方式"等；第三阶段，竞合关系优化及调整阶段，即竞合关系形成后，在组织竞合系统推进过程中，对各方在该阶段合作与竞争所对应的"目标、竞争力、技术与组织系统"等核心考量因素动态调整，实现高效完成竞合目标。

在实践中，不同阶段所对应的竞合关系影响因素并不相同，组织之间竞合效应会受到"市场环境、自身资源、组织间权利依赖、相互信任程度、社会环境"等因素影响。因此，在设定竞合效应核心考量指标，需要对不同竞合阶段战略目标所对应的关键因素进行调整：

（1）选择竞合关联组织阶段，该阶段关键因素指标重点考量：第一，竞合组织关系设定竞合目标与优劣势界定，特别注意互补效能与竞争关系；第二，竞合者的期望程度。

（2）竞合关系建立阶段，该阶段关键因素指标重点考量：组织选择何种竞合方式，双方竞合关系的共同目标与冲突矛盾，双方在竞合目标推进中的责任、权力和利益等。

（3）竞合关系优化及调整阶段，该阶段关键因素指标重点考量：第一，竞合参与组织竞合目标的异同性；第二，竞合参与组织之间的竞合利益的重合性；第三，竞合参与组织主要行为特征，如交流合作程度、"机会主义"程度等；第四，竞合参与组织的实际能力和可成长资源等。

近年来，在"大数据、人工智能算法、物联网"等技术持续发展过程中，竞合关系的构建越来越依托互联网信息空间，形成了以"端口、数据、流量"等资源为核心的新竞合效能考量因素。尤其需要注意的是以腾讯、阿里巴巴、拼多多、抖音等通过端口数据流量资源控制合作对象，会针对不同行业中不同规模的公司，采用不同动态竞合关系管理模式，该模式极容易形成行业的动态重构，甚至形成某些行业的整体垄断，最终导致赢者通吃的"垄断型"产业生态。

（四）关注现在、着眼未来的动态竞合效应因素考量

组织间建立高效的动态竞合关系，不仅要关注现在，更要着眼未来。虽然众多学者将动态能力理论与竞合理论做了系统区分，但研究体系均是基于动态环境变化，对组织进化路径展开调整，分别从自身能力体系、组织间竞争与合作的优势建立出发，寻找现有的新机会，以及挖掘未来的机遇。这里必须要明确，竞合不是一个绝对的竞争与合作的抗衡过程，而是相对竞争与合作的博弈过程，竞合过程或侧重竞争，或侧重合作，一般情况下很难形成**纳什均衡**。只能根据现有状况形成相对最优的竞合目标（见图31）。

标杆案例研究 E：
华为内外部竞合协同成长——在对抗中生生不息

本案例是华为体系化研究针对风险与竞争优势创建的关键性案例，研究包括组织内部竞合与组织外部竞合两个部分。组织内部竞合案例以华为蓝军的竞合对抗战略为研究要点，探索华为强大生命力的内在因素。组织外部竞合案例研究则关注华为外部竞合的构建原因、竞合体系与竞合成果展开分析，以此探索华为竞合的成长之道。

华为案例 E 追踪一：
华为蓝军战略——内部对抗与合作的"强心剂"效能

在华为有一个"神秘的组织"，主要工作就是从不同的角度观察华为公司制定的战略和技术发展路线，并采取逆向思维分析华为的产品、战略和解决方案，从中找出漏洞，或模拟竞争对手的策略，对华为展开对抗，考虑如何从内部"打倒"华为。这个唱"反调"的组织，模拟各类对抗性行为、各种可能发生的竞争场景，甚至对华为现有缺陷与漏洞提出一系列的危险警告，公司内部不断展开自我批判，为华为发展提供决策性建议，保证华为尽可能走在正确的、高速发展的道路上。这个成立于 2006 年的"神秘的组织"，被称为"蓝军参谋部"，隶属于公司战略 Marketing 体系。曾数次优化与拯救华为发展的关键性组织，最为经典的例子是蓝军组织成功扭转了华为终端命运，结果移动终端在持续的增长过程中营业额已然超越运营商业务，支撑了华为业务的半壁江山。

从表面看华为蓝军组织是寻找华为漏洞与问题的对抗性竞争组织，但本质上华为"蓝军参谋部"是华为展开内外部竞合创新的关键性组织。从思维构造上看，蓝军组织依托逆向思维，从全新视角观察华为的战略与技术体系；从工作要点上看，从内部竞合视角审视与论证华为战略、产品、解决方案的漏洞或问题，从外部竞合视角模拟对手策略，指出华为的业务系统中的漏洞或问题；从人才构建上看，"蓝军"是华为重要高级人才培训基地，华为总裁任正非曾提出：没有蓝军经历，就不要再重点提拔，并进一步补充说明：不知道如何打败华为，说明已经到了天花板；从战略发展模式上看，"红军"代表着华为现行的战略发展模式，"蓝军"代表主要竞争对手或未来创新型战略发展模式；从组织存活空间看，"蓝军"探索的是极限生存思维，通过最困难的状态展开系统分析，以寻求最大的生存空间。

"蓝军组织"主要通过辩论、模拟实践、战术推演等方式，对现有产品、战略等展开批判性挖掘与反向分析，其核心是集聚内外部优势资源，找到最好的"生存"与发展状态，在战略层面保持相对正确方向，在技术层面寻求颠覆性技术和产品创新。

一、蓝军战略的形成过程及主要特征

蓝军最早在军事部队中崛起，蓝军代表实战模拟中的假想敌。世界上最早的蓝军是 1966 年在以色列组建的"外国空军模拟大队"。该部队通过实战模拟大幅提升歼敌能力，在实战中曾以 1∶20 的战损比让伊拉克在战争中遭遇重创。随后加拿大、英国、美国、中国等国家相继建立蓝军组织开启实战化训练，创造出众多全新的技战术实战模式，演化出多类型特种兵战争模式。中国人民解放军于 2011 年建设专业化蓝军，通过使用国外军事武器、部队编制及外军军令等，展开军事对抗，在近 10 年的中国军事发展中起到了积极的推动作用，极大地提升了集团军作战与特种兵作战能力与思维。

蓝军组织与蓝军战略进一步延展到政府部门与企业。美国政府在"9·11"事件之后，众多政府部门及研究机构引入"蓝军"，如美国国家安全局（NSA）模仿蓝军安全入侵、美国国家审计局建立鉴定审定与特殊调查组（FSI）、美国中央情报局（CIA）的 Sherman Kent 中心，聘请外部专家建立对各类情报进行"假设研究、镜像处理与复杂分析"的蓝军组织。美国企业更是早于部队建立蓝军研发及生产部门，如 1943 年洛克希德·马丁公司就建立了一个名叫臭鼬工厂（Skunk Works）的蓝军组织部门，主要开展飞行器的秘密研究，F-117 夜鹰战斗机、F-22 猛禽战斗机等知名战斗机型均出自这个"神秘部门"。科技公司 IBM、eBay、Google，以及知名的百事食品公司等，均在其技术创新领域建立了"蓝军组织"。最为知名的是 Google X 研究实验室就是典型的"蓝军组织"，Google 依托强大的科研开发，创造了众多的科技创新产品，其控制的 Alphabet 公司，更是将"蓝军组织"的价值发挥到极致，甚至代替 Google，在纳斯达克上市。

在中国也并非华为一家公司拥有"蓝军组织"，阿里、腾讯等公司也都拥有开辟新市场,展开深度创新的"蓝军组织",如阿里重金研发"云计算",通过 10 年艰辛努力,"阿里云"取得了亚太占比第一,世界占比第三的优良业绩。阿里依托蓝军思维战略布局蚂蚁、菜鸟、钉钉等新产品市场,虽然没有成立专门的蓝军组织,但却构建了强大的竞合迭代能力;腾讯则在张小龙的带领下构建了全新的微信团队,这个传奇的"蓝军组织",通过移动端的产品创新与迭代,超越了腾讯 QQ,成为了腾讯帝国的核心产品。

但是,"华为蓝军"有别于国内外企业传统意义上的"蓝军组织",它更像是华为在经历数次生死危机之后,为了华为未来涅槃腾飞的"神奇组织",2006 年组织成立,但到 2013 年才有公开资料显示这一组织,20 多年一直被华为"神秘隐藏",直到华为祭出华为消费者终端、华为海思、华为鸿蒙、华为欧拉、华为编程语言"仓颉"等众多战略级产品,"华为蓝军"才不断被世人所认知。华为蓝军不仅需要突出产品前瞻性,更需要在战略、管理、项目、产品、组织等多个领域发现问题,并协同华为解决问题。华为蓝军部长潘少钦曾撰文批任正非十宗罪,直面华为高层的管理问题。

华为蓝军战略是在"生存"思维的基础上构建而成,其成立涉及众多因素,主要原因一方面是华为以往战略与业务出现决策失败,让华为数次面临生死风险;另外,任正非作为公司高层出身军旅,具有极强的危机意识与战略思维。

蓝军战略的本质是基于自身优势,应对现在以及未来市场,主动构建组织动态竞合的创新生存体系,其主要形式是模拟竞争对手,达成探索新发展模式的目的,表现形成为组织对抗,特别是极限假设下的生存对抗。蓝军战略进一步推进的目标:通过学习模仿竞争对手,在思考上超越对手,通过动态的市场竞合手段,最终实现深层的组织与技术等的**"降维"打击**。必须要明确的是蓝军战略不是**蓝海战略**,蓝军战略是基于竞合思维,展开动态系统创新,达到从思维到技术等各领域超越对手,以获取更大的生存空间;蓝海战略是通过探索创新,发现产业领域的新市场。虽然两者有一定联系,但却是两个完全不同的概念体系。

蓝军战略构建本身,是基于竞争优势的学习心态,动态掌握竞争对手以及未来未知领域的发展趋势,提升战略决策的有效性。蓝军战略其本质是超越式竞争,内核却包蕴含着合作与学习。美国西点军校曾针对蓝军思维创建了蓝军领导力课程,主要帮助蓝军指挥官如何从"思维上超越对手",其课程模块包括四大模块:①"蓝军组建"模块,包括沟通、谈判、联盟、敌我分析等课程;②"理论探索"模块,包括思考方式、失败逻辑、黑天鹅、军事思想、三十六计等兵法思想等课程;③"文化融合"模块,包括语言、宗教、政治、经济、全球化等课程;④"运作环境"模块,包括战略环境、共同趋势、经济要素等课程。可以看出该课程一方面对竞争对手展开全方面学习与分析,另一方面重点通过竞争与合作等一系列手段达成"战略、技术"等多方面的"超越"。

华为公司是研发驱动的高科技公司,现有业务优势集中在运营商业务、消费者业务等版块。华为高速的成长过程中,将蓝军战略的逆向异质思维发挥到极致,尤其研发系统更是体现了"华为蓝军"的真实意图,任正非曾强调:华为研发可以组成一个"红军"和一个"蓝军","红军"和"蓝军"两个队伍同时干,"蓝军"要想尽办法打倒"红军",千方百计地钻他们的空子,挑他的毛病,"蓝军"就是要想尽办法来否定"红军"。**蓝军战略帮助华为突破组织惯性思维形成的能力陷阱,通过革命性、根本性的自我批评与修正,直接"对抗"各个业务部门,包括华为高层管理者,一次次帮助华为修正发展方向、改变命运。**

蓝军战略不仅创造了华为终端消费者业务的传奇,更构建了华为未来业务的发展方向。2007 年,苹果刚推出了划时代的智能手机 iPhone,华为蓝军就通过大量的调研工作,敏锐地意识到移动物联网的变革时代的来临,移动智能终端的作用将越来越重要,而当时手机霸主诺基亚及手机领域知名公司摩托罗拉等因自身产品的市场优势,均未深度关注智能移动时代的来临。2008 年,华为和贝恩等私募基金展开一系列沟通,计划出售华为手机等终端业务,华为蓝军针对手机终端明确给出蓝军意见:未来电信行业发展核心是"云—管—端"三位一体化的构造,且该体系由终端决定需求,放弃终端就是放弃未来。最终华为保留了终端业务,奠定了华为手机成为世界一线知名手机的基础,创造了华为手机的辉煌,尤其是近几年更是超越了运营商业务,支撑起华为总营收的半壁江山。实际上"蓝军组织"不仅保留了终端业务,还促使华为主动创新了一个独立运作的互联网手机品牌——华为荣耀,这个曾经让小米极度痛苦的品牌。华为荣耀依托着移动互联网浪潮与华为科技领域的不断创新,荣耀手机业绩高速提升,基于多种原因,华为最终在 2020 年 11 月以 400 亿美元的价格出售了荣耀。

如果说华为蓝军组织的重要作用表现在战略前瞻性,另一个重大作用则表现为对风险的规避与对正确经营发展思维的坚持。如 2015 年,在华为智能手机高速成长,正跻身国际头部品牌的关键时刻,一款手机新品在高温环境测试环节,出现概率仅为千分之几的胶水溢出现象,蓝军组织经过全面风险评估后,以减少 9000 多万元经营业绩为代价,直接否决该款手机上市。不断地自我否定,在对抗竞争中成长,成为了华为高效发展的核心因素(红军与蓝军思维比较如表 30 所示)。

表 30 红军思维与蓝军思维比较

	红军思维	蓝军思维
前提	目标驱动	手段驱动,目标可以根据手段进行调整
对未来的认识	未来是过去的延续,可以进行有效的预测	未来是现在主动行动的某种偶然结果,颠覆性、失控可能影响未来发展的方向
行为逻辑	对于未来预测,强调程序化的对应控制	侧重对未来控制的引导,而非将重点放在预测上
决策标准	基于结果设定应对手段。其手段的选择由预期回报率决定	从现有技术等手段出发,基于手段的核心优势达成动态目标;在可承受范围内采取科技等方式快速迭代,在可承受的风险内,实现"降维"超越

续表

	红军思维	蓝军思维
行动路径选择	基于既定承诺：根据原设定目标选择行动路径。 整体推动自上而下（侧重顶层设计）	抓住各种偶发机遇，基于核心优势建立更多、更好的发展途径，因此属于动态的具进化效能的成长路径
经营环境	假设环境是稳定、线性的	假设环境是动态、非线性、进化的
未知的本质	基于历史数据，专注未来可预测部分设定目标	专注未来不可预测部分展开控制
组织结构	权力集中；主要由管理者行使权力，做出决策	权力分散；权力分散到管理流程当中，决策由团队和每个组织单元做出
常见战略	基于"准确"的定位；基于现有市场扩大市场占有率；侧重规模经济	通过联盟与合作战略共同创造出新市场
创新模式	开采（exploitation）	探索（exploration）
项目评估	基于成本与收益核算	基于发展里程碑
运营	执行（execution） 长周期 规避错误	探寻（search） 快速短周期迭代 学习错误，并寻求解决路径
人力资源	员工均有明确具体的职位。职位间存在协同缺陷，虽规模大，内耗将增大	角色是围绕战略目标设定，需要各组织单元不断更新、进化。组织中成员需当多个角色。规则是透明且可优化
人才评估	以高管为代表的个体贡献 回溯式的	组织单元为公司带来的新机会 前瞻式的

资料来源：McGrath，2010；Sarasvathy，2008。

二、蓝军组织系统化构建与蓝军战略竞合创新的协同进化

组织想建立蓝军思维、采用"蓝军战略"，形成更好的环境适应能力，让组织焕发极强的生命力，就需要形成一套系统的蓝军组织构建体系。蓝军组织并不是仅仅设立一个部门或者团队，更不是给公司挑毛病、提意见，最核心的是要知道为什么要建立蓝军？蓝军在组织的使命？如何构建具有组织活化效能的蓝军组织？蓝军组织的基本原则是什么？蓝军战略怎样创新组织价值体系？……

蓝军组织不应该仅是一个组织，它的首要作用就如同一条"鲇鱼"一样，激发组织内部危机意识，激活组织活力与创新力，更重要的是在恶劣甚至极限环境中依然能激发强大的"生命力"。华为在美国"实体名单"的针对性制裁下，迸发出强大的"生命力"，其蓝军组织具有极大作用。华为建立蓝军具有以下目的：第一，组织冲突性。华为建立蓝军

不是为了减少矛盾与冲突,而是主动创造冲突,发现问题,找到缺陷;第二,组织异质性。华为蓝军并不是传承华为原有的核心能力,而是通过逆向思维,建立对立面或颠覆性的新体系;第三,蓝军组织动态角色转换。蓝军与红军既存在竞争对抗,又存在协作改良,在业务推进过程中,产品或项目、人员、系统创新等各方面均可以相互转换。首先,在产品或项目方面,蓝军的颠覆性产品或项目通过市场测试,并得到市场反馈的乐观数据后,就可以转化为红军思维,依托组织原有的核心优势,依托竞合效应,快速转入规模成长阶段。其次,在人才发展方面,需要拥有红蓝军转换思维,这样的人才具有极强的发展性,任正非数次谈道:要想升官,先到蓝军去,不把红军打败就不要升司令……不知道如何打败华为,说明你已到天花板了。另外,在系统创新方面,蓝军组织需要不断融合合作伙伴与对手的优势,以竞合思维挑战组织原有优势,针对未来竞合需求颠覆组织自身的技术体系、资源能力、商业模式。因此,在复杂的组织体系中,蓝军所担负着自我颠覆的创新使命,而冲突性、异质性、动态角色转换成为蓝军完成使命的基本价值存在。

很多学者认为华为蓝军存在的核心价值在于蓝军背后的两种特有思维:一个是自我批评,一个是备胎思维。

首先,自我批评是蓝军战略的重要价值体现,也是华为超越竞争对手的内在驱动力因素,华为对蓝军的定位就是负责构筑组织的自我批判能力,推动华为各层面建立基于生存和发展的对抗机制,通过不断地自我批判,使华为走在正确的方向。华为蓝军的工作方式多采用辩论、模拟实战、战术推演等方式,对当前战略思想进行反向分析和批判性辩论。现实组织管理过程中,做到企业自我批评并非容易之事,既需要宽容,更需要眼界,还需要保护。很多时候基于逆向思维审视公司的战略与技术发展,会触及组织系统中各方利益,甚至触及公司股东、高管的核心利益,极容易触发集体性对抗,而蓝军组织则会成为众矢之的。

其次,备胎思维是以生存为导向的战略发展思维,也是组织具有迭代与超越的核心力量。2019年5月15日,美国宣布将华为列入美方"实体清单",华为启动B计划,华为海思代替高通一夜扶正。2019年5月21日,任正非在记者会上谈到"华为备胎计划",华为备胎计划进入大众视野,在美国进一步打压下,华为再度推出鸿蒙(Harmony)操作系统替代谷歌安卓(Android)系统,在极限生存挑战下,寻找生存突破,为了进一步摆脱美国的基础技术封锁,华为进一步推出华为欧拉、华为编程语言"仓颉"等众多战略级底层研发及应用系统。

实际上,无论"自我批评"还是"备胎思维"都是蓝军战略的表象,一个是寻求问题所在,一个是战略前瞻,**其核心都在寻求更大的"生存空间"**。如果想打造蓝军的真正价值,就必须明确蓝军的战略使命,正如华为在超越爱立信、诺基亚、思科等竞争对手后,依然担忧"下一个倒下的可能就是华为",担忧从一个追随者逐步变成一个领跑者,华为缺乏充分的准备。

蓝军存在的价值就是在忧患与危机中找到有效的、系统的应对方法，寻求最大的生存空间。"自杀重生，他杀淘汰"，当企业成为行业头部时，更需要防止柯达、诺基亚核心产业的陷阱问题，正如《炮轰华为》一文中谈道：一定要把华为公司的优势去掉，去掉优势就是更大的优势。"向死而生"的使命驱使，才是华为蓝军真正的价值所在。

经济学家熊彼特曾对创新与创业精神有过深度的论述，认为这是"创造性破坏"力量，这种力量可以摧毁原有的经营方式，淘汰旧产业，建立"新组合"。蓝军的最终使命，就是在时代的浪潮中，缔造这种"创造性破坏"力量。因此，蓝军组织会面临组织变革、创新探索、迭代重生、系统进化等功能推进使命。有学者将其总结为四个战略使命：企业内部的改造者、创新的探路者、变革的再生者、企业生命的延展者。这种组织使命构造了清晰且系统的蓝军战略目标。

蓝军组织的系统化战略目标，核心是基于组织动态能力的竞合博弈，是在开放的生态体系下，最大化激活组织活力、创新能力与问题应对能力。蓝军的战略竞合不仅是"鲶鱼效应"，更大价值在于针对现在、创建未来的前瞻性的动态适应能力的价值博弈。华为强大的生命力更大源自开放的学习心态与合作精神，对抗与竞争更多的是技术手段与思维碰撞。任正非曾要求：华为要学习美国的创新精神、创新机制和创新能力，要打破自身优势，形成新优势，如果不主动打破自身优势，别人早晚也会来打破。

如何系统化构建蓝军战略？

蓝军的战略构建是基于组织现有资源与优势，发展问题、重构资源的对抗性竞合创新战略，其思维既是发展思维，又是迭代思维，更是生存思维。蓝军战略对于现有组织及产品不仅是对抗竞争，更是合作与协同发展，蓝军组织不同阶段的角色定位并不相同。

举一个例子，华为蓝军不仅通过一份报告保住了手机等移动终端，还通过系统的市场分析推出了曾经华为高速成长的手机品牌——华为荣耀，构建了华为手机双品牌战略，两大品牌分别由两组团队展开运营，内部形成了红蓝军对抗性竞争。当从市场细分上看，华为品牌主攻高端市场，主推P系列和Mate系列，华为荣耀品牌则主攻中低端市场，对标年轻人市场与互联网模式；从营销渠道上看，华为品牌最早侧重传统渠道，华为荣耀最早侧重互联网渠道；从竞争对手上看，华为品牌主要竞争对手为苹果、三星，华为荣耀则紧盯小米以及OPPO、vivo市场；从创新体系来看，华为品牌与荣耀品牌在操作系统开发、硬件及组件创新等方面均存在巨大差异，其产品研发的团队思维、人员也存在巨大差异；从相互关系上看，虽然两个手机品牌在内部存在业绩的竞争，但就相互关系而言更多突出竞合关系，而且以合作关系为主，相互之间的鼓励、竞争，协同激发了华为手机的品质研发，促进了华为海思等自有供应链企业的高速发展，同时促进了华为消费者业务生态系统的协同发展与创新。

蓝军战略的系统化建设，可以从蓝军战略的组织构建、思维系统构建、业务系统构建、战略到执行的系统方法、蓝军战略组织下沉与进化等几个层面展开实施：

第一，构建蓝军战略的对应性组织。任何战略都需要对应适合的组织形态，蓝军组织是扁平化的水平组织，甚至是独立的、去中心化组织单元集群，其组织特征具有"虚拟"性或针对性，且独立运营，组织本身是一个动态竞合性协同组织，组织核心工作为竞争性对抗，但实际操作却需要企业跨领域、跨部门、跨项目展开协调合作与咨询沟通。

蓝军战略的组织变革已经在众多知名企业展开尝试与探索。海尔基于蓝军思维，在内部建立了小微创业平台，并提出了"自杀重生，他杀淘汰"的独特观点，该平台对企业、顾客、员工展开对应性、颠覆性的变革，通过建设"企业平台化、用户个性化、员工创客化"三位一体的竞合关系，达到提升组织效能，延长企业生命力，提升应对复杂环境的能力，扩展生存空间的目的。

第二，构建系统化的蓝军思维。蓝军思维体系构造不仅包括高层管理者，更包括中层管理者与基层员工。在实践推进中，一方面注重高管的红蓝军思维转化，另一方面注重在中层与基层形成蓝军思维，形成自下而上与自上而下组织内部动态优化推动力，提升组织敏捷性与适应性，时刻保持危机意识，主动求变，根据组织发展需求，动态切换红蓝军组织功能，主动构建蓝军思维系统。组织在竞合关系中不断进化，需要两种思维同时存在，既要有红军的正向思维，又要有蓝军的逆向思维，现有组织推进，侧重红军思维，依托自身优势，注重规模性向外发展；蓝军思维，形式上是模拟外部竞争，实质是由外向内，深度发现与解决组织现有问题，扩展生存空间，拓展业务系统，形成创新成长效能，如表31所示。

表31　　　　　　　红蓝军思维的动态体系化影响因素对比

管理领域	红军思维主导的企业	蓝军思维主导的企业
适合生存的环境	稳定的环境	充满变动、高不确定性的环境
战略	保护现有资源与定位 利用现有资源 持续扩展当前的商业模式	调整、改造、重组资源 再度创新能力 探索新资源
方向性	高	低（可持续改善、调整）
容错性	低	高，主要通过快速失败、低成本失败增大容错能力
领导风格	排斥异己、自我且封闭、避免辩论 安于现状，减少问题与质疑 不参与潜在假设的检验 傲慢自满，避免分享知识 掩盖错误，害怕犯错 言行不一 自上而下的	主动、开放地聆听，参与批判，探究与辩论 充满好奇与提问 质疑潜在的假设 谦逊 分享知识、从善如流、在参与中形成灵感 在失败中学习 信任 自下而上的

续表

管理领域	红军思维主导的企业	蓝军思维主导的企业
团队	垂直团队 管理者—被管理者结构 最大化、最优化	水平团队 同辈组织结构 最小化、注重生存
研发方式	封闭式 单一思路 瀑布式（不可回转） 匀速学习	开放式 多元思路 快速迭代 漏斗式学习（早期开放式、跳跃式大胆假设，后期收敛式、迭代式小心求证）
组织行为与人力资源	聘请专家 部门责任划分/KPI绩效考核 威权式层级组织结构	聘请通才（T型人才） 多重功能/OKI绩效考核 水平化组织层级/去中心化等
运营	执行（execution） 长周期 规避错误	探寻（search） 短周期 从错误中学习
营销	自认为了解客户需求 拥有全功能、更吸引人的产品 占据大部分市场 提高商标的专属性	探求用户需求（和用户交朋友） 大量的客户互动（参与感） 超预期口碑（"客户需求做到极致"） 暂时不关注商标品牌
投资	大规模投资，压倒竞争对手	里程碑式投资，控制风险
财务	减少边际成本 增加固定资产投资（例如大规模建厂），通过规模经济来减少平均成本	减少全部成本 避免固定资产投资（固定成本）换取灵活性（例如外包、轻资产战略）

资料来源：Furr 和 Dyer，2014；Hess 和 Liedtka，2012。

第三，创新核心优势，构建蓝军战略下的竞合业务系统。从华为蓝军竞合协同推进下的华为业务体系，其核心价值是基于蓝军思维碰撞，探索创新系列化的盈利体系，支持华为高速增长。华为蓝军探索了"云—管—端"三维一体的发展体系，尤其是基于终端的发展研究，成就了华为 10 多年的高速成长，如图 32 所示。

华为蓝军基于逆向思维全面探索华为内部问题，依托数据分析、行业发展趋势分析、科技前沿探索等，展开系列化的创新体系预判，探索华为新的发展出路。最为突出的是运用"蓝海战略""长尾战略"等思维展开系列化的新发展体系构建。华为近期基于鸿蒙（Harmony）操作系统在"海关和港口""智慧公路""数据中心能源""智能光伏"等领域成立"军团"，展开智能数字化生态系统探索，就是基于"蓝海战略"，进入未开发的细分市场，打造差异化且具有极强竞争优势的系列化产品。华为云、华为移动终端等系列产品则是按照"长尾战略"构造二八原则层次化差异产品。华为蓝军战略依托研发的核心

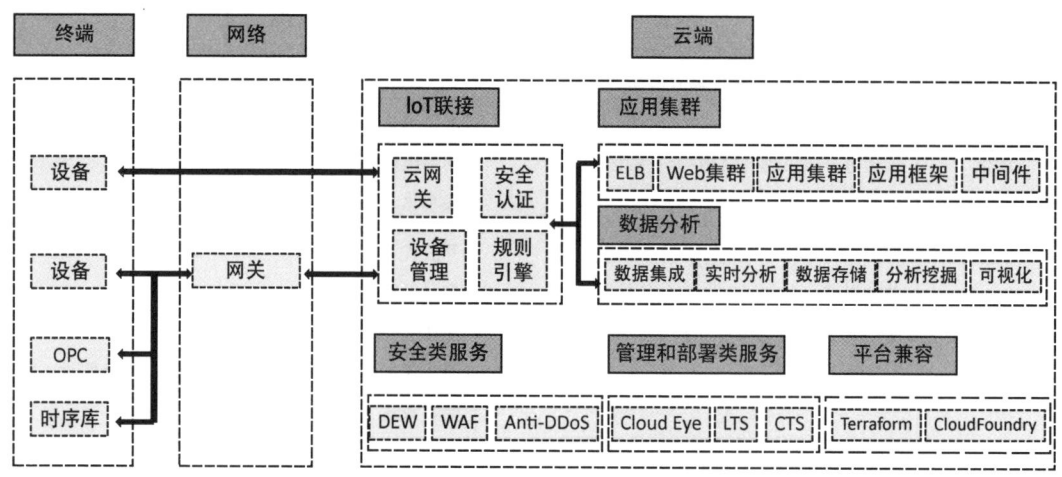

图 32　华为 IoT"云—管—端"三维一体解决方案构架

资料来源：作者根据相关文献整理优化。

优势，通过主动试错、快速迭代等原则，基于研发创新，建立多层次成长的系列化增长曲线，获得未来巨大的市场。蓝军战略的系列化创新，一方面依托现有产品优势，巩固自身实力，发挥红军思维优势，打造产业生态系统，占据竞合优势地位；另一方面，基于未来发展与极限生存风险，探索颠覆性创新迭代产品，获取面向未来的巨大"生存空间"。

第四，形成蓝军战略从构建到执行的系统方法。华为蓝军最为重要的一点是：有一套从战略构建到执行的大闭环系统方法（可参考图 13：基于市场为基础的动态进化管理体系）。华为根据这套完整的系统方法，分别在每年春秋两季提出系统的战略规划。华为红蓝军上半年的对抗是基于市场、行业发展为基础，构建未来三年的战略，下半年则是系统分解战略目标，形成科学化的计划与预算。在战略规划阶段，红蓝军要相互 PK 若干个月，分别针对关键问题、陷阱、措施、规划细节等展开深度对抗，最终形成科学且系统的战略执行路径。

第五，进一步蓝军战略组织下沉并持续进化。华为蓝军战略不仅在公司管理层面，更需要下沉到各组织管理领域，形成内部组织之间的竞合与协同。华为蓝军战略首先在企业发展战略、科技研发等领域相继展开，随后进一步下沉到华为财务系统等领域，并引起系列化的战略变革与进化。其中最为典型事件是 2014 年华为财务系统启动了全球税务风险管理项目，并在伦敦成立财务风险控制中心，成为了"财务系统的蓝军组织"，旨在对全球的税务风险进行分析排查，并寻找解决方案，制订行动计划。为了进一步推动华为"全球化"发展与"本土化"运营，华为财务进一步构造了将业务流程与财务流程高度融合的一体化财务管理体系，并向各个业务单元派出 CFO，构造了监督、管理、协同功能相融合的业务竞合管理发展组件，进一步形成了内外部竞合协同的财务蓝军组织。

营销学基于逆向思维曾有这样一个观点：你所忽略的事情与问题，你的敌人会帮你找到。这便是华为蓝军战略的价值所在。华为的蓝军战略，表面看是一种文化，深度看是一套开放的竞合战略体系，从根本看更像是一种基于"生存的"不屈精神。

华为案例 E 追踪二：
华为全球化高速成长的取舍之道
——外部动态竞合的价值博弈

纵观华为成长史，华为在不同时期均面临众多的强大竞争对手。在公司成立初期的国内通信市场竞争过程中，就面临上海贝尔、北电、爱立信、朗讯、中兴、大唐等众多国内外竞争对手的直接竞争，尤其与中兴展开了疯狂的价格争夺战；在国际化的高速发展道路上除了面临中兴等同类竞争对手，更是面临爱立信、朗讯、阿尔卡特、西门子、诺基亚、思科等国际巨头的围追堵截，2002 年，思科就知识产权等问题向华为提起诉讼，成为华为全球化发展标志性事件，更成为华为国际化崛起之战；华为将业务版块拓展到以手机为代表的智能移动终端及操作系统，更是先后面对与诺基亚、苹果、三星、小米、高通、谷歌等知名公司竞争；在云计算、云储存、人工智能等企业业务领域，面对亚马逊、苹果、IBM、阿里巴巴、思科等众多世界 500 强公司竞争；除此之外，华为还数次面对美国针对性制裁，以至于华为美国首席网络安全官 Andy Purdy 指出：华为可能是世界上被审查和评估最多的公司之一。华为国际化成长之路的每一步都面临巨大竞争，而充满智慧的动态竞合取舍之道，不仅让华为一次次在激烈竞争中抢占了最有利的发展关键位置，更使这种竞合思维成为了华为全球化高速发展的核心策略。这里重点选取华为国际化发展的关键事件，系统分析动态竞合的科学构建方法。

⚙ 一、"务实开放"的"生存"思维，成就以高速成长为导向的竞合超越策略

《华为基本法》深度地阐述了华为精神：广泛吸收世界电子信息领域的最新研究成果，虚心向国内外优秀企业学习，在独立自主的基础上，开放合作地发展领先的核心技术体系。华为 30 多年对科技研发的探索，成就了务实开放的科学精神。

华为每年投入成百上千亿元用于科技研发，只为追赶西方企业几十年甚至上百年的科技积累，华为秉承着实事求是、开放探索的科学精神，虚心向别人学习，并与合作伙伴及竞争对手展开协同研发，站在巨人的肩膀上，采用引进、消化、吸收的系统学习，依托华

为优势展开产品创新与系统集成创新,构建了华为领先世界的技术体系。

华为的成功充分表现在"务实开放"的"生存"思维方面,这种开放的最终目的是超越竞争对手,缔造华为独特的"降维"打击的核心竞争力。为此,华为分别在开放精神、开放学习、开放科研、开放合作等几个方面构造自身的动态竞合体系。

第一,"开放精神"成为了华为骨子里的精髓。在"2012实验室"座谈会上,华为任正非不断强调:华为不能排外,不能成为封闭系统,因为封闭就意味着死亡。尤其在移动互联网时代,出现了信息多、机会多,但市场变化快、信息处理速度快并、商业模式迭代快等特征,在这种状况下,华为更需要集中优势,在有限资源内,发挥自身绝对优势,走好自身的主航道。

第二,"开放学习"成为华为成长的动力之源。2014年华为在《人民日报》《光明日报》《科技日报》等各大媒体刊登了一则广告:向李小文学习。这位已故的中科院院士,几十年一双老布鞋,一瓶二锅头,花白头发宛如农民的消瘦老人,在时代的洪潮中,以独特的开放学习精神,将多角度遥感领域技术保持国际领先地位,其科技"扫地僧"内在精神学习力量成为了华为成长的动力之源。

华为对待美国非常值得学习与研究。华为公司与美国政府及企业的恩怨最深。2003年,思科对华为的诉讼,极大地减缓了华为进入美国市场的步伐,2019—2020年美国数次将华为公司及下属子公司列入"实体清单",通过限制技术、限制市场、禁用软件、限制芯片等众多政策手段极限压缩华为生存空间。但同时华为又是学习美国最彻底的公司,任正非曾数次谈到向美国学习:华为要学习美国的创新精神、创新机制和创新能力,更是认为华为的成功是向美国学习的。华为人力资源管理制度与薪酬体制是由美国合益咨询(HAY)主导设计,华为内部员工持股制改造是由美国智睿咨询(DDI)构造建设,集成产品开发、ISC(集成供应链)等业务流程由美国IBM公司构建并优化,华为财务系统则由国际四大会计师事务所普华永道(PWC)毕马威(KPMG)共同完成,华为国际化管理的组织构造更是参考了IBM的矩阵管理,正因为如此,华为的管理体系是受欧美影响最深的公司,也是在管理领域支付学费最多的公司之一。"华为一定要建立一个开放的体系,特别是硬件体系更要开放。华为不开放就是死亡,如果华为不向美国人民学习他们的伟大,华为就永远战胜不了美国。"正是开放并充满竞合思维的华为,不仅超越了强大的美国竞争对手思科公司,更是超越了华为美国的老师IBM。

第三,"开放科研"催化华为高速发展。华为的研发体系集中其优势主航道,将有限的资源充分运用到关键性产品或项目当中,其他部分加强开放与合作,形成强大的战略竞合的推动力量。强大的开放科研体系,是基于华为竞合发展战略目标,分别与大学院校及科研院所、合作伙伴、竞争对手等展开分层化联合,具有开放竞合系统化特质的科研体系。首先,华为与大学及科研院所展开开放合作,1997年,华为率先与北京大学合作开展CDMA技术的研发,后逐步与清华大学、北京邮电大学、电子科技大学、东南大学、中国科学技术大学、华中科技大学、上海交通大学等院校建立长期的技术合作关系，通过建立联合实验室、购买技术、技术创新合作等方式合作，后国内外合作院校延展到厦门大学、四川大学、西北工业大学，以及国外的英国曼彻斯特大学、多伦多大学等，同时华为启动"未来种子"计划，利用人才开放思维高效获取全球顶级科技人才；其次，华为与供应链等合作伙伴展开科研合作，先后与3Com、德州仪器、英特尔、微软、摩托罗拉、NEC、谷歌等公司共同展开技术合作与联合开发；此外，华为还与直接竞争对手高通、爱立信、诺基亚、西门子、摩托罗拉等技术领先的直接竞争对手展开专利合作。这都极大地节约了科技研发时间、减少研发投入，提升了市场相应速度。

第四，"开放合作"成为华为高速发展的关键手段。华为为了有效集合资源，与各类组织展开了不同形式的系列开放合作。华为开放合作构造了全新的研发创新型的高速发展体系，最终实现赢得市场、获得行业领域中绝对的竞争优势的目的。华为在众多领域展开开放合作，如科研合作、供应链合作、股权合作、专利合作、产品合作、生态系统合作、产业跨界创新合作等，这些合作本身带有极强的目标性与竞争性。如在与大学的科研合作方面，2012年华为与上海交通大学建立了长期的战略合作模式，2015年华为与英国曼彻斯特大学展开项目合作模式，主要研究石墨烯在消费电子产品和移动通信设备领域的应用；与企业的合作方面，2000年华为与IBM达成了关于开发高性能网络通信系统的项目合作模式。2003年华为与3Com成立合资公司，展开数据产品的合作。2004年与西门子成立合资公司，展开TD-SCDMA（时分同步码分多址）技术方面合作。2016年，华为消费者业务与徕卡相机公司在手机相机技术领域展开深度战略合作。此外，华为运营商业务与全球前50位电信运营商中的36家运营商展开技术合作，建立了近20多个联合创新中心；另外，华为还从竞争对手、合作伙伴及研发机构处购买核心技术专利。为此华为每年需支付大量的专利使用费，如华为每年会向高通支付高额的专利使用费用，谷歌也会收取手机操作方面的使用费。

现代与未来的企业发展一定会存在长期的竞合状态，任何市场无论如何创新与迭代都会存在市场的天花板，开放合作的最终结果一定是竞争。对于高速发展的头部企业不可能在竞争的环境中获取所有的资源与优势。华为从事的行业具有极强的竞争性，无论早期，还是成长过程中，华为一直都面临强化的对手，面对不确定的市场变化，华为必须坚持全开放的心态。在与西方公司的竞争中，华为学会了竞争，学会了技术与管理的进步（任正非，2005）。

华为的市场竞争模式开始从与竞争对手的存活之争，转向基于华为生存与高速发展的竞合模式转化。竞合作为华为的全新关系处理模式，促使华为形成了更加开放、更注重合作、更注重扩大市场规模、更宽容的双赢或多赢模式。尤其是华为在欧洲市场主动放弃了价格竞争模式，不仅是盈利需要，更是战略需要，保持与竞争对手长期的竞合关系，保持合理的毛利水平，不破坏市场规则，不破坏行业价值，一起把蛋糕做大，共同创造良好的生存空间，共享价值生态利益。现在的华为面对曾经的竞争对手，学会了世界领袖的心态，与竞争对手有竞争互补有合作，懂得与竞争对手合理化分割利益。面对美国政府6次针对性调查，以及美国政府屡次惩罚式的政策待遇，华为依然保持开放、务实的科学精神，持续学习，逐渐超越。华为被美国虐过千百遍，华为却待美国如"初恋"。正是这种开放的竞合超越模式，让华为超过了曾经的美国强敌——朗讯、思科，超越了曾经的老师IBM，更领先谷歌等知名科技公司，相信不远的将来，甚至可能超越苹果等国际科技巨头，重返欧美市场。

二、华为中国市场的竞合战略：华为运营商业务层次化竞合发展

竞合的目标是实现双赢或多赢，对于竞合的构造者而言，集合竞合双方优势，弥补双方劣势，迅速占领市场是其根本目的。华为中国市场的发展战略就是利用"共同利益驱使且利益共同的竞合战略"，最大限度地激活组织与社会资源。

华为最初在中国市场就面临朗讯、爱立信、北电等国际一线品牌与中兴等国内知名企业的直接竞争，在严重缺乏资金与技术的市场环境下，华为采用与通信运营商深度合作，利用极高的产品性价比与竞争对手展开针对性竞争，最终占领中国各主要省市市场。

较为经典的案例是：1993年华为在极难得到政府及银行贷款支持的情况下，以每年固定投资回报30%的承诺，联合全国21个省市的邮电管理局下属电信公司共同出资5500万元成立了莫贝克公司，从而与邮电企业成为了利益共同体，极大地优化终端市场的进入难度。2000年美国爱默生以7.5亿美元的超高价格收购莫贝克，为华为的后续发展提供了巨额资金。华为基于莫贝克公司成功的经验，主动采用动态竞合的新合作模式，直接绕开竞争对手的市场竞争，利用与客户结为利益共同体的方式快速地打开了市场。华为先后与各省市电信公司展开股权合作，成立了四川华为、沈阳华为、北方华为、山东华为、河北华为、安徽华为、成都华为、上海华为、浙江华为、天津华为等合资公司，但随着中国邮电系统改革，各省市电信公司逐步推出，各合资公司成为了华为在各省的分公司。华为与运营商采用合资方式建立了动态竞合效能的利益共同体，虽然极大地牺牲了华为利润，但达到了快速拓展市场、巩固市场、占领市场的战略目的，极大地扩展了华为的生存空间，让华为成为当时电子信息领域成长最快的企业，为华为超越众多的竞争对手，发挥了不可估量的价值。

华为之所以能够与国内众多知名电信运营商展开合作，除利益共享外，更大的原因是华为能够通过自身的核心优势，帮助各地区电信运营商解决基本网络质量问题的同时，还可以从整体网络质量层面为客户提供综合服务，更协同展开专业项目科研，提升电信系统内部的竞争能力，最大限度提升多方竞合利益。

华为与电信运营企业最为经典的外部竞合案例是华为公司与中国通信服务有限公司展开的竞合战略合作。"中国通信服务有限公司"是 2008 年在香港联合交易所上市的公司，下设 170 个子公司，员工近 30 万，中国电信集团占股高达 52.6%。其电信无线网络优化业务与华为公司业务高度重叠，该业务版块华为仅占 22% 的市场比例，而中通服却占 50% 的市场比例。因此，中通服在中国电信无线网优化版块绝对是华为最大的竞争对手。但庞大的市场与各自的优劣势让两家公司最终走在了一起，华为通过竞合关系构造，创造了全新的战略合作模式。

首先，华为与中通服两家公司系统分析了当时两家公司的优劣势，如表 32 所示。

表 32　　　　　　　　　　华为与中通服专业服务优劣对比

企业名称	优势	劣势
中通服	属于电信集团直接控股企业，客户关系深厚 具有全业务资质，多年积累了雄厚的网络规划、建设、外包服务与运营支撑经验 长期占据国内绝大部分运营配套业务，对市场、用户及运作流程非常熟悉 具有全流程服务能力，人力资源充足，各类技能人员全面	组织结构复杂，管理难度大，组织协调与资源调度困难 地域差异较大，发展不均衡 新技术及高端服务能力相对薄弱，对设备厂家依赖强 服务竞争意识不足，人员流失现象严重 存在严重内耗，给第三方带来一定机会
华为	技术力量雄厚，有强大的研发团队提供后台支持 对整个通信网络理解深刻，可提供全套系列产品 多年海外服务经验，对运营商痛点理解透彻 积累了一定的全网代维能力 管理水平较高，员工敬业、卓越的奋斗精神	终端维护、日常网络、室内覆盖等门槛较低业务缺乏成本优势 全流程服务存在薄弱环节，如设计、线路维护、其他厂家优化等 终端客户交流接触较少，导致客户对优质服务感知不足 客户关系支撑处于劣势

第二，在合作优劣势分析的基础上，华为与中通服两家公司进一步明确双方战略诉求。中通服作为电信服务的领头公司，其战略诉求为：深耕国内运营商市场，在确保 TIS 收入稳定增长的同时，加快网络维护、网络优化、物流和移动互联网增值业务的发展。同时加大市场拓展力度，推进共建共享等业务试点，紧密跟踪三网融合等生成的新兴市场；华为公司的战略诉求则为：持续推进政企客户市场拓展，把握政企客户需求，聚焦重点项目和重点客户，挖掘行业市场。致力于海外业务的深度突破，是该业务快速发展，分享全球移动通信市场成长机遇。另外，与设备制造商、运营商、金融机构等商业群体积极合作。这为双方展开深度的竞合战略的推进提供了机会，如图 33 所示。

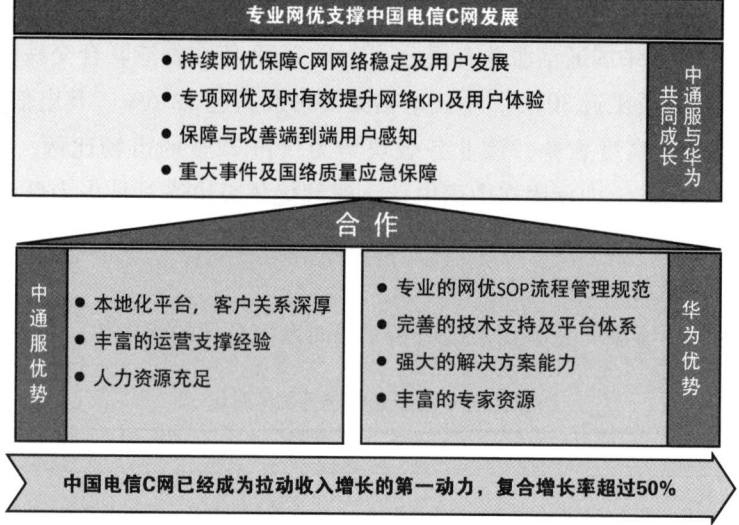

图 33　华为与中通服竞合机会分析

资料来源：邱俊铭，2011；作者根据相关文献整理优化。

第三，构建双方竞合合作的核心要点。虽然华为与中通服两家公司是直接竞争对手，但就双方的优势看均在较大的互补空间，中通服在"客户关系""交付成本"方面，华为在"服务品牌""差异化服务""产品技术"方面可以展开相互补足的竞合服务，如表33所示。

表 33　华为与中通服项目竞合互补要素对比

公司	项目竞合互补要素				
	客户关系	交付成本	服务品牌	差异化服务	产品技术
中通服	高	低	中	低	低
华为	中	高	高	高	高

基于双方深度的互补优势，双方在国内及海外市场，分别就深度网络优化、重大事件通信保障、网络代维、系统集成、绿色机房方案设计与实施、业务管理或增值服务软件合作开发等方面展开管理、技术、经验、客户关系管理等合作。

第四，形成短期、中期、长期三步走的竞合发展战略。通过共同努力尽快扩大双方市场，减少竞争对手，形成长期竞合发展的成长型战略，如图34所示。

华为与中通服两家公司作为直接竞争对手，之所以能够保持长期、层次化的竞合关系，是由于各自企业优势、行业优势、市场需求、利益驱动等多重因素所驱动的。

（1）从各自企业优势看，中通服在中国电信存量网优业务中存在"客户关系""交付成本"优势，华为公司则存在"服务品牌""差异化服务""产品技术"优势，二者有较大的互补空间；

第三部分 | 组织的无边界战争战略

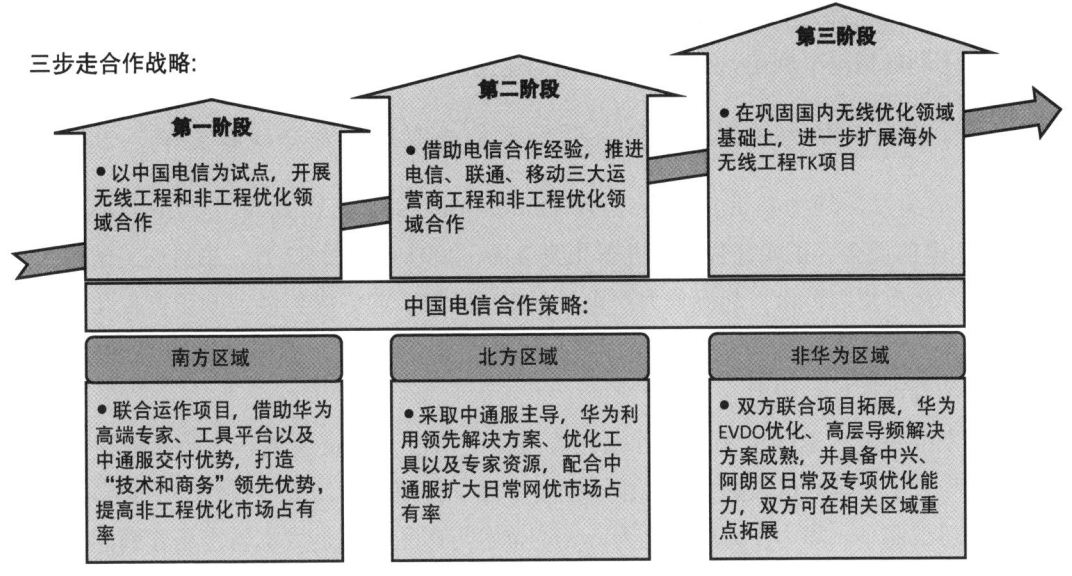

图 34　华为与中通服分阶段竞合成长战略

资料来源：邱俊铭，2011；作者根据相关文献整理优化。

（2）从中国电信无线存量市场看，除华为和中通服外还存在价值数百亿的第三方网巨大市场，竞合模式的优势一旦形成将给双方带来持续收益；

（3）中通服和华为在中国不同区域都有各自优势。中通服北方市场借助华为专业优化工具可进一步实现较低成本交付，中通服南方市场结合华为高端人才优势，实现"日常 + 专项"服务优化升级；

（4）双方战略发展目标互补，中通服将重点发展电信无线网络优化业务及拓展业务，华为则需要重点布局服务体系化并提升客户黏性。

此外，双方展开动态竞合合作将深度优化内部服务资源。包括相对独立的无线网、核心网、接入网、数通、光网络等业务，并为电信客户提供端到端的综合解决方案。双方依托技术、人才、市场优势，设立行业准入标准，通过壁垒效应，减少竞争对手，实现该领域的"降维"打击。

三、华为国外市场的竞合战略：华为、思科的国际诉讼与华为、3Com 等公司的战略竞合

如果说华为最难进入的市场，一定是美国；如果说最让华为最受伤的国家，一定是美国；如果说能让华为成长最快的国家，也一定是美国。美国拥有着世界上最先进的科学技术，也拥有着世界上最强劲的科技对手，更拥有双面且强硬的政治手段。

虽然，华为在进入美国市场与技术创新等方面数次受到美国政府及企业的直接攻击，但华为在不利的情况下利用竞合战略体系化构建逆向成长非常值得研究。

（一）思科对华为的国际诉讼，引发了华为深度的竞合战略变革

2002年6月，华为在北美的子公司Future Way参加美国亚特兰大举办的Supercomm2002电信展会，正式宣告华为进军北美市场。2003年1月22日，思科向美国德州马歇尔镇联邦法院提起诉讼，起诉华为严重侵犯知识产权。起诉内容涵盖知识产权几乎所有领域，涉及专利、不正当竞争、版权、商业秘密等21项罪名。思科的这次起诉从时间、内容、目的看可谓处心积虑。

华为刚准备进入美国市场，为什么让思科横下决心，一定要置华为于死地？究其原因，是华为骨子里具有极强的竞争思维，同时掌握了打败思科的关键密码，尽管当时华为相比思科还很弱小。华为作为后起之秀，无论技术与产品，还是成本与市场营销能力，都具有极强的攻击性，"狼性文化"让华为刚进入美国就直接对标思科，华为同类产品价格低于思科20%~50%，以至于打出的广告背景就为金门大桥（思科标志为金门大桥），并打出直接针对思科的广告口号"唯一的不同就是价格"，这个极具挑衅意味的广告，让思科总裁约翰·钱伯斯既愤怒，又担忧。钱伯斯在分析华为产品和销售模式后，直接说出：思科以后唯一要打击的对手就是华为。

1. 思科手术式系列化攻击

Supercomm电信展会后，思科立即成立针对华为的专项小组，并在公司内部，让所有员工讨论如何攻击华为。2002年12月，思科全球副总裁来到华为，正式提出了知识产权侵权，要求华为承认侵权，并要求华为赔偿、停止销售侵权产品。此后，华为一边同思科协商，一边带领技术小组，对产品进行修改。但思科之后一系列行为，给华为如教科书般上了一课。

首先，思科在美国的得克萨斯州对华为提起全方位的知识产权侵权诉讼，诉讼罪名涉及21项；其次，思科发起舆论战，通过美国媒体全面抹黑华为，钱伯斯更是通过其强大的外交能力来到中国，甚至获取中国领导人的支持。思科分层化的舆论攻势，让中国民众都开始质疑华为侵权，华为的公关公司和代理律师均认为华为有严重的侵权行为；最后，思科游说欧美等华为全球主要市场，甚至威胁华为全球客户，如果购买华为任何产品，将导致意外赔偿，众多欧洲客户暂停了与华为合作。低调的华为，在思科公司的系列攻击过程中苦不堪言。

不难发现，这种针对华为的系列化攻击手段，在中美贸易战过程中再度上演，美国以国家安全为名，一方面在供应端禁止向华为供应芯片、操作软件等产品，另一方面在市场端将华为赶出美国电信市场，并游说欧洲、加拿大、澳大利亚等国家及地区不再使用华为

设备，另外美国通过"长臂管辖"要求加拿大囚禁并引渡华为 CFO 孟晚舟，以达到威胁及阻止华为发展的目的。

2. 华为依托开放的动态竞合思维，展开绝地反击

面对思科的系统攻击，一向低调的华为只能放弃逆来顺受、息事宁人的中国企业思维，主动与思科展开针锋相对的对抗，通过一系列的合作与联合，最终扭转不利局面，实现绝地反击。

第一，华为联合美国知名的海陆律师所，并聘请知识产权领域顶级律师为华为辩护；第二，华为先后邀请律师、斯坦福大学等专业领域教授、通信领域专家参观华为，并详细论述了华为的研发流程，让外界对华为的研发有了真实的了解；第三，联合美国退休高官成立的 Lobby 公司，游说美国政府，减少政策面阻力，同时与西方主流媒体《财富》等展开沟通与宣传；第四，聘请普华永道等美国一流的咨询与财务公司对华为的财务、研发流程等进行审计，并聘请专家对思科 IOS 和华为 VRP 两个版本平台进行对比分析，发现仅有 1.9% 与思科的私有协议有关，这些都让美国政府及公众对华为的印象有了全面的改观；第五，华为主动联合代理商对抗思科公司，如英国代理商在收到思科律师函后，不但不认为华为窃取思科技术，还认为思科对华为的诉讼，只能表现为思科对华为的恐惧；第六，针对思科的"私有协议"与市场标准，华为找到了思科涉嫌垄断市场，获取高额市场利润的事实突破口，并以此作为华为反击思科的关键。

在以上联合有利资源，与思科展开诉讼抗争的基础上，华为更是放弃高额利益，联合美国 3Com 这家美国的老牌电信公司，通过合资、专利相互授权等方式，成立了全新的开发竞合型公司，弯道进入美国市场。这次战略联合对思科起到了绝地反击的目的，不仅让华为找到了突破美国封锁的方法，打破了思科北美市场垄断的格局，更让思科增加了一个熟悉美国规则、熟悉思科的强大竞争对手。

2003 年 3 月 17 日与 3 月 24 日的听证与答辩会上，华为围绕私有协议进行答辩。认为思科滥用私有协议，在美国市场实现垄断，获取高额利润，其影响更是延展到北美市场，独占北美高达 70% 以上的市场占有率，压缩美国 3Com 等公司的生存空间，树立了大量的竞争对手。庭审期间华为还宣布与 3Com 公司联合成立子公司，并聘请 3Com 公司 CEO 克拉夫林出庭作证。华为的反击让思科措手不及。6 月 7 日，法庭驳回思科禁售华为的申请，拒绝思科禁止华为使用思科类似的命令行程序，但却同意禁止华为使用有争议的路由器软件源代码、操作界面等内容。随后，美国媒体开始反思该案件，相继开始客观报道，思科也私下与华为接触，就和解进行谈判。2004 年 7 月，双方签订了最终的和解协议。华为虽然一定程度上获取了诉讼的胜利，但思科的诉讼直接阻碍了华为直接进入美国市场，减缓了华为国际化高速发展的步伐。

3. 思科对华为的诉讼，促使华为构建长期动态竞合战略

思科对华为的诉讼，表面上是一场知识产权的纠纷，但实质是两家公司在合作伙伴、政府资源、媒体等资源整合领域的竞合之争。这种官司虽然最终达成和解，但双方的竞争却更加严峻。为此，华为与3Com公司、EDS公司、摩托罗拉公司、加拿大贝尔公司等展开了深度的竞合型协作，由此进入北美市场。思科则继续利用自身的政治资源优势，促使美国众议院于2012年10月8日发布了针对华为、中兴两家中国企业"涉及威胁美国国家安全"的调查报告，进一步阻止华为在北美，尤其是美国市场的发展。

思科对华为的诉讼之后，华为也展开了深度的反思，重新将竞争对手定义为友商，更是同阿尔卡特、西门子、爱立信和摩托罗拉等竞争对手展开了深度合作。同时华为放弃了通过价格战疯狂掠夺市场，重构了华为长期动态竞合发展的国际化战略。任正非不断强调：在海外市场的拓展上，华为不打价格战，要与友商共存双赢，不能因为华为的快速增长从友商手里夺取份额，不通过低价销售来损害整个行业的利润，成为市场规则的破坏者，甚至直接威胁友商的生存和发展。宁愿放弃一些市场、一些利益，也要与友商合作，成为伙伴，共同创造良好的生存环境，共享价值链的利益。

正是华为这种开放竞合的发展思维，才使华为与国际同行在诸多领域展开深度的竞合式合作，建立了广泛的利益共同体，实现长期合作，相互依存，共同发展。另外，这场诉讼坚定了华为以科技研发为核心的发展道路。对恶意的针对性攻击，能够用开放的心态勇敢应对、敢于亮剑、敢于竞争，敢于展开"以毒攻毒"的防御。比较典型的两个例子：一个是2016—2018年华为分别在美国和中国的相关省市连续起诉三星公司知识产权侵权，通过一系列审查，三星败诉，多款4G产品在中国市场限制销售，双方经多方谈判后，最终达成和解，华为成为了赢家；另一个是华为面对美国轮番制裁和打压，再次利用美国主导的知识产权工具，于2020年2月向美国得克萨斯州东区和西区法院对美国最大的运营商Verizon提起诉讼，索赔10亿美元。美国的极力辩护，故意拖延一直未能开庭，Verizon公司一开始也极力反驳，但最终基于侵权事实，私下与华为达成和解。

（二）华为与3Com等公司展开动态竞合战略合作，促使华为国际化突破

虽然美国极力阻碍华为进入美国，其行业霸主思科更是想通过诉讼将华为陷入经营困境并将其业务挡在美国之外，但是华为通过共享利益，采用与美国3Com等公司合作，通过成立具有竞合特质的合资企业模式进入了美国市场。3Com公司是美国纳斯达克上市公司，更是美国老牌的电信公司，专业从事数据通信产品经营，是全球计算机网络设备的领导者之一，更是美国思科的直接竞争对手。

合资公司的信息发布恰好赶在思科对华为专利诉讼案开庭的前几天，华为通过美国3Com公司向外界传出了华为的产品在知识产权方面没有问题。争取到3Com的支持，让华为在利益上作出了重大让步：3Com 公司仅投入了 1.6 亿美元，就取得了合资公司 49% 的股份，并达成关键性的业务协定，即在中国和日本市场上将以合资企业的品牌销售产品，而在中国和日本之外的市场以 3Com 的品牌销售合资企业的产品。合资企业既可以销售华为以前开发的并已转入合资企业的网络产品，也可以依据合资企业与 3Com 达成的 OEM 协议销售 3Com 现有产品线中的产品。2003 年 11 月 17 日，华为 3Com 有限公司正式成立并开始业务运作。

对于华为而言，与 3Com 公司的合作，不仅可以充分发挥华为的成本优势，以及技术上的独立性和合法性，更加速了海外拓展的渠道优势。与 3Com 的联合，虽然损失了大量的利益，却获得"海外市场的合法入场券"，为华为海外的高速拓展与产品销售铺平了道路。

在后续的国际化拓展道路上，华为公司通过成立合资公司、联合研发中心、战略合作协议等方式，展开了一系列的战略竞合，尤其对较难进入的区域或产业领域，采用合资等组织竞合模式，效果尤其突出。如思科对华为诉讼结束后不久，众多竞争对手就与华为达成长期战略合作协议。2004 年 8 月，华为与西门子达成合作协议，组建全球性合资公司，专注于 TD – SCDMA 技术及产品的开发、生产、销售和服务。2007 年 12 月，华为与 Global Marine 成立合资公司进入海缆通信市场。2008 年 3 月 12 日，华为与赛门铁克公司合资成立的华为赛门铁克科技有限公司，致力于网络安全与存储产品的研发、销售和服务。

虽然，这种竞合合作模式并不能做到利润最大化，但对华为抢占市场、业务国际化具有巨大效果。第一，抢占市场先机，取长补短。华为与 3Com 的合作可以快速在美国市场获得突破，抢占思科等公司原有的市场份额。华为与西门子的合作，构造了 TD – SCDMA 产品市场和产品应用领域的技术与市场联盟；第二，借力出海，加速华为业务国际化高速发展。虽然思科的诉讼迫使华为退出美国市场，但通过与 3Com 的合作，借助其渠道优势，促使华为通过贴牌的形式进入美国市场。

华为与 3Com 公司的合作，是双方基于共同利益构建的动态竞合关系。华为借助 3Com 的市场优势进入美国等市场，3Com 借助华为的技术优势重新闯入被思科挤出的数据通信高端市场，如表 34 所示。

表 34　　　　　　　　华为与 3Com 公司合作的竞合价值分析

	华为	3Com	华为 3Com 通信
合作的战略目的	解决了华为进入美国市场遭遇的思科专利诉讼，并借助 3Com 全球市场影响力和广阔销售渠道，推进华为的国际化进程	得到华为的技术支持，重回高端企业网络设备市场	提供了技术网络设备及方案

续表

	华为	3Com	华为3Com通信
合资公司国际市场开拓的各方价值目标	在全球市场上通过合资展开业务并行，学习3Com国际化运营经验，提升华为品牌	充分挖掘中国市场的巨大潜力，借助华为的技术支持，获取高端企业网设备市场的份额	借助3Com品牌开拓北美和欧洲市场，扩大合资企业产品的影响力和销售规模
合资公司成立后各方价值重构	顺利进入美国市场，在国际市场提升了品牌影响力	顺利进入中国市场，并得到令人满意的投资回报	合资企业产品顺利进入中国和欧美市场
合资公司退出与补偿的价值分割	华为通过"竞价"方式出让，最终以8.82亿美元向3Com出售华为在合资公司持有49%的全部股权，缓解了资金压力	3Com将合资企业变成自己的全资子公司，并成为后期利润来源的核心	在控制权变更时，原有来自华为的管理团队、经营自主权没有被过多干涉，确保了华三通信的经营稳定和企业持续的高速发展

资料来源：作者根据相关文献整理优化。

华为与3Com公司的合作因为主导权、利润等因素，出现了众多摩擦，但其竞合合作方式却极大地促进了两家企业的发展，尤其加快了华为的全球化步伐，后华为借助该模式与西门子等公司就营销、技术等展开全面合作。但由于美国政府监管严格，尤其对华为更是故意刁难，最终华为出让持有的全部股权，合资企业变为3Com公司的一家全资子公司。同时，高速发展的华为曾在2008年，联合贝恩资本尝试并购3Com，却遭遇美国外国投资委员会（CFIUS）以国家安全为由给予否决。

华为在美国屡次被调查，美国市场开拓数次受阻。除了否决收购3Com，2010年8月，华为与美国电信商Sprint洽谈电信合同，被认为将对美国公共和私人部门客户（包括军方）构成"重大风险"，要求华为不得参与合同竞购；2010年10月，华为试图收购3Leaf的专利技术再次被美国外国投资委员会（CFIUS）以国家安全理由否决；2011年美国众议院情报委员会就华为、中兴涉嫌"威胁美国国家安全"事件进行全面调查，该调查的始作俑者指向思科；2012年美国众议院发布报告，认定华为和中兴对美国造成国家安全风险，可能已经违反美国的法律；2013年，美国总统奥巴马签署法案，要求美国政府相关部门不得私自购买信息技术系统，同时要对中国IT设备正式评估。这些事件都严重制约了华为在美国市场拓展。

四、从产品竞争转向生态竞合，创造层次化边界开放的新竞合

随着华为的高速发展，华为的研发体系已经从产品研发延展到规模化的生态系统研发。以往华为的研发重心侧重华为硬件生态圈，但随着市场因素影响，华为开始侧重打造

软硬相互结合的生态系统。如华为鸿蒙 OS（Harmony OS）的推出，是为了"构建万物互联的智能世界"，通过鸿蒙 OS 等操作系统，打破了硬件与软件边界，形成"云—管—端"层次化、一体化的华为新业务生态系统，如图 35 所示。

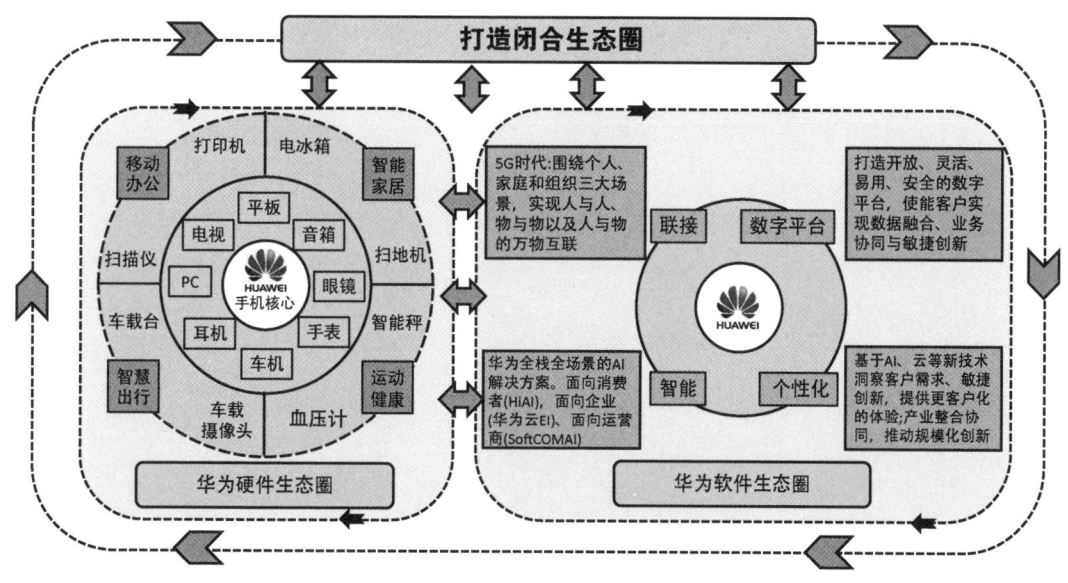

图 35　华为软硬件协同的生态系统

资料来源：作者根据相关文献整理优化。

华为总裁任正非曾谈及华为将由产品竞争向生态竞合转化："现代企业竞争已不是单个企业之间的竞争，而是供应链竞争。企业的供应链就是一条生态链，客户、合作者、供应商、制造商会在一条船上。只有加强合作，关注客户、合作者的利益，追求多赢，企业才能活得长久。"

华为通过动态竞合的新合作模式，与世界上众多的企业展开技术、产品、供应链等领域层次化、全方位的、开放的竞合关系构造。美国高通、韩国三星、诺基亚、微软、比亚迪、北汽、苹果等公司与华为均是在竞争中合作，在共同打造生态竞合。华为正在不断尝试通过生态竞合模式，对直接竞争对手展开降维竞争。

动态竞合可以有效实现双方与多方的共赢。如在移动设备行业，三星是华为"供应链"中的合作企业，华为手机中的重要元件来自三星，三星是华为的供应商，二者存在深度的合作关系，双方均在合作中获利；但同时，三星和华为都有移动端的手机业务，在移动设备市场中是直接竞争者，未来在用户市场将获得更多的企业利润，华为与三星之间层数次对簿公堂。

动态竞合可以加强企业间的深度合作，提升自主创新能力，共同推进产业进步。如华为在 5G 专利数量世界第一，在该领域与爱立信、三星、中兴等企业存在直接竞争，但 5G 创新需要这些企业将 5G 专利技术相互融合。因此，在 5G 技术的创新环境中，各企业间不可能形成两两竞争的"全竞争"关系，但存在相互促进的合作关系，层次化的动态竞合关系有利于不同状态创新环境的稳定与 5G 技术发展。如果将组织自主创新能力视为组织技术发展的充分条件，那么组织间竞争与合作关系是技术发展的必要条件，组织间一定要存在竞合关系，才能聚合各类资源，从产品竞争扩展成为生态竞合，最终将爆发从"聚合"到"聚变"的飞跃。

第四部分
大未来：组织单元基于"生存"的新生态抉择

引子

任何组织都不可能在当今社会系统中独立生存，尤其在大时代变革的新背景下，不同组织需要在不同新产业生态环境中找准自身的"生存定位"，并在以科技、金融等多因素影响下构建适合自身的组织生态定位，构建围绕自身能力为核心的创新生态系统与组织生态系统。未来的组织将在开放与共享、协同共生与竞合成长等运作关系中，动态进化生态系统，提升组织韧性，减少各类危机造成的风险与伤害，并习惯性利用危机，重建秩序，并尽可能地引导产业生态系统，运用组织能力和资源，制订市场变革危机与不确定性的应对生态系统，形成产业系统恢复、成长与反超的新生态构建思维与能力。

第九章
新生态中寻求更大的"生存空间"

近几年,中国各产业生态环境发生了颠覆性变化,具体表现在三个方面:第一,突发危机事件引发产业生态系统结构性变化;第二,大数据、互联网、人工智能等新技术引发的新产业革命,将迎来智能产业与智能经济时代;第三,中美大国竞争背景下,将加速重组全球产业生态,导致产业生态系统的"不确定性、突发性",产业生态面临长期竞争对抗状态。这里分层展开说明:

第一,2020年初全球暴发的新冠肺炎疫情极大地冲击了世界各国产业体系与经济体系,不仅对各国公共治理能力与危机应对能力进行了一场严峻考验,而且对各国产业体系及各企业市场应对能力展开了深度检验,促使各国企业与机构深度思考组织生存与危机应对等问题,"美国的产业空心化,中国核心技术空心化"在两个大国竞争过程中突出表现出来,世界逆全球化步伐加速,全球产业生态正向着"突发性、不确定性、变化性"特征发展。为适应疫情防控常态化、中美国际竞争等多重因素影响,中国启动"国内大循环为主体、国内国际双循环相互促进"的"双循环"新发展格局,新产业生态变革已然发生。

第二,大数据、云计算、人工智能等新一代信息技术迅速发展与广泛应用,促使全世界步入智能产业与智能经济新时代。有学者认为这是继第三次工业革命后的第四次工业革命,是继畜牧经济、农业经济和工业经济之后,全新的经济形态,也是未来10年中国经济的新标签。"历史上任何一次产业革命中涌现的新技术都是一个技术'簇群'"(熊彼特,1912),智能经济被认为是第四次工业革命核心经济形态,因为新一代人工智能作为第四次工业革命通用性技术,是"引领新一轮科技革命和产业变革的战略性技术,具有溢出带动性很强的'头雁'效应"(习近平,2018),人工智能与5G、大数据、云计算、物联网等技术共同构建了新产业革命的技术"簇群"。

第三,随着中国经济的快速崛起、高新科技领域的摩尔定律效能正在逐渐消失,中美竞争日趋激烈,中美关系日趋紧张,甚至针锋相对,不少国家开始政治站队,造成各产业领域相互竞争,尤其在高新科技领域与金融领域的竞争不可避免,各领域产业生态系统在短期内发生剧烈变化。2021年7月26日,中国外交部副部长谢峰在天津会见美国副国务卿谢尔曼（Wendy R. Sherman）明确指出："美方的'竞争、合作、对抗'三分法核心就是遏制打压中国的'障眼法'。对抗遏制是本质，合作是权宜之计，竞争是话语陷阱。有求于中方时就要求合作；在有优势的领域就脱钩断供，封锁制裁；为了遏制中国，不惜冲突对抗。只想解决美方关切的问题，只想得到美方想要的结果，单方面受益，既要坏事做绝，还想好处占尽。"中美产业竞争较为突出的事件，除了美国连续数次提高进口关税外，美国商务部工业与安全局（BIS）针对中国核心技术短板出台管制清单，对高科技相关的设备、芯片等元器件、软件系统、集成电路等领域进行技术限制与恶意断供，典型事件是美国政府针对在5G技术领域取得全球领先地位和供应链主导权的华为公司实施战略遏制，以所谓的"国家安全"借口，限制其5G通信设备的技术研发和生产。近两年美国政府更是通过5G"干净网络"计划，采用"干净路径""干净载体""干净应用程序""干净应用程序商店""干净云"和"干净电缆"六大版块，全面封锁互联网、基础设备、通信服务、芯片类元器件、软件系统、集成电路等信息科技领域，以及航空航天、船舶及重型机械、无人机等关联科技领域，形成了美国高科技"霸权"。现已封锁中国公司包括：华为、中兴、TikTok（海外版抖音）、Wechat（海外版微信）、大疆（无人机）、中国移动、中国电信、中科曙光（芯片）、中航工业（AVIC）、中航天科技（CASC）、中航天科工（CASIC）、中航空发动机（AECC）、中船重工（CSIC）、中船（CSSC）等……

面对不可避免并持续变化的新生态，中国企业及机构能做的只有与现实握手言和，并且积极应对。为此，需要以组织生态为突破口，通过对技术短板加大投入，持续系统创新，在新生态中寻求"生存空间"，是企业及机构成长的关键。

一、生态，关于圈子的"生存"与"成长"哲学

生态，是一种状态，一种习性，也是一种结果。这个来自生物学的概念，在人类发展的历程中，构建了一个关于族群"生存"与"成长"的哲学体系，形成了基于不同群体之间的深度关联。

1. 基于生态的几个核心概念

生态这个概念来源于生物学中的群落，在新的市场环境中，建立较为良性的组织生态系统，需要对生态的几个核心概念有一个整体的认知，特别需要构建在经济与管理领域的认知关联。

（1）生态：主要指生物/组织在一定的自然环境（或社会环境）下生存和发展的状态，以及生物/组织之间与环境之间的关联关系。当生态达到优良的稳定循环状态，被称为**生态平衡**。

生态基于生物学概念，逐步将这一概念延展到环境、社会、产业与经济等领域。在经济与管理领域，**生态主要指组织之间相互依存，形成良性循环的成长状态**。如苹果软件系统的生态主要包括：苹果 APP 商店、平台软件开发商、用户三者之间的良性循环。华为总裁任正非非常赞许苹果手机生态，并认为 Harmony OS 与 HMS 生态想要追赶苹果系统及 iOS 生态需要数年，甚至更长时间。苹果手机 iOS 生态关键为开发商提供了一个开放性的平台，并让开发者基于用户需求开发对应的软件应用，用户基于苹果广泛的应用，促使自身需求得到满足，同时强化了苹果黏性，多方在此获益，生成良性的生态正循环。

在经济与管理学领域，生态是基于市场层面的状态结果，该层面是基于市场需求自然发展生成，并基于不同成长周期得到壮大。本书认为可以将**生态分为三个层次：产品层次、平台层次、生态进化层次**，不同生态层次对应着不同的生态逻辑、成长体系与发展重心，不同生态层次虽然需要的组织构造体系并不相同，但均可以展开创新、跨界、升级、扩展等进化活动。

产品层次作为生态的第一层次，侧重点是产品的功能、体验、价值生成与提升。为此，该生态层次会紧紧围绕产品展开组织与创新系统构建，会基于产品基础功能、产品核心价值、产品目标期望、产品可替代价值、产品潜在竞争与价值再造等与产品关联的价值系统展开相应工作，会重点关注价值链、产业链，多采用五力模型等工具展开战略分析。该阶段非常注重产品价值的生成与创新，尤其注意客户体验价值，如初期苹果 Mac 电脑、手机等系列产品的推出，就非常注重产品层次的生态构建，这些产品侧重消费者体验、科技创新，将艺术与科技完美融合，重点改进产品功能、质量、外观、优化生产、供应链、运作流程、降低成本、发展分销渠道、采用客户体验性的广告宣传等提升生态价值，该生态非常适合初创型、创业型、产品为核心的组织与机构；**平台层次作为生态的第二层次，侧重点为资源整合、多方互利、价值共赢**。为此，该生态层次突出自身平台的生态化搭建，快速形成平台的正向网络效应，激发平台价值桥梁的双向作用，一方面利用平台网络，不断扩大生态系统；另一方面利用两面市场形成平台交互，扩大价值规模与质量。平台生态重点解决两个矛盾：一是高效建立生态系统，二是产生联动价值体系。平台型生态非常注重创新效率、增长速度、财务状况、竞争与合作状态，同时注重高效信息传递、中小型组织快速聚合、端口引入及管理，快速形成平台网络，所以长尾理论（The Long Tail）、价值网络（value network）等理论会被关注并用于促进平台生态创新与发展，而互联网、物联网、大数据、云计算等新技术将加速客户信息收集、整理、分析、信息协同传达等工作，所以平台型生态大多出现在互联网与物联网类组织、云计算与云储存类组织，以及资源类创新生态引导类组织中。如苹果公司 2001 年 1 月推出 iTunes，10 月推出 iPod，iPod 虽然是苹果公司过渡型产品，却颠覆了当时火爆的 MP3 与 MP4 市场，其竞争力不仅体现在产品上，更体现在其强大的音乐平台生态系统上，现在的苹果公司平台中有拥有超过 250 亿首歌曲，成为了覆盖全球的第一数字音乐平台。现在的中国，产品生态效率非常高，想要设计或逆向复制 iPod、iphone 类的产品非常容易与高效，但产品背后的平台生态与美国还是有一定的差距，毕竟建立相应的平台生态还是十分困难，需要很长的时间；**生态进化层次作为生态的第三层次，侧重点为协同共生、跨界创新、共赢优化**。为此，该生态层次注重整个生态的协同创新与组织的共赢优化。因此，组织生态系统与创新生态系统成为了该生态层次的核心推动力，需要从产品、平台多个层面，不断重构全新的产业生态圈，形成层次化的协同进化生态系统。如苹果公司在整合 iPod 生态系统基础，进一步引进无线运营商 AT&T 公司及游戏软件开发商建立了更协同的组织生态系统、更广泛关联的创新生态系统，并基于新生态独特优势，在 2007 年推出划时代产品 iPhone 手机，2010 年推出了 iPod 平板电脑。苹果公司持续整合了 iPhone 及 iMac 生态系统，先后引入好莱坞电影、新闻媒体、办公、会议、信息沟通等与工作与生活密切关联的开发软件，形成了在生活中随时随地文化娱乐享受，随时随地展开工作学习的全新体验，并持续促进该生态系统连续进化。

基于生态的系统化构建，本书重点阐述几个重要的生态概念：**生态系统、企业生态系统、生态位、组织生态与组织生态系统、创新生态系统**。

(2) 生态系统（ecosystem，ECO）：源于生态学的重要概念，一般指生物群落在其环境中与部分非生物组成产生相互作用，形成的系统体系。生态系统受到外部因素和内部因素关联控制。外部因素，也称状态因素，控制着生态系统的整体结构和内部运营方式，内部因素不仅控制生态系统过程，同时存在反馈回路影响，因此生态系统是动态转化的实体系统。

生态系具有广泛的研究价值，现已延展到社会学、经济学、工程学、管理学、组织学等多个学科领域。截至本书结稿时，生态系统一直无法在构造及组成上得到统一，很大的原因是生态系统的"界限"无法被确认，作者在分析界定"生态"在经济管理领域的三个层次，可以看出界限的分析层次不同，研究对象、研究范围、研究重点也均不相同，这都阻碍了生态学理论的进一步发展。

不过，生态系统在经济与管理应用领域，越来越侧重生态系统的形成过程、周期性干扰两个方面研究。生态系统的形成过程主要依据目标需求构建不同层次的生态系统，构建要点过程可参考生态概念中三个生态层次的系统分析。干扰因素形成通常是突发事件或蓄意谋划的重大事件，在这里需要注意的是：干扰因素对生态系统形成过程与生态周期均起到重要作用，当干扰因素发生扰动时，相对平衡的生态系统就会离开原有状态，将在内外部因素共同作用下达到新的相对平衡状态。如美国"9·11"恐怖事件、新冠肺炎疫情全球暴发事件都引发了社会与产业生态系统的整体变化，促使生态系统走向新的平衡因此对生态系统干扰是在时间和空间上相对离散的事件性扰动，它改变了种群、群落和生态系统结构，导致资源可用性或市场环境的变化。

(3) 企业生态系统：指企业间生态环境形成的相互作用、相互影响的系统网络。该生态系统以企业组织为出发点,重点研究企业与外部环境通过资源、能量、信息等交互,形成相互作用、相互竞争、相互依赖、共同发展的经济关联整体。企业生态系统将一般价值链、供应链、生产链、商业模式、价值网络等系统体系融合在正向循环的生态系统当中。企业生态管理涉及供应商、经销商、客户、利益相关者、外包服务公司、关键技术提供商、监管机构、融资机构、媒体、竞争对手、互补与替代品制造商等组织实体,并通过价值链、人才链、资金链、产业链、创新链等动态啮合在一起,最终形成以企业为中心的生态系统。

企业在打造企业生态系统时,首先需要着眼企业自身实际情况,基于外部环境,从全局出发,形成多方获益的利益共同体。其次,**分层次打造企业生态系统**,一般而言可以将企业生态系统分解为**企业生态管理、企业生态营销、企业生态质量管理、企业生态创新**等几个方面展开系统构建、优化与协同。在企业生态系统构建过程中,同样需要从生态的三个层次出发,分别在**企业层次、企业群落层次、产业生态升级与创新层次**三个不同层次,依次展开企业生态系统的构建。第一层次是企业层次,侧重产品生态设计、提升资源使用率、提升可再生资源利用率、提升创新能力、提升服务质量、提升信息化管理能力等;第二层次是企业群落层次,侧重企业与组织间关联,形成相互关联的**循环经济**,促使企业之间通过物质集成、信息集成、能量集成等模式形成企业群落、区域集群;第三层次是产业生态升级与创新层次,侧重企业从更广域的产业层面提升资源利用效率、引导并提升产业价值体系、进一步打破产业边界、创新产业体系、延展产业链条。最终形成企业生态系统的良性循环,促使企业健康、可持续发展。

(4) 生态位:指每个"个体/种群"在"种群/群落"中的时空位置及功能关系,因此也被界定为一个生物/组织群体所实际占据的最小生态空间/单位,能够得到存续所必需的基本物质资源条件(Grinnell,1917)。"生态位"主要界定生态系统中基础边界关联与组织内资源分布,因此,组织或企业需要在所处的产业生态系统中寻找自身最合适的生态位,为此会产生生态系统中的竞争与合作。在经营管理中有多种生态位形态,如基于信息的虚拟生态位、基于组织的组织生态位。组织是生态系统中的重要组成单元,是最核心的研究对象。组织生态位一般指组织在特定环境中实际占据的多维资源空间的总称。组织在环境中受到多种资源因素制约与影响,因此,组织生态位就是能够维持组织群体存续的特定环境因素的最小空间组合(Hannan 和 Freeman,1977)。

(5) 组织生态(Organization Ecology):将自然界物种进化的法则、特征和规律,结合生态学相关概念、模型、理论和方法,对组织展开研究,形成了组织生态。组织生态主要研究组织种群的形成、成长及效仿的过程、与环境转变的关系(M. T. Hannan 和 J. H. Freeman,1977)。组织生态具有生物进化与生物遗传特征,与本书第三章提到"广义达尔文主义"的组织单元研究体系非常相似,但组织生态研究重点突出了变异、遗传和自然选择性三大特征。三大特征与组织关系、结构、环境等因素对应(可参考本书第三章广义达尔文组织进化相关章节)。

组织生态在实践应用中非常注意组织群体的分析,即**组织种群**。**组织种群**是由在特定边界内具有共同形态的全部组织所构成,相互之间通过资金、技术等因素关联。组织生态是以市场环境下生存方式的选择为基础,通过生存方式的变化分析组织适应性,是产业生态系统研究最为重要的方法。为此组织生态研究对象是产业生态中的所有组织,重点研究环境变化对组织的影响。研究包括组织形式,组织建立、变革、消亡的周期过程,同时还重点研究产业生态系统在持续进化过程中对应的组织选择及影响。

组织生态如生态、生态系统一样,存在体系分层次,依据研究对象可分为四个层次:**组织个体**(organizational individuals)、**组织种群**(organizational population)、**组织群落**(organizational community)和**组织生态系统**(organizational eco-systems)。组织个体生态以组织个体为对象,侧重研究组织个体构造、组织要素对组织行为与结果;组织种群生态以多个相同特征(主要为对外部环境依赖关系相同)的组织集合(即种群)为对象,侧重研究种群构造、层次、集聚制度化、行为与结果;组织群落生态以多个组织种群集合为对象,侧重研究种群之间的结构、行为、作用、市场环境变化的规律与结果,同时在组织间技术系统生态、组织间协作共生、联盟与合作、协作与竞争网络、协作与竞争冲突等多个领域展开重点研究;**组织生态系统**以整体生态系统为对象,侧重研究生态系统中的组织组成要素、结构与功能、发展、演化、替换,以及政策影响与调控机制等领域,形成生态化系统科学。

组织生态系统(organizational eco-systems):建立在"生态位""生态系统"的概念基础上。一般指在特定时间和空间内,由组织群落与其环境组成的整体,通过价值流动、能量流动、价值循环、信息传递形成相互联系、相互制约、相互依存,并形成具有自调节功能的价值复合体(James F. Moore, 1993, 1996)。组织生态系统包括消费者及所有关联的组织与产品,如供应商、主要生产者、竞争者和风险承担者等。

(6)**创新生态系统**(Innovation ecosystem)是以创新为目标,形成一套具备完善合作创新支持体系的生态系统。创新生态系统是不同系统和创新组织之间形成了一种彼此依赖和共生进化的网络关系,在创新过程中,各创新组织主体均具有异质性,相互之间强调协同合作,在这里的创新组织包括企业、科研院所、院校、政府机构、金融机构等,其创新系统协作,包括整合资源、资金、技术、人才、信息等众多创新要素,采用创新价值汇聚的方式,最终实现系统化创新。

创新生态系统本质上是以组织创新为基础,基于广泛的生态思维构建具效能的创新系统。为此,创新生态系统同样可分为了三个层次与成长阶段,并以此形成了创新生态系统的层次化进化过程,第一层次为组织形成持续的创新能力阶段,其创新目的是获得长期竞争优势,得到"**可持续发展**";第二层次为组织打开内外部边界,实现"**开放创新**",其创新方式是通过从外部引入创新资源与能力,形成优势互补,可采用技术外包、技术转让、技术联盟、组织并购、产学研合作等模式，缩短研发创新周期、提升创新效能；第三层次是基于集成创新需求，形成创新战略目标的组织生态体系，其创新目的是"**协同创新**"与"**价值共同创造**"。基于战略创新的规模性需求，需要深度打开组织间、组织集群间的内外部边界，形成包括众多企业、科研院所、政府机构、金融中介等共同形成的无边界组织集群，通过市场规律，将科研价值、人力资本、金融资源、信息系统等高效融合，共同创造价值，最终实现规模化创新与技术协同攻坚。第三层次的创新生态系统多出现在"高端芯片研发""操作系统及生态建造""航空航天"等大型规模化与多主体协同的高精尖等产业创新当中，该创新模式将是未来核心产业创新的主导模式。

在这里特别提醒注意：创新生态系统并不是任何区域都可以推行，虽然众多创新生态系统跨国家、跨地区、跨城市，但在某一产业领域能够系统建设创新生态体系，只可能在少数城市与地区，这与该产业领域的市场结构、人才体系、资源、资本等众多因素相关联，正因为如此，创新生态系统一旦成型，其他区域及城市就很难复制。如美国的硅谷、中国深圳的南山高新区等就具有这样的特征。因此，**企业作为创新生态系统的主导者，尤其需要注意防范政策优惠等区域招商陷阱，注意寻找适合自身企业的"生态位"。政府作为政策制定者，需要挖掘所在区域的资源禀赋，切不可盲目设定政策与承诺、大兴土木、展开系列化招商，构建并不适合本区域的生态系统、产业集群，最终造成多方损失。**

2. 基于生态系统的组织发展更具"生存力"与"发展力"

这里通过一个例子：小米与格力的5年赌约，说明生态系统的组织发展模式更具"生存力"与"发展力"。

2013年12月12日第十四届中国经济年度人物颁奖盛典上，格力董明珠与小米雷军就发展模式展开辩论，雷军称5年内小米营业额将超过格力，届时希望董明珠能够赔偿自己1元钱。结果董明珠霸气回应："1元什么就不要提了，如果真能超过格力，愿意赔偿10亿元！"在2013年设下5年赌约的这一年，小米年度营业额316亿元，格力年度营业额1200亿元，格力营业额约为小米的4倍。

小米与格力均为中国知名科技型企业的典范。格力电器是中国制造业的标杆，现有员工约89000名（2020年统计），主要通过"自主研发、自主设计、自主销售，掌握核心专利技术"不断提升企业竞争力。格力做得最好的产品是空调，但随着空调市场发展瓶颈期的到来，格力也开始多元化经营，将产品拓展到更多的"小家电"；小米科技则是新兴互联网研发与制造的典范，现有员工约22000名（2020年统计），其中研发人员10401人，占总员工数的47%左右，小米优势集中表现在市场开拓与供应链协作、互联网生态圈开发。小米启动"手机+AIoT"战略，以高性价比硬件占领市场获取海量用户，通过软件和增值服务获取利润，研发以科技生态系统的多点研发为主。

小米与格力赌约在2018年以格力董明珠以微弱优势获胜，格力2018年营业额为

2000.24亿元，小米2018年营业额为1749亿元，但两家公司在赌约中均获得增长，各自品牌及企业价值均获得大幅提升。但自2019年开始，小米全面超越格力并逐步拉开差距。在此将格力与小米自2013—2020年的营业额及增长率进行对比，如表35所示。

表35　　　　　　　　　　格力与小米公司销售额与增长率对比

公司	对比项目	对比年度							
		2013	2014	2015	2016	2017	2018	2019	2020
格力	年度收入（亿元）	1200	1400	1006	1101	1500	2000	2005	1705
	年度增长率（%）	19.88	16.67	-28.14	9.44	36.24	33.33	0.25	-14.96
小米	年度收入（亿元）	316（含税）	743（含税）	668	685	1146	1749	2058	2459
	年度增长率（%）	150	135	5	2.4	67.5	52.6	17.7	19.4

资料来源：作者根据企业年报及相关信息整理。

从销售额与增长率分析对比表可以看出，两家公司的**增长速度受到产业市场环境、行业供应链、产品特征、竞争对手等多因素影响**，如格力在2015年与2020年两次出现严重负增长，一个因素是受到供应链与金融因素影响，另一个因素是因为疫情导致家电行业市场环境恶化的影响。小米在2015年与2016年出现低速增长，很大原因是受到手机市场增量不足，oppo、vivo、华为等竞争对手强势崛起所致，典型表现为2015年小米智能手机销售额538.9亿元，2016年反降至470.8亿元，出现高达36%负增长，之所以整体业务正增长，是小米科技生态系统的新增业务逐步孕育成熟，出现了高速增长状态，小米科技生态系统的新增业务营业额及业务所占比例近几年均在逐年高速增长。

综合对比格力与小米两家公司的增长速率与发展潜质，作者认为不断打破产业边界、组织边界的小米更具成长力与风险应对能力，判定的关键是现在与未来各产业领域会更突出资源竞合与市场创新之争，尤其是产业跨界与组织生态之争，随着时间的迁移，这种状况会越来越明显。格力电器依靠空调相对单一家电类产品规模化生产为核心，组织围绕规模型生产展开建设，技术创新重点为独立产品，其生态系统优化侧重以供应链为主的价值增长式创新，这种生态很容易受到产业政策、市场环境等因素影响，是以产品为核心的生态系统；小米科技最初智能手机产品生态系统为基础，后逐步延展到由"手机、IoT和互联网"三大领域为核心所构建的新生态系统，形成了"硬件AIoT作为流量入口、互联网创造利润、新零售强化黏性"的铁人三项发展战略。小米科技的生态系统从2019年"手机+AIoT"双引擎战略向多引擎战略转化，并针对逐步优化的生态系统多次展开对应性的动态组织生态调整，逐步形成了互联网、人工智能与云平台、AIoT战略委员会、互联网等多类型组织单元系统协作合作的平台，该生态系统更关注多系统之间的共生与协作、延展与创新，当受到产业环境、政策等因素影响时，会采用动态组织系统调整应对机遇与风险。

寻求更大的"生存空间",是未来组织成长与进化的原动力,构建适合市场变化的生态系统,才能使组织走得更远、活得更长。生态系统的路径构建通常会从组织生态系统与创新生态系统两个方面,基于生态系统的战略目标协同构建具有进化能力的生态系统。

二、组织生态系统是未来组织"生存"与"成长"的源动力

每一种产业形态与经济形态都由不同的组织单元系统聚合形成。在工业经济时代,工厂及企业组织构成了生产的基本单元,因此管理行为主要围绕企业的组织、沟通、协调展开;在新智能经济时代,大量不同性质的组织单元作为生态系统中的微观主体,主要通过互联网、云计算、大数据、人工智能等信息科技协同展开联动,构造了相互共生、协同共享的新组织生态。新组织生态将不同规模的组织生态相互融合,依托产品、业务、数据信息、技术创新等模式形成动态协同的组织生态系统,并依托组织生态系统展开跨产业与跨区域的系统创新。

(一)创建组织生态系统思维,促使跨界产业生态系统与产品生态共生

在阐述组织生态系统之前,先说明两种管理实践中较为存疑的现象:第一种现象,小型组织相比大型组织更具灵活性,在面临危机与风险的时候比大型组织更容易调整产品结构,但事实上为什么大型组织比小型组织更能免于失败,更具风险抵抗能力?第二种现象,大型组织具有产业、资本、资源等众多优势,但想进入相关新兴产业领域或市场时却极其容易失败?

这两种现象,均可以从组织生态系统中寻找到相对合理的解释。

第一种现象说明组织存活率与组织规模有关(Basil, Runte, Basil 和 Usher, 2011; Nunez-Nickel 和 Moyano. Fuentes, 2006; Singh)。一般而言,一个组织只能在生态系统中有限的资源范围内生存,随着组织生态系统的规模增大其组织死亡率则会降低。**小型组织存在"小型劣势",与大型组织相比,严重缺乏组织生态系统的整合能力与资源,具体表现在更难筹集资金,更难招募人才,需要更多的行政费用,更高成本的供应链等,因此当组织处于年轻和规模较小的阶段,特别容易遭受失败。**

第二种现象说明**当组织从生态系统的一个阶段过渡到另一个阶段时,需要组织、资本、资源等众多因素对应性变动,此时组织的新产业生态会较之前脆弱。**因此,众多大型企业或组织在生态系统优化变革过程中会出现巨大的震荡,甚至失败。这很好地解释了大型组织在短时间内进入规模化的新兴新市场,企业生态系统无法为其提供市场所需的支持,该组织就可能会面临失败风险。如格力董明珠与恒大跨界进入新能源汽车,乐视短时间构建多种新产业均面临巨大的产业生态风险。因此,各大型组织管理者必须清晰组织现

阶段所处生态系统的关键发展阶段，明确组织生态系统各阶段需面临的潜在风险。

组织想正确应对以上现象，就需要深度了解组织生态系统，通过创建组织生态系统达到与产业生态系统共生的目的，通过持续进化组织生态系统与跨界产业生态系统协同成长。

1. 组织生态系统是基于生态位为基础构建的进化系统

组织生态系统遵循达尔文（1859）进化论基本原则，由 Hannan 和 Freeman 借鉴 Hawley 的人类生态学（1950，1968）相关理论，探索性提出组织种群生态概念所形成，建立在"生态位"相关概念基础上的系统理论。当某一组织决定开展新项目或新业务时，首先需要决定组织在生态系统中的组织生态位（Carroll 和 Polos，2003）。**组织生态位（organizational niche）** 是指组织在其组织种群中所产生的生产力，以及所需资源，生态位可以视为组织生态系统中最小的界定单位。组织种群存在多种组织生态位，相似特征的组织单元可以归类到同类组织种群当中，当同一产业生态位的组织数量增加时，其资源竞争会越激烈，该位置的组织生态位竞争将越激烈，因此出现了**生态位宽度**的概念，也就是**组织为了生存获取资源的范围**（cheitle，2007）。

组织生态系统是基于生态位为基础，随着组织种群时间的推移，对组织生态的"创建、成长、转型、衰落、消亡"等阶段生成对应的组织联合系统。组织生态系统可以较好地应对政治、经济、社会环境中不同因素的影响。在外部环境发生变化时，多采用增加组织多样性、减少组织多样性、调整组织种群内部动态运行机制，达到调整及优化生态系统、进化生成新产业生态的目的。

2. 从三个方面梳理组织生态系统，形成跨界生态共生体

共生是不同组织（种群）之间相互作用而形成的共同生存、协同进化的群居现象（Douglas，2015）。在生态系统中由共生组织单元、共生环境、共生模式等因素构成共生体，共生组织单元通过人力、物力、财力等资源，在内外部环境中，在各要素间相互协调、融合互动，形成具有创新效能的**跨界生态共生体**，以此推动新生态系统健康、持续、高效发展。近年来，产业生态系统会随着新技术、新商业模式等方面的系统化创新，正在形成新的跨界生态共生体。跨界生态共生体的形成是组织最具竞争力的表现之一，是以组织生态系统为基础展开的系统化构建。因此，组织生态系统需要从三个方面展开梳理：**组织生态系统的构成、组织生态系统的人才组织战略构建、组织生态系统的层次化生态体系构造**。

第一，明晰组织生态系统的构成。 组织生态系统包括消费者、相关产品及衍生系统所对应组织，一般包括供应商、主要生产者、合作者、竞争者、利益相关者等。组织系统之间已存在"共存"或"竞合"关系，通过技术、利益等模式形成关联，构成"共生"体系，如图36所示。

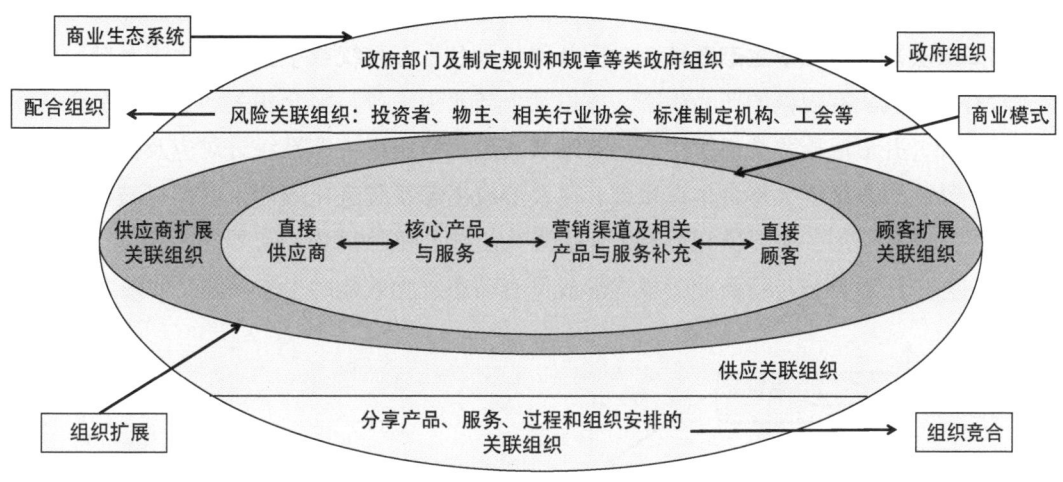

图36 组织生态系统的构成

资料来源：作者根据James F. Moore（1996）理论模型做了优化改造。

第二，明晰组织生态系统的人才组织战略构建。 组织生态系统的人才战略，是在有限的资源范围内构建最为合适人才系统。一般情况下，希望在内部有限资源范围内提升生存能力，通常会专注"目标型专业人才"的组织集群建设；希望在内外部更广阔的资源区间扩展生存范围，通常会注重"创新型通识人才"的组织集群优化。在实践过程中，"创新型通识人才"组织集群往往比"目标型专业人才"组织集群具有更广的生存空间与更长的生存时间，更加容易获取超出常规运营所需的资源，更加容易产生意料之外的环境变化所需的组织应对能力，更容易引入新产品及相关衍生产品，更容易引发超出典型细分市场之外的跨界产业生态创新（Sorenson等，2006）。"目标型专业人才"组织集群更容易出现在较为成熟的产业生态系统当中，更容易对产业生态展开维护，更容易控制组织生态系统的成本等，形成惯性优势。

组织生态系统的调整，是以人才组织集群为基础的对应性调整。面对产业生态系统的变化，越是大型组织越突出对"目标型专业人才"组织集群模块化"适应性"调整。突出表现为原有产业生态环境恶化时，会减少组织集群模块，经常出现整个部门或整个产品线的"组织集群"裁撤，这种现象的出现并不是组织集群中"人才"个体专业能力的问题，而是整个组织生态系统不需要这个组织集群模块；当决定创建跨界生态共生体，则需要注重"创新型通识人才"组织集群的系统化建设。因此，**新组织生态系统通常会明确区分原有组织生态，人才组织集群构建模式要么逐步打破原有组织惯性，要么另外构建新组织生态。**

第三，注重组织生态系统的层次化构造。 组织生态系统需要根据生态系统不同阶段的需求展开层次化构建，**生态一般分为产品生态、平台生态、生态系统进化三个层次**，三个层次的生态系统与对应的组织群落构成一个有机联系的组织生态系统：**第一层次是小型组织生态系统**，对应及优化产品生态系统，侧重围绕产品或项目为核心构建种群类组织生态。**第二层次是中型组织生态系统**，对应及优化平台生态系统或中型产品生态系统，侧重形成较有难度或较有规模的产品生态，或以某个产业为平台，聚合相关产业衍生品形成平台生态系统，并形成群落类组织生态。**第三层次是大型组织生态系统**，对应及优化大型或超大型产品生态系统、大平台生态系统，以及形成生态系统进化效能，突出打破原有生态边界，展开跨界应用，主要依托原有产业生态系统核心竞争优势，跨界进入相关产业或商业领域，并依托新科技与新商业等模式形成具有动态进化效能的生态系统，如图37所示。

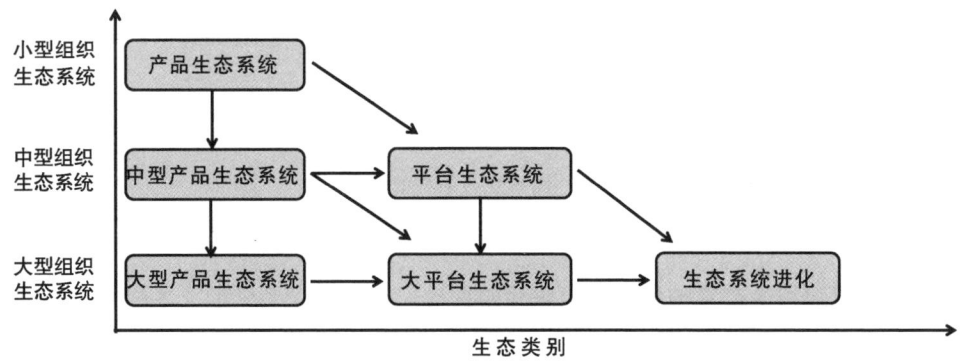

图37　组织生态系统的不同层次

资料来源：Sorenson 等，2006；作者根据相关文献整理优化。

组织生态系统是基于不同生态位逐步生成三种层次的进化生态。首先，不同的组织种群围绕不同的产品生态形成以规模为核心的中型或大型产品生态系统，或者以产品聚合为目的的平台生态系统。其次，不同的组织种群或群落利用自身组织优势，通过相互补充、相互依托，促使形成产业生态系统的更新换代，并促进多产业领域跨界融合，形成具有进化效能的跨界生态共生体，以及具有创新进化效能的组织生态系统。

举一个例子，美国硅谷的形成过程就是组织生态系统与产业生态系统相协同的层次化进化过程。硅谷现已成为世界高科技领域代表，有35个创新小城镇群组成，拥有谷歌、脸书、英特尔、苹果、思科、英伟达、甲骨文、特斯拉、雅虎等知名科技类公司，同时拥有众多高新科技中小公司等组织集群，形成了融合科学、技术、生产、金融服务等一体化的跨界生态共生体。硅谷最早是由斯坦福大学教授弗雷德里克·特曼（FrederickTerman）为鼓励学生创新与创业所形成的斯坦福工业园（Stanford Industrial Park），后逐步发展成为高新技术产业与人才聚集区。随着半导体类产品的研发成功，硅谷形成了硅晶体管为核心的极具竞争力的大型产业生态系统，即平台生态系统，出现了英特尔、AMD等知名芯片公司，并形成了对应的组织群落，构建了极具成长力的组织生态。接下来，硅谷基于半导体硬件产业为基础，伴随资本类风险投资的介入，对新兴的软件与互联网产业展开价值网络重构，硅谷"创新型人才"等组织群落也展开了持续更新与迭代，促使硅谷出现了"以太网、激光打印机、GUI（图形界面）与相关系统软件、OOP（面向对象的编程）"等众多高科技领域创新，出现了苹果、微软、思科等知名高科技公司，并形成了对应的"科研生态与人才组织群落"，其中多类型人才组织群落的汇聚促使硅谷具备了组织生态进化能力。现在的硅谷，集结着美国各地和世界各国的科技人员高达100万人以上，美国科学院院士在硅谷任职接近千人，获诺贝尔奖的科学家就达30多人，高学历专业科技人员占各类组织总数的80%以上，形成了**科学研究、技术开发和生产营销三位一体的跨界生态共生体**。

基于组织生态系统形成的跨界生态共生体，具有极强的产业竞争力与区域竞争力，形成了巨大的"虹吸效应"，让其他区域很难形成同类产业竞争优势。美国硅谷的形成是基于大中小各类组织之间的共生协作、协同创新，美国华尔街的金融群落亦是如此，均是通过各类组织种群或群落在各个创新点展开创新，并形成组织生态系统的协同创新体系。这能很好地解释美国前总统特朗普宣称要让制造业回归美国，但却不太可能完成的原因。尽管美国政府对各制造类企业给出了高额补贴，而且召集了苹果等大型跨国公司推行制造业美国回归，但其效果不尽如人意，美国制造业回归除了导致成本增加，更大的原因是整个生态系统需要持续的建设。整个生态系统的建设不仅需要大型跨国公司的生态引导、政策配合，更需要整个生态共生协作，对应的配套生态及衍生生态的生成及进化，组织生态系统的协作与完善。因而，美国制造业回归既需要时间，也需要组织、供应链等各类因素协同推进，才可能实现。

（二）新智能经济时代下组织生态系统的动态生存与进化

数字化时代的变革将导致组织生态系统的根本性变革，如同生产力决定生产关系一样，在新智能数字化经济时代下组织生态系统的生存与进化体系将被彻底颠覆，在此通过两个方面分别展开论述：第一，影响组织生态系统生存与进化的主要影响因素；第二，新智能数字经济时代背景下组织生态系统的层次化应对。

1. 组织生态系统生存与进化的主要影响因素

不同的组织生态系统，不仅受到时代与自身规模的影响，更取决于一系列因素影响，如市场空间、专业分工、危机应对能力、创新能力、种群密度等。

市场空间。不同的组织生态系统对应着不同的市场，不仅包括现有的专业市场，还包括潜在市场、衍生品市场、跨界市场等领域，组织生态系统会重点关注现有市场的客户需求，侧重规模与结构两个方面。市场规模重点分析市场的总需求、增长率等，以寻求组织生态系统中组织的市场与生存空间，并在此基础上分析消费结构，不同类型潜在产品与衍生产品的需求、市场比重与增长率。市场空间的结构与规模决定着组织生态系统的生存空间与进化方向，这也很好地解释了小米公司生态比格力公司更具有增长潜力。

专业分工。专业分工是决定组织生态位及生态系统的重要因素。专业分工主要包括三个方面：第一是生态系统中需要不同环节的专业分工。如科技类组织在研发环节需提供各类新产品或项目技术，在生产环节需要资本、技术、原材料等方面的支持，在衍生品开发环节需要软件、对应创新产品等新方面的系统参与；第二是同一产业环节，只要存在异质性，就需要不同组织单元或产品类别的专业分工。如同一品牌手机会存在不同型号，并对应不同的软硬件系统，其研发、生产、衍生产品等各环节均存在差异化的专业分工，因此也会出现不同组织生态位的需求，从而会出现外包、产品协同创新等专业分工行为；第三是区域特质导致资源化专业分工。不同区域（包括国家或地区）具有不同区域的比较优势，基于此形成了出于比较优势的资源化专业分工。如华为研发组织集聚全球各区域的资源优势形成了16个研究院所，包括香农实验室、谢尔德实验室、高斯实验室、欧拉实验室、图灵实验室等。结合这些研究院所的协同创新，促使华为自2018年开始，连续数年专利数量全球第一，尤其在5G技术领域，领袖全球。

危机应对能力。危机应对能力是组织生态系统最基本也是最核心的生存与进化因素，尤其在新智能经济时代，该能力尤为重要。危机应对能力的提升，伴随着组织生态系统的成长与进化，但学术界对这方面的研究并不多见。组织生态系统的危机应对能力主要包括两个方面：一是内部危机，二是外部危机，在实践中两种危机会因为环境或组织成长阶段的不同随机暴发。如组织生态系统在不同阶段，组织内部会出现"领导危机、自治危机、控制危机、官僚体系危机"等危机形态，组织管理者需要对内部危机的出现原因有清晰的认知，并展开持续的动态变革，促使组织变得更稳定、更成熟。从内外部危机的生成与解决过程，可以分为"目标偏差、危机生成、触发事件、系统化危机解决"等阶段。危机应对能力的持续提升主要依托各组织单元集群，协作降低危机发生的可能性，最终促使危机伤害最小化，并努力在危机后重建秩序的过程。危机的出现常常伴随机遇的出现，危机事件在短期内就打破组织的正常运作，促使组织生态系统做出快速改变以适应新市场环境变化。因此，危机可以视为组织生态系统进化的一部分，通过提升组织生态系统的危机应对能力达到应对复杂多样危机的目的，是组织生态系统优劣的关键。

创新能力。创新能力决定着生态系统的市场话语权，也决定着不同组织的生态位。创新能力首先对组织生态系统内的管理创新，尤其在新智能经济时代，更可以通过全组织要素进行创新，从而达到提升各类组织管理绩效与创新能力。组织生态系统的创新能力包括两类：硬实力创新与软实力创新。**硬实力创新主要是基于人才研发组织的能力系统创新。软实力创新主要是基于流程、管理及商业模式等各生态位促使生态系统创新。两种创新均可以有效优化组织生态系统的生存与进化效能。**

组织种群密度。组织种群密度是指在一定的市场空间中提供同类型或类似产品的组织数量。一般而言，居于高生态位的组织往往具有较低的种群密度，越处于组织生态系统的高生态位，越容易形成垄断，同时越容易生存，但本身未必有较强的竞争能力；反之，较高的种群密度，其生态位相对较低，市场竞争相对激烈，生存相对困难，但更容易促使组织种群进化。

2. 新智能经济时代下组织生态系统的层次化应对

在新智能经济时代，资源越来越稀缺，对市场环境变化的反应越来越敏感，这也导致了组织的底层商业逻辑、组织生态系统的构建体系发生了根本性变化。最典型的特点是大型组织越来越注意打造具有创业活力的组织单元生态位，并聚合形成共生协同的组织生态系统。组织单元的系统构建及进化过程在本书第二部分与第三部分做了详细论述，这里主要基于生态视角，分析组织层次化的发展思维。

第一，要注意建设去中心化的组织生态系统。去中心化的核心是围绕客户与市场的一线业务类组织单元群落释放决策权利，以此打破层级化、繁杂化的官僚组织体系。去中心化首先要减少组织层级，构建无边界的组织生态系统；其次，侧重一线组织决策，同时有效利用组织生态系统中的资源优势，形成极强的组织竞争优势。在这里既突出业务端组织单元群落理性思考、果断行动的执行优势，又强调有效运用组织生态系统中的整体资源优势，形成精兵组织。华为公司的组织变革就侧重形成以组织单元为核心的组织生态系统，强调：在责任分工方面，将战术指挥重心下沉一线，高层和机关聚焦战略制订、方向把握及资源调配；在权力授予方面，行政管理和作战指挥权分离，基于清晰的授权规则和下属的任务准备进行合理授权；在组织配置方面，根据作战需要，模块化地剪裁和调整一线组织；在资源布局方面，战术资源贴近一线作战部队，战略布局，快速有效响应；……在信息系统支撑上，通过构建互通的信息环境，使各级指挥官在任何时间/地点获取到完成任务需要的信息，对作战环境形成共同的理解（任正非：在"班长的战争"对华为的启示和挑战汇报会上的讲话，总裁办电邮讲话〔2014〕078号）。

第二，形成以学习为基础，组织持续赋能的动态组织生态系统。新型组织生态系统需要有系统化的优化路径，如同动态能力进化路径相似。**新型组织生态系统是以小组织生态为基础，依托组织系统"学习""变革"，持续形成具有生命力的组织生态，这里既包括产业专业领域及相关衍生领域的持续"学习"与"变革"，也包括文化领域的认同与融合**，从而面对机会与危机都能够冷静应对，形成组织生态成长的重要因素。另外，对于不同层次的组织生态系统不断赋能，通过优化组织惯性、创新价值体系，形成新组织生态的驱动力与行动力，并形成组织生态系统的价值认同与价值创新。

第三，利用各种资源，促使组织生态系统不断进化。组织生态系统不仅是生态系统所需生产关系表现形式，还是组织群落之间共生与协同效能的系统载体。组织群落之间的驱动力、共生与协同效能越强，组织生态系统的规模与跨界融合能力越强。强大的组织生态系统，能够快速适应或主导多个产业生态体系，能够有效打破产业边界，从而实现价值突破与系统进化。组织生态系统的进化是通过新的组织规则对组织内部进行价值挖掘,并将新的外部资源引入组织,形成价值叠加或迭代,从而创建更为广域或无边界的新组织生态系统。

之前论述的美国硅谷的案例就是新经济时代变革下组织生态系统层次化升级的典型代表。美国硅谷以半导体产业人才构建组织生态系统,形成技术、资本、市场机制相互融合的跨界产业生态系统,形成了创新、创业、创富三大机制。

①创新机制,包括技术创新、商业模式创新、体制创新、市场创新。
②创业机制,创办新企业,催生新产业。
③创富机制,用好金融市场,创造财富,运作财富。

美国硅谷所形成的强大生态系统,世界各国均很难学到,其关键因素源自动态进化的组织生态系统:集聚优秀人才、高端人才、创新人才;打造了世界一流大学组织集群;鼓励各类组织创新活动;提倡各类发明创造,并保护知识产权;鼓励创新组织激励机制;服务型组织资本投入(天使、风投、战略投资);大学与企业、政府等多类组织协同互动等。

三、创新生态系统是组织"生存"与"成长"的共生动力

在新智能经济时代,想要实现持续创新,需要将各利益相关方及相关资源通过组织聚合,并将各类组织、创新氛围等多项因素视为一个整体,侧重各创新要素的互联性、依赖性、协同性系统构建,从而形成创新生态系统。中国经济发展正经历新的历史性变革,从原有的产业化、规模化增长阶段转向高质量增长阶段,新解决侧重产业创新驱动、强化创新环境建设、构建创新生态吸引力,这都极大地促进了中国产业结构变革。

(一)构建创新生态系统思维,实现跨界生态系统的共生突破

创新生态系统是不同层次(产业、区域和国家)的创新系统基于其有限资源,展开创新活动,通过系统间有目的的连接而形成具有进化效能的有机共生体。创新生态系统依据空间或时间等系统边界影响因素的不同,可以分为多种类型,较为常见的有产业创新生态系统、区域创新生态系统、国家创新生态系统。

1. 创新生态系统各主体组织的角色构成

创新生态系统主要由企业等核心主体组织创立,逐步吸引更多的相关创新组织进入生态系统。企业类组织作为创新生态系统的基础主体,与政府类组织一起形成了创新生态系统中两大关键核心主体组织,并与大学、科研院所、金融服务组织、知识产权类中介机构等主体组织构成了创新生态系统。

第一，企业类组织作为技术与商业创新的实施主体，在创新生态系统中处于基础且中心位置。企业类组织的创新既包括供应链企业、互补或潜在类企业，也包括技术或利益相关的企业类组织等，企业类组织通过与其他组织主体产生直接或间接联系，提升组织间的协同创新能力。在中国，企业类组织创新需要特别关注政府类组织在"政策、法律、财政、税制"等多领域对创新生态的引导与支撑作用。企业类组织创新也会反向影响政府类组织相关政策制订、实施与调整。

第二，政府类组织作为制度创新的主体，在创新生态系统中处于动态调节的关键位置。政府类组织首先可以提供创新生态的市场氛围，构建适合创新的政策环境、法律环境、资源环境等。其次可以使用政策引导、财政支持、服务保障、法规监控以及宏观调控等调节手段，对创新生态系统中的创新活动进行扶持与推动。另外，政府类组织作为制度创新主体在创新生态系统中会受到其他创新主体与创新活动的影响，调整及优化创新政策及创新环境。

第三，大学和科研院所既可以作为探索性创新主体，也可以作为人才、技术的资源平台，在创新生态系统中可以直接参与新技术与新知识等方面的研发、创造、传播、培训、应用等各环节，具有极强的价值溢出效能。大学和科研院所作为知识、技术、人才的主要提供者，可以通过人才市场、技术与专利市场、项目管理与合作等方式实现探索性创新主体作用，尤其在前沿技术、科技转化、产学研转化等方面具有极强的推动效用。此外，很多大学、科研院所与企业展开联合创新，甚至创办科技创新类企业，也成为创新生态系统中不可或缺的构成部分。

第四，不同类型的中介类组织作为创新服务主体，在创新生态系统中起到沟通、协调、整合、专业服务等作用。中介类组织主要通过社会化、专业化、领域化的技术咨询服务，在创新传导、技术扩散、科技转化、专利保护、法律咨询等众多方面展开价值创新配套及支持服务。中介类组织机构包括促进组织成长的孵化中心、生产力促进中心等，获取专业人才的人才中介及猎头等，获取信息与专业咨询的科技咨询评估机构、行业技术协会、科技信息服务机构、会计师事务所等，以及帮助创新主体运营支持的法律、知识产权等领域的专业服务咨询机构等。

第五，金融服务机构可以作为创新资本投入主体，是创新生态系统中资金与资源获取的重要渠道，也是创新生态系统的重要组成部分。这里将金融服务机构单独说明，是这种服务类金融模式是把双刃剑，既具有创新的推动效能，又具有资本"贪婪""嗜血"的本性，所以金融服务机构既可以是创新生态系统高效运转的保障，也可能会成为创新生态系统的破坏主导者与成果抢夺者。这类机构由银行金融机构、非银行金融机构以及创投机构等构成，并通过股权或债权的模式展开服务。股权服务模式主要出现在创投机构、风投机构、非银行金融机构、价值网关联大型企业等组织中，该模式需要创新主体具有较强的风投专业知识或经验，需避免相关金融组织的管理权控制、风险对赌、战略资源收购等风险因素对创新主体实行资源侵吞。

第六，目标客户，是创新生态系统的最终动力。任何创新都是以客户需求或市场需求为最终目标，需要强调的是目标客户不仅包括消费者、潜在客户群等，还包括资本市场的价值评估与股民等。虽然很多创新具有先导性，但是最终创新的价值体现只有从目标客户处获取。因此，创新生态系统是围绕不同客户的需求展开创新生态系统的构建。

创新生态系统是依托不同组织主体通过主体之间的依赖关系与互补关系，实现价值共生的创新体系。企业创新生态系统运行机制是创新生态系统研究的核心与关键，既可以实现跨界生态系统的共生，又可以在新经济环境中寻求更大的"生存空间"。

2. 建立企业创新生态系统运行机制，实现跨界价值共生

企业创新生态系统是将企业组织作为创新生态的核心，以企业为中心与相关合作组织构建较为完善的创新体系，以此推动企业的创新发展与创新能力提升。各创新主体之间通过合作与竞争保持着生态系统的相对平衡，不同创新组织主体围绕企业创新展开活动，并将企业组织创新生态分解为研究、开发与应用三大组织群落，并以此形成企业创新生态系统的运行机制。

企业创新生态系统是以企业作为创新生态核心与其他创新主体、创新环境相互作用形成的有机统一整体。其**创新生态系统的运作机制**是基于各创新主体的共同意愿与目标，采用系统开放、协同合作、整合创新资源等方式，构建共存、共赢为目的的创新网络。运作机制利用各自创新主体的不同优势，互惠互利、相互学习，同时又相互竞争与合作，实现共存、共生、共享、共创与共赢的多合作关系并存的系统化运作过程。

多主体竞合主要存在于不同组织生态位，可以促使创新生态系统更具活力、更高效优化资源、提升创新效率，是生态系统的重要组成部分。创新生态系统的运行机制通过开放与共享促使创新资源快速流动，通过多主体竞合促使相互学习、资源获取、资源扩散，实现创新成果涌现、转化，最终实现主体间共生、协同、共赢的创新生态目标。因此创新生态系统的运作机制可以简单概括为开放与共享、竞合与共生。

开放与共享的运行机制包括创新组织主体、创新资源、创新系统或平台三个基本要素，企业作为创新组织核心与多方创新主体一起融合内外部资源，展开技术研发或商业创新，同时依托内外部资源将创业成果商业化、系统化，整个过程主要在相对开放的创新系统内展开。相对开放的创新系统依托人才、资本、创新资源作为核心载体，依托各主体间的创新网络获取技术资源、创造创新价值、提升管理能力、形成知识产权保护。开放与共享的运作机制促使形成多种组织间合作模式，包括技术联盟、技术外包、联合人才培养等，这都强化并加速了企业自主创新与规模化创新，同时增加了跨界颠覆式创新的可能性。竞合与共生的运行机制是创新生态系统运行过程中各创新主体之间基本的关系状态，最终目的是共生关系，主要通过系统技术创新、产品交换、知识共享、关系优化协同等实

现。创新主体间存在不同状态的竞合关系，竞合状态会随着创新主体之间的生态位变化动态调整。

创新生态系统的运行路径同生态系统、组织生态系统一样，具有层次化的运行过程。有学者将竞合共生的运行机制分为单元、平台、界面、网络四个层次，并且每个层次均与前面的层次存在依附关系，并从单元到网络展开生态系统路径进化。同类创新单元之间更多表现为竞合关系，不同类创新单元（即异类单元）之间多表现为分工协作关系，竞合与共生两种关系同时在开放与共享的运行机制下动态进化，并逐步形成跨界价值共生。

（二）创新生态系统"生存"与"发展"的动态协同进化

世界范围的新科技创新使政治、经济、科学、产业等众多领域格局产生了深度变革，以人工智能为代表的新科技变革，以颠覆性的系统创新，促使出现一批高速成长型企业，并生成全新的创新生态系统。

1. 创新生态系统动态进化的主要特征与进化机理

创新生态系统有探索式创新与开发式创新两种模式，两种模式相互融合，会随着时间与空间的变化而不断进化。创新生态系统依托物质、能量、信息等价值流传导优化，从最初产品形态的线性生态创新，逐步向共生竞合、动态演化的开放、复杂创新生态系统转化。随着社会发展与知识积累效应，网络、大数据、新型信息化基建的推动效能促使形成更广泛的生态创新环境，创新环境的变化一方面促使专业分工越来越细致，各类产品创新不断涌现；另一方面促使形成大量的商业模式创新、模块化研发与生产，融合形成了独具特色的平台化创新与生态化创新的新生态系统，使企业具有更强生命力。创新生态系统在动态进化过程中具有三个特征：多样性共生、开放式协同、自组织进化。

创新生态系统具有动态进化能力的第一个特征是多样性共生。创新型组织的多样性与创新模式的多样性，是组织保持旺盛生命力的关键，是持续创新的基础。多样性共生可以尽力保留创新组织的独立特性，竞争性合作则使创新生态系统达到最适宜进化的多样性共生环境；第二个特征是开放式协同。创新生态系统能够不断进化，重要原因是不断从外部引入新资源和新技术，不断打破生态的系统边界与组织边界，进行资源增补、替换、迭代。创新生态系统分别在研究、开发、应用、服务等组织群落展开创新活动，并在充分互动与高度协同中实现系统的动态进化；第三个特征是自组织进化。组织变革是希望组织具备持续改良、优化、创新的能力，本书重点对组织单元及集群系统的进化机理展开研究与论述，希望组织通过持续的学习、组织、创新，形成不同层次的组织弹性，保持活力，突破边界，从而高效适应、优化、引导市场，如图38所示。

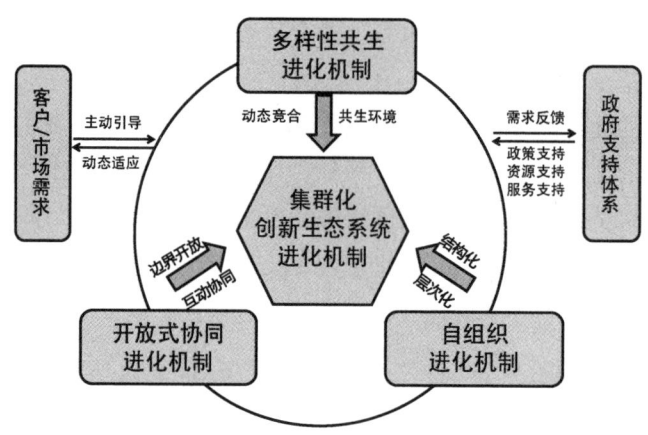

图38 创新生态系统"生存"与"发展"的动态进化机理

资料来源：作者根据相关文献整理优化。

创新生态系统的动态进化机理对新兴科技类及行业头部企业发展具有极强的指导作用。华为、小米、阿里、腾讯、京东、字节跳动等国内众多知名企业都十分注重生态圈的建设，注重利用其创新生态的"技术、商业与资本"壁垒，达到扩展生存空间，控制更多资源，加速企业发展的目的。

这里简要举一个典型案例说明创新生态系统的动态进化机理。小米公司是中国最具成长力的公司之一，其核心成长优势就是在不同阶段充分利用创新生态系统，通过动态进化机理，获取竞争优势。小米科技公司具有很强的创新研发能力，但最大的成功是充分利用创新生态系统的不断进化获得持续竞争优势。最早的小米是以高性价比智能手机为核心，采用产品创新与营销模式创新赢得客户与市场；并以此为基础展开第一层次的生态系统创新，该创新打破原有的技术边界，通过达成多样化的客户需求，形成了更为开放的"MIUI+硬件+米聊"技术生态系统，该生态系统主要为客户提供完善的解决方案；在突破技术生态的基础上，小米展开了第二层次的生态系统创新，该创新打破原有的知识边界，通过更广泛的商业与用户"开放式协同创新"，构建了"创意设计+产品研发+用户体验"的知识生态系统，促使小米形成围绕客户需求，将企业、公民、社会、大学与科研机构、政府组织等多主体融合在产学研商一体化的"四螺旋"知识创新生态系统当中；在技术与知识创新生态的基础上，小米公司又进一步构建了"芯片+代工+直营电商"的产销生态系统，从而降低资金与时间成本并快捷获取最新零部件。小米创新生态不断拓展生态外延，在2011年构建了"硬件+软件+网络服务"的铁人三项生态战略，并于2018年修正为"硬件AIoT+互联网+新零售"新铁人三项生态系统，通过投资进一步形成了"手机与周边电子产品、智能出行与家居、生活周边消费品"等三个生态系统圈层，并围绕IoT（物联网）展开全方位创新生态系统层次化布局。

2. 利用创新生态系统，构建核心技术驱动目标

近两年中美贸易竞争中，中国在全产业门类、网络信息、大型装备、特高压、高铁等方面具有绝对优势，尤其在"新一代信息技术"与"互联网应用"领域拥有众多核心技术优势，并且拥有世界最大市场、最丰富的科技人才资源。但是，中国企业以低附加值产业为主，过于突出产能优势，但基础研究缺乏、创新能力不足，其创新生态需进一步优化与完善。尤其值得注意的是中国企业在很多核心技术领域存在严重短板。具体表现在高端芯片、智能终端操作系统（桌面、手机等）、大型工业软件（包括 CAE、CAD、CAM 等）等众多领域。造成这种现象有多种原因，其中最主要的原因之一是各类组织过于急功近利，对核心技术投入不足，尤其对规模大，垄断性强，开发周期长的核心技术害怕竞争、不愿投入。中国众多企业过于追逐短期利益，对系统性核心技术创新和基础研究认识与投入均严重不足，尤其缺乏持续系统性的创新，以至于关键技术出现变动时，相关领域会出现巨大影响，如中兴科技在美国技术封锁时就受到巨大影响，甚至面临存活的风险。

核心技术主要指企业等组织在某领域具有先进的、市场竞争力的、较高客户价值的、且难以模仿的一种或多种技术与能力的系统集合。常见的核心技术主要表现为专利、产业标准、技术特色，独有方法等不同表现形式。核心技术既包括基础性与关键性技术，又包括难以模仿、提升竞争力、可持续促进发展的技术。核心技术多为多项技术叠加形成，从企业技术步骤过程可以划分为核心制造、核心元件、系统架构三个核心技术环节。中国现有核心技术主要是基于复制追赶型的创新技术为主，综合性价比成为了中国企业的独特竞争力，但独有的核心技术创新能力，尤其是长期系统化的创新能力与发达国家依然具有一定的差距。

核心技术是企业组织最强的竞争力量，也是创新效能最直接的体现。通常可以通过组织学习、专利、系统创新等模式，实现新兴技术创新、架构创新、商业模式创新、生态系统创新，并借此促使组织具备"挖掘发展机遇、颠覆产业格局、降低竞争风险、提升研发效率"的作用。但是，随着技术研发的复杂性，核心技术需要在创新生态系统中才能产生巨大的价值。突破核心技术单点创新，在产业生态圈与产业跨界融合的发展趋势中寻求独特的核心技术，战略性补足技术短板、激活技术优势、跨界技术创新融合，将是企业存活与发展的又一条关键道路。

3. 创新生态系统的创新生态评价体系

不同类型组织创建或融入创新生态系统，主要通过明确的创新生态目标与达成目标的动态推进路径，并形成创新生态系统的评价体系。一般而言，创新生态系统由环境、资源、群落三个重要因素构成，并以此形成三个一级评价指标。第一，创新环境，主要反映组织或区域吸引并留住创新人才、资金等方面的能力，以及聚集与发展创新生态的外部环境，如创新氛围、创新成本、创新政策、创新支持基础等。创新氛围主要包括专业领域创新氛围、创新文化氛围等，创新支持基础主要包括创新基础设施、组织或区域可持续发展力、组织或区域竞争力等。第二，创新资源，主要反映组织或区域拥有不同的创新要素，促使推进规模化、系统化创新，如创新资本资源、创新人才资源、创新技术资源、关联组织扶持资源等。第三，创新群落，主要反映组织或区域拥有创新主体的结构、数量、关联系统等，同时也反映组织或区域进行科研、创新的软实力群体，如创新企业、高新科技企业、互联网企业、科研院所、大学、独角兽企业等。

不同组织在创建创新生态系统的过程中，可以基于创新生态系统的战略目的，形成三个一级评价指标为基础，动态形成多层次的评价体系。如企业与科研机构在创新战略方向上就可以将开发式创新或探索式创新作为评价因素，并对人才、资金、绩效奖惩等因素展开对应性倾斜，一般而言企业组织会更偏重开发式创新，重点以应用科技人员为主，会侧重科技转化，而科研机构会偏重探索式创新，重点以实验探索人员为主，会侧重科技发现。在大型创新生态系统的动态建设中，可基于三个一级评价指标，再分别设定二级与三级评价指标，例如以创新环境作为一级指标的情况下，可以基于投资视角将投入与产出水平作为二级评价指标，并针对开发式与探索式创新进一步细化三级评价指标权重，可分别设定"技术/研究人员数量、人员全时当量、应用性/探索式经费、实用新型/发明专利申请数、科研成果/获奖数"等。又如政府组织希望将本区域创新生态系统更具成长力，可以针对系统的成长规模、成长能力、成长环境等设置为一级评价指标，并进一步将产业规模、创新资源、经济水平、社会生活水平、社会环境等对应性设置为二级评价指标，并结合不同阶段重点增长要素对应性设置三级评价指标，如企业数量、人员数量、生产总值、专利数量、研发人员数量等。不同阶段、不同层次指标的设置一般会按照生态系统的"四螺旋"理论、企业成长等理论，展开系统的指标考量，并根据评价体系反馈状态动态调整评价指标及成长要素。

标杆案例研究 F：
华为业务生态系统的持续进化——不同生态的协同共生

本案例是华为体系化研究的最后一个案例，本案例与之前的 5 个案例深度关联，构成了以华为公司为样板，系统构建未来组织成长性自进化的思维与路径，并形成组织研究的系统方法论。本案例以生态系统协同进化为目标，建立生态系统的科学思维与方法。

华为案例 F 追踪一：
华为在产业生态系统环境变化中寻求 "生存空间"

1987 年创立的华为公司，仅用 30 多年的时间就从资产仅 2 万元人民币的产品代理公司发展成为全球领先的 ICT（IT：信息技术；CT：通信技术）基础设施和智能终端提供商，现拥有约 19 万名员工，服务超过 30 多亿人，业务遍及 170 多个国家和地区，是世界上成长速度最快的高新科技公司之一，同时也是面临危机与风险最多的公司之一。

华为所在的 ICT 行业是全球技术最密集、竞争最激烈、发展最快、门槛最高的领域之一。华为在高速多变的科技领域，构造了以 "生存" 为基础的企业组织体系，并创造了一个又一个奇迹，成为世界上技术创新能力与市场竞争能力最强的公司之一。2013 年，华为整体营业收入达到 395 亿美元，超过营业收入 353 亿美元的老牌竞争对手——通信技术领域的霸主爱立信公司。2014 年，华为营收达到 465 亿美元，与营业收入 471 亿美元的直接竞争对手美国思科公司基本持平。2015 年，华为公司以 608 亿美元远超营收 492 亿美元的思科公司，成为了全球第一大通信设备商，其中荣耀品牌手机销售额突破 50 亿美元，销售突破 4000 万部。2016 年，华为与荣耀品牌手机共卖出 13790 万部，成为了手机领域的三大厂商之一，同年，华为公司营业收入达 780 亿美元，一举超越不断学习与模仿的标杆——IBM 公司，成为世界 500 强排名 83 名的国际知名公司。

现在华为已将业务拓展到 ICT 行业的各个主要领域，并在各主要领域都成为了世界级领军者。通信设备领域，连续三年世界排名第一；服务器领域，华为与戴尔、惠普三分天下；智能手机领域，华为与三星、苹果一起成为了全球三大厂商之一。2019 年虽然全球手机销量下滑，但是华为手机在中美贸易战期间，手机销量持续上涨，2019 年上半年总销售 11780 万台超越苹果 7440 万台，2019 年 10 月 22 日，华为手机销量已突破 2 亿台，出货量远超苹果公司，位居全球第二。2020 年在美国针对华为全方位的打击下，华为营业收入 8914 亿美元，同比增长为 3.2%，虽然逆势增长，却已伤痕累累。2021 年在严重缺芯情况下被迫出售"荣耀"品牌，前三个季度营业收入 4558 亿美元，同比下降 32%，手机业务影响尤其严重，销量从第二直接跌出前五，华为再度面临艰难时刻。

为了更好地"活"下去，2021 年 10 月 29 日，华为公司在总裁任正非的带领下举行军团组建成立大会，发出：没有退路就是胜利之路的组织动员令，要求强化组织团队变革，构建五大军团，攻克生态系统的困局，突破现有技术短板，探索新生态系统增长模式，构建新产业生态业务增长点。

如何打破原有生态，并构建新生态体系？首先需要深度了解主体产业的核心构造、关联生态、发展趋势，从而进一步引导并扩展生态体系。

一、ICT 行业生态系统构造结构与主要发展趋势

ICT（Information and Communication Technology）即信息和通信技术，是电信服务、信息服务、IT 服务及应用等产业的有机结合，是信息社会发展的多行业整合与进化。ICT 行业领域主要包括 IT（信息业）与 CT（通信业）两套行业生态体系，并融合了电子信息产业、通信产业、互联网产业、传媒产业等多个相关的产业生态体系，如图 39 所示。

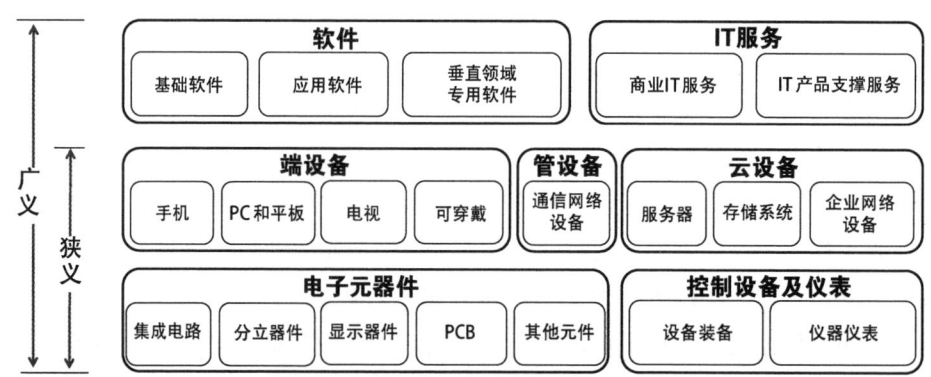

图 39　ICT 行业生态系统构造结构

资料来源：中国信息通信研究院，2016；作者根据相关文献整理优化。

ICT 侧重展开对客户提供一站式系统服务,包括集成服务、外包服务、专业服务、知识服务、软件开发服务等。ICT 具备较高的科技门槛,行业发展速度快、变化快、投资大、回报高等行业特质,如图 40 所示。

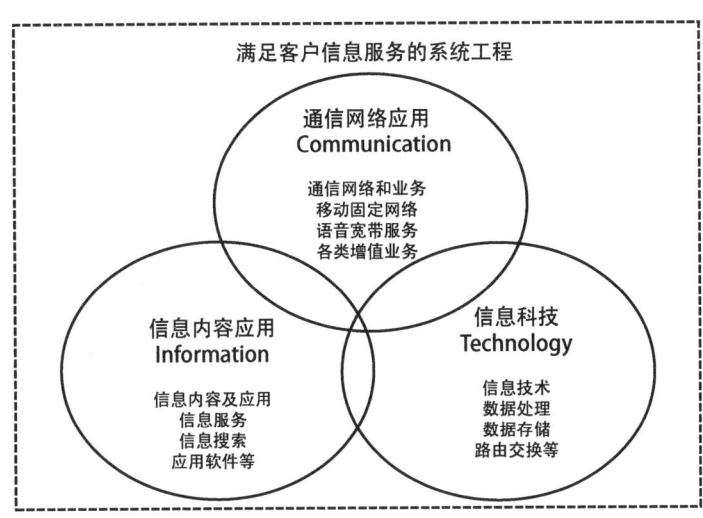

图 40　ICT 行业生态系统构成关系

资料来源:作者根据相关文献整理。

首先,从 ICT 行业国际贸易布局开看:

ICT 行业的相关产品在国际贸易中占有绝对的领导地位,越是发达国家,该行业贸易额占比越高。根据世界经济论坛相关数据,仅 ICT 中的集成电路就已经成为全球第三大贸易产品,排在汽车与石油之后,贸易额超过 8000 亿美元。ICT 行业产品占全球贸易总额的 8.3%,主要产品在世界贸易十强领域中占据四个席位,另外手机、计算机、广播通信设备三个领域产品也处于世界贸易领导地位。

跨国公司全球化是促进 ICT 产业分工与产业布局调整的核心因素之一。以美国的苹果公司为例,在全球领域构建供应链体系,有超过 200 家主力供应商间形成深度的价值网协同合作,价值网络覆盖美国、中国、韩国、日本等国家与地区。从 ICT 行业市场规模看,中国与美国已经成为世界主导。中国现已成为世界最大的手机消费市场与生产基地,美国则是世界上 ICT 起步最早,同时也是智能化、信息化最发达的国家,如表 36 所示。

表 36　2018 年中美两国主要 ICT 产品在国际市场的比例

比例指标	服务器	存储系统	手机	PC	元器件
美国占全球市场的比例	38%	40%	10%	17%	14%
中国占全球市场的比例	22%	27%	23%	24%	40%

资料来源:《世界电子年鉴》,Gartener。

从 ICT 的国际产业分工看中美两国角色，两国的产业特色都非常明显，表现在中美优势互补，ICT 产业依存度非常高。在整体产业布局看，美国主要基于包括芯片、设备元器件、集成系统等优势，以体系化的行业技术标准、整体科研实力、创新能力，占据了 ICT 产业价值链顶端；中国具有完整的 ICT 产业体系，整合能力非常强，苹果、三星等品牌的生产以及大部分配件供应均来自中国相关企业。近年来，美国的英特尔、苹果、谷歌、高通、思科、微软、IBM 等企业，中国的华为、小米、中兴、联发科等企业，均通过科技研发、资源整合，发力全球 ICT 产业。但同时，中美贸易冲突中，针对 ICT 的科技主导权之争，使该行业出现了严重的动荡，在以芯片为核心的专利及制造技术、以手机操作及应用系统为核心的软件生态、研发与绘图工具系统等众多领域，均出现了严重的冲突，使 ICT 整体行业发展困难重重。

其次，从 ICT 行业整体发展趋势来看：

ICT 行业经历了三次大的变革，分别为 PC 时代、MI 时代、AIOT 时代，各时代所对应的生产力相关因素：技术要求、支持网络、产业构造、服务领域等均存在巨大的差异，如表 37 所示。

表 37　　　　　　　　　ICT 主要发展阶段与对应关系

发展时间		1985—2007 年	2007—2018 年	2018 年至今	关联说明
发展阶段		PC 时代	MI 时代	AIOT 时代	
主要事件		1985 年发布 MicroWindows1.Xf 1999 年微软市值达到 4675 亿美元 2000 年思科构建了全球 80% 的网络通信	2007 年苹果发布 iOS 系统 2009 年苹果首次市值超过微软 2011 年 Android 手机占据全球 48% 的市场份额	2016 年高通首次提出 5G 概念 2018 年亚马逊市值突破 1 万亿美元	
代表性企业		微软等	苹果等	亚马逊等	
配套型代表企业		IBM、英特尔、思科、知名通讯制造商、各国电信与移动通信商等	谷歌、三星、华为、微软、高通等公司及通讯制造运营商等	谷歌、微软、三星、华为等众多技术公司、相关配套与通信运营商等	
对应生产力因素	算法体系	Windows	Android/iOS	AIOS	OS 技术为主导
	网络体系	宽带	2G、3G、4G	5G、6G	通信技术为主导
	算力体系	X86	ARM	异构芯片	芯片技术为主导

资料来源：作者根据相关文献及公开资料整理。

二、ICT 行业领域 5G 生态系统的进化价值及未来发展趋势

5G 技术作为更大带宽、更强能力的综合性通信技术，是一种可以将多业务与多技术深度融合的智能网络构造体系，可以促进各行业之间的深度融合，正因为如此，5G 技术的广泛推广可以深度推进各行业生产力体系的高度发展，是一项具有革命性的重要技术。5G 技术具有两大核心价值：第一，5G 深度将人与物之间高效深度互联，形成全新的技术变革体系，引发新的技术生态构造；第二，5G 具备基础性的底层推动力，可以对经济社会中各产业与生活产生巨大的带动效应，从技术上实现社会能力与资源的叠加，形成乘数效应，这种效应会延展到社会治理、生产生活等各方面。

纵观移动通信产业生态系统的三次跨越式发展，形成了三个互联网变革时代，促使人类生活发生了翻天覆地的变化，各行业之间不断融合创新，形成了全新的产业生态。5G 的到来更是全方位与深层次的系统化创新与变革，构建了广泛的产业互联网智能时代的来临，如图 41 所示。

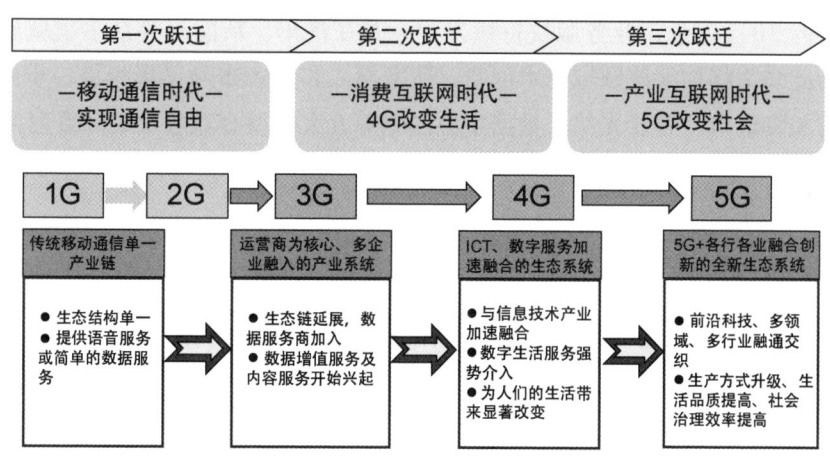

图 41 从 1G 到 5G 生态形态的进化

资料来源：作者根据相关文献整理优化。

5G 的技术变革将系统化科技创新引入更广泛的产业生态系统中，这种影响涉及衣食住行、娱乐医疗等人类生活的方方面面，更涉及农业、工业、服务业等各类产业，并改变政务、治安、环保等社会管理体系。5G 技术构造生态系统通过信息、价值、产品与服务等相互影响，形成共生成长的 5G 生态系统，如图 42 所示。

5G 技术具备大带宽、低时延、宽连接等技术特质，可以深度链接人与物之间不同的场景，是移动通信技术改变世界的新阶段，是万物智联时代的启动钥匙。华为作为 5G 技术的全球引领者，在美国为首的众多发达国家联合打击情况下，原有的企业生态将会被重

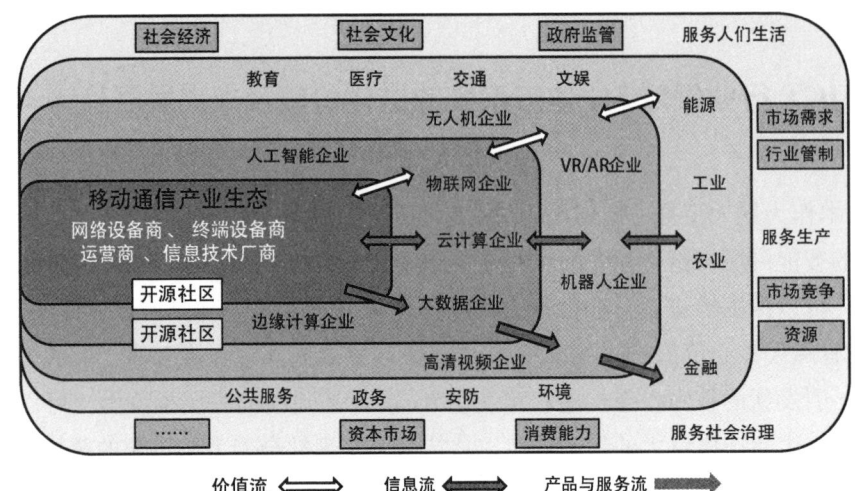

图 42　5G 技术构建的生态系统主要构造

资料来源：作者根据相关文献整理优化。

构，华为需要不断地技术创新打破产业生态边界，寻找新的发展动力。尤其在 2021 年最为艰难的时刻，华为 2C（消费者）业务版块受到巨大冲击，为此华为改变研发创新结构，开始进一步向 2B（企业）业务版块持续发力，并在汽车、新能源等众多领域出现新的增长趋势，为此华为将加大该领域技术创新、研发投入和人才布局，华为进一步向煤矿、智慧公路、海关和港口、智能光伏、数据中心能源等五大类型企业版块展开系列拓展。

华为案例 F 追踪二：
华为基于产业生态系统的跨界融合进化思维

依托在 ICT（信息与通信）基础设施与智能终端的国际领先优势，华为正致力于将数字化世界带入每个人、每个家庭、每个组织、每家企业以及政府机构，以此构建万物互联的智能化世界。

一、华为公司在 ICT 行业中业务生态系统的构造特征

华为公司的高速成长是顺应全球科技发展的未来框架，构造了基于全球科技产业发展趋势系统搭建的以研发为基础的独特竞争力，形成了华为的"生存"基础。华为公司在 ICT 行业领域构建了以"算法＋算力＋网络"为基础的企业生产力体系，构造了以产业与

组织优势相互协同的底层逻辑,形成了"算力(芯片)+算法(操作系统)+通信网络基础设施"的研发及产品体系,并依托三大体系的相互作用构造了具有持续竞争力的数字化产业系统,形成了"2C 的消费互联网 + 2B 的企业互联网 +2T 的 IOT 物联网"三类业务结构端口深度关联的生产关系,华为企业生态系统的本质都是数字化,因此华为集中了世界上最多的产业领域数学家与科学家。

华为 2C 消费级业务:华为 2C 消费者业务的数字化突出在客户体验,侧重产品创新,强化对人群的赋能与数字化关联,通过十几年的业务进化与组织进化,华为曾连续多年跻身于全球三大智能手机制造商行列,并有成为该领域销量冠军的趋势,但由于美国针对性制裁,导致手机芯片断供,华为手机业务在 2021 年业绩严重下滑,甚至跌出前五,更是无奈将荣耀品牌整体打包出售。华为智能终端业务需要从芯片与操作系统生态化开发等领域重新构建业务生态系统,只能在数年后,才有可能与苹果、三星等主要竞争对手在智能移动终端领域再度展开竞争。

华为 2B 企业业务:华为 2B 企业业务的数字化突出在企业客户的核心需求,侧重解决效率与效能,重点构建云计算及服务的生态系统,突出全栈全场景的 AI 解决方案,从基础到运营,从芯片到基站、从技术创新到产业生态,形成一体化的方案解决系统。该业务版块将会是华为近期重点推动并高速增长的业务版块。

华为 2T 的 IOT 物联网业务:华为 2T 物联网业务体系是基于未来的产业生态展开的全新系统创新,创造了新的生产力与生产关系,突出了物联网构建的数字化系统,形成了家、车、工业、城市四大场景体系,并在相关场景形成以科技创新为主导的技术生态。华为现已在该业务领域投入大量科研资源,并在车、城市、工业领域取得一定成绩。

华为公司现有业务生态系统结构主要由运营商、企业、消费者三大 BG 生态系统构建而成,形成华为以研发驱动为核心的飞轮高度迭代成长模式,如图 43 所示。

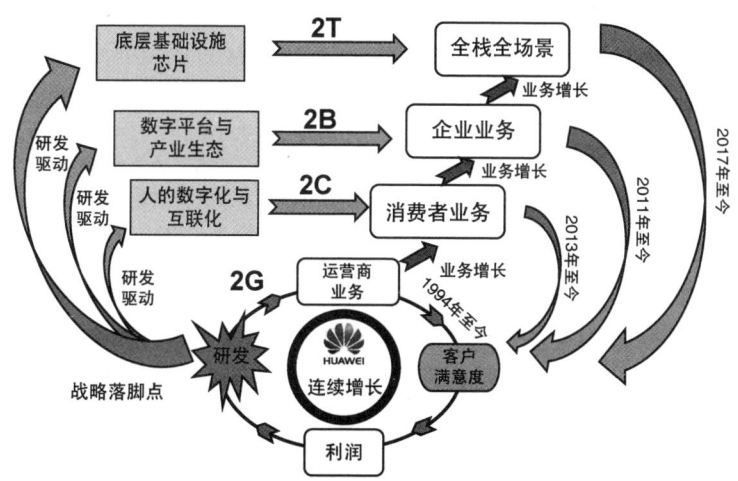

图 43 华为基于驱动为核心的业务飞轮成长模式

资料来源:西南证券,科技行业报告,2019;作者根据相关文献整理优化。

结合华为在芯片、操作系统等基础生产力体系与未来产业体系构造，可以将华为公司业务生态系统分为四个层级，如表38所示。

表38　　　　　　　　华为公司主要业务生态系统的层级及特征

业务层级	业务生态类型	驱动动力	启动时间	2020年营业额	业务生态核心	业务生态系统的主要特质及现状
第一层：基础层	2G：运营商业务	研发驱动 每年投入销售额的10%~20%作为研发费用 2020年研发投入1418亿元，占15.9%，2021年超22.5%	1994年	3026亿元，同比增长0.2%	4G、5G等通信设备系列研发与生产	运营商业务生态系统发展特质是**基于客户业务需求，持续提升客户满意度，通过持续地研发创新，激发技术先进性** 该业务是华为公司的发展基础，近30年起步到追赶的高速发展，经历了2G、3G、4G时代，现在开始经历5G的技术超越。2017年华为首次超过爱立信成为全球最大电信设备运营商，2018年运营商业务收入2949亿元。华为公司抢占了5G时代行业通信标准，运营商业务从通信设备完整产品，布局基站接入网，到传输网以及核心网络，已然布局全产业链，形成了产品、技术与市场的先发优势。2019年至2月底，华为与国际知名运营商签订30多个5G商用合同，在该领域持续领跑全球，但因美国的政策干预，该业务版块会在北美、欧洲出现业绩大幅下滑
第二层：成长层	2C：消费者业务		2003年	4829亿元，同比增长3.3%	人的数字化与互联化	消费者业务生态系统发展特质是**基于数字化与互联化，形成人机互动的智能场景** 该业务连续数年超过华为运营商业务，现已成为华为的核心业务之一。消费者业务以智能手机为核心硬件，延展辐射平板电脑、个人电脑、手机配件、可穿戴设备、智能家居等硬件终端，并与互联网应用等形成人机交互。华为致力打造消费者业务全场景智慧化IoT生态系统，通过消费者业务为起点，最终创新为消费者全场景、智慧化的极致体验，形成消费者满意为中心的完美科技体验，近两年因为芯片断供等因素，该板块业务出现大面积下滑，生态系统需要重新构建
第三层：发展层	2B：企业级业务		2011年	1033亿元，同比增长23%	数字平台与产业生态	华为企业业务生态系统发展特质是**重构产业生态，通过"平台+生态"为企业提供新价值体验** 该业务是基于运营商业务的积累，对ICT产业进行拓展，主要为企业与政府客户提供更为广泛的智能联结，服务包括：构建数字平台，通过大数据、物联网、云计算、AI等与通信、视频、GIS等多种新ICT技术融合，支撑客户数字化成功转型，形成数字化组织，构造"万物感知、万物互联、万物智能"。作为华为业务拓展新蓝海，2018年该业务营收突破100亿美元，中国区营收超过500亿RMB，年复合增长40%。在线用户增长15倍，云伙伴数量呈整数倍增长，依托"无处不在的连接+数字平台+无所不及的智能"，致力于打造中国企业数字化

续表

业务层级	业务生态类型	驱动动力	启动时间	2020年营业额	业务生态核心	业务生态系统的主要特质及现状
第四层：未来层	2T：全栈+全场景芯片	研发驱动 每年投入销售额的10%～20%作为研发费用 2020年研发投入1418亿元，占15.9%，2021年超22.5%	2017年	未来预计×万亿元	底层设施：芯片+全场景运用	华为2T生态系统：全栈全场景生态系统是华为基于未来的核心底层基础设施，是基于生产力构造的全场景运用。该生态系统以芯片业务为底层基础，现有价值体现在为华为2C、2B、2G业务的底层技术支持。表现为：（1）麒麟是全球领先的国产SoC芯片，主要面向华为智能手机。（2）昇腾AI芯片采用"达·芬奇架构"，实现全场景覆盖，为2C的消费类产品、2B的服务器、2T的IoT终端提供AI解决方案。（3）鲲鹏芯片主要用于系列服务器，为云计算提供强大算力。（4）5G芯片包括终端基带芯片（巴龙系列）和基站核心芯片（天罡芯片）是数字世界的内核体系。另外通过OS系统地搭建构造算法体系，并从硬件、软件、解决方案、行业生态等各个层面提供数字化转型提供强有力的支撑，聚焦构筑全栈的平台能力和端到端服务能力，并开展全方位生态系统合作，最终通过物联网在智慧城市、车联网、智能制造等领域落地。

资料来源：作者根据相关文献及公开资料整理。

二、华为公司业务生态系统的内在逻辑构造

华为公司业务生态系统是基于全球科技框架及未来发展框架，以不同类型的客户为中心，通过生产力与生产关系的系统化搭建，构造具备深度"生存空间"与长远"进化路径"的生态系统。其内在的逻辑构造：首先基于"算法+算力+网络"为基础设施构造生产力；其次基于"2C+2B+2T业务"形成不同类别的生产关系，如图44所示。

企业组织就算规模再庞大，生态系统再庞杂，也无法覆盖整个产业体系，华为的业务生态系统虽然构建了层次化的业务结构，并构造了基于全球科技的技术生态体系，但是在应用生态、科技创新层次等方面存在着众多缺陷。首先，华为在终端应用系统生态方面，还与苹果、谷歌等公司存在巨大的差距。尤其在美国通过行政手段限制华为时，应用生态已经对华为消费者业务在欧洲及美洲等主要市场产生了巨大影响。华为总裁任正非非常重视这个问题："在终端方面，华为会有一些生态问题，至今还没有完全跟上来，会有一些影响，但是不会非常大，不会构成严重的死亡威胁"（"BBC故事工场纪录片采访"，2019年9月6日）；其次，华为虽然连续数年全球专利数世界第一，但是研究重点停留在工程数学、物理算法等工程科学的创新层面，对于基础理论研究及芯片制造等原材料与制造技术研究存在巨大短板，这导致华为在2021年出现智能手机业务断崖式下滑的主要原因之

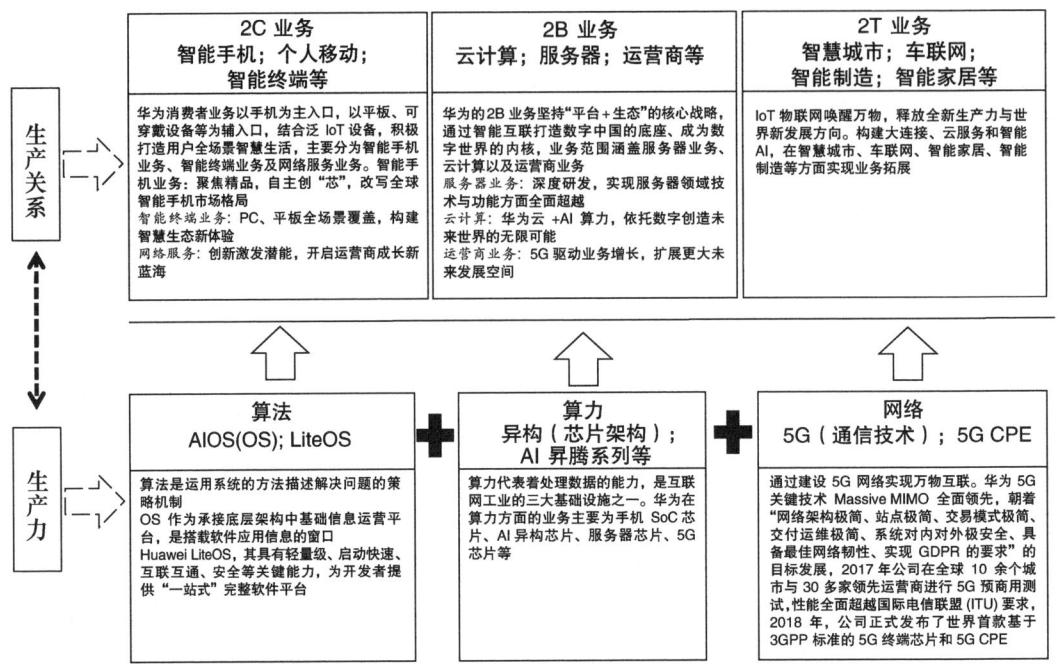

图 44　华为公司业务生态系统的内在逻辑构造

资料来源：作者根据相关文献整理。

一。而随着摩尔定律、香农定理的逼近极限，即将失效的状况，华为研发创新生态既要面临短板领域的激烈竞争，又将面临科技无人区的探索创新。"没有退路才是胜利之路"，打破原有生态，通过持续性理论创新、技术积累与创新，才可能出现时代的颠覆式变革，构建全新的生态系统。

华为在尝试在"5G"技术创新的基础上，在各行业领域展开系统化研发，并依托组织系统化变革，构建全新的技术与组织创新生态，最终实现 5G 全景生态系统中核心场景落地，如图 45 所示。

自 2020 年开始，2C 消费者业务生态版块出现严重的下滑后，华为只能一方面快速补足短板，尽量减少美国"实体清单"对华为的严重损害；另一方面盯准广阔 2B 企业业务市场，通过高效创新，抢占全新的探索性跨界产业创新，构建新的生态系统。为此，华为创建组织单元为核心的"军团"作战模式，即打破现有组织边界，快速集结资源，穿插作战，提升效率，做深做透一个领域，对商业成功负责，为华为获取更大的发展空间。为此，华为集中科学家、技术专家、产品专家、工程专家、销售专家、交付与服务专家等专家学者针对 5G 某一核心业务版块进行汇聚并展开新的生态创新，通过各类颗粒化的组织单元集群，缩短新生态系统的建造周期，提升创新效能。

2021 年 2 月 9 日，华为与晋能控股集团、山西云时代技术公司等签署战略合作协议，联合成立的"智能矿山创新实验室"。4 月，华为针对煤矿行业庞大的产业规模，迅速挖

第四部分 | 大未来：组织单元基于"生存"的新生态抉择

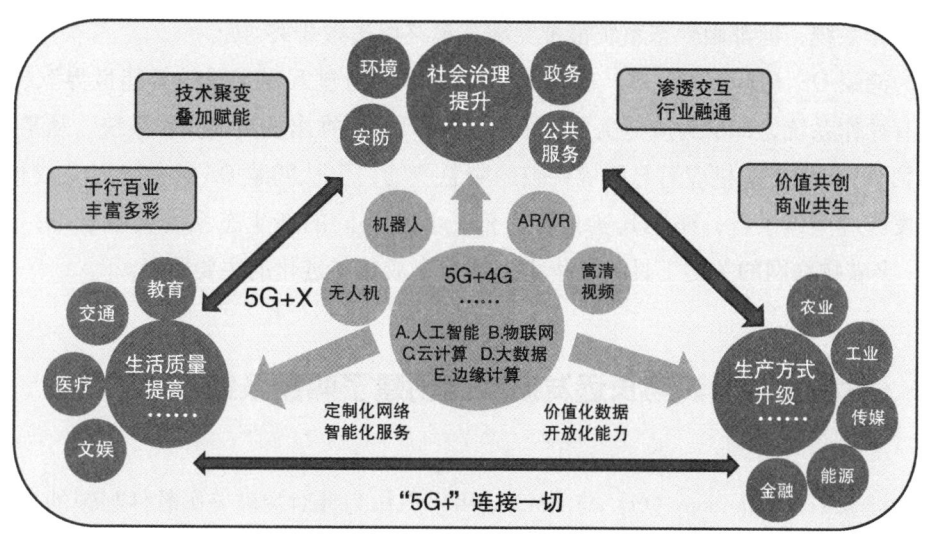

图 45　"5G"生态系统的全景构造

资料来源：项立刚，2019；作者根据相关文献整理优化。

掘该领域的巨大商业机遇，集合集团组织优势，成立"煤矿军团"，扎实做好产品与服务，将 ICT 技术与煤炭开采技术相结合，帮助煤炭行业进行数字化、智能化转型。9 月 14 日，国家能源集团和华为共同发布"矿鸿操作系统"，煤矿行业在统一架构的工业互联网平台下，展开工业体系创新变革，通过 5G 技术的深度应用，生成更加高效、智能的新产业生态系统。

华为在建立"煤矿军团"积累了一定经验后，系列化复制"军团"模式，于 10 月正式成立"海关和港口军团""智慧公路军团""数据中心能源军团""智能光伏军团"四个领域数字化产业生态系统。五大军团在各大产业领域展开深度科技研发，"智慧公路军团"重点抓住公路行业的"建管养运服"系统的数字化机会，"数据中心能源军团"更是成功签约沙特红海新城储能项目，其储能规模高达 1300MWh，是当前全球规模最大的储能项目。

华为案例 F 追踪三：
华为困境下鸿蒙生态系统的共生协同突破思维

在中美贸易竞争中，中国高新科技领域出现众多"短板"，许多领域被美国严重"卡脖子"，系统软件就是其中之一。虽然中国出现了腾讯、抖音、支付宝等众多应用领域的软件系统，但移动终端操作系统却被谷歌、苹果垄断，微软、三星、诺基亚等都曾尝试布局手机操作系统，但都因生态系统很难突破，最终以失败告终。

华为鸿蒙OS（Harmony OS）本身是华为为了"构建万物互联的智能世界"，规划研发的自有操作系统，却成为应对美国"实体清单"被迫推出的终端操作系统。从某个角度看，鸿蒙OS更像是危机应对与困境突破的应急产物，但从鸿蒙OS的创建以及成长过程、系统研发与应用体系看，鸿蒙其实是华为依托共生协同的新生态系统突破思维，是华为"降维"突破物联网的关键工具，是华为打造未来成长与进化的主要路径。

一、危机生存意识与长远发展战略创建了鸿蒙系统

华为鸿蒙OS（Harmony OS）与HMS应用生态作为针对突破美国软件封锁的自研型操作系统，实际已研发了达10年时间之久，持续投入4000多名研发人员，构建了面向5G物联网和全场景的分布式操作系统。华为鸿蒙OS研发的初衷是应对华为生存危机的备份系统，但实际上鸿蒙OS（Harmony OS）承载着更多的系统功能。

2012年，在华为"2012诺亚方舟实验室"专家座谈会上，为防范终端操作系统断供风险，任正非提出："断了我们粮食的时候，备份系统要能用得上。"同年，鸿蒙OS系统正式立项。华为中央软件研究院经深度的市场与未来发展研究，内部将鸿蒙定位为面向IoT的操作分布式系统，核心目标是将一套具有弹性的系统搭载到不同的IoT硬件设备上，最终实现IoT硬件设备的系统协同。因此，华为作为全球领先的ICT基础设施与智能终端提供商，未来的发展重心为"构建万物互联的智能世界"，鸿蒙（Harmony）系统是未来实现万物互联的自有操作系统，并非安卓的替代系统。

2019年5月，美国商务部将华为列入"实体管制名单"，禁止华为在美国购买高新技术产品和服务，包括硬件、软件及相关技术转让服务，随后英特尔、高通等美国公司逐步停止向华为供应芯片等电子元件，谷歌停止向华为提供GMS升级服务，最后全面停止向华为提供GMS及相关系统服务支持。同年8月，鸿蒙OS（Harmony OS）被迫发布，主要用于应对谷歌系统禁用的风险。针对华为连续性对抗，美国展开三轮不间断制裁：封锁芯片成品供应链、封锁芯片代工供应链、彻底堵死了芯片来源，以此达到彻底阻止华为以销售硬件为主的商业模式。

为了摆脱由于美国的制裁所导致的业务风险，华为尝试通过鸿蒙生态等展开产业生态系统的延展与创新。鸿蒙（Harmony）作为面向5G物联网和全场景的分布式操作系统，可以将手机、电脑、平板、电视、智能穿戴、车机设备、无人驾驶、工业自动化控制等众多领域统一在同一个操作系统当中，可以将人、设备、场景通过一个超级虚拟终端深度互联在一起。鸿蒙操作系统并不是基于谷歌安卓（Android）系统框架下开发，更不是安卓（Android）系统的修改，而是面向下一代技术设计的IoT操作系统。鸿蒙最大的特点是采

用分布式技术，将多个设备协作构成 1 个"超级终端"，一套系统就可以满足多终端设备需求，消费者仅需要一台设备即可满足所有终端的需求，"所有物联网终端节点都将成为鸿蒙系统的虚拟外设，鸿蒙的理念远远高于 Android 和 iOS"。因此，鸿蒙（Harmony）系统具有极强的兼容性、自主性、独立性，从华为业务生态的发展方向看，鸿蒙不仅是防御"备胎"，更是华为智能终端等新业务生态高速成长的关键利器，如图 46 所示。

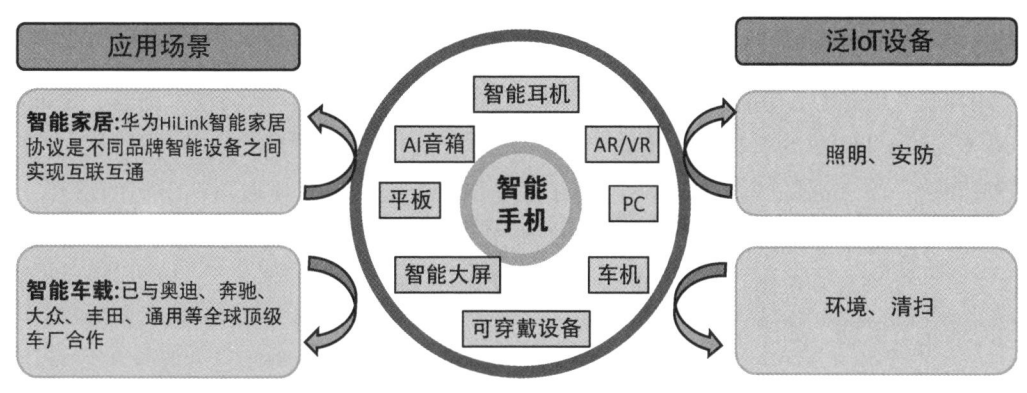

图 46 华为智能终端业务

资料来源：作者根据相关文献整理优化。

2021 年 6 月 2 日华为公司推出鸿蒙 OS 2.0（Harmony OS 2.0）与多款搭载鸿蒙 OS 2.0 的系列软件，6 月 4 日，华为宣布将部分鸿蒙操作系统编码继续无偿捐给开放原子开源基金会，希望在全面开源环境下，全力构建开放的鸿蒙生态圈，以彻底摆脱谷歌安卓（Android），抗衡苹果 iOS，在未来广泛的物联网应用中发挥价值，鸿蒙操作系统已然成为跻身世界软件巨头的敲门砖。从短期看鸿蒙（Harmony）系统的价值是华为 2C（消费者）业务的救命稻草，华为一方面保留了手机及 IoT 硬件业务模块，另一方面以"手机 + IoT"业务形态向软件服务盈利扩展；从中期看鸿蒙（Harmony）系统的价值是构建智能汽车、智慧能源等 IoT 生态系统的运营核心；从长期看鸿蒙（Harmony）系统的价值不仅可以成为未来主流操作系统，同时可以加速华为由"先进的硬件公司"进化为"软硬件均先进的领袖公司"。正因为如此，鸿蒙 OS 2.0（Harmony OS 2.0）刚推出市场，就受到主流操作系统的关注与"围攻"。

鸿蒙（Harmony）发展风险重重，需要持续艰难前行……

二、决定鸿蒙 OS（Harmony OS）生死的生态系统禁锢之门

鸿蒙 OS（Harmony OS）在进入市场的那一刻，就已经与苹果、安卓站在了同一个赛道，与苹果、安卓主流操作系统相比较，鸿蒙 OS 在产品设计方面存在诸多优势，但是鸿

蒙OS系统想生存下来的道路艰难而漫长。据统计，2020年4月到2021年4月，移动端操作系统的市场份额中谷歌Android系统占72.2%，苹果iOS系统占26.99%，其他操作系统市场占比不足1%。

　　微软、诺基亚、三星、黑莓等公司都曾战略布局手机操作系统，均以失败告终。尤其是操作系统的早期技术霸主微软推出的Windows Phone，以及曾经的手机高品质之王的诺基亚推出的Symbian OS均非常可惜地宣告失败。究其失败原因，并非技术因素导致最终的失败，根本原因是在移动互联时代，操作系统已然不是传统认知上的功能性软件，更成为应用与服务的核心，并以此构建了应用生态系统的中心平台。单就技术而言，Symbian OS和Windows Phone均有自身的优势，但微软锁定原有的盈利思维以卖软件及相应配套服务获取利润，而Android与iOS均采用操作系统免费授权，以此换取市场份额的增长，并采用多边开放的中心平台模式，汇聚了一大批手机厂商与用户，通过"羊毛出在猪身上，狗来买单"的新盈利思维，最终获取智能终端大量市场、实现了盈利，并形成不断扩展的移动终端生态系统，如图47所示。

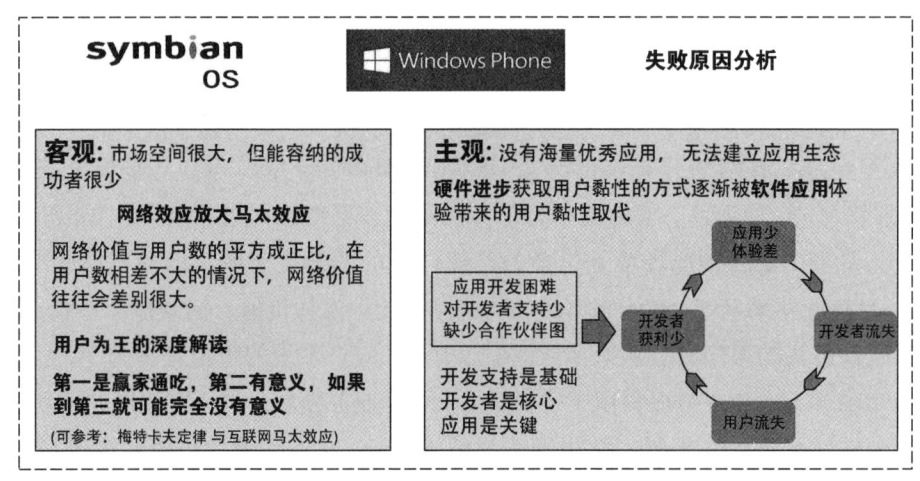

图47　Windows Phone操作系统失败分析

资料来源：谢克强，2019；作者根据相关文献整理优化。

　　剖析操作系统的发展历程，可以发现一个奇特现象：一旦某赛道操作系统的市场分布确立后，后来者很难进入该操作系统的生态当中。《梅特卡夫定律与互联网马太效应》一书曾系统分析了该现象：网络效应可以强化马太效应，促使网络节点持续增长，网络效应不断增强，从而加速优胜劣汰，形成头部聚集效应，当网络效应测试用户呈现病毒式几何增长，将导致后来者的窗口时间越来越短，进入难度越来越大，生存空间越来越小。谷歌Android系统与苹果iOS系统开发者累计投入分别达到2000万人与2400万人，移动端生态系统构建周期长达14年之久，其间还不断优化与延展。华为鸿蒙OS系统想在成熟生态系统的"夹缝"中存活下来，难度已经不仅是领先的技术问题，而是开放型生态系统的建立、优化、突破、超越问题。

从系统构造看：谷歌 Android 系统属于第三方开放式系统，苹果 iOS 是应用开放的封闭式自用系统，华为 Harmony 系统则是面向物联网层面既封闭又开放的分布式系统。华为 Harmony 系统主要用于未来万物互联的 AIoT 时代，以智能移动端应用为开端，现已逐步投入物联 AIoT 商用体系，还需要形成完整的物联 AIoT 新生态系统，未来物联 AIoT 新生态系统将成为 Harmony 系统成功"降维"占据市场的关键。为防止华为 Harmony 在物联 AIoT 领域形成生态迭代效应，造成新跑道的降维打击，谷歌、苹果等公司将 Android 与 iOS 系统从手机赛道向多屏技术、智慧物联的新赛道展开突破。2021 年 5 月 19 日谷歌推出 Android 12 系统，5 月 19 日苹果升级 iOS，6 月 15 日，微软推出支持 Android 应用的 Win11，以实现 X86 设备的 Android 应用，华为 Harmony 系统面临众多知名系统公司的外部围攻。

产品技术相对领先的 Harmony 系统能否存活下来？这将是华为未来多年不断被质疑的核心问题。

对华为 Harmony OS 系统的全面分析可以得出大致结论：鸿蒙 OS 系统存活并不存在任何问题，甚至在工业物联 IoT 新跑道生态系统上已经处于国际领先地位，可以逐步形成生态迭代效应，甚至形成降维打击，但短期在手机等智能终端这一核心跑道既存在机遇，又存在生存难度。需要通过以下几个视角重新看待该问题：

第一，华为 Harmony OS 作为万物互联的系统，具备微内核、全场景、更安全三大显著优势。通过近 10 年 4000 多名研发人员的持续努力，华为 Harmony OS 具备了技术领先与功能广泛拓展优势。华为 Harmony OS 重心是整个物联网体系，手机是各类 IoT 设备中优先级设备，成为物联系统的端口中心之一，华为 Harmony OS 系统延时在 5 毫秒以下，甚至达到亚毫秒级，具有精确控制的强大功能，可以广泛应用在自动驾驶、工业自动化等未来场景。Harmony 系统对于华为自身的业务生态系统具备极强的整合升级作用，可以深度协同华为的硬件优势，并向软件优势转化。虽然短期目标是为了实现谷歌 Android 系统的转化，并与苹果 iOS 等主流移动终端系统产生直接竞争，但华为 Harmony 系统最终的价值实现会在 IoT 时代核心操作系统的跨界新生态的整体构建领域。

第二，中国存在巨大的市场，拥有强大的制造业体系，以及 5G 等硬件领域的绝对优势。华为 Harmony 系统在物联 AIoT 领域可以展开全面、系统的创新，通过换道超车，生成物联网 AIoT 新赛道的生态系统。现阶段华为在家电领域已与美的、九阳、苏泊尔、老板电器等品牌展开合作，魅族在智能家居领域也接入鸿蒙系统，鸿蒙正逐步介入智慧物流、智能汽车、煤矿、新能源等领域，并陆续展开"海关和港口""智慧公路""数据中心能源""智能光伏"五个领域数字化生态系统的构建。

第三，华为自身就拥有手机、手机周边设备等庞大的客户群体，拥有大量的资本支持，可以在短期快速形成鸿蒙 Harmony OS 系统的庞大客群，并与软件上下游应用软件企业、硬件企业、模块解决方案供应商等展开深度合作。

第四，5G基础设施的高速建设与5G技术的全面推进，会为华为Harmony系统提供众多的引用场景，构建全新的生态体验，出现各产业领域的创新迭代效应，为华为Harmony系统的物联融合提供了广阔的生存与发展空间。

但是，华为Harmony OS在手机操作系统赛道的客群扩展方面，很难在短期内实现关键性突破。尽管中国手机企业创造了小米、OPPO、VIVO等国际销量领先的手机品牌，但在手机生态系统中，手机硬件（内循环）与软件（外循环）生态系统相互矛盾、相互制约、难以兼得。软硬通吃的生态系统战略，一般会是封闭的自有生态系统，如苹果iOS，其系统用户均为苹果用户；占比72.2%的谷歌Android系统一直坚守第三方开放系统，才能实现最大规模的市场占有率。华为智能手机硬件市场中具有极强的影响力，与国内外知名智能手机品牌存在直接的竞争关系，在商业利益与生死攸关的内循环生态系统的利弊博弈中，中国其他知名手机品牌必然是驻足观望。以小米的手机供应链体系为例，75.68%的元件来自美国，芯片作为核心元件来自美国高通，另外8.11%的元件来自韩国，中国元件占比仅2.7%，虽然近两年中国元件占比快速提升，但就小米手机成本分析，美韩两国占比超过90%，尤其手机操作系统MIUI，完全是基于谷歌Android系统的深度优化、定制、开发的第三方手机操作系统。OPPO与VIVO基本与小米的状况相似，基于竞争、芯片等多重影响因素，尽管华为鸿蒙Harmony OS系统具有开放性，但在短期内根本不可能依托中国手机同行增加手机移动终端的客户群体，至少需要在高端芯片等核心元器件实现国产化后才有可能实现智能移动端生态系统切换。

华为Harmony系统作为物联AIoT的操作系统想要在竞争激烈的手机赛道存活下来，就必须在开发端与客户端两个端口建立系统关联的强大生态系统，以此应对谷歌Android和苹果iOS的竞争。

首先，华为Harmony在手机赛道协同建设HMS生态系统。华为Harmony在HMS生态系统建设中将持续投入超过500亿打造生态，与全球排名前200的App企业展开合作，并联合1000多家智能硬件合作企业、50多家芯片、模组解决方案合作商，300多家App应用和服务伙伴，50多万开发人员者参与到Harmony生态系统建设。基于系统应用场景碎片化，华为提出了1+8+N战略，以期待全场景覆盖。在实施过程中，华为以智能手机端为核心入口，在平板、PC、汽车、手表、TV、音响、手表、耳机、眼镜等九个辅助入口，形成移动办公、智能家居、运动健康、影音娱乐、智慧出行五大场景为核心的N中生态智能硬件构成体系，形成华为Harmony生态系统的物联交互，如图48所示。

其次，华为快速扩充鸿蒙Harmony生态系统的用户，努力突破生态生死线。2021年6月2日，华为发布Harmony OS 2.0系统与多款全场景新品，华为旗下手机、平板等百余款设备陆续搭载Harmony OS 2.0系统，发布仅7天，用户数就已经突破千万，10月华为开发者大会上，华为消费者业务CEO余承东表示已有超过1.5亿用户升级了鸿蒙系统，同时

第四部分 | 大未来：组织单元基于"生存"的新生态抉择

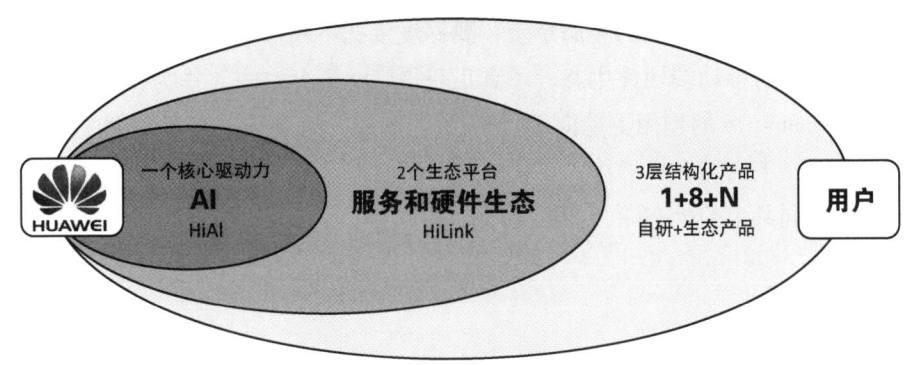

图48 华为全场景智慧化战略

资料来源：作者根据相关文献整理优化。

华为Harmony的HMS生态全球开发者达510万，全球应用超过17.3万个，HMS生态前三季度营收增长62%，预计用户数达到2亿。在华为开发者大会上Harmony OS 3.0也同步发布，华为Harmony系统现已成为全球用户增长最快的操作系统。华为内部显然对Harmony OS系统有更高的期许，希望2021年市场占有率突破16%，覆盖3亿终端设备，其中华为自有设备达到2亿，生态合作商设备达到1亿。

从现实情况看，华为手机Harmony生态并不容乐观，尤其是华为芯片断供危机已有2年，其手机业务断崖式下跌，高端手机出现大面积断货，连续涨价导致华为已然失去价格优势，该部分市场被苹果快速占领，华为只能向平板、手表、耳机等周边设备转化。现阶段，基于手机为核心的物联网生态碎片化十分严重，构建统一的Harmony生态系统还需要非常长的周期。虽然短期内，Harmony OS系统很难有主流手机企业加入，但有众多知名企业主动融入Harmony OS生态系统当中，这些知名企业包括科大讯飞、腾讯、中国移动、网易、美的、苏泊尔、京东、百度、京东方、新日等，华为Harmony在软件开发及服务、家电行业、芯片与模组、智能出行、智慧物流、智能健康、智能教育等众多领域展开了系统合作。

三、构建开放、共生、协同的鸿蒙Harmony生态进化型成长路径

华为Harmony操作系统虽然在短期内实现了超速增长，但生态系统还处于成长的初级阶段。华为Harmony系统基于物联网的宏大思维，让华为具有了针对原手机操作系统的迭代优势，具备了一定的降维打击能力。华为作为世界头部的IoT硬件企业，有销售基础、资金、技术、品牌等多种优势，但想在软件生态系统的竞争中拥有一片天地，就必须巩固发展原有手机及周边设备的固有市场，这成为了华为Harmony的存活基础。抢占以万物互联为核心的新市场，形成强大的新生态系统，才是华为Harmony发展的关键。

华为 Harmony 想打造强大的生态系统，要深度依托不断优化的领先技术，尽量多地获取客户端服务生态与移动端硬件生态，才真正获得广泛生存空间。华为作为国内外知名的硬件企业，Harmony OS 的作用更趋向于"底座"平台，Harmony OS 系统能否成功存在两个关键要素：一是庞大的客户群体，二是连接芯片企业、软件开发者、终端企业、运营商等多产业主体协同共生的生态圈，如图 49 所示。

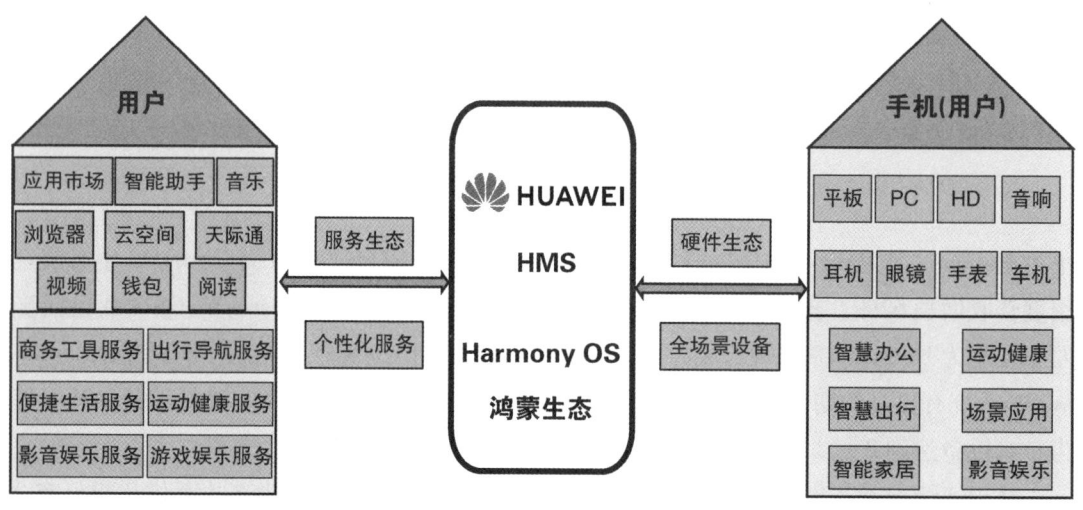

图 49　华为鸿蒙 Harmony 生态构造

资料来源：作者根据相关文献整理优化。

华为 Harmony 生态的未来发展存在太多不确定风险，但可以明确的是，成长过程存在两个关键：清晰明确的战略思维、动态高效的进化型成长路径。

（一）华为 Harmony 生态系统坚持清晰明确的战略思维，构建"开放、共生、协同"的生态系统

第一，Harmony 系统必须建立在深度开放的基础上。"只有基于开放的方式来做，鸿蒙的生态才有成功的可能。"为此，华为 Harmony 系统分别在系统开源、资源共享、多范围跨界扩展融合等方面展开深度层次化开发。首先，在 2020 年、2021 年华为两次将 Harmony 系统开源代码无偿捐给开放原子开源基金会，通过 Open Harmony 项目开源与各开发者共建该项目；其次，Harmony OS 不同通过技术优化创新，将各终端硬件的功能虚拟成为共享资源池，通过 Harmony 系统实现应用端硬件互助、资源共享、远程调用等作用，让用户手机成为多设备构建的开放型超级终端；此外，Harmony 系统在不同侧面展开多范围跨界扩展与融合。一方面，华为大力挖掘手机存量用户的同时，利用中国物联网应用技术世界领先的优势，将实际着力点落实到大量物联网节点的系统化统筹上面，将手机生态扩张到物联网生态系统，形成更广阔的跨界物联生态体系。另一方面，不断开放多层次物联领先技术，如 Harmony HMS core 应用创造了丰富的跨平台协同属性、Harmony OS 3.0 不断推动了深度算力共享、欧拉服务器操作系统软件（Euler OS）共享百亿级开源，都将 Harmony 生态效能进一步延展到企业端、延展到服务器，形成前后端开放协同的新生态。

第二，Harmony 生态必须建立在共生共享的架构上。Harmony 架构包括技术共生共享与合作伙伴共生共享两个重要方面：技术共生共享是将 Harmony 系统广泛应用到手机、平板、智能家居、智能汽车、工业互联网等多个领域，利用中国家电、中国制造等多领域的优势，联合多产业主体，实现产业升级，最终促使软件与硬件开放性融合，实现非线性增长；组织共生共享是突出 Harmony 系统生态的万物互联的共生体系，实现组织之间共同成长的目标。这里除了主动开放系统，更主要的是邀请智能终端、广大硬件厂商、软件开发组织等合作伙伴与竞争对手，一起共建"鸿蒙生态圈"。

第三，Harmony 生态必须建立系统的动态协同。Harmony 系统虽然具有一定的技术优势，但市场的快速变化、竞争对手的技术长信，都会导致 Harmony 生态系统发展极易偏离良好轨道，因此，Harmony 需要深层次形成动态协同的系统构造。一方面不断通过技术研发达成万物互联的动态协同，如在共享开源的基础上，通过 Harmony HMS core 丰富的应用系统，实现应用平台共享，通过 Harmony OS 3.0 实现算力共享，通过进一步开源欧拉 OS（Euler OS）系统实现与 Harmony OS 系统前后端深度融合，共同促进服务器、边缘计算、云计算、基站等物联领域的动态协同；另一方面，注重利用华为组织单元与组织系统的综合优势，实现组织动态创新，通过"军团式"单点强压，集聚局部优势兵力，集中突破 Harmony 生态中系统协同难点问题。

（二）华为 Harmony 生态系统面对恶劣的外部环境和国内外同行的竞争，华为 Harmony 的生死存亡必须依靠自己，综合自身的现有优势，建立动态高效的进化型成长路径。为此，可以采用以下几项举措

第一，进化科研技术优势，实现降维打击。华为 Harmony OS 系统经过数十年沉淀，数百亿的技术研发投入，构建了应对未来 5AIoT（5G + AI + IoT）的全新生态战场，其中智能手机仅是新生态中最核心的应用控制端。Harmony OS 系统从构架上看具有颠覆的基础，持续的科研创新，可以拉大技术代差。Harmony 操作系统具备四大技术优势：①分布式架构，可实现跨终端无缝协同互联；②确定时延引擎与高性能 IPC 技术促使系统高效流畅；③微内核架构重构终端设备安全、可信；④统一应用 IDE 支撑一次开发多端布局，促使跨终端生态共享协同。这类技术与 iPhone iOS 曾经的图形化人机交互、App Store 等领先技术相似，具有降维打击的基础。

第二，扩展优质赛道，实现 1 到 N 的跨越。Harmony OS 具有庞大的跨界生态系统，尤其 5AIoT（5G + AI + IoT）新生态还处于探索阶段，高度碎片化特征促使形成无数长尾效应应用场景。华为在资源与资本有限的情况下，只能首先通过手机这一关键核心赛道，

集中资源打造生态，再集合合作伙伴的优势横向扩展，从 1 向 N 展开跨越。在实践过程中，华为已经向智能汽车、新能源等产业领域展开了深度生态系统探索，取得了一定的成效。近期，华为进一步将赛道扩展到煤矿、光伏、公路、港口等五大产业模块，实现跨界产业生态系统的共生化升级，从消费者业务端向企业业务端快速扩展。

第三，联合各类组织，构筑共生协同发展的生态同盟。Harmony OS 需要生态思维，集成各类组织优势，将硬件企业、互联网及应用软件开发企业、各行业头部企业等优势进行集合，采用优势互补，重构原生态边界。通过构筑共生协同发展的生态同盟，优化各方利益，形成利益共享的动态进化型生态联盟。

第四，激活核心市场优势，迅速提升 Harmony 系统体验。操作系统具有极高的用户黏性、极良好的客户体验需求两个基本特性，面对 14 亿人口的世界第一大市场，华为需要竭尽全力打造极致系统功能与用户体验，在极致感受的基础上，扩展拥有 Harmony 系统的规模化使用群体，除了做好原华为消费群的引入，更需要增加新客户群体，形成生态聚集效应。华为以多年发展积累的超大客户存量为基础，在 Harmony HMS 应用巨大的生态投入下，逐步促使 Harmony 生态全面搭载 5G、AI、AR、VR、物联网等先进技术，形成了技术与客户体验的升级迭代。

第五，激励协同开发，形成双向促进与迭代的成长体系。一方面，营造开放性的市场开发氛围，在技术开发方面，向开放者开放底层的模型库、知识库、算法库、工具库等技术与方法。在组织构建方面，通过开发者社区、联盟等方式促使技术开发形成使用、创作、协助、互利、分享的开发者良性生态，从而提升开发黏性、惯性，吸引更多的开发组织及群体。在资金支持及奖励方面，通过开源基金等模式，推进开发者扶持计划、开发者奖励计划等激发开发者的开发激情；另一方面，不断扩大使用者使用数量，并不断促使体验迭代。为此，华为不得已做了重大牺牲，为最大化保留原手机存量客户，华为推出手机内存扩展计划，通过云空间与内存升级，争取客户数量与时间，达到 Harmony OS 生态系统的快速升级与迭代的目的。Harmony OS 的使用者通过鸿蒙应用程序的体验，将应用评测与应用需求反馈到开发群体，形成了双向促进与迭代的协同成长体系，从本质需求上提升了鸿蒙 Harmony 用户的黏性（如图 50 所示）。

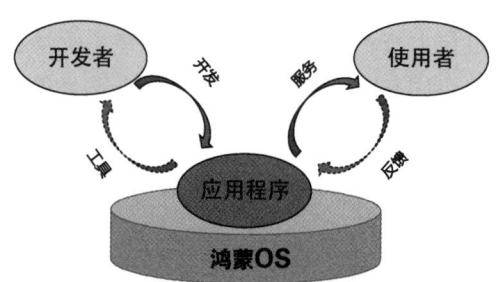

图 50　华为鸿蒙 Harmony 生态双向促进与迭代的协同成长模式

资料来源：谢克强，2019；作者根据相关文献整理优化。

第六，内外循环动态构建，双轮效应协同成长。新生态建设既需要多种资源汇聚、又需要多类组织利益协调、还需要多年积累。尤其是面向未来的5AIoT时代会生成大量智能化、碎片化应用场景以及万亿级别终端智能设备，为此需要关注软件贯穿外循环系统，同时注重5G、AI、IoT、人工智能等构建的新技术与业态交叉融合，实现内外部软硬件相互融合、统一协同。

第七，长远战略，屈伸有度。鸿蒙Harmony巨大成长空间包括汽车、工业设备、物联网设备等泛终端，而手机是最重要的一环。鸿蒙Harmony的未来是基于5G技术平台形成的"云—管—端—芯"基本构架下的多类终端应用场景。但在美国政府针对华为的疯狂打压下，第一家具备5G尖端手机研发生产能力的公司，却在最新发布的华为P50手机中无法搭载5G芯片，且只能搭载美国高通4G芯片，原有的高端手机市场被苹果等公司瓜分，华为面临无法回避的技术降级发展难题。尽管困难重重，华为依然着眼长远战略思维，如战略性保留了华为海思团队，继续国际领先的芯片研发；又如华为出售华为荣耀手机品牌，回笼大笔资金，用于面向未来的研发创新。据统计，华为2021年研发费用比例高达22.7%，是2020年苹果6.83%的投入、小米3%的研发投入的数倍。这种战略定力与长远规划，加上"没有退路就是胜利之路"的破釜沉舟精神，让华为在外部封锁的困境中，焕发勃勃生机。Harmony OS已经从To C消费者业务领域高效扩展到了To B企业业务领域，矿产领域、能源领域、汽车领域、物流领域的全面探索，让Harmony OS新生态系统助力中国众多产业转型升级。

华为Harmony自面市那一刻起，就将面临持续的艰难抉择，面对前所未有的新道路探索。立足自身内循环，华为Harmony OS难以做大，依托外循环，华为Harmony OS难以生存。在移动终端的生态体系建设中，内外循环之间相互矛盾，难以兼得，尤其以硬件为核心的内循环已具有较大优势时，更是容易引起同行的忌惮。如小米、OPPO、VIVO、百度（BAT）等知名软硬件公司就尝试构建联盟对抗华为Harmony万物互联带来的风险。2019年8月，小米、OPPO、VIVO几家知名手机企业，排除华为，成立互传联盟；2021年9月再度排除华为，互传联盟联合升级，联手百度（BAT）、阿里巴巴、腾讯成立移动智能终端生态联盟，简称金标联盟，以提升移动智能终端生态的协同构建能力。

华为启动"软硬件双轮驱动的全场景智慧生态"双循环战略，就已经迫使华为在独立自主的基础上，长期构建开放、共生、协同的鸿蒙Harmony生态体系。依靠内循环越过生死线，依靠外循环促使Harmony OS在不同领域做大做强，形成动态成长的跨界进化型生态系统。

第十章
组织的"永动"

没有一个组织能够永远地存活,但"重生"般的活力会让组织生生不息。纵观组织发展与时代潮流,越是在不确定时代,组织成体系化的变革越积极,存续的生产力矛盾只有通过生产关系的重新构架才能完成资源与技术等因素的关系匹配。固化的组织形态会让企业等不同类型的机构越来越"官僚",当一个领袖型组织不再关注组织与科技创新,就会想尽办法无限收拢社会资源,让组织走向垄断,走向寡头,最终形成国家层面的社会资源争夺。韩国三星公司作为韩国财阀代表,深度影响着韩国经济,甚至是政治体制。中国腾讯公司在文娱等产业领域形成"垄断",出现了"双刃剑"效应,一方面可以在产业结构领域优化产业生态,另一方面却严重影响了文娱终端的产业创新,最可怕的是在资本"嗜血逐利性"推动下,极大剥削了生态体系中各生态创意全体,从长远视角看:这种"垄断"极大破坏了各类组织的"生存空间",形成了达尔文主义中的"弱肉强食",增加了监管难度,会形成"灰犀牛"等类型的结构性风险,这都需要政府、几个特别关注与防范。组织随时代的变化,形成"永动"的个体与整体,是不可逆转的趋势,在"不确定"新时代的竞争中,既要注意在生态系统中,优化形成"超级竞争者",又要防止形成垄断,更要激活组织中各单元,不断激发个体活力,使其成为未来组织成长与"存活"的关键。

一、基于大数据思维,创新不确定性时代的新"生存"模式

不确定时代特征的形成,主要是由于全球化的产业重构、大国之间产业主导权之争与资源获取方式等因素所导致。中美贸易战的持续推动,导致了资本、科技、产业等多个领域的较量,中国产业结构的变化周期将加速,如海尔、美的、格力等中国传统实体产业的角色与产业结构将发生急速变化,很多科技研发及产业创新将回归到原材料等基础创新研究,企业的人员结构也将逐步向智能化、集约化方向发展。近年来,中国正在大力推动以5G为代表的新基建体系,这都极大地促使产业系统的融合跨界,促进以信息科技为核心

的多类产业迅速成长，加速企业产品的变革周期，会形成以大数据、人工智能为核心的新型产业体系。这种变化也导致了创业难度极度增加，除非在个别新增长、新创新的轨道上，在众多产业领域已经很难再有较为优良的创业机会。

很多时候，危机本身就是机遇，尤其在市场与客户存在需求的时候，市场格局与生态系统必须变化的时候。如中美贸易战期间，贸易额不减反增，2021年1—6月，中国对美国出口累计2528亿美元，同比增长42.6%，但贸易市场份额却从第一，跌落到东盟、欧盟之后，滑落到第三的位置，这有赖于中国相对完整与庞大的产业体系，以及国外相对薄弱的产业生态所导致的结果。坚持全球化，首先需要坚持面对全球化风险的组织系统与产业生态，这将促使组织系统形成产业与组织相对闭环，边界相对开放的新状态，由此防范风险的持续发生。

在新基建技术背景下，大数据智能化的组织变革与组织管理将成为未来各类组织重要的支持工具，并以此提升不确定性时代的组织管理效能。这里简要论述如何利用大数据应对不确定性，扩展"生存空间"。

大数据并不是一堆数据，而是巨量的有效数据，这些数据按照一定运算法则，创建关键规律。基于大数据的主要特征，可以将大数据产业分为数据挖掘、数据存储、数据运算等领域，这些领域积极融合互联网、人工智能、云计算、云储存等不同产业，形成了新的产业体系，甚至涌现出新的独角兽企业。如字节跳动就是应用数据挖掘中的爬虫技术、客户偏好度算法技术等，创建了包括抖音、今日头条、西瓜短视频，以及活跃海外的Tik-Tok、Lark、Helo等，从本质讲字节跳动是一个算法公司。大数据核心是**大数据中心**，大数据中心是智能数字经济的底层基础设施，是产业数字化转型的基础条件。中国在大数据领域的投资主要集中在数据中心，根据中国电子信息产业发展研究院统计，截至2019年，中国大数据中心数量约7.4万个，数据中心机架数量227万架，中国数据中心IT投资规模达3698.1亿元，占全球数据中心总量的23%。对比占全球总量的40%美国数据中心，中国大数据依然存在一定差距。

大数据在组织管理领域的应用尚处于探索阶段，但很多企业已经通过相关流程控制软件等方式尝试融合大数据进行优化管理，主要依托数据模块化实现局部数据高效使用。在现实组织应用中，很多数据采集还处于人工采集阶段，距离大数据智能化应用还存在很长一段距离。根据组织与大数据融合推进的实际状况，可以从三个方面分层次着手，展开组织与大数据之间的深度融合：抓住有效大数据核心特征、挖掘大数据综合价值、有效利用大数据价值提升组织效能。

第一个方面，抓住有效大数据核心特征。

促使大数据在组织各层面产生价值，需要掌握大数据的三大核心特征，分别为"大数据的综合性与系统性""大数据的动态性及及时性""大数据的公共性与共享性"。首先，注重大数据的综合性与系统性，组织所需要的大数据是由多方面、多领域、不同组织及行为所产生的数据，数据可以包括社会、经济、政治、自然等方面，也可以由政府、企业、机构、大学及科研院所产生与汇集，主要依托互联网链接各信息终端形成的相对系统的、整合的数据体系，而大数据的首要价值就是产生有效数据、并获取有效数据，当有效数据的价值大于数据获取成本就会形成持续推进的正效应；其次，注重大数据的动态性及及时性。大数据是以于互联网为通道，集历数数据与及时产生的动态数据集合。不同的大数据集成具有不同的效能，尤其是及时性数据能够动态反映大数据的变化规律，可以利用这些数据，综合提升系统价值；最后，大数据的公共性与共享性。大数据并不仅从一个组织产生，还可以从多种组织关联产生，或从政府、机构等组织获取。相对而言大数据是一个相对公共的、共享的数据生态体系，相对单向或封闭的数据系统并不具备动态反馈效能，其数据价值无法实现最大化，也无法利用外部资源优化数据所产生的系统价值。

第二个方面，挖掘大数据综合价值。

信息化变革是新产业变革的巨大推动力之一，但基于大数据系统化的构建体系已经在不同领域展开初步探索。实际上，并不是所有企业都可以充分使用大数据，并利用大数据在组织、产业、营销等领域产生价值。一般而言，大数据应用除专门从事大数据的专业公司外，多数仅应用在大型企业的信息化管理或变革当中。对于中小企业，大数据的获取难度与获取成本均相对偏高，因此，中小企业对大数据的时代变革缺乏认知与体验、但在时代的步伐中，中小企业需要理性对待大数据的价值应用，尤其要关注最新的探索发现。不同的企业或组织可以根据不同的需求，从大数据挖掘、大数据存储、大数据运算等方面的价值系统生成过程中，分阶段、分层次挖掘大数据综合价值以及落实大数据在组织系统中的应用。这里简单介绍几种方法：

第一，做好有效数据获取与数据价值研究。对于行业或组织研究，很多时候会非常关注行业报告与成功案例，对于数据获取也是一样，需要对数据获取来源、获取路径、核心数据展开研究，对不同领域的专业数据可以通过专业分析，大致清晰数据的使用要点。实际上科学地建立数据分析过程，就是在尝试利用数据分析思维建立大数据分析的基本逻辑和任务目标。

第二，科学归类数据属性，建立相对统一的数据使用模型与规范。不同数据获取渠道，会生成不同层面、不同标准的数据体系，不同数据体系之间需要融合统一的规范，尤其要确立核心数据模型规范。举一个例子，企业组织想建立 CRM（客户关系管理系统），客户营销数据、客户关系管理是企业营销系统建立的核心数据，但同时行业数据收集、消费者数据收集也同样重要，在数据采集时上下游渠道数据也需要被关注，只有融合以上各领域数据，并通过系列化算法模型构建，将这些数据规范统一到一体化的大数据系统当中，才能进一步对产品的创新、营销、推广等工作展开更为科学的管理。

第三，多层次的数据交换。对于不同的组织体系，有效数据的采集与需求均不相同，多层面使用不同的有效数据，将科学提升决策的准确性，并提升行动的综合效率。多层次数据获取与使用，是基于组织现有的资源，从不同端口获取有效数据信息，常见的方法主要通过目标端数据、人脉、社群、供应链及营销资源等收集对应的数据，也可以运用爬虫等技术在针对性的客户群体中对应采集关键数据。有效数据的储存越多，分析、优化、应用能力的要求则越强，大数据综合价值的提升机会就越多。

第三个方面，有效利用大数据价值提升组织效能。

利用大数据价值就是将大数据的核心价值在组织领域展开应用。因此，大数据对应的组织效能包括两个方面：对于不同组织层面的效能影响，对于组织所关联的不同系统的影响。

第一，大数据对于组织内部影响是改变了组织驱动的关联关系与管理方法。大数据促使组织决策从"业务驱动"转变为"数据驱动"，高效提升了组织运营效率，优化了组织运营目标。大数据促使组织管理方法发生了重大改变，除了应用信息化技术提升组织管理效率外，还可以通过实时监测、跟踪组织对象等行为所产生的数据，展开数据分析，形成组织进化有效路径；

第二，大数据可以促使组织关联的不同系统发生结构变革，甚至促使跨界融合创新。这种特征突出表现在产业生态系统、组织管理协同系统等方面。首先，大数据为信息科技产业提供了高速增长的新动力，同时对市场中的新产品、新技术、新业态、新商业模式等都有极强的推动效能，如软件及商业服务领域，大数据可以激活数据高速处理、数据挖掘与软件体验功能升级，又如在硬件等领域，大数据对芯片产业、数据存储等产业领域产生了深度影响；其次，大数据可以跨界将多种类型的组织进行融合与协同管理。不同数据可以通过算法的优化，展开融合应用管理，将物联网、移动互联网、电子商务、社交网络、智能生活等新技术同步协同在统一的组织生态系统中，基于同一目标，通过多种类型数据展开集中、分类、处理、分析与优化的组织协同管理，在组织推动下实现多领域跨界价值创新。

大数据作为当今流行且影响未来的核心技术，只有脚踏实地地落实在产业与组织变革本身才可能产生价值。大数据本质是为智能化管理提供运算与决策依据。现在绝大多数企业与组织并不能汇聚及处理大数据，因此，在实践过程中，可以从不同组织单元系统的专业小数据入手，逐步向核心数据拓展，层次化做好不同组织系统内部的精细化管理，再进一步优化面向未来的、基于大数据应用的组织变革与管理体系。大数据是面临不确定时代一种重要的应对与创新模式，通过不断掌握、利用大数据思维，促进组织系统优化与创新，这是这个时代扩大"生存空间"重要的方法。

二、专注组织单元，系统化形成"超级竞争者"协同进化模式

在新的时代发展环境中，曾经粗放多元化经营的集团型公司，很难在新的市场竞争中

获得发展,专业领域集中资源的经营模式反而更具成长性,追究其关键原因是,各产业环境发生了根本性的变革,出现了三种新的发展趋势。第一,各产业的专业深度与难度加大。其中最突出的表现是高新科技领域对于进入该领域的专业要求、专业门槛均在提升,除非具有独特的核心竞争优势,一般情况下创业难度会非常高;第二,各产业市场的反应速度要求越来越快。较为突出的表现是大数据、人工智能技术的广泛应用,将从根本上打破组织的管理与工作模式,导致市场适应效率的要求越来越高,智能协同管理的要求也越来越高,同时对竞争规则与客户需求的引导能力要求也越来越高,这都导致合作共赢模式将越来越普遍。第三,各产业需要具有更强的创新能力与跨界融合能力。新产业变革要求组织具备高度适应力与创新力、同时具备跨界融合能力,能够突破原有的产品、服务、客户范围等边界,通过系统化的人才体系、供应链、研发、IT与物联网等方面的管理优化,达成核心业务与能力突破。

很多时候组织能够获得巨大的成功,是在新的产业生态系统中,实行了"饱和攻击",集中了绝对的资源与优势,对产业生态进行了"降维打击",最终实现了行业领域的大获全胜。有学者将这种竞争模式称为"超级竞争者",其动态的生态系统下的竞争环境称为"超级竞争"。

在新的市场跨界竞争中,"超级竞争者"的工作核心并不仅建立具有现有市场优势的组织职能,更重要的是创建能够遥遥领先于整个行业的"绝对竞争优势",这种竞争优势多存在以组织单元为基础的组织系统构造当中,需要通过组织通过流程进化与市场实践才能表现出来。如果仅将重点放在能力相近、业务相同的行业组织竞争当中,最终会陷入不断缩水的红海市场中的份额比例之争当中。事实上,更多时候当组织具备绝对竞争优势时,会出现"赢家通吃"的现象。在时代变革的关键时刻,持续的稳定优势并不存在,市场已然变成高强度、高速度的动态竞争,**任何组织的绝对优势都可能是暂时的,只有不断打破现有短暂优势,不断毁灭、不断创造,长期协同进化,才有可能在别人看不见的地方创建出"绝对竞争优势"**。亚马逊、华为、小米、大疆等众多企业都是通过这种成长路径,以独特的组织成长思维,打造"超级竞争者"。

本书的撰写就是希望基于组织的成长与进化逻辑,构建具有自身"绝对优势"的生态协同进化体系。简单来说就是从三个层面,促使组织成为"超级竞争者"。

第一层面:组织的底层逻辑。组织应对任何不确定性,最先做出反应的是组织单元。组织单元作为组织实行创新、价值创造、危机应对的最小独立单元,将是组织构建"绝对优势"动力感应者、驱动者、实施者。可参考本书第四章。

第二层面:组织的进化之路。应对市场环境的快速变化,组织需要更高效的变化、更具系统进化效能的变革,形成具有自身组织特色的进化道路。为此,需要从两个模块构建组织的进化路径。第一,需要清晰组织进化的影响因素,即从广义达尔文视角构建组织进化的思维要素,可参见本书第三章;第二,需要清晰组织进化的动态路径,构建组织进化的能力系统，可参见本书第四章、第五章。

第三层面：组织的生态协同体系。组织越希望成为"超级竞争优势"，越需要构建生态系统的"绝对优势"，协同共生成为了组织发展重点，而不是竞争。科学的生态系统建设过程需要从战略与战术两个方面层次化展开。战略层面可参见本书第六章、第九章，战术层面可参见本书第八章。

组织的生态协同体系从战略层面：层次化建立协同共生的生态体系，形成动态的"绝对竞争优势"。生态系统的协同可以依据组织需求层次化分为"业务协同、组织体系协同、组织集成协同、产业体系协同、跨界生态协同"等生态协同层面。业务协同核心工作为业务按需定制，主要基于市场与客户需求，建立组织业务需求与应用场景，展开业务系统定制及优化、业务流程优化与创新、业务应用场景定制及优化等；组织体系协同核心工作为提升组织效率，主要基于组织内外需求展开系统协同，如优化供应链管理、科技研发与协调等，越是大型或复杂组织，越需要组织分层化的高效协同；组织集成协同核心工作为多体系融合创新，尤其注意将大数据、智能化、物联网等新技术应用到组织当中，统一协同价值流、信息数据流等，优化业务与管理体系，协同管理系统及决策系统；产业体系协同核心工作为优化产业生态，协同内容包括优化及重构上下游供应链、业务体系、协作管理体系等工作，侧重组织与上下游产业形成相互协作的生态系统，形成大生态运营模式；跨界生态协同核心工作为形成开放进化的生态系统，通过整合社会资源、新技术及创新体系、多产业融合趋势等，创新产业结构、商业模式、服务体系、营销模式等，动态形成持续进化变革的新生态系统。

组织的生态协同体系在实操的战术层面：组织的生态协同的工作重点是根据不同层级组织组织目标，展开多层级动态"竞合关系"构建，形成不同组织层级之间能力与资源的协同。**战术设定的根本是为了实现未来组织生态共生协同的整体战略目标**，采用不断打破并重塑内外部边界，让组织内外部之间生成基于生态系统中个体与整体相互促进的良性竞争与合作。**科技与技术可以作为重要手段提升组织沟通、学习、管理及运用效率，促使组织将旧的核心竞争力与新环境融合，再依托不同组织单元实现能力提升与资源聚合，跨界生成新的价值**。如特斯拉公司近期估计破万亿美元，并不是该公司能够造新能源汽车，而是该组织能够将科技与产业深度融合，形成科技与产业深度运营的生态体系，这种生态优化能力进一步推进了卫星上天，构建了其组织的"绝对竞争优势"。又如百度从搜索引擎做起，业务逐渐向云计算和大数据深度延伸，华为从电信运营商业务做起，逐步向全栈与全场景业务系统化、生态化拓展，谷歌、苹果、小米、Facebook、亚马逊、微信等公司都在尝试通过一系列竞合战术手段，达到产业生态不断优化、创新与协同，以此达到"绝对竞争优势"，构建"超级竞争者"。为此，有些大型公司为此不惜动用资源、资本、法律、知识产权等众多竞争手段，尝试形成现有行业"垄断"。

专注组织单元，其目的是最大限度激活组织效率，针对统一的战略目标，采用多种手段，形成"绝对竞争优势"，并让该绝对优势持续进化。本书对于华为案例的系统分析，就是分层次、多模块、系统化分析组织成长与进化的本质能力。在实践中，不同组织具有不同的发展特质，因此会经常听到某个企业的经营模式无法复制，如海底捞、华为、亚马逊等。实质上，不同组织的"绝对竞争优势"并不相同，但是形成"绝对竞争优势"的路径是相似的，因此，模式不可复制，但优势绝对可以"模仿"，而"模仿"的目的是形成不可模仿的"超级竞争优势"，成为本行业或跨行业具有进化能力与创新能力的"超级竞争者"。

这里必须要区别两种组织状态——"超级竞争者"与"垄断者"。"超级竞争者"非常容易成为"行业垄断者"，但"行业垄断者"很难成为"超级竞争者"。为了避免"屠龙少年终成恶龙"的现象发生，需要了解什么是"伟大的公司"，什么是"超级竞争者"。**"超级竞争者"是以不断激活组织活力，驱动科技与技术持续创新，促使组织动态进化，最终促使生态系统可持续进化的组织。**因此，"超级竞争者"不是最大规模与资源垄断的组织，而是不断创造价值，有利于社会发展的组织。为此，"超级竞争者"首先会侧重优化、创新和拓展能力体系，变得更为优秀、智慧，并以不同组织单元差异化的价值聚合，促使功能持续进化，最终形成动态进化的"绝对竞争优势"，以此扩展自身的生存空间；其次，"超级竞争者"侧重创造价值或创新价值体系，会特别注重消费者现有需求与未来需求，并创造满足客户需求的产品及服务生态，以此颠覆或超越竞争对手。如苹果的网上音乐商店、华为的5G技术系统研发、大疆的无人机技术创新等"超级竞争者"均采用客户需求创新超越及颠覆竞争对手；最后，"超级竞争者"侧重建设协同共生的生态进化系统，而不是利用资本、资源等垄断优势获取"超额利润"。"超级竞争者"的"伟大价值"在于利用组织、资本、科技创新优势引导客户需求，引发产业系统创新与社会资源跨界融合。

"垄断者"相比"超级竞争者"，不仅缺乏社会推进效能，甚至会引发社会资源的严重不公，激发社会矛盾，"垄断者"更像生物链顶端的"掠食者"，残酷抢夺各层级生态的"生存空间"，只为获取本不该属于自身的"超额利润"。虽然"垄断者"也具有一定的"创新能力"，但其本质是维持"超额利润"，甚至获取更多的"超额利润"，"垄断者"从根本上看是产业的破坏者，不但不能促进产业良性成长，还会破坏行业整体创新与发展，走向资源独享的恶性循环，打破"垄断"会出现"一鲸落，万物生"的生态系统快速变化。"垄断者"相比"超级竞争者"也具有几个明显特征：第一，**"垄断者"一定是行业头部组织，具有规模、资源、资本、区域等优势，为了维护现有优势，一定会采用吞并、股权收购、知识产权壁垒、破坏市场规则、报复竞争或潜在竞争组织等各类打击模式**，达到消除或利用可能影响其资源与地位的所有组织；第二，"垄断者"注重剥削最大化利润、获取最大化市场的目的。针对上下游供应链、客户等利益者相关者展开分层次、分步骤的利益剥削与市场获取，通过榨取利益关联者的利润空间、市场空间，达成自身利益"绝对垄断优"的长期目的;第三,"垄断者"注重建立具有"垄断资源"自我增大型的生态体系。由于存在严重的信息与资源不对称,"垄断者"对合作者是利用与价值掠夺关系,对竞争及潜在竞争者是消灭与绝对控制关系,对于不同产业是资源榨取与利益抢夺关系。"垄断"本身并不存在绝对的好坏,但极端的垄断会导致资源的过分集中,会极大破坏可持续发展与创新的良性生态环境,极容易造成生态系统中各类组织的反对与对抗,但可惜由于绝对的"垄断地位",只会反向压制各类组织,无法改变现有状况。作为政府等主管与协调机构只有不断预防、故意打破这种组织形态,才能促进整体生态系统的长足发展。

组织的优秀并不是组织不会出现失败、不会出现危机,而是无论是否出现失败与危机,都始终保持不断变革、不断优化组织流程、不断提升组织能力的进化型组织生态,以积极不屈的态度坦然应对失败与危机。任何"伟大的企业"都会面临失败与困境,有的从失败中走出来,有的会在失败中消亡,时代的选择会让组织在"凤凰涅槃"后更具光芒,在1997年近乎破产的苹果公司,投资新能源汽车造成巨大损失的三星公司,在时代拐点处投资上海超级工厂的特斯拉、被美国全面绞杀制裁的华为公司、在手机市场"滑铁卢"却在5G逆向翻身的诺基亚,都在时代的洪流中不断接受锻打、走出困境,成就新的辉煌。

标杆案例研究：
亚马逊持续生态系统进化构筑超级竞争者

亚马逊（Amazon）成立于1995年，至今已有27年历史。1997年，亚马逊正式在纳斯达克挂牌交易，股价是18美元，总市值约4.38亿美元，截至2021年6月，亚马逊市值接近1.8万亿美元，总市值增长约4109倍，在资本市场堪称奇迹。亚马逊创始人杰夫·贝索斯更是在2018—2020年连续三年财富超越微软创始人比尔·盖茨，蝉联世界首富。这家传奇公司在激烈的市场环境中，持续保持高速成长的动因，非常值得关注与研究。本案例研究针对亚马逊跨界生态系统持续进化过程，分析构筑"超级竞争者"的合理化路径。

一、亚马逊三次生态系统跨界创新，促使发生颠覆式高速成长

亚马逊（Amazon）通过不断打破产业与组织边界，重构生态体系，通过三次动态系统的跨界创新，重构了出版、零售商业、云计算、人工智能等产业生态，先后超越了巴诺传统书店、沃尔玛线下超市、IBM国际商业公司等数个庞大的产业头部公司。亚马逊通过互联网创新、产业生态跨界创新，不断打破了原产业生态边界，重构了产业逻辑与组织逻辑，扩展了生存空间与价值体系。正因为如此，中国众多知名企业均在学习与效仿亚马逊的组织与产业生态系统，如阿里巴巴、京东等。

亚马逊三次生态系统跨界创新主要立足当时的"风口优势"，以及自身技术与思维的"绝对优势"，对原有产业生态展开了核心边界突破，以新的"生产力"与"生存关系"展开了业务进化，促使形成颠覆性跨界生态系统创新。这种新的"生产力"与"生产关系"迭代被誉为"降维打击"，并催生了新生态体系中的"超级竞争者"。

亚马逊的三次产业生态系统进化，分别促使亚马逊成为了"世界最大的书店""世界最大的综合网络零售商""以客户为中心的云计算与人工智能新生态主导者"。

第一次产业生态系统跨界颠覆与进化：对传统书店的颠覆，构建图书产业新生态系统。

亚马逊图书新生态系统构建时间：1994—1997年。

1994年夏天，贝索斯决定创立一家网上书店，并将此书店命名为"Amazon"，即世界上最长的河流。贝索斯将亚马逊定位成"地球上最大的书店（Earths biggest bookstore）"，希望顾客可以坐在一个地方轻松地浏览成千上万的书目。美国图书市场规模庞大，且标准化程度较高，因此出现了巴诺（Barnes & Noble）等知名图书巨头。互联网作为当时"新科技创新突破口"，成为亚马逊打破产业与组织边界的"绝对优势"。

1995年，亚马逊完成了网站测试并展开了网上书店运营，创造了在30天时间书籍销售覆盖全美50个州，并将书籍销售到45个国家的销售传奇。依托互联网的跨域互联等独有优势，1996—1997年，亚马逊年销售额从1995年的51万美元，分别增长到1575万美元与14779万美元，增长率高达2981%与888%，之后逐渐下降，截至1997年底，亚马逊的用户数量达到了150万。亚马逊成为网上最权威的图书信息及销售集中地，并于1997年5月在纳斯达克成功上市，募集到5400万美元。

亚马逊图书业务并不局限于网上电子书店，还将业务延展到出版印刷、电子书软件、有声书等领域；音视频业务也由CD音乐商店，扩展到网上音乐下载商店、电影租赁等业务，数据应用则形成了电子商务软件、数字摄影以及数字漫画等业务，形成更加开放、广泛的新生态系统。

亚马逊快速成长的关键是以高效率打破与重塑了传统图书市场的产业边界与组织边界，并与客户形成了消费体验的互动，并以此打破了图书销售的区域边界。依托消费者体验重新定位并快速反馈畅销书与非畅销书等不同类别书籍，同时优化小散物流生态体系。亚马逊利用新技术手段，充分发挥网上书店的"独有"优势，依托持续提升消费体验，提升客户黏性，快速超越传统书店。如通过顾客对书籍评价，了解读书体验；通过读书习惯，推荐喜好书单；通过"一键下单"，优化销售速率与体验；通过纽卡斯尔等订单履行中心，提升物流配送质量等。为了实现新生态体系进化，亚马逊采用了全新的组织生态系统，形成了大规模扩张策略，利用销售"亏损"式扩张急速占据市场。亚马逊在与巴诺（Barnes & Noble）书店的市场交锋后，最终取得了全球最大书店的统治地位。因为"超级竞争者"独特的虹吸效应，形成急速增长的市场占据能力，让其在短短几年的时间，股价市值就超过所有线下书店股价市值的总和。

第二次产业生态系统跨界颠覆与进化：对超市等零售业的颠覆，成就最大的综合网络零售生态系统。

亚马逊网络零售新生态系统构建时间：1997—2002年。

亚马逊持续依托企业在互联网中的"绝对优势"，通过资本市场融资所获得的资金优势，展开了第二次生态系统的跨界颠覆，从网上书店扩展到成为世界最大的综合网络零售商。网络零售与实体商店相比能给消费者提供更为丰富的商品选择，形成综合电商的规模效益，这极快地构建了亚马逊最新的生态体系，但同时导致了亚马逊有史以来的最大危机。虽然互联网比传统零售更容易汇聚商品种类，促使亚马逊在很短的时间内快速扩大业务规模，但是其庞大的组织体系、技术体系、资本、市场环境等因素的快速变化导致亚马逊走向了风险的边缘。

自1998年开始，亚马逊新开了音乐、DVD/视频、礼品、玩具、家居装饰、消费电子、游戏和软件等门类商店。1998年6月亚马逊音乐商店正式上线，仅一个季度销售额就超过CDnow，成为最大的网上音乐零售商，此后销售品类与销售区域开始全面扩张，到1999年，亚马逊累计用户从1998年的620万增至1690万，销售覆盖150多个国家与地区，全球物流中心也由2.78万平方米扩张到46.5万平方米，扩充面积高达16.7倍。急速的扩张速度使亚马逊在2000年初就将公司定位调整为"全球最大的网络零售商"。在此期间亚马逊并购了互联网电影数据库IMDb.com公司、网络流量分析公司Alexa等近30家互联网公司，以此扩展业务范围，同期还推出拍卖服务等新服务业务。

2001—2002年，是亚马逊最艰难的时刻，先后出现资金链近乎断裂、市值崩塌、巨额亏损、净资产为负的严峻状况。好在时代推动了互联网生态的快速增长，亚马逊同时展开了组织优化与成本优化、客户体验优化、仓储运营能力提升等众多协同优化措施，最终走出了困境，开始了新的高速发展阶段。

亚马逊在突破快速扩张的经营困境后，围绕综合网上零售的"独有价值"，依托系统创新持续打破超市等零售业边界，通过10多年的成长，股价市值不但超过了零售霸主沃尔玛（WalMart），而且远远超出沃尔玛（WalMart）、开市客（Costco）等10大零售商市值的总和。

第三次产业生态系统跨界颠覆与进化：对客户体验的系统颠覆，成就"以客户为中心"的多层次进化型新生态系统（形成第三方平台、云计算、人工智能等多轮进化的新生态系统）。

亚马逊"以客户为中心"的多层次进化型新生态系统构建时间：2001年至今。

在亚马逊快速扩张受到严重的风险冲击时，开始将营销及组织工作围绕"最以客户为中心的公司（the worlds most customer – centric company）"展开，2001年确认了以客户为中心的企业发展目标。

在以"客户为中心"的新发展模式下，亚马逊立足网络零售平台，并逐步向新的"绝对优势"转换，层次化推出了第三方平台、云计算、人工智能等相互关联并深度依存的新产业生态系统，成为了一家不断跨界进化的综合服务提供商。

第一，亚马逊建立了亚马逊市场第三方开放平台。 2001年推出亚马逊市场（marketplace）第三方开放平台，2002年进一步推动AWS云计算网络服务，2005年针对主要客户推出Prime会员服务，2007年针对客户需求聚焦增加了28个新品类，其中最突出的是快速且持续增长的亚马逊的鞋店（Endless.com）业务，并在同年10月19日发布了针对客户阅读的 Amazon Kindle，无线接入超过11万册书籍、博客、杂志和报纸，同时为了提升物流服务质量，亚马逊向第三方卖家提供外包物流服务 FBA（Fulfillment by Amazon），2010年亚马逊更是进一步推出自助数字出版平台 DTP（Digital Text Platform），该数字平台逐步发展成为亚马逊 KDP 出版系统（Amazon Kindle Directing Publishing），2009年亚马逊根据市场需要新增了日本汽车、法国婴儿用品、中国鞋和与服装等21个新产品品类，2014年起再度拓展了生鲜大市场。

亚马逊除了系统化建设第三方开放平台外，同时针对生鲜、图书业务、数据应用、音视频下载和生活用品五类业务展开系列化收购，形成针对客户需求的庞大零售商业生态系统。据统计，2013年亚马逊销售额接近750亿美元，是整个图书出版贸易业总销售额4倍多。

第二，亚马逊进一步建立了云计算服务生态。亚马逊对于零售及客户的算法需求等需要不断的技术创新，也由此创建了新的"绝对优势"。并于2006年推出 Web 服务形式向企业提供 IT 基础设施服务，即云计算。该服务可以根据客户业务发展需求以较低成本替代前期基础设施建设费用，提升客户服务效率。亚马逊云计算服务通过15年的高速发展形成了计算网云（EC2）、简单数据库（SimpleDB）、简单储存服务（S3）、简单队列服务（Simple Queue Service）等服务模块。亚马逊现有客户总数已经超过100多万，分布在190多个国家和地区。客户的覆盖范围，从互联网客户发展到政企客户。

据国际研究机构 Gartner 统计，2020全球云计算市场全高速增长，规模高达642.86亿美元，同比增长40.7%，其中亚马逊40.8%、微软云19.7%、阿里云9.5%、谷歌云6.1%、华为云4.2%。可以看出亚马逊云计算的市场份额比微软云、阿里云、谷歌云、华为云市场份额总和还要多。亚马逊基于全球最大规模电子商务服务实践，使其具有云计算领域绝对优势，对于多种场景及客户需求，具备综合配置、优化计算、存储系统等领域优势，使其具有该领域绝对的技术创新优势。

第三，亚马逊深度构建人工智能新生态。2014年初，斯里坎斯·希鲁梅拉（Srikanth Thirumalai）在亚马逊提出将人工智能最新成果展开应用的新计划。人工智能技术最初应用到商品推荐功能、发货调度、仓库机器人等综合网络零售的生态系统当中，但近几年随着该项技术的深度发展，已然掀起一场科技革命：人工智能在"深度学习"等技术推进下，促使语音识别、语言处理、计算机视觉等领域获得高速发展。

依托亚马逊网络零售智能化20多年的成功经验，CEO 杰夫·贝索斯（Jeff Bezos）正逐步将公司转型为"人工智能发电站"。采用先进的机器学习技术改造亚马逊系列化智能产品，如智能机器人与数据中心 AWS，以及针对客户展开全新的人工智能业务——Alexa 语音平台、Echo 智能音箱等系列智能产品。

人工智能是继亚马逊"云"之后，亚马逊又一重大产业生态创新，并呈现指数级增长速度。2016年，AWS发布了新的机器学习服务，并利用Alexa展开语音创新，呈现了文本转语音组件Polly、自然语言处理引擎Lex等系列产品，形成了开放的Alexa智能语音联合创新的生态系统。亚马逊内部不同组织单元依托组织协同创新优势，研发了众多创新产品，如Prime Photos是一款涉及可视化技术的产品，基于该产品技术形成了第三方服务Rekognition，该技术后续植入苹果、谷歌、Facebook等公司的招聘产品当中。机器学习服务给亚马逊带来了巨大的营收，并形成了亚马逊人工智能的"飞轮"效应，美国宇航局（NASA）和美国职业橄榄球大联盟（NFL）等组织机构通过运营亚马逊的机器学习等服务，提升组织及技术智能化，使亚马逊及客户形成了协同共生的新生态发展模式。截至2019年，亚马逊全球拥有逾12万项技术专利，并已广泛应用于智能语音交互、智能硬件、智能购物、智能物流等人工智能场景，亚马逊现已成为了全世界最具发展价值与成长潜力的公司。

二、亚马逊"超级竞争者"能力形成与生态系统的"飞轮加速"迭代效应

亚马逊在时代的发展浪潮中，依托"互联网技术所形成的绝对优势"，从网络售书商开始，通过打破业务与组织边界，对网上业务销售品类与组织管理体系进行重构，逐步形成"以客户体验为中心"与"信息交互为核心"的网上零售新生态，以此颠覆了零售商业的整体格局，将复杂的产品通过清晰、直观的系列信息得以展现。亚马逊将客户偏好、区域市场销售偏好等数据相结合，利用强大的"云计算"、信息技术、供应链管理能力等，形成强大的"超级竞争"能力，促使亚马逊网络销售覆盖日用品、食品、音乐等众多产品门类。亚马逊进一步创新并优化机器学习等计算优势，形成了新的绝对优势，层次化构建了"云服务""人工智能"等紧随时代潮流的新生态体系，成为了极具发展趋势与进化能力的"超级竞争者"。

亚马逊这样的"超级竞争者"，是充分利用自身独特的核心优势参与并主导市场中多产业竞争，最终改变产业或商业整体生态的创新型组织。"独特的核心优势"是基于知识、技能、组织体系、业务管理流程、技术研发工具等展开整合，形成主导生产力创新与变革的能力，这种能力可以实现生态系统持续进化。"超级竞争者"在不同时代潮流中涌现出来，核心因素是在组织利用科技及商业模式创新促使生产力体系发生颠覆性变化，导致产业生态与组织生态平衡被打破，强势主导形成了新的生态系统，如苹果将科技与艺术融合，创造出iphone智能手机，其产品创新促使形成了全新的移动互联时代。

基于对超级竞争者的跟踪观察，"超级竞争者"具有极强的可扩展能力，这种能力具有改变市场结构与规模的潜在特征。这使"超级竞争者"在原有核心业务能力的基础上，具备了极强的业务发展能力，使其形成了更大的业务市场规模。很多学者将"超级竞争

者"的"绝对优势"定义为与客户相关的差异性,该差异性得到更广泛客户的认可,并在行业中独树一帜,这种差异性可以是更高的价值、差异性产品与服务,如海底捞的特色服务、星巴克的情景服务、沃尔玛的高性价比产品销售等。事实上,这是对"超级竞争者"理解的偏差,"超级竞争者"导致极强成长力的核心是打破原有产业边界,通过情景、技术等方面创新,形成新的价值体系,如情景化的消费体验,本质是对原有消费模式的彻底颠覆。因此,"超级竞争者"常会出现在科技创新前沿,成为"风口上的猪",或者对原有产业生态逻辑的跨界颠覆,形成"羊毛出在猪身上,狗去买单"的特有现象。

1. 打造"独特的核心优势"构造路径与进化体系

成为"超级竞争者",就是打造"独有绝对优势"。这种**"绝对优势"是一种可以打破产业、组织等边界的系统化综合领先优势**。在这里必须要注意:"超级竞争者"的"独有绝对优势"既不是产品,也不是技术,更不是企业的一般能力,更不能将营销等战术类技巧误认为是"独有绝对优势"。首先,核心产品仅是组织实现价值的载体,尤其不能将暂时技术领先的产品所形成的核心业务误认为是组织的"独有绝对优势";其次,技术领先是获取竞争优势的重要因素,但是并不能成为打破产业边界,重构生态体系的核心,如IBM公司的技术领先世界,但众多的专利发明脱离客户,同时也没有重构与创新产业生态,最终被苹果、微软、亚马逊、谷歌等公司超越;最后,企业在竞争过程中组织管理、流程控制、组织构造、组织学习能力均具有差距,这种差距所产生的优势虽然对组织发展具有重大作用,但一般的组织能力并不能打破原有的生态系统。

"独有绝对优势"是打破原有生态系统的综合优势集成,尤其是能力的集成。一般可以通过五个步骤构建并优化。第一,要有清晰的"绝对优势"战略目标,并以此为基础展开组织建设、能力建设、技术研发、产业创新等系统工作,战略方向在实施过程中会存在偏差,可以根据实际状况动态调整。第二,基于战略目标,针对性地展开能力、组织、技术研发等体系重组。这里尤其需要侧重对于能力与组织体系的干预,以达到组织能够产生协同优化。第三,能力与业务系统化创新。针对战略目标,基于市场与客户需求,通过业务体系与组织体系的系统创新,打破原有的产业边界与组织边界,形成新的能力与业务系统。第四,优化并协同延展新生态系统。在系统化建立"绝对优势"基础上,进一步扩大优势,通过深度研发、技术创新、系统优化、资本收购等方式形成新生态系统。如亚马逊在建立网络图书优势的基础上,首先增加与图书相关的音像、音乐等系列产品,再进一步增加新的网络销售商品品类,同步优化物流系统,扩大中转仓,根据客户偏好优化商品选择,最终颠覆原有的图书商品销售生态,逐步扩展并形成综合零售的生态系统,促使亚马逊成为世界上增长速度最快的公司之一。第五,促使形成"独有绝对优势"的动态自进化体系,成为持续发展的"超级竞争者"。在时代的潮流中,随着科技创新、商业创新、组织创新等不同领域界限的突破,原有的"绝对优势"边界将会被不断打破,在新的生态系统中形成"新独有绝对优势"。如亚马逊在建立"网上综合零售"的绝对霸权后,深度构建了"以客户为中心"的业务生态,并在机器学习等领域协同创建新的产业生态,通过两次迭代与进化,亚马逊成为了"云服务""人工智能"领域的世界领航者。实际上"超级竞争者"的"独有绝对优势"构造路径与进化体系与动态能力的形成及路径进化过程相似,可参考第五章相关内容,对"独有绝对优势"展开系统化建设。

2. 生态系统的"飞轮加速"迭代效应

亚马逊"飞轮效应"是早年贝索斯提出的一个商业理论,认为:一个公司各业务模块之间会有机地相互推动,就像啮合的齿轮一样。齿轮组运转过程,开始从静止到转动过程需要巨大的带动力,但当飞轮完成整圈旋转后,就会在惯性推进下飞速转动。"飞轮效应"本质是基于产业系统协同发展的长期发展战略,从而形成"绝对竞争优势",亚马逊网络零售的持续高投入就是典型。首先,亚马逊通过技术创新优势,针对图书单一品类,形成独特的网络购物体验,吸引了大量的顾客群体,其次,利用资本力量保障基础设施、技术创新分层化与体系化建设,通过扩大规模、扩充品类、优化业务流程、牺牲运营效率,促使飞轮循环加速,即形成"飞轮效应"的"绝对竞争优势"(如图51所示)。

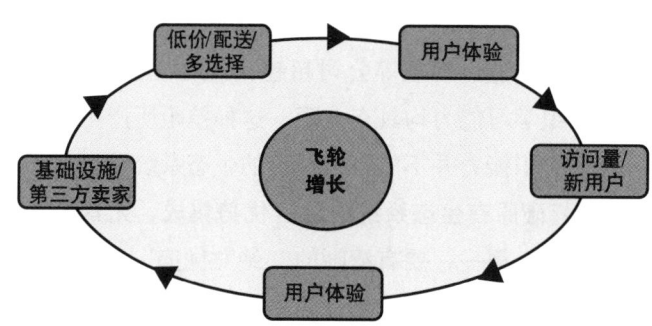

图51 亚马逊的"飞轮效应"

资料来源:作者根据相关文献整理优化。

在"最以客户为中心"的新发展战略形成之后,亚马逊的飞轮效应发生了本质性变化,围绕客户需求与体验展开技术创新,并形成"绝对核心优势",分别在综合网络零售、云服务、人工智能等方面形成层次化"多飞轮增长"的迭代效应。首先,在技术与基础设施展开高投入,持续提升订单履行能力、数据处理能力。其次,利用技术创新,将线下物流与线上商店相互协同融合,降低成本、提升效率、提升客户服务质量,实现更高层级的规模型经济,进一步扩张服务区域,巩固并提升领导地位。为此,亚马逊推出第三方执行物流FBA服务、金牌会员服务、IT建设及网络服务等基础支撑服务,极大地提升了消费体验,吸引了更多客户,促进企业进一步成长。再次,通过互联网、传感及计算技术等方面创新,打破原有生态体系,跨界融合线上与线下不同类型商业系统,将展示、搜索、宣传、支付、金融等多种功能融合在一起,形成全渠道、全时空的新生态价值体验。再其次,迭代亚马逊"绝对竞争优势",在新跑道惯性延展"飞轮"效应,形成新的"以客户为重点"的跨界产业生态创新。亚马逊基于自身庞大的计算需求,2006年推出了AWS(Amazon Web Services)云计算业务,同年3月,发布Amazon S3(Simple Storage Service简易存储服务),8月发布Amazon EC2(Elastic Compute Cloud弹性云计算)。通过多年努力,亚马逊云计算及云服务等多项业务占据了全球半壁江山,甚至远超其他竞争公司。最后,亚马逊以AI语音助手Alexa为基础,将其融入Amazon Echo智能音箱,开始人工智能新领域的探索,亚马逊利用大数据、人工智能、机器学习等新技术创新,在零售、物流、航空、智能家居等众多领域展开系列研发,成为了人工智能新生态中的"超级竞争者",实现了在多生态系统中的"飞轮加速迭代"效应(如图52所示)。

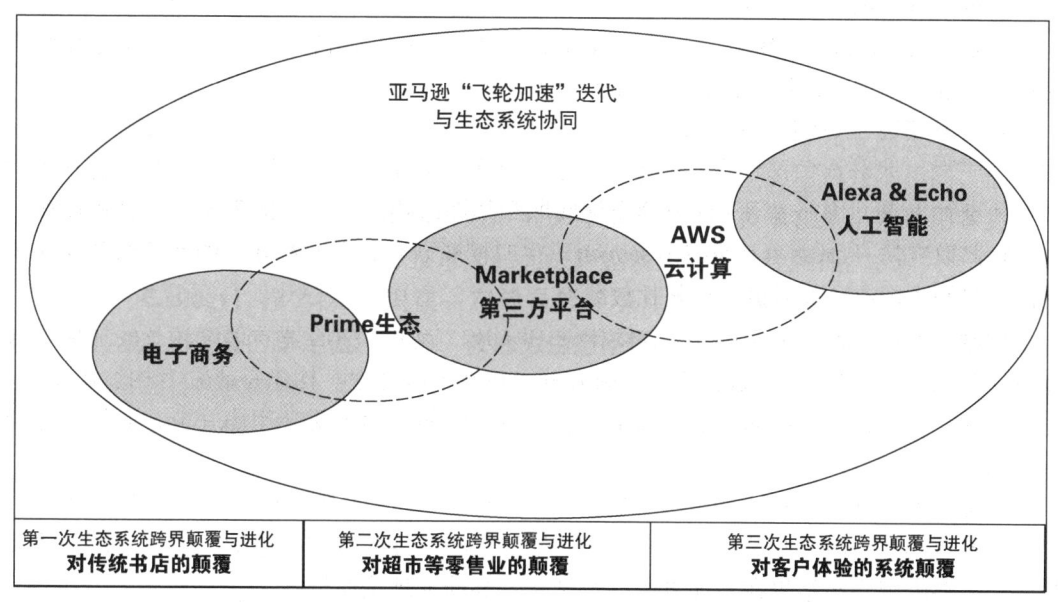

图52 亚马逊在多生态系统中的"飞轮加速迭代"效应

资料来源:作者根据相关文献整理优化。

三、危急时刻,亚马逊在自救中再造"绝对优势"

任何组织都不可能在市场环境快速变动过程中独善其身,哪怕具有"超级竞争者"的实力,也需要重新认知自身问题,在危急时刻奋力自救,这样的企业才能成为"伟大的公司"。亚马逊也曾面临破产的边缘,通过立足原有的优势、积极调整战略定位、注重保有现金流、不断采用系统化行动,不仅让亚马逊走出危机,更让亚马逊再次走向高速发展的快车道。

出现危机之前,由于资本市场的高效融资,让亚马逊以牺牲利润换取市场扩张与增多产品种类的模式获取业务高速增长。1998年10月,亚马逊依托在美国积累的Amazon品牌与技术,开始国际化高速扩张阶段,分别在英国建立Amazon. Uk、德国建立Amazon. De在线书店,并取得市场主导,并在之后的两年时间在众多区域展开市场扩张,直到2000年亚马逊已经成为国际知名的在线书店品牌,并在这一年亚马逊将公司重新定位为"全球最大的网络零售商",面对这样的业务转型,亚马逊并没有在组织、技术等领域做好准备。

自2000年3月开始,网络经济泡沫开始破裂,互联网与科技类企业受到严重冲击,出现大规模企业倒闭潮,亚马逊却在这一年新增了厨房用品、相机和照片商店,并进入了日本市场,全速扩张让企业获得了更多的营收,2000年销售额比上年增长了68%,获得大幅增长,但同时负债也急速增长,长期负债高达21.27亿美元,流动负债高达9.75亿美元,首次出现净资产为负的严峻状况,净资产为-9.67亿美元。同时,亚马逊投资的不少互联网企业由于缺乏资本投入,纷纷倒闭,亚马逊自身资金链也接近断裂,其股价一年之内跌幅高达80%,亚马逊面临破产边缘。2001年,市场环境更是雪上加霜,"9·11"事件让资本市场环境更加恶化,亚马逊股价跌至最低点,亚马逊营收仅比2000年增长13%,股价跌至22亿美元的冰点,每股市值甚至低于发行价,仅为之前最高市值395亿美元的5.5%。与此同时带来的财务状况更加严峻,急速扩张导致亚马逊背负沉重债务,加上巨额亏损,总资产急速缩水,净资产更是达到-13.53亿美元,亚马逊一度被认为即将破产。

与此同时,亚马逊的转机也出现在2001年,在这一年亚马逊深度反思企业高速扩张过程中的各类问题,将"增加零售品类"与"市场占有率"为核心发展目标,转化为"最以客户为中心公司(the worlds most customer - centric company)"的新战略动态转化,以此调整组织与营销工作方向,并利用科技手段与开放型组织协同手段提升管理效率。2001年亚马逊开放了第三方市场平台(Marketplace),同步亚马逊内部组织体系展开了管理创新与变革,启动了物流管理、仓储管理、供应链优化管理等管理模式,极大地提升了管理效率,降低了管理成本。2002年,亚马逊库存虽然增加了18倍,但配送中心处理订单的时间却同比缩短了17%,尤其在美国消费类电子产品的销售数量比大型电子产品商店销售数量高出10倍,更好的消费体验、更高的性价比,让亚马逊顾客满意度指数(American Customer Satisfaction Index)连续三年获得高分,更让亚马逊涅槃重生,截至2002年底,亚马逊净销售额同比增长了26%,并在2003年首次盈利3 500万美元,最终走出危机的泥潭,进入稳步发展的新阶段。经过数十年网上零售商业生态系列化的健康成长,2013年亚马逊在世界范围内销售遍布200多个国家,尤其在欧洲,亚马逊超越了当地其他在线零售商,成为欧洲最受欢迎、访问量最大的网络零售商。

亚马逊之所以能在市场残酷的冲击下存活了下来,并且发展十分迅猛,很大原因是亚马逊构造了"绝对竞争优势"体系,具体表现三个方面:第一,依托高速发展的互联网增长趋势,通过自身独有的互联网优势促进消费习惯的改变,最终引发互联网电子商务的迅猛发展;第二,亚马逊构建了以"顾客为中心"的新生态发展战略,降低了产业变革与高额资本的投资风险,通过持续扎实的组织、后台服务、网站功能优化等系统化建设,增强了仓储物流能力,持续提升用户体验,打造了良好的口碑;第三,放弃短期利益,通过长期的战略投资,形成更为扎实与广泛的新生态,扩大了"生存空间"。最为突出的表现是亚马逊在技术创新与物流系统优化方面投入了巨额资源,持续提升了客户体验,强大的物流仓储基础设备提升了发货速度,高效便捷的网络购物体验,优良的成本控制带来了极高性价比,吸引了众多的客户群体。亚马逊依托科技创新与组织优化等方式持续降低成本,打破原有生态系统构造,形成了具有进化效能的良性循环。

四、总结

亚马逊作为"超级竞争者"的典型代表,具有极强的借鉴价值。中国的阿里巴巴和京东这些年的发展模式就是在全面借鉴亚马逊的成长思维,最终成为了中国的"独角兽"企业。"超级竞争者"形成关键就是构建当时的"绝对竞争优势",从本质讲就是生产力创新,并形成对应的组织创新等,即生产关系创新。通过整体系统"绝对优势"对原生态系统展开"降维打击",并生成新的生态。亚马逊"超级竞争者"突出了四个特征:第一,亚马逊紧紧围绕"最以消费者为中心"的战略目标展开生态系统的构建工作;第二,亚马逊一直是一家以技术创新为核心的科技型公司,而非一家网络零售公司,其网络零售的核心优势是建立在选购、仓储、物流、订单履行系统的高效化、智能化的新生态系统基础上,而云计算、云服务、人工智能等技术促使亚马逊超越众多不同类型的竞争者,形成了"降维打击";第三,依托"绝对优势",层次化跨界生成"以客户为中心"的新生态系统,如形成高效、大范围覆盖的物流仓储网络系统,并通过智能算法优化形成两日免费送达的强大订单履行能力;第四,亚马逊注重打造强大新生态长远发展战略,不惜牺牲眼前利益,注重长期的层次化、系统化的技术研发与物流体系的生态化建设,最终实现多产业的跨界引导与持续高速成长的目标。

术 语 表

静态管理（Static management） 指在企业存续期间，通过建立科学的管理体系，使组织与组织成员之间处于一种相对稳定的状态。

动态管理（Dynamic Management） 指企业在经营管理过程中，通过外部环境的预测、内部数据分析，对经营策略、管理手段进行适时调整，并对计划进行修改和补充的一种管理模式。

世界观（World Views） 是人们对整个世界以及人与世界关系展开的哲学思考。是哲学与世界的根本性命题。由价值观、社会观、人生观、历史观等系统观点构成。

耗散结构理论（Dissipative structure theory） 指在物理、化学、生物乃至社会、经济领域，远离平衡态的非线性的开放系统，通过不断与外界交换物质和能量，达到一定量质后，系统由原来的混沌无序状态转变为一种在时间上、空间上或功能上的有序状态，并形成新的、稳定的有序结构系统。

法约尔模型（Fayol model） 是按职能进行组织部门分工，即从企业高层到基层，把承担相同职能的业务及人员组合在一起，设置相应的管理部门和管理职务，如分为研究、生产、营销、财务等不同职能部门，又称直线职能型组织结构。

斯隆模型（Sloan model） 即现在的"事业部制"，也叫"联邦分权化"，是以多部门共同任务目标为基础的高度（层）集权下的分权管理体制。该结构突出"分级管理""分级核算""自负盈亏"，即一个公司按地区或按产品类别分成若干个事业部，从产品的设计，原料采购，成本核算，产品制造，一直到产品销售，均由事业部及所属工厂负责，实行单独核算，独立经营，公司总部只保留人事决策，预算控制和监督权利，并通过利润等指标对事业部进行考核。

看得见的手（Visible hand） 看得见的手一般是指政府宏观经济调控或管理，也称"有形之手"，是市场这一"看不见的手"说法的对称提法。

规模经济理论（Economies of scale theory） 是经济学，也是现代企业管理的重要理论之一。指在一特定时期内，企业产品绝对量增加时，单位成本下降，即扩大经营规模可以降低平均成本，从而提高利润水平。

制度经济学（Institutional Economics） 是把制度作为研究对象的经济学重要分支。重点研究制度对于"经济行为"和"经济发展"的影响，以及"经济发展"如何影响"制度"的变革。制度经济学包括制度经济学派与新制度经济学派，存在演化经济学派、公共选择学派、新奥地利学派等学术流派。

价值理论（Theory of value） 是经济学的核心，理论是对"对于人类生存与发展意义"的哲学思考。由以马克思的"劳动价值理论"、马歇尔为代表的"均衡价格理论"和斯拉法为代表的供求曲线"价格理论"等理论构建构造了价值理论的基础。

科斯定理（Coase theorem） 又称"帕累托最优（Pareto Optimality）"，是指只要财产权是明确的，并且交易成本为零或者很小，那么，无论在开始时将财产权赋予谁，市场均衡的最终结果都是有效率的，实现资源配置的"帕累托最优"。

交易成本理论（Transaction Costs） 又叫"交易费用理论"。是指一定的社会关系中，人们自愿交往、彼此合作达成交易所支付的成本。这种交易成本包括事前的交易成本和事后的交易成本，具体包括"搜寻成本""信息成本""议价成本""决策成本""监督成本""违约成本"等（Williamson，1975；1985）。

资产专用性理论（Asset Specificity） 指用于专有性的功能用途后很难再用作为其他用途的资产，若改作他用则价值会降低，甚至可能变成毫无价值的资产，与"资产通用性（Asset homogeneity）"相对。资产专用性通常分为五类："地理区位的专用性（site specificity）""人力资产的专用性（human asset specificity）""物理资产专用性（physical asset specificity）""完全为特定协约服务的资产（devoted assets specificity）"以及"名牌商标资产的专用性（brand asset specificity）"。**资产专用性为资产评估提供了理论基础**，说明旧资产的转换成本越高，行业的进入壁垒和垄断程度越高，相反，资产同质性越强，则变更经营领域的成本越低。

后工业社会（post‐industrial society），常被称为"知识社会"。强调现今社会经历了以农业为主导的前工业社会（或称农业社会），以能源、机器、技术代替人工的工业社会。现已经进入依赖于信息，侧重服务业体系发展的"后工业社会"发展阶段。

霍桑试验（hawthorne experiment） 是管理学与心理学领域的一个著名实验，是关于"人群关系运动"的实验研究，主要探讨工作环境对劳动生产率的影响。实验背景为美国芝加哥郊外的西方电器公司霍桑工厂，因此被命名为霍桑实验。实验包括照明实验、福利实验、访谈实验（含心理干预）、群体实验。霍桑实验为现在行为科学发展奠定了基础。

激励理论（encouragement theory） 研究如何调动人的积极性的理论。指通过特定的方法与管理体系，激发人的正确行为动机，调动人的积极性和创造性，充分发挥人的智力效应，将员工对组织及工作的承诺最大化实现的过程。

企业文化理论（Corporate culture theory） 研究以人为基础，强调尊重人格、以人为发展为中心，认为成功的企业之所以取得成功，不在于资金、技术、设备、建筑物、销售网络等硬件，而在于以人为发展核心的企业文化。

目标管理理论（Management by Objective） 该理论被称为"管理中的管理"，主要通过企业以经营等因素构造的目标为核心，进行工作任务设置和分解、目标实施及完成状况，并以此构造系统化的管理模式。目标管理的核心就是具体到组织中的成员、部门中的行动方向、奖罚措施等，并形成对应的绩效评估标准，促使组织任务有效完成。该理论强调两个重点：一个是完成整体目标，另一个激发人的效用，形成主动参与的管理行为。

有效管理理论（Effective management theory） 强调管理是一种创新的、务实的、普适的实践。该理论强调管理必须有效、有效性是可以学会的、管理者必须学会管理自己的时间、管理者必须着眼于贡献、管理者必须重视"长处"、管理者必须集中精力于少数主要领域、管理者必须做有效的决策等七个方面的内容。

创新理论（Innovation theory） 创新是指把一种新的生产要素和生产条件的"新结合"引入生产体系（熊彼特 Schumpeter）。创新是经济增长和发展的动力，没有"创新"就没有社会的发展。创新理论不断在实践中发展，形成了创新理论体系。包括：开放式创新、颠覆式创新、协同创新、创新扩散理论、创新双螺旋等理论，创新理论深度影响着当今社会的经济与管理系统，带动了科技管理模式、科研组织形式、科技创新体系、商业模式变革、创新生态环境培育等方面的变革。

渐进型创新（Incremental Innovation） 主要通过连续的、渐进的各环节创新，最后实现管理创新的目的。渐进型创新是现阶段大多数企业的创新模式，由无数的小创新开始，达到一定程度时就会产生量变导致质变的大创新。

颠覆性创新（Disruptive innovation），也被称为"创造性破坏"，主要由"颠覆性技术（Disruptive Technologies）"或"商业模式"，引发新的供给方式。颠覆性创新通过非连续性技术或价值链重构，让市场出现更便宜的产品，或更便宜、更方便的替代品，或更为优质的消费体验等，打破原有市场体系，通过一步步蚕食传统企业市场份额，最终取代传统产品统治地位。颠覆性创新经常出现在跨时代的技术体系革新与跨界的技术结构变革。

全面质量管理（Total Quality Management，TQM） 组织以质量为中心，通过全体成员的协作，达到满足用户需要的产品或服务的全部活动。全面质量管理侧重成本控制及时全面、产品改进及时全面、企业改进及时全面。

竞争战略（Competitive Strategy） 企业以占领市场，打败竞争对手，强化具有市场竞争优势的战略体系。常见竞争战略包括"成本领先战略""差异化战略"和"集中化战略"三种基本模式，分析工具常用五力模型、价值链模型。

核心竞争力（Core competencies） 又称"核心（竞争）能力""核心竞争优势"。是建立在企业核心资源基础上的企业技术、产品、管理、文化等综合优势在市场上的反映，是企业在经营过程中形成不易被竞争对手仿效、并能带来超额利润的独特能力。识别标准由"价值性""稀缺性""不可替代性""难以模仿性"四个要素构成。

战略意图（Strategic intent） 指对未来的战略构想，对于企业的战略体系架构（即包括功能配置、竞争力获取、资源重组）的核心蓝图。包括方向感（Sense of Direction）、探索感（Sense of Discovery）、使命感（Sense of Destiny）三个属性要素。

组织再造（Strategic Reconstruction） 迈克尔·哈默提出的理论，具体内容参见第一章第四段。

业务重组（business reengineeing） 又称"业务整合（Business Integration）"，是针对企业发展进行业务调整及重新组合的过程，常常伴随"资产重组""债务重组""股权重组""人员重组""管理层重组"等，操作手段包括"兼并""收购""剥离"等。

双因素理论（two factor theory），又称"激励—保健理论（hygiene - motivational factors）"，该理论认为激励（满意、积极）因素与保健（不满意、消极）因素是影响员工绩效的主要因素。成就、赞赏、工作本身意义、挑战性、责任感、晋升、发展等影响因素构成了激励（满意）因素；工资、同事关系、工作条件、监督和公司的政策与管理等影响因素构成了保健（消极）因素。

组织发展理论（Organizational development theory） 运用生物科学方法研究组织内部因不断自我更新而变化发展的理论。包括双因素理论、激励理论等。

领导力（Leadership） 主要指在权限管辖范围内，通过心理、人力等客观条件提高整个团体工作效率的能力。领导力构造突出个人的品质和个性，强调个体素质、思维方式、实践经验以及领导方法等，领导力理论是由"六种能力""九型人格""四个维度"等相关理论模型构成。

无边界组织（boundaryless organization） 杰克·韦尔奇提出的组织形式，具体内容参见第一章第四段。

"双环学习"理论（Double-loop Learning） 又称"双圈学习""双循环学习"，也称为"创造性学习（generative learning）"，是学习型组织理论的重要组成部分，同时也是学习型组织的构造路径。双环学习是在"认知"构造的单环学习基础上，进行"反思"，并采取行动，并以此形成"双环学习"。"双环学习"强调对组织中根深蒂固的观念规范提出挑战，持续不断地对组织目标、政策和常规程序进行修正，并形成系统思考、共同愿景、自我超越、团队学习及创造性张力的组织形态。

"阿米巴经营（Amoeba）" 稻盛和夫提出的管理形式，具体内容参见第一章第四段。

合弄制（holacracy） 是一种"全体共治"的"无领导管理方式"。强调组织架构去中心化，组织角色以工作为中心，围绕工作需求，持续调整，以形成动态的组织"操作系统"。

海星组织模式（Starfish organization） 奥瑞·布莱福曼提出的组织形式，具体内容参见第一章第四段。

组织学习理论（Organizational Learning Theroy，OLT） 通过汲取更好的知识，并加深理解，从而提高组织行动的效能，具体内容参见第一章第四段。

学习型组织（Learning Organization） 知识型组织的理想状态，组织具有持续学习的能力，依托创造性思维建立起来的一种高度柔性的、扁平的、可持续发展的组织，具体内容参见第一章第四段。

圣吉模型（Senge Model） 又称"五项修炼"，包括——自我超越，改善心智模式，建立共同愿景，团队学习和系统思考五项技术，属于学习型组织的核心模型。

虚拟组织（Virtual Organization） 也被称为"网络组织（Network organization）""人机一体化组织（Man-machine integration organization）"等，具体内容参见第一章第四段。

平台组织（Platform Organization） 一种基于互联网商业逻辑构造的新型组织形态。是一种能在新兴的商业机会和挑战中构建灵活的资源、惯例和结构组合的组织形态。该组织形态借鉴数字化与生态型组织的主要特征，侧重构造两个要点：一个是通过优化组织结构，形成前台、中台、后台的协作关系；另一个是基于平台思维，构造新的激励机制让每个人都能感受到市场的压力，促进组织再造，形成动态优化。

企业集群（Enterprise Cluster） 是某一特定产业的企业和机构大量聚集于一定的地域范围内，形成稳定的、具有持续竞争优势的集合体。企业集群是产业价值与产业生态构建的基础。

量子管理理论（Quantum Management） 丹娜·左哈尔提出，具体内容参见第一章第四段。

复杂理论（Complex theory） 世界经济的运行并不都是相互之间的斗争，而是在商业生态系统中，组织之间存在"共同进化"的关系，并形成具有周期性的复杂适应系统（complex adaptive system）。该理论突出了在动态非线性的复杂环境下，"共生的商业生态系统"和"共同进化"两个核心，该理论是对竞争理论的极大挑战。

复杂适应系统（complex adaptive system，CAS） 詹姆斯·弗·穆尔提出，认为系统进化的动力本质上来源于系统内部，系统构建着眼于内在要素的相互作用，具体内容参见第一章第四段。

浑序组织（Chaordic Organization） 迪伊·霍克提出的组织形式，具体内容参见第一章第四段。

实证分析法（empirical analysis） 社会科学研究方法之一，主要通过事例和经验等从理论上推理分析的方法。

定性研究（Qualitative research） 又称质化研究，是社会科学领域的一种基本研究范式，是科学研究的重要步骤和方法之一。主要通过观测、实验和分析等方法，来考察研究对象是否具有某种属性或特征，以及研究对象之间是否有关系等。由于它只要求对研究对象的性质作出回答，故称定性研究。

定量研究（Study on measurement，Quantitative research） 也称量化研究，是指确定事物某方面量的规定性的科学研究，就是将问题与现象用数量来表示，进而去分析、考验、解释，从而获得研究的意义方法和过程。与定性研究一起，是社会科学领域最基本的研究范式，也是科学研究的重要步骤和方法之一。

案例研究法（Case Analysis Method） 一种系统化的研究方法，主要通过一个或数个场景，系统地收集数据和资料，进行深入的研究，多采用定性研究，发现有意义的特征。

中介变量（mediator） 由托尔曼提出（Tolman，1932），是指自变量对因变量发生影响的中介，是自变量对因变量产生影响的实质性的、内在的原因。也可以表达为，如果X通过影响变量M来影响Y，则称M为中介变量。

调节变量（moderator） 是指影响因变量和自变量之间关系的方向（正或负）和强弱。也可以表达为如果变量Y与变量X的关系是变量M的函数，称M为调节变量。就是说，Y与X的关系受到第三个变量M的影响。在研究中，调节变量（moderator）和中介变量（mediator）是两个重要的统计概念。

三角检验（Triangle test） 从多个角度或立场收集有关情况的观察和解释，并对它们进行比较检验的方法，是定性研究的主要检验方法之一。

分析抽象化阶梯（Analysis abstraction ladder） 系统化的研究方法之一，主要通过分层次的分析对复杂的、变动不定的和具有精细结构的内容数据展开分层次剖析。

进化（evolution） 进化是物质的整合和与之相伴的运动耗散，在此过程中物质由不定的支离破碎的同质状态转变为有确定的有条理的异质状态，具体内容参见第三章第一段。

达尔文主义（Darwinism） 又称"达尔文学说"，主要以自然选择为主体的生物进化理论，后延展到社会科学等众多领域，具体内容参见第三章第二段。

拉马克主义（Lamarck theory） 又称拉马克学说，主要指生物是从低级向高级发展进化的学说，后延展到社会科学等众多领域，具体内容参见第三章第二段。

自组织理论（Self–organizing Theory） 由 Witt 等提出，指在一定条件下，系统是自动地由无序走向有序，由低级有序走向高级有序的过程。具体内容参见第三章第一段。

广义达尔文主义（generalized Darwinism） 又称"普遍达尔文主义（Universal Darwinism）"，强调"社会进化过程"的哲学原则，具有"本体论"特性，具有六个核心特质。具体内容参见第三章第二段。

有限理性（bounded rationality） 经济学的重要理论之一，是指介于"完全理性"和"非完全理性"之间，在一定限制条件下的理性。该理论是众多经济学理论的构造基础。

本体论（Ontology） 是探究事物本原的哲学理论，与研究如何认知的"认识论"相对称，其含义包括"概念模型（Conceptualization）""明确（Explicit）""形式化（Formal）"和"共知（Share）"四个主要内容。

组织惯性（Organizational inertia） 组织原本固有的运营属性，是一种组织内部抵抗的现象。组织惯性一方面有效地维持组织持续的运行，另一方面会成为了组织束缚，妨碍了组织的发展，甚至形成组织危机。

组织敏捷性（Organizational agility） 指组织在不断变化、不可预测的经营环境中善于应变的能力。强调组织能够高效地实施各种业务优化，而且这些业务优化的代价和风险是可控的。典型的业务优化包括："供应链优化""业务流程优化""组织快速反应""战略外包"等。

战略选择理论（A strategic choice） 指组织对其发展的重大战略、规划及策略。包括"发展方向""发展速度与发展质量""战略发展点的选择""发展能力"等。

资源依赖理论（Resource dependence theory） 组织最重要的存活目标就是要想办法减低对外部关键资源的依赖程度，通过寻求相互作用的供应组织，使关键资源能够有效掌握。该定义分为三个层次：①组织与周围环境处于相互依存之中；②服从环境，还需另行选择，从而调整对环境的依赖程度；③对环境资源适应与控制是相互的动态的行为过程。

组织（Organization） 为完成某种特定目标，而构成的活动与权利的系统/集合。具体内容参见第四章第一段。

单元（Cell/Unit） 指公司组织中的每个独立部分（成员、小组织、功能部门）在整个公司中形成可以运作的实体，单独开展活动，并通过组织整体协作完成对于客户的定制服务。具体内容参见第四章第一段。

组织单元（organization cells） 组织单元是基于单元的基本定义，即把公司看成是一个复杂的组织体系，组织中具有自治功能的商业实体单元（如生物学中的细胞），形成一套对于产品或产业体系具有规范性优化的单元集合，其特质呈现多样性，具有极强的适应性与生命活力。具体内容参见第四章第一段。

组织边界（Organizational boundaries） 一般是指组织与外界环境之间的界限，起着区分单一组织与其他组织的作用，它既是一种客观存在又是一种主观认识。

动态能力理论（Dynamic Capability Theory, DCT/Dynamic Capabilities Perspective,

DCP）是组织针对不断变化的市场环境，以及能够持续建立、调整、优化、重组组织关联的内外部资源，建立竞争优势的一种弹性能力。具体内容参见第五章第一段。

产业组织理论（Industrial Organization） 研究市场在不完全竞争条件下的企业行为和市场行为的理论。具体内容参见第五章第一段。

"S－C－P"范式（structure－corconduct－perfomance） 又称"结构—行为—绩效模型"。由美国哈佛大学贝恩（Bain，1958）在继承马歇尔"完全竞争理论"、张伯伦"垄断竞争理论"和克拉克"有效竞争理论"的基础上提出。模型认为产业结构决定了产业内的竞争状态，并决定企业的行为与战略，从而最终决定企业的绩效。该范式成为传统产业组织理论分析企业竞争行为和市场效率的主要工具。

资源观理论（Resource－based view，RBV） 竞争优势来源于内部的独特资源和能力，并通过组织与市场获得独特优势与机会。具体内容参见第五章第一段。

显性知识（Explicit Knowledg），显性知识是能够被人类以一定符码系统（最典型的是语言，也包括数学公式、各类图表、盲文、手势语、旗语等诸种符号形式）加以完整表述的知识。通常被认为是"知识的范围"。

隐性知识（Tacit Knowledge），由迈克尔·波兰尼（Michael Polanyi）于1958年在哲学领域提出，"隐性知识"相对于"显性知识"，一般指未被表述的知识，像在做某事的行动中所拥有的知识，是另一种知识形态。通常被认为是"知识的路径"。

高阶能力（Higher－order capabilities） 在较高认知水平层次上的心智活动或认知能力。包括"创新能力""问题求解能力""决策力"和"批判性思维能力"等，是应对知识时代发展的关键能力。

认知能动性（Cognitive initiative） 指"感觉""思维（理性）""情绪""意志"等能动性的统称，强调在有限的认识范围内对于事物作出的改变。

组织柔性（Organizational Flexibility） 是指一个组织忍受有限变化而不导致组织出现严重混乱现象的能力。

技术柔性（Technical flexibility） 是指能够使资源、能力达到预定目标的力量，主要涉及学习、探索与创新的过程。

制造柔性（Manufacturing flexibility） 是指制造系统及制造元件对产品多样性和内外部系统各种变化及不确定性的适应能力。

IPD 集成产品开发（Integrated Product Development） 是一套产品开发的模式、理念与方法。是在 PACE（Product And Cycle Excellence，产品周期优化法）等研发管理模式的基础上，经过 IBM 等领先企业的实践，总结出来的一套先进、成熟的产品研发管理思想、模式和方法。

ISC 集成供应链（Integrated Supply Chain） 是指供应链所有成员单位基于共同目标而组成的一个"虚拟组织"，组织内的成员通过信息的共享、资金和物质等方面的协调与合作，优化供应链与组织内各成员整体绩效。

CRM 客户关系管理（Customer Relationship Management） 以客户为中心，基于客户生命周期，采用协同技术和理念，帮助企业更好地获取客户、CRM 保留客户及提升客户价值、提高客户满意度和忠诚度，从而全面提升企业竞争能力和盈利能力。主要包括客户管理（客户信息、联系人信息）、事务管理（联系活动、市场活动）、销售管理（销售机会、销售报价、项目团队）、商务管理（销售签约、合约回款）、服务管理（客户服务、客户投诉）、汇总中心等管理模块。

IFS 集成财务管理（Integrated Financial Management Systems） 主要指集成"采购管理""原材料管理""产成品管理""销售管理""生产管理""设备管理""固定资产管理"等与企业财务活动有关的集成优化管理系统。

LTC 销售管理流程（Lead–To–Cash） 主要指从线索到现金，从客户端到财务端的销售管理流程。即将管理目标分解为满足客户需求、可交付、可回款等环节，打破部门壁垒，将销售、工程、服务等业务主流程与"人事""财务""项目管理""业绩管理"等管理流集成程优化。

CSD 战略决策管理系统（Corporate Sust AInable Development） 主要指企业在价值增长的过程中，与社会环境、自然环境和谐共生，促进企业、环境、社会共同发展，保障企业长期竞争优势的管理决策系统。主要涵盖"战略与政策""风险管理""目标和重点工作""组织人员""标准/规则""流程融入"等内容。

算力（HashRate） 是衡量在一定的网络消耗下生成新模块单位的总计算能力，算力为大数据的发展提供坚实的基础保障。

算法（Algorithm） 是指解题方案准确而完整的描述，是一系列解决问题的清晰指令，算法代表着用系统的方法描述解决问题的策略机制。由数据对象的"运算和操作"（包括算术运算、逻辑运算、关系运算、数据传输）与计算方法的控制结构构成。

新基建（New infrastructure construction） 全称为"新型基础设施建设"，一般认为包括"5G、特高压、城际高速铁路和城际轨道交通、新能源汽车充电桩、大数据中心、人工智能、工业互联网、物联网"等七大领域。区别于传统基建，"新基建"更加注重数字化、智能化等影响未来的核心科技，是以新发展理念为引领，以技术创新为驱动，以信息网络为基础，面向高质量社会发展需要，提供"数字转型、智能升级、融合创新"等服务的基础设施体系。

反向工程（Reverse Engineering–RE） 又名"逆向工程"，是一种产品设计技术再现过程，即对某一项目标产品进行逆向分析及研究，从而演绎并得出该产品的处理流程、组织结构、功能特性及技术规格等设计要素，从而制作出功能相近，但又不完全一样的产品。

B2B（Business–to–Business） 经济组织对组织，即企业对企业之间的交易。如阿里巴巴等。

B2C（Business–to–Customer） 即商家对顾客的交易，可视为网上商店。如天猫、京东、当当网等。

C2C（Customer–to–Customer） 即个人对消费者之间的电子商务。如淘宝、易趣网等。

C2B（Customer–to–Business） 即消费者到企业，强调以消费者为中心，消费者当家做主。属于新商业模式，强调服务多样，价格透明，利益共享等，较为典型模式为定制模式，"工业制造4.0"就是这种模式的产业形态，如小米等。

O2O（Online–to–Offline） 线上到线下，一般为线上购买，线下消费。如美团、大众点评等。

ITM（Interactive trading mode） 互动交易模式，将电子商务和传统的实体店铺结合，使网上与网下资源有效整合。

DC（Digital Currency） 即数字货币。

EP（Electronic Payment） 指电子支付。

业务组 BG（Business Group） 通常用于企业内部，常被确认为"业务组""业务单元"或"事业群"。与**业务组 BU（Business Unit）**有所不同。BG 是事业群的意思，BU 是业务单元的意思。对于多元业务的企业集团而言，BU 是某一类业务的集合，在该公司内部可能是以事业部或者独立子公司的形式存在，也可能并没有形成事业部，但是作为单独的业务类别进行管理。

EMT（Executive Management Team） 一般指"经营管理团队"，泛指企业内部高级管理者，包括董事长、总裁、总经理、高级副总裁（SVP）、副总裁（VP）、总经理助理等。EMT 通常会参与公司或集团整体战略、策略规划。

巨噬细胞（Macrophages，缩写为 mø） 一种动物组织内的白血球，源自单核细胞，即来源于骨髓中的前体细胞。吞噬细胞，在脊椎动物体内参与非特异性防卫（先天性免疫）和特异性防卫（细胞免疫）。

免疫系统（immune system） 主要指机体执行免疫应答及免疫功能的重要系统，由"免疫器官""免疫细胞"和"免疫分子"组成。以人体免疫系统为例，具有三大基本功能，即"免疫防御""免疫监视""免疫自稳"。

业务类学习（Business learning） 基于专业技术、科技创新、技术优化等为核心的业务系统学习。

战略类学习（Strategic learning） 基于公司流程、组织、文化、战略、愿景、目标等内容为核心的学习。

价值网络（value network） 以顾客为中心、资源共享、高效动态变化、共同合作创造价值，从零和博弈转向竞合与合作共赢的网状架构。

博弈论（Game Theory） 又称"对策论"，主要研究互动决策，即各行动方决策相互影响，每个人在决策的时候必须将他人决策纳入自己的决策考量之中，也需要把别人对于自己的考虑纳入考量之中……在迭代考量状况中展开决策，最终选择最有利于自己的战略。

内卷化（Involution） 又称"过密化"，社会学概念，主要指社会文化发展迟缓现象的专用概念，是一种因为过度重复劳作、无法自我稳定，也无法转变的形态，内卷化使内部更加复杂。

战略规划理论（Strategic Planning） 就是制订组织长期目标并付诸实施，它是一个正式行动的过程和流程，众多知名企业都有意识地针对产业发展目标等做出规划。战略规划一般由三个要素组成："方向和目标""约束和政策""计划与指标"。

环境适应理论（Envirnmental Adaptation） 主要指人类活动对环境的适应能力，后延展到地理学、社会学、经济学等学科领域，在经济学中主要指系统必须适应外部环境的变化。

核心能力理论（The Core Competence） 由美国学者普拉哈拉德和英国学者哈默（C.

K. Prahalad 和 G. Hamel）提出，主要指获取竞争优势的源泉，是企业资源积累的发展过程中建立起来的特有能力，是最重要的战略资产。

资源基础理论（Resource-based Theory） 理论认为企业是各种资源的集合体。由于企业拥有资源各不相同，且具有异质性，这种异质性决定了企业竞争力的差异。资源基础理论主要包括三方面内容：特殊异质资源是竞争优势的来源；资源不可模仿性会生成持续性竞争优势；特殊资源的获取与管理。

纳什均衡（Nash equilibrium） 以约翰·纳什命名，又称为"非合作博弈均衡"，是博弈论重要的名称术语，主要指在博弈过程中，无论对方策略选择如何，当事人都会选择某个确定策略，如果任意一位参与者在其他所有参与者的策略确定的情况下，其选择策略是最优的，那么这个组合就被定义为"纳什均衡"。

摩尔定律（Moore's Law） 由戈登·摩尔（Gordon Moore）于1965年提出，主要指当价格不变时，集成电路上可容纳的元器件的数目，约每隔18~24个月便会增加1倍，性能也将提升1倍。但随着晶体管电路逐渐接近性能极限，这一法则开始逐渐实效。

新摩尔定律（New Moore's Law） 由杰弗里·摩尔（Geoffrey Moore）创建，是关于技术产品生命周期的定律。定律指出：新技术产品的生命周期大略可分为早期接纳者期、中断期、保龄球道期、旋风期、主街期、衰退期等。各个阶段对应的用户并不相同，他们从技术狂热者到梦想者，到实用主义者，最后到保守者，并指出技术在从早期采用者到早期大众接纳过程有一个鸿沟，大部分技术产品无法跨越该鸿沟就已经死掉。

生态（Ecology） 指生物/组织在一定的自然环境（或社会环境）下生存和发展的状态。当生态达到优良的稳定循环状态，被称为**生态平衡（Ecological balance）**。

生态系统（ecosystem，ECO） 源于生态学的重要概念，指生物群落在其环境中与部分非生物组成产生相互作用，形成的系统体系。

企业生态系统（Enterprise ecosystem） 指企业间生态环境形成的相互作用、相互影响的系统网络。

循环经济（Circular Economy） 也称"资源循环型经济"。以资源节约和循环利用为特征、与环境和谐的经济发展模式。

生态位（niche） 指每个"个体/种群"在"种群/群落"中的时空位置及功能关系，因此也被界定为一个生物/组织群体所实际占据的最小生态空间/单位。

组织生态位（organizational niche） 指组织在其组织种群中所产生的生产力，以及所需资源。

组织生态（Organization Ecology） 将自然界物种进化的法则、特征和规律，结合生态学相关概念、模型、理论和方法，对组织展开研究，形成了组织生态。

组织种群（Organizational population） 是由在特定边界内具有共同形态的全部组织所构成，相互之间通过资金、技术等因素关联。

种群（Population） 指在一定时间内占据一定空间的同种组织的所有个体集合。种群是进化的基本单位。

组织种群密度（Tissue population density） 是指在一定的市场空间中提供同类型或类似产品的组织数量。

组织群落（organizational community） 是指一定时间内在一定区域或环境内各种组织种群的集合。

组织生态系统（organizational eco-systems） 指在特定时间和空间内，由组织群落与其环境组成的整体，通过价值流动、能量流动、价值循环、信息传递形成相互联系、相互制约、相互依存，并形成具有自调节功能的价值复合体。

创新生态系统（Innovation ecosystem） 是以创新为目标，形成一套具备完善合作创新支持体系的生态系统。

共生（Commensalism） 是不同组织（种群）之间相互作用而形成的共同生存、协同进化的群居现象。

超级竞争（Hyper-competition） 一种动态竞争，认为持续优势是不存在的，只有通过打破现状才能获得一系列短暂优势。因此，长期的成功需要动态战略，不断地去创造、毁灭又再造短期优势。

虹吸效应（Siphon effect） 又称虹吸现象，物理上原本是指由于液态分子间存在引力与位能差能，液体会由压力大的一边流向压力小的一边。

纵向研究法（longitudinal study） 也叫"追踪研究"，是指在一段相对长的时间内对同一个或同一批实验组进行重复研究。其优点能看到比较完整的发展过程和发展过程中的一些关键转折点；特别适用于研究稳定性问题和早期影响问题，非常适合单个案例研究。

横向研究法（cross sectional research） 也叫横断研究，是对相匹配的实验组和对照组在同一时间内就有关变量进行分析比较研究。

构念（contruct） 由美国心理学家凯利（Kelly）提出。指心理学理论涉及的抽象、假设概念/特质，如智力、焦虑、动机、压力等。在理论研究中，构念是研究者构造出来的，是抽象的、不可直接观察的，是与理论和模型相关联的，用主要于建构理论，而且构念应该清晰而且明确。

构念效度（construct validity） 又称"逻辑效度"。是效度最根本的一个类型，是效度论证的核心，是决定测试的分数解释和结论使用有效性的基础。用构念效度编制的测验目的，一要解释测验结果在实证方面的意义，二要验证理论假设。

内部效度（internal validity） 主要指研究的有效性，如研究的可信度、真实性、有效性等。是实验所提供的自变量与因变量之间因果关系明确程度的一种指标。

外部效度（external validity） 又称"生态效度"，是因变量与自变量之间关系的推广性程度，涉及实验结论的概括力和外推力。主要指研究结论在具体环境中（实验情景之外）的有效性。

信度（reliability） 即可靠性，反映测量特征真实程度的指标。指采取同样的方法对同一对象重复进行测量时，所得结果相一致的程度。从另一方面来说，信度就是指测量数据的可靠程度。

Likert 量表（Likert scale） 即"李克特量表"，是一种常用于调查的量表，常在问卷（questionnaire）中使用，是调查研究（survey research）中使用最广泛的量表工具。在实证研究中，常采用5等级、7等级和10等级选项，分解量表项。

研究方法与资料收集说明

研究方法与资料收集说明一：研究方法的要点说明

本书除了在理论研究及总结的基础上，重点采用案例研究方法，尝试创建面向未来、具有进化功能的组织体系。采用分层次化的案例研究，构建了基于"生存"为基础的"组织单元系统"，并以动态能力为主要中介变量，竞合理论为主要调节变量，构造了具有进化能力的组织变革新基础理论框架。

本书重点采用了华为分层次化案例研究，深度观察与挖掘了公司整体组织、团队、个人以及跨界产业生态等不同层级之间的关联，通过对"战略""市场""技术""惯例""流程"等多个维度进行归纳研究，以及对复杂市场环境下的应对措施进行长期跟踪、观察。从成长过程中找到关联规律。

本书的理论构建，突出了组织单元对组织绩效影响的研究，但就国内外现有研究文献总结，发现该研究还处于理论研究初期，尚未形成成熟的理论框架。结合华为等公司经典案例，研究对组织单元和组织进化过程展开探索性理论挖掘，从未发现影响因子，构建组织单元系统进化的理论框架。

本书的研究体系，主要以华为、苹果等高科技公司为样板案例，基于外部环境变化，通过持续组织变革、业务体系变革等措施分析，保持高于行业增长水平与盈利水平影响因素探索，案例研究重点采用了**纵向研究法**，以确认"**构念**"间的因果关系，挖掘构念的演变特征。通过反复的纵向对比分析，挖掘研究对象——组织单元的"基本构造体系""持续进化共性特征""实现路径"以及"进化机理"。在进一步在深化研究中，则重点采用了**横向研究法**，通过不同行业的"开放性问题研究"与"调查问卷法"，充分收集数据，丰富研究细节，从而拓展研究的范围与情境。对于组织单元的组织构造与组织变革的数据及证据，通过大量数据与证据归纳，形成大量"系统编码"，随着研究深入，对频繁数据编码抽取核心编码。从而形成组织单元动态进化体系的理论框架，最终通过"分析抽象化阶梯"完善理论构建。

本书研究系统重点采用**三角验证法**，即通过如"行业报告、公司官方网站、公司年报、公司及相关研究者出版物、论文期刊、内部培训资料、员工论坛"等多种信息来源，采用二手资料搜集、企业走访、调查问卷、邮件沟通、面对面访谈等多种方式收集相关数据，相互验证研究的正确性与一致性。基于社会学实证研究，本书涉及的研究采用"**构念效度**""**内部效度**""**外部效度**"和"**信度**"**4 个通用标准**确认研究的合理性。如通过充分的资料收集与文献整理，反复修改访谈提纲以及调查问卷等沟通内容，确保核心概念研究、关联人沟通要点、研究内容等深度吻合。对于访谈及调查问卷出现偏差的地方，再度采用二次访谈、调查回顾、二次问卷投放等方式展开校正，以此提升内部效度的合理性，由此确保因果关系的信度检验。又如为了提升外部效度的情景转换，针对不同部门及不同时段采用"转换性代替（transferability）"，针对对应性关键观点与影响因素，尽量采用两个以上的信息点做证据，以优化**三角验证法**的整体效度。虽然本书论述体系并未严格按照研究体系展开表述，但研究过程却严格按照严谨的科学方法系统展开。

研究方法与资料收集说明二：
研究的数据收集与数据来源编码

本书研究基于组织系统"进化"为目标的理论框架（如图 4：组织进化基本模型；图 5：组织进化基础路径概念模型），同时采用"三角测量"（Mile，Huberman；1984）与"证据三角验证"（Eisenhardt，Graebner；2007）。同时进一步运用多样化数据来源，以及案例研究促使研究更加坚实有效（Glasse，Strauss；1967）。

研究的理论文献整理，重点采用二手数据收集，对研究内容进一步采用"调查问卷法"及"访谈法"。分别从六个方面展开数据收集，包括书籍、期刊、年报、访谈等，案例研究二手文献整理达到 306 万字，访谈录音约 1000 分钟，转录了约 53000 字，回收调查问卷约 190 多份。数据收集包括：

第一，书籍等文献资料。主要以案例相关的二手书籍文献，以华为为例，包括华为高层与众多学者合作编写的企业内训论著：《以奋斗者为本：华为公司人力资源管理纲要》（黄卫伟等，2014）、《以客户为中心：华为公司业务管理纲要》（黄卫伟等，2016）、《价值为纲：华为公司财经管理纲要》（黄卫伟等，2017）；华为公司内部资料转化的书籍《任正非的内部讲话稿》（曲智等，2016）、《熵减：华为活力之源》（华为大学，2019）；华为原内部员工以及社会人士关于华为公司的书籍：《华为创新》（周留征，2015）、《华为研发》（张利华，2017）、《IPD 重构产品研发》（刘劲松等，2015）、《华为传》（孙力科，2018）等。

第二，公司官网及相关网站。主要资料及数据包括：公司介绍、业务与主要产品介绍、公司年报、企业社会责任报告、公司治理相关信息、企业发布的行业标准、公司主要新闻等。

第三，互联网信息资料与企业内部资料。包括行业数据、公司相关访谈报道、公司内部刊物，如《华为人》与《管理优化报》《华为公司 IPD 培训教材》等内部培训资料、公司高管讲话、公司内部相关文件等，如《华为基本法》等。

第四，关于公司案例研究的国内外知名期刊。采用对"动态能力""IPD""组织变革""组织单元""华为"等关键词搜索及筛选,共选出约 100 多篇与本书主题相关的论文文献,进一步丰富了本书的准确性与研究深度。

第五,直接观察与深度访谈。本书研究自 2018 年 7 月经内部人员介绍,多次参加华为公司下属业务及研发部门相关会议的旁听,并观察与记录,特别关注华为"班长的战争"为核心的组织变革推行现状;并于 2019 年 1—8 月,针对案例公司组织单元为核心的组织变革展开数次深度访谈。前后访谈 27 人,其中部门负责人 13 人,基层人员 14 人,涉及业务单元及"2012 实验室"研发单元,每次半个小时到一个小时,分层次、分阶段访谈约 980 多分钟的访谈资料。同时也使用了电子邮件等方式与子公司展开走访沟通。

第六,问卷调查。为了进一步优化研究的"内部效度、外部效度和信度"。2019 年 5—9 月,通过人力资源部门先后向案例公司及不同行业公司分批次发送调查问卷总计约 500 份,先后回收有效问卷约 190 多份。问卷重点调查:对公司组织现状的认识与看法;对公司组织终端变革推进的认识及建议;对终端组织单元变革的支撑体系(包括组织流程、惯例、学习能力等对应能力)的运作评价与优化建议;对公司组织进化相关能力的想法与提升公司组织整体效能的建议。

本书调查问卷相关内容设计构想在后续部分展开详细说明,可作为相关专业领域学者进一步研究参考。在这里,针对数据内容不同,采用了系统编码(如表 39 所示)。

表 39　　　　　　　　　　研究数据来源编码表

资料来源	编码	资料收集方法	调研内容
二手资料	AH1 至 AH9	文献资料、新闻等资料	公司关联性事件与言论、组织单元关联、动态能力关联、发展成就
访谈	HW1 至 HW9	开放式访谈、企业走访等	组织单元体系、动态能力影响因素、能力构建、公司效能影响
调查	HD1 至 HD9	调查问卷、邮件等	公司组织单元、动态能力与公司效能之间的信度、饱和度等方面论证

资料来源:作者根据本书要点整理。

研究方法与资料收集说明三:调查问卷设计

本书研究重点关注"组织单元结构、能力特性、进化路径与公司效能"几个核心概念,并关注几个概念之间的核心作用机理,调查问卷是对其"构念测量"的主要途径之一。根据科学调查问卷的设计方法(Dunn,1994;DeVellis,2003),尽可能突出包括自变量、因变量以及调节变量相关因子的"有效性"与"可靠性"论证。并结合调查访谈,可以对主要变量进行指标设置,侧重研究结论的"有效性(validity)"与"可靠性(reliability)"。

本书研究主要采用定性研究方法通过"三角验证"与"情景化分析"方法展开。组织单元研究的主要变量包括三类：第一类是组织单元影响因素（感知能力、执行效率、运营状态）；第二类是动态能力驱动因素（学习能力、组织变革能力）；第三类是公司效能影响因素（市场财务绩效、非财务绩效），同时为了深化研究，增加了前置因素——市场环境特征（行业环境、公司内外部环境）的因素设置。本书采用 Likert 5 级量表（1 = 非常不同意，5 = 非常同意），展开问卷设计，为了减少调查对象的感受归类，实际问卷发放采用打乱相关的问题展开。

1. 组织单元基本特性的变量因素设置

基于组织单元文献整理及二手数据的掌握状况，结合广义达尔文主义与组织单元构成的基本特性设置测量影响因素。感知能力主要依据广义达尔文主义以"生存"为基础的自适应性能力与组织单元的功能构造特征（Alexander 和 Price，2012；Van de Ven 和 Poole，2005；Fortune 和 Mitchell，2012），包括外部感知与内部自适应的组织优化（Winter，2000）影响因素。执行效率关注组织效率对于组织单元的协同运作、战略共识、管理控制、应对措施等影响因素（Van de Ven，1976；Kaplan 和 Norton，2000；Snow，1998；Pearce 和 Robinson 2003）。运作状态关注组织单元的合作状态、合作范围、合作效果等影响因素。该部分量表依据组织单元的基本构造功能特性设计 17 个相关问题（如表 40 所示）。

表 40　　　　　　　　　　　组织单元特性影响因素设置

评估项目	关联因素	设置序号	测量指标	指标来源
组织单元基本特征变量	感知能力	HD1	能够明显感受"生存风险"与市场变化带来的危机感？	Winter（2000） Dunning（2002），Nanda 和 Williamson（1995） Neilson（1983） Kaufman（1990） Kaplan 和 Norton（1996） Brickley，Smith 和 Zimmerman（1995） Kaplan 和 Norton，2000 Hrebiniak 和 Joyce（1984） Pearce 和 Robinson（2003） AL – Ghamdi（1998） Dunning（2002） Nanda 和 Williamson（1995） Joyce A. Young（2000） Jeff S. Wyles（1983） Arie P. Degeus（1988） Brucklin（1993） Stafford（1994） Dyer 和 Singh 1998 Gadde 和 Snehota 2000 自行设计
			你所属的工作单元（部门）能从环境（含内外部环境）中准确发现可能的机会和威胁？	
			经常进行行业交流、市场摸底，经常与竞争对手展开比较，并进行行业领域分析？并注重成本、风险以及利弊分析与评价	
			能先于多数竞争者感知外界环境变化，并经常根据市场环境及客户需求变化调整组织结构及人员配置	
			公司在设计产品/服务时充分考虑了装配、试验和生产/服务等市场及客户的需要	
	执行效率	HD2	为了优化决策，侧重建立以公司一线员工为核心的业务决策体系	
			公司的战略决策能快速地传递到你所属的工作单元（部门）	
			你所属的工作单元（部门）目标与企业总体经营目标一致，并可以为之做出贡献	
			公司在新产品开发或工序设计中充分使用了信息技术，并不断研发及优化技术创新	
			你所属的工作单元（部门）能够避免重复性的工作，内部能够进行大量的交流与沟通	
			明确要求对于小组（部门）进行财务核算	
			经常进行类似"组织变革优化计划""产品/服务改进优化会议""业绩评估会议"等定期持续优化改进体系？	

续表

评估项目	关联因素	设置序号	测量指标	指标来源
组织单元基本特征变量	合作状态	HD3	你所属的工作单元（部门）与其他部门（外部组织）相关的流程和活动能够得到很好的协调，能够避免重复或重叠活动发生，冲突能很快得到解决	
			你所属的工作单元（部门）和其他部门共同使用某种资源时很少发生冲突	
			公司或部门内部是否经常组织你所属的工作单元（部分）参与公司战略、决策制订与学习等活动	
			公司在销售相关各方（如运输部门、销售部门、销售点、仓储）之间进行了快速的信息交流	
			公司运用信息技术（如 EDI）改进与合作商的信息交换	
			公司持续地评价合作商质量、服务效率等方面的能力，据此选择了部分优势合作商同其发展长期战略合作关系	
			合作商经常参与公司流程优化等组织优化活动	
			合作商经常参与公司内部的产品/服务设计、改进、交付等类似活动	

资料来源：作者根据研究目标要求进行整理。

2. 动态能力驱动的变量因素设置

基于组织单元文献整理及二手数据的掌握情况，这里对动态能力所起到中介作用的相关变量因素进行设置。

在因素设置中首先结合相关学者的研究（Utterback 1999，Jerker D. 2003，Danny miller 2003，M. A. Peteraf et 2003，M. A. Peteraf et 2003），对动态能力内部与外部结合的动态影响因素进行了整理，并在此基础上，对动态能力中"学习驱动"的相关影响因素（Jerez – G6mezet，2005）和"组织变革"的相关影响因素（Danny miller，2003；Joseph L. Bower-Kathleen M. Elsenhardt，1998；Prahala 和 Hamel，1994）进行了收集与整理。在学习驱动的指标中突出了"业务类学习"与"战略类学习"的因素设置，而在组织变革驱动中则突出了"流程变革更新"与"资源整合重构"的因素设置，共设置了 17 个问题（如表 41 所示）。

3. 公司效能的变量指标设置

结合公司财务绩效与非财务绩效的相关影响因素整理（Venkatraman and Ramanujam，1986，1987；Sabherwaland and Chan，2001；Meznar and Nigh，1995；Hooghiemstra，2000），在公司效能的影响因素设置中，采用了"**成长性**""**盈利性**"以及"**可持续性**"三个主要影响因素设置，从而突出公司基于市场"生存"为核心的成长速度、适应盈利能力与持续发展潜质。为此设计了 10 个主要问题（如表 42 所示）。

表 41　　　　　　　　　　　　动态能力的驱动变量指标设置

评估项目	关联因素	设置序号	测量指标	指标来源
动态能力的驱动变量指标设置	业务类学习驱动	HD4	公司重视员工的学习能力，并将它视为重要的资源	Jerez–Gomez et，2005 Jerker D. (2003)，Danny miller (2003) M. A. Peterafet (2003) Joseph L. Bower (1995) Kathleen M. Elsenhardt (1998) Prahala 和 Hamel (1994)
			通常能够在行业内及相关行业中首先感觉到行业的变化？关注与注重有相似能力的公司动向	
			公司（含部门）对员工经常性地进行培训和在职教育，并形成组织学习的一套系统	
			注重对于新业务单独设立部门（或管理系统）进行管理，并注重对于公司相关组织（部门）的融合与相互学习	
			有效的学习与创新可以在公司将获得相应的奖励	
	战略类学习驱动	HD5	公司经常在不同管理层面展开问题、错误、失败原因等方面讨论，并从中发现原因、教训，针对性地进行流程等方面的优化与改进	
			公司在进行包括战略等重要决策的过程中，经常让尽可能多的企业成员参与？甚至包括深度合作伙伴	
			公司（含部门）请外部机构（如咨询公司、相关专家等）进行行业、业务、经验、思想等方面的学习与分析	
			公司（部门内部）经常组织不同部门参与相关流程优化、学习、实施工作	
	流程变革更新类组织变革驱动	HD6	根据公司战略发展需要，对于组织文化、管理流程和运营模式等不断地进行对应的持续变化	
			注重信息管理的建设，注重引入如研发系统、供应链管理系统、销售管理系统、财务管理系统等类似现代企业管理系统，并不断通过学习及组织优化等方式，加速企业管理效率的提升	
			有诸如标准化的组织管理规范、手册、内部管理数据库、文件等工具来保存过去的管理资料，并据此作为后续组织及管理优化的依据	
			公司（含组织单元）会根据目标，持续设计及优化可实现的成长路径，并严格执行	
	资源整合重构类组织变革驱动	HD7	公司（含部门）实行了以技能和业绩（非职位）为基础的报酬体系	
			比较清楚自己的优势所在？公司能够发现自己潜在的资源优势，并不断通过公司相关能力的培养创造与优化相关优势	
			公司经常从外部寻找适合成长与发展的资源？并且现在已经拥有一些稀缺资源（专利、核心竞争优势、品牌等），能使公司在整合内外部资源时具有更多优势	
			公司愿意从长远角度，来评估自身的资源条件和环境的变化？注重研发及相关行业的创新投入，愿意投资于一些目前还处于萌芽状态的业务	

资料来源：作者根据研究目标要求进行整理。

表 42　　　　　　　　　　公司效能的变量指标设置

评估项目		设置序号	测量指标	指标来源
公司效能的变量指标设置	成长性	HD8	在最近3~5年中，公司销售增长率比同行增长更快？	Venkatraman and Ramanujam, 1987; Sabherwaland and Chan, 2001; Meznar and Nigh, 1995; Hooghiemstra, 2000 Deephouse, 1996; Meznar and Nigh, 1995; Hooghiemstra, 2000; 自行设计
			在最近3~5年中，公司资产规模比同行增长更快？	
			在最近3~5年中，公司市场份额占有率比竞争对手增长更快？	
			在最近3~5年中，公司的增长速度比竞争对手更加平稳？	
			在最近3~5年中，公司具有更多的资源获取与整合优势（如专利数量等）	
			在最近3~5年中，公司接受客户需求后能更快、更好地交付产品/提供服务	
	盈利性	HD9	在最近3~5年中，公司的产品/服务价格比竞争对手具有明显优势？	
			在最近3~5年中，公司的产品/服务销售毛利率比竞争对手具有明显优势？	
	可持续性	HD10	在未来3~5年中，公司较竞争对手相比，具有更大的潜力与发展空间？	
			在今后的发展过程中，公司将长期保持稳健的发展速度？	

资料来源：作者根据研究目标要求进行整理。

4. 前置因素——动态环境变化的特征设置

基于组织单元文献整理及二手数据的掌握情况，并结合广义达尔文主义的构造要素，在这里综合采用了"外部环境"与"内部环境"动态变化影响因素的设置，外部环境的动态变化影响因素突出公司所处于市场环境的主观特性（Duncan, 1972; Lawrence and Lorsch, 1967; Tung, 1979）；内部环境的动态变化影响因素则突出市场资源的稀缺因素（March and Simon, 1958; Pfeffer and Salancik, 1978）。通过外部与内部环境之间的动态变化影响因素，设置以"生存为基础"的前置因素，如表43所示。

5. 其他相关影响变量的测量说明

为了完善问卷调查的完整性，这里对华为公司内部组织单元的发展规模、组织单元发展阶段、组织单元所属产业部门等主要因素作为控制变量参考因素。其目的扩展相关理论研究的行业广度、组织类型与规模等应用范围参考。这里突出公司发展过程中的周期研究，不同阶段进化过程中的要点研究，侧重行业变化对公司绩效的影响，从而优化与校正模型构造，如表44所示。

表43　　　　　　　　　前置因素——动态环境变化的特征设置

评估项目	主要影响因素	设置序号	测量指标	指标来源
前置因素动态环境变化的特征	外部环境动态变化	HD11	本行业竞争强度越发激烈	Miller and Friesen，1983 Dess and Beard，1984；Tan and Litschert，1994 Meznar and Nigh Child，1972 Dess and Beard，1984；Mintzberg，1979；Tung，1979
			政府部门可以通过审批等权利影响公司的市场机会	
			客户对于产品/服务的需求受到社会事件、政策等因素影响较为严重	
			客户对产品/服务的要求越来越高	
	内部环境动态变化	HD12	公司在行业中总资产、规模属于领军企业	
			公司在行业中具有较高的品牌知名度与美誉度	
			公司在行业内具有广泛的社会资源	
			公司拥有较强的市场敏感性，总是能够最先发现行业规则、市场风险与产业空白并提前做出行动	

资料来源：作者根据研究目标要求进行整理。

表44　　　　　　　　　华为公司组织单元调节变量的测量设置

组织单元（部门）基本信息
1. 组织单元（部门）名称：　　　　　；所在区域：　　　　省　　　（市）
2. 组织成立时间：□3年以下　□3~5年　□5~10年　□10~15年　□15年以上。
3. 组织所属行业部门：　　　　　　　　　（以占销售收入比重最大的业务为主）
5. 组织单元规模：员工人数　　□10人以下　　□10~100人　　□100人及以上。
6. 部门年贡献额：□300万元以下　　□300万~3000万元　　□3000万元以上　（选填）实际额度：
7. 组织单元所处阶段：
初创阶段：重在获得相关支持（机会、技术、项目、资金）；重点在于创业规划与实施、产品与市场开拓
成长阶段：顾客对组织产品/服务的需求高速增长
成熟阶段：产品/服务被大多数人所熟知，组织聚焦于日常管理与创新
衰退阶段：对产品的需求似乎正在以固定速度下降
8. 组织单元基层员工到公司最高管理者之间的平均层级数：
□1~2级　　□3~4级　　□5~6级　　□7~8级　　□9级及以上。
6. 填写人职位：□企业高层管理人员（包括总裁、副总裁、总经理、副总经理、总工程师、副总工程师、总监等）　□职能部门或业务单位负责人　□其他（说明：业务单位是指事业部、项目组、业务组、业务科室等，以及分公司和子公司）

资料来源：作者根据研究目标要求进行整理。

研究方法与资料收集说明四：
组织单元对公司效能影响的调查问卷

尊敬的女士/先生：

您好！我们是组织单元（组织小组）对于公司管理绩效影响的研究小组，本调查问卷旨在了解企业管理模式对市场灵活应对性、成长力和绩效的影响。本问卷是学术调查，调查结果严格保密，请您放心作答。本问卷采用5级打分法，敬请您依据现有情况真实回答，勿遗漏相关项！回答没有对错之分，您所提供的信息对本书非常重要！

问卷填写完毕后，可直接收取或 E – mail 到＿＿＿＿＿＿邮箱

联系人：＿＿＿＿（电话：＿＿＿＿＿＿＿）

非常感谢您及贵单位的支持！如您对本书感兴趣，或者愿意与我们共享研究的成果，请在问卷的后面留下您的联系方式。

第一部分：组织单元（部门）基本信息

1. 组织单元（部门）名称：　　　　　　　　；所在区域：　　　　省（市）
2. 组织成立时间：□3 年以下　□3 ~ 5 年　□5 ~ 10 年　□10 ~ 15 年　□15 年以上。
3. 组织所属行业部门：　　　　　　　　　　（以占销售收入比重最大的业务为主）
4. 组织单元规模：员工人数　□10 人以下　□10 ~ 100 人　□100 人及以上。
5. 部门年贡献额：□300 万元以下　□300 万 ~ 3000 万元　□3000 万元以上　（选填）实际额度：
6. 组织单元所处阶段：

　　初创阶段：重在获得相关支持（机会、技术、项目、资金）；重点在于创业规划与实施、产品与市场开拓

　　成长阶段：顾客对组织产品/服务的需求高速增长

　　成熟阶段：产品/服务被大多数人所熟知，组织聚焦于日常管理与创新

　　衰退阶段：对产品的需求似乎正在以固定速度下降

7. 组织单元基层员工到公司最高管理者之间的平均层级数：

　　□1 ~ 2 级　□3 ~ 4 级　□5 ~ 6 级　□7 ~ 8 级　□9 级及以上。

　　填写人职位：□企业高层管理人员（包括总裁、副总裁、总经理、副总经理、总工程师、副总工程师、总监等）　□职能部门或业务单位负责人　□其他（说明：业务单位是指事业部、项目组、业务组、业务科室等，以及分公司和子公司）

第二部分：企业关于对应组织关联因素与企业绩效的调查

下面就您所在企业及相关功能部门的陈述，请按照工作实际情况与相关陈述的吻合程度数字对应填写。如果有的问题让您感到比较模糊，您只需按照第一感觉填写即可。

相关因素评估	非常不同意	不同意	一般	同意	非常同意	选项
环境影响研究						
1. 公司在行业中总资产、规模属于领军企业	1	2	3	4	5	
2. 公司在行业中具有较高的品牌知名度与美誉度	1	2	3	4	5	
3. 公司在行业内具有广泛的社会资源	1	2	3	4	5	
4. 公司拥有较强的市场敏感性，总是能够最先发现行业规则、市场风险与产业空白并提前做出行动	1	2	3	4	5	
5. 本行业竞争强度越发激烈	1	2	3	4	5	
6. 客户对产品/服务的要求越来越高	1	2	3	4	5	
7. 客户对于产品/服务的需求受到社会事件、政策等因素影响较为严重	1	2	3	4	5	
8. 政府部门可以通过审批等权利影响公司的市场机会	1	2	3	4	5	
组织特性研究						
9. 能够明显感受生存风险与市场变化带来的危机感	1	2	3	4	5	
10. 明确要求对于小组（部门）进行财务核算	1	2	3	4	5	
11. 经常进行行业交流、市场摸底，经常与竞争对手展开比较，并进行行业领域分析？并注重成本、风险以及利弊分析与评价	1	2	3	4	5	
12. 你所属的工作单元（部门）能从环境（含内外部环境）中准确发现可能的机会和威胁	1	2	3	4	5	
13. 经常进行类似"组织变革优化计划""产品/服务改进优化会议""业绩评估会议"等定期持续优化改进体系	1	2	3	4	5	
14. 能先于多数竞争者感知外界环境变化，并经常根据市场环境及客户需求变化调整组织结构及人员配置	1	2	3	4	5	
15. 合作商经常参与公司内部的产品/服务设计、改进、交付等类似活动	1	2	3	4	5	
16. 合作商经常参与公司流程优化等组织优化活动	1	2	3	4	5	
17. 公司或部门内部是否经常组织你所属的工作单元（部分）参与公司战略、决策制订与学习等活动	1	2	3	4	5	
18. 你所属的工作单元（部门）能够避免重复性的工作，内部能够进行大量的交流与沟通	1	2	3	4	5	
19. 你所属的工作单元（部门）与其他部门（外部组织）相关的流程和活动能够得到很好的协调，能够避免重复或重叠活动发生，冲突能很快得到解决	1	2	3	4	5	
20. 你所属的工作单元（部门）目标与企业总体经营目标一致，并可以为之做出贡献	1	2	3	4	5	

续表

相关因素评估	非常不同意	不同意	一般	同意	非常同意	选项
21. 公司的战略决策能快速地传递到你所属的工作单元（部门）	1	2	3	4	5	
22. 你所属的工作单元（部门）和其他部门共同使用某种资源时很少发生冲突	1	2	3	4	5	
23. 公司在新产品开发或工序设计中充分使用了信息技术，并不断研发及优化技术创新	1	2	3	4	5	
24. 公司在设计产品/服务时充分考虑了装配、试验和生产/服务等市场及客户的需要	1	2	3	4	5	
25. 公司在销售相关各方（如运输部门、销售部门、销售点、仓储）之间进行了快速的信息交流	1	2	3	4	5	
26. 公司持续地评价合作商质量、服务效率等方面的能力，据此选择了部分优势合作商同其发展长期战略合作关系	1	2	3	4	5	
27. 公司运用信息技术（如 EDI）改进与合作商的信息交换	1	2	3	4	5	
28. 为了优化决策，侧重建立以公司一线员工为核心的业务决策体系	1	2	3	4	5	
能力特质研究						
29. 比较清楚自己的优势所在？公司能够发现自己潜在的资源优势，并不断通过公司相关能力的培养创造与优化相关优势	1	2	3	4	5	
30. 通常能够在行业内及相关行业中首先感觉到行业的变化？关注与注重有相似能力的公司动向	1	2	3	4	5	
31. 公司重视员工的学习能力，并将它视为重要的资源	1	2	3	4	5	
32. 公司（含部门）对员工经常性地进行培训和在职教育，并形成组织学习的一套系统	1	2	3	4	5	
33. 公司（含部门）请外部机构（如咨询公司、相关专家等）进行行业、业务、经验、思想等方面的学习与分析	1	2	3	4	5	
34. 有效的学习与创新可以在公司将获得相应的奖励	1	2	3	4	5	
35. 公司经常在不同管理层面展开问题、错误、失败原因等方面讨论，并从中发现原因、教训，针对性地进行流程等方面的优化与改进	1	2	3	4	5	
36. 注重信息管理的建设，注重引入如研发系统、供应链管理系统、销售管理系统、财务管理系统等类似现代企业管理系统，并不断通过学习及组织优化等方式，加速企业管理效率的提升	1	2	3	4	5	
37. 注重对于新业务单独设立部门（或管理系统）进行管理，并注重对于公司相关组织（部门）的融合与相互学习	1	2	3	4	5	
38. 公司（部门内部）经常组织不同部门参与相关流程优化、学习、实施工作	1	2	3	4	5	
39. 公司愿意从长远角度，来评估自身的资源条件和环境的变化？注重研发及相关行业的创新投入，愿意投资于一些目前还处于萌芽状态的业务	1	2	3	4	5	

续表

相关因素评估	非常不同意	不同意	一般	同意	非常同意	选项
40. 公司经常从外部寻找适合成长与发展的资源？并且现在已经拥有一些稀缺资源（专利、核心竞争优势、品牌等），能使公司在整合内外部资源时具有更多优势	1	2	3	4	5	
41. 公司（含组织单元）会根据目标，持续设计及优化可实现的成长路径，并严格执行	1	2	3	4	5	
42. 根据公司战略发展需要，对于组织文化、管理流程和运营模式等不断地进行对应的持续变化	1	2	3	4	5	
43. 公司在进行包括战略等重要决策的过程中，经常让尽可能多的企业成员参与？甚至包括深度合作伙伴	1	2	3	4	5	
44. 有诸如标准化的组织管理规范、手册、内部管理数据库、文件等工具来保存过去的管理资料？并据此作为后续组织及管理优化的依据	1	2	3	4	5	
45. 公司（含部门）实行了以技能和业绩（非职位）为基础的报酬体系	1	2	3	4	5	
公司效能研究						
46. 在最近3~5年中，公司销售增长率比同行增长更快	1	2	3	4	5	
47. 在最近3~5年中，公司资产规模比同行增长更快	1	2	3	4	5	
48. 在最近3~5年中，公司市场份额占有率比竞争对手增长更快	1	2	3	4	5	
49. 在最近3~5年中，公司的产品/服务价格比竞争对手具有明显优势	1	2	3	4	5	
50. 在最近3~5年中，公司的产品/服务销售毛利率比竞争对手具有明显优势	1	2	3	4	5	
51. 在最近3~5年中，公司的增长速度比竞争对手更加平稳	1	2	3	4	5	
52. 在最近3~5年中，公司具有更多的资源获取与整合优势（如专利数量等）	1	2	3	4	5	
53. 在最近3~5年中，公司接受客户需求后能更快、更好地交货/或提供服务	1	2	3	4	5	
54. 在最近3~5年中，公司比竞争对手更具有快速开发新产品（新服务），能快速改良现有产品（服务）/增加现有产品（服务）品类/引进新产品（服务）的优势	1	2	3	4	5	
55. 在未来3~5年中，公司较竞争对手相比，具有更大的潜力与发展空间	1	2	3	4	5	
56. 在今后的发展过程，公司将继续保持稳健的发展速度	1	2	3	4	5	

问卷到此结束，非常感谢您的参与！

参考文献

中文参考文献

［美］纳西姆·尼古拉斯·塔勒布（Nassim Nicholas Taleb），2017. 黑天鹅：如何应对不可预知的未来［M］. 北京：中信出版社.

［美］米歇尔·渥克（Michele Wucker），2015. 灰犀牛：如何应对大概率危机［M］. 北京：中信出版社.

［美］德鲁克（Drucker. D. F），2006. 管理的实践［M］. 齐若兰，译. 北京：机械工业出版社.

［美］彼得·德鲁克，2009. 创新与企业家精神［M］. 蔡文燕，译. 北京：机械工业出版社.

［美］麦克亚当斯（David McAdams），2017. 博弈思考法［M］. 北京：中信出版社.

［以］尤瓦尔·赫拉利（Yuval Noah Harari），2018. 人类简史：从动物到上帝［M］. 北京：中信出版社.

［以］尤瓦尔·赫拉利（Yuval Noah Harari），2018. 今日简史：人类命运大议题［M］. 北京：中信出版社.

［以］尤瓦尔·赫拉利（Yuval Noah Harari），2017. 未来简史：从智人到智神［M］. 北京：中信出版社.

黄卫伟，等，2014. 以奋斗者为本：华为公司人力资源管理纲要［M］. 北京：中信出版社.

黄卫伟，等，2016. 以客户为中心：华为公司业务管理纲要［M］. 北京：中信出版社.

黄卫伟，等，2017. 价值为纲：华为公司财经管理纲要［M］. 北京：中信出版社.

［美］谢德荪（Edison Tse），2016. 重新定义创新：转型期的中国公司智造之道［M］. 北京：中信出版社.

［英］蒂姆·哈福德（Tim Harford），2018. 混乱：如何成为失控时代的掌控者［M］. 北京：中信出版社.

［美］斯蒂芬·P. 罗宾斯（Stephen P. Robbins），等，2017. 组织行为学精要（英文版）［M］. 11版. 北京：中国人民大学出版社.

李平，曹仰锋，2013. 案例研究方法：理论与范例——凯瑟琳·艾森哈特论文集

［M］. 北京：北京大学出版社.

［加］乔治（Paul Mallery），等，2011. SPSS 统计分析简明教程［M］. 10 版. 北京：电子工业出版社.

［日］稻盛和夫，2011. 经营十二条［M］. 北京：中信出版社.

［日］稻盛和夫，2009. 阿米巴经营［M］. 北京：中国大百科全书出版社.

［美］郭士纳，2015. 谁说大象不能跳舞［M］. 5 版. 北京：机械工业出版社.

［美］拉斯洛·博克（Laszlo Bock），2015. 重新定义团队：谷歌如何工作［M］. 北京：中信出版社.

［美］梅多斯（Meadow, D.），兰德斯（Randers. J.），梅多斯（Meadows, D.），2013. 增长的极限［M］. 北京：机械工业出版社.

［美］蒙哥马利（Cynthia A. Montgomery），2016. 重新定义战略［M］. 北京：中信出版社.

［英］彼得·马什（Peter Marsh），2013. 新工业革命［M］. 北京：中信出版社.

［美］杰里米·里夫金（Jeremy Rifkin），2012. 第三次工业革命：新经济模式如何改变世界［M］. 北京：中信出版社.

［美］伊藤穰一（Joi Ito），杰夫·豪（Jeff Howe），2017. 爆裂：未来社会的 9 大生存原则［M］. 北京：中信出版社.

吴晓波，2017. 腾讯传：中国互联网公司进化论［M］. 杭州：浙江大学出版社.

刘俏，2018. 从大到伟大 2.0：重塑中国高质量发展的微观基础［M］. 北京：机械工业出版社.

吴越舟，赵桐，2021. 小米进化论：创建未来商业生态［M］. 北京：北京联合出版公司.

［美］埃里克·施密特（Eric Schmidt），乔纳森·罗森伯格（Jonathan Rosenberg），艾伦·伊格尔（Alan Eagle），2017. 重新定义公司：谷歌是如何运营的［M］. 北京：中信出版社.

［美］彼得·蒂尔（Peter Thiel），布莱克·马斯特斯（Blake Masters），2015. 从 0 到 1：开启商业与未来的秘密［M］. 高玉芳，译. 北京：中信出版社.

［美］丹·塞诺（Dan Senor），［以］索尔·辛格（Saul Singer），2010. 创业的国度：以色列经济奇迹的启示［M］. 北京：中信出版社.

［美］弗朗西斯·赫塞尔本（Frances Hesselbein），马歇尔·戈德史密斯（Marshall Goldsmith），2012. 未来的组织［M］. 苏西，译. 北京：中信出版社.

［英］维克托·迈尔 - 舍恩伯格（Viktor Mayer - Schonberger），肯尼思·库克耶（Kenneth Cukier），2013. 大数据时代：生活、工作、思维的大变革［M］. 周涛，译. 杭州：浙江人民出版社.

［美］迈克尔·波特，1997. 竞争优势［M］. 陈小悦，译. 北京：华夏出版社.

［美］克里斯·安德森（Chris Anderson），2006. 长尾理论［M］. 北京：中信出版社.

［美］埃德蒙·费尔普斯（Edmund Phelps），2013. 大繁荣：大众创新如何带来国家

繁荣［M］. 北京：中信出版社.

［美］布赖恩·罗伯逊（Brian Robertson），2015. 重新定义管理：合弄制改变世界［M］. 潘干，译. 北京：中信出版社.

陈春花，2017. 激活组织：从个体价值到集合智慧［M］. 北京：机械工业出版社.

陈春花，2017. 激活个体：互联时代的组织管理新范式［M］. 北京：机械工业出版社.

项立刚，2019. 5G时代：什么是5G，它将如何改变世界［M］. 北京：中国人民大学出版社.

［美］杰弗里·摩尔（Geoffrey A. Moore），2007. 公司进化论：伟大的企业如何持续创新［M］. 北京：机械工业出版社.

［美］黄铠（Kai Hwang），2018. 云计算系统与人工智能应用［M］. 北京：机械工业出版社.

［美］迈克尔·汉南，等，2014. 组织生态学［M］. 北京：科学出版社.

井润田，赵宇楠，滕颖，2016. 平台组织、机制设计与小微创业过程——基于海尔集团组织平台化转型的案例研究［J］. 广州：管理学季刊，04：63-71.

陈春花，马胜辉，2017. 中国本土管理研究路径探索——基于实践理论的视角［J］. 管理世界，11：158-169.

陈春花，宋一晓，朱丽，2018. 不确定性环境下组织转型的4个关键环节——基于新希望六和股份有限公司的案例分析［J］. 管理学报，01：01-10.

闫红，井润田，黄雪莲，2016. 组织势：研究现状与未来研究展望［J］. 管理学报，01：148-156.

［意］斯特法诺·佩里，2018. 新价值理论［J］. 国外社会科学，02：53-59.

陈雨田，2012. 价值网络中不同竞合结构下的关系治理模式及绩效研究［D］. 上海交通大学.

刘群慧，2007. 单元组织研究［D］. 华中科技大学.

邱俊铭，2011. 竞合模式下华为公司服务营销策略分析［D］.［硕士学位论文］. 北京邮电大学.

谢克强，2019. 鸿蒙操作系统打造生态的路径思考［J］. 单片机与嵌入式系统应用（10）：3-6.

陈武，李燕萍，2018. 嵌入性视角下的平台组织竞争力培育——基于众创空间的多案例研究［J］. 经济管理，03：74-92.

王琦，罗芳，胡文楠，2006. 产业集群演化过程研究——基于无边界企业视角［J］. 现代情报（12）：157-161.

傅羿芳，朱斌，2004. 高科技产业集群持续创新生态体系研究［J］. 科学学研究（Z1）.

杜占河，原欣伟，2017. 竞合的前因、过程与结果研究综述［J］. 管理现代化（05）：115-122.

董保宝，葛宝山，王侃，2011. 资源整合过程、动态能力与竞争优势：机理与路径

［J］. 管理世界（03）：92-101.

王海军，金姝彤，郑帅，束超慧，2021. 全球价值链下的企业颠覆性创新生态系统研究［J］. 科学学研究（03）：530-543.

戴水文，符正平，等，2018. 中国新兴企业的组织模块化构建及价值创造——基于战略复杂性视角的华为公司案例研究［J］. 南京大学学报（02）：56-68.

晏梦灵，2016. 多层次组织学习与企业研发双元能力构建——以华为 IPD 系统实施为例［J］. 研究与发展管理（04）：72-86.

外文参考文献

ALEXANDER S ALEXIEV, HENK W VOLBERDA, FRANS A J, VAN DEN BOSCH, 2016. Interorganizational collaboration and firm innovativeness: Unpacking the role of the organizational environment［J］. Journal of Business Research, 69: 974-984.

ALDRICH, H E, HODGSON, G M, HULL, D L, KNUDSEN, T, MOKYR, J, & VANBERG, V J, 2008. In defence of generalized Darwinism［J］. Journal of Evolutionary Economics, 18: 577-596.

ANDRIOPOULOS, C, & LEWIS, M W, 2009. Exploitation - exploration tensions and organizational ambidexterity: Managing paradoxes of innovation［J］. Organization Science, 20 (4): 696-717.

ANG, S H, 2008. Competitive intensity and collaboration: Impact on firm growth across technological environments［J］. Strategic Management Journal, 29 (10): 1057-1075.

ANNOSI, M C, FOSS, N, BRUNETTA, F & MAGNUSSON, M, 2017. The interaction of control systems and stakeholder networks in shaping the identities of self - managed teams［J］. Organization Studies, 38 (5): 619-645.

BARRETO, I, 2010. Dynamic capabilities: A review of past research and an agenda for the future［J］. Journal of Management, 36: 256-280.

BRESLIN, D, 2008. A review of the evolutionary approach to the study of entrepreneurship［J］. International Journal of Management Reviews, 10: 399-423.

BRESLIN, D, 2011b. Interpreting futures through the multi - level co - evolution of organizational practices［J］. Futures, 43: 1020-1028.

BRESLIN, D, 2011a. Reviewing a generalized Darwinist approach to studying socioeconomic change［J］. International Journal of Management Reviews, 13: 218-235.

BURGELMAN, R A, 1991. Intraorganizational ecology of strategy making and organizational adaptation: Theory and field research［J］. Organization Science, 2: 239-262.

CAMISÓN, C, & VILLAR - LÓPEZ, A, 2011. Non - technical innovation: Organizational memory and learning capabilities as antecedent factors with effects on sustained competitive advantage［J］. Industrial Marketing Management, 40: 1294-1304.

CARNEY, M, & GEDAJLOVIC, E, 2002. The co - evolution of institutional environments and organizational strategies: The rise of family business groups in the ASEAN region［J］. Organization Studies, 23: 1 - 29.

CASSIMAN, B, & VEUGELERS, R, 2006. In search of complementarity in innovation strategy: Internal R&D and external knowledge acquisition [J]. Management Science, 52: 68 - 82.

COLIN B GABLER, ROBERT GLENN RICHEY JR, ADAM RAPP, 2015. Developing an eco - capability through environmental orientation and organizational innovativeness [J]. Industrial Marketing Management 45: 151 - 161.

CORDES, C, 2006. Darwinism in economics: From analogy to continuity [J]. Journal of Evolutionary Economics, 16: 529 - 541.

CROSSAN, M M, & APAYDIN, M, 2010. A multi - dimensional framework of organizational innovation: A systematic review of the literature [J]. Journal of Management Studies, 47 (6): 1154 - 1191.

DAMANPOUR, F, & EVAN, W M, 1984. Organizational innovation and performance: The problem of 'organizational lag' [J]. Administrative Science Quarterly, 29: 392 - 409.

DOSI, G, & MARENGO, L, 2007. On the evolutionary and behavioral theories of organizations: A tentative roadmap [J]. Organization Science, 18: 491 - 502.

DYER, J H, & PEDERSEN, T, 2011. Linking customer interaction and in - novation: The mediating role of new organizational practices [J]. Organization Science, 22 (4): 980 - 999.

EISENHARDT, K M, & MARTIN, J A, 2000. Dynamic capabilities: What are they? [J]. Strategic Management Journal, 21: 1105 - 1121.

FOSS, N J, LAURSEN, K, & SEIBOLD, D R, 2010. Organizational assimilation: A multidimensional reconceptualization and measure [J]. Management Communication Quarterly, 24: 552 - 578.

GEBAUER, H, 2011. Exploring the contribution of management innovation to the evolution of dynamic capabilities [J]. Industrial Marketing Management, 40 (8): 1238 - 1250.

GIANPAOLO ABATECOLA, 2014. Research in organizational evolution. What comes next? [J]. European Management Journal, 32: 434 - 443.

HANSEN, M T, & BIRKINSHAW, J M, 2007. The innovation value chain [J]. Harvard Business Review, 85 (6): 121 - 130.

HELFAT, C E, & PETERAF, M A, 2003. The dynamic resource - based view: Capability lifecycles [J]. Strategic Management Journal, 24: 997 - 1010.

HODGSON, G M, 2010. Choice, habit and evolution [J]. Journal of Evolutionary Economics, 20: 1 - 18.

HODGSON, G M, & KNUDSEN, T, 2006b. Dismantling Lamarckism: Why descriptions of socio - economic evolution as Lamarckian are misleading [J]. Journal of Evolutionary Economics, 16: 343 - 366.

HODGSON, G M, 2008. The concept of a routine [J]. Handbook of organizational routines. 15.

JICK, T D, 1979. Mixing qualitative and quantitative methods: Triangulation in action [J]. Administrative Science Quarterly, 24 (4): 602-611.

HODGSON, G M, 2013. Understanding organizational evolution: Toward a research agenda using Generalized Darwinism [J]. Organization Studies: 34, 973-992.

HOWARD E ALDRICH, MARTIN RUEF, 2006. Organizations Evolving, 2nd edition, London: Sage: 330.

JANSEN, J J, VAN DEN BOSCH, F A, & VOLBERDA, H W, 2005. Managing potential and realized absorptive capacity: How do organizational antecedents matter? [J]. Academy of Management Journal, 48 (6): 999-1015.

JONES, C, 2005. Firm transformation: Advancing a Darwinian perspective [J]. Management Decision, 43: 13-25.

LEWIN, A Y, & KOZA, M P, 2001. Empirical research in co-evolutionary processes of strategic adaptation and change: The promise and the challenge [J]. Organization Studies, 22: v-xii.

MARGARET L SHENG, 2017. A dynamic capabilities-based framework of organizational sensemaking through combinative capabilities towards exploratory and exploitative product innovation in turbulent environments [J]. Industrial Marketing Management 65: 28-38.

MELLAHI, K, & WILKINSON, A, 2004. Organizational failure: A critique of recent research and a proposed integrative framework [J]. International Journal of Management Reviews, 5-6: 21-41.

MILLER, D, 1986. Configurations of strategy and structure: Towards a synthesis [J]. Strategic Management Journal, 7: 233-249.

MURMANN, J P, 2013. The co-evolution of industries and important features of their environments [J]. Organization Science, 24: 58-78.

NEILL, S, MCKEE, D, & ROSE, G M, 2007. Developing the organization's sensemaking capability: Precursor to an adaptive strategic marketing response [J]. Industrial Marketing Management, 36: 731-744.

NELSON, R R & WINTER, S G, 2002. Evolutionary theorizing in economics [J]. Journal of Economic Perspectives, 16 (2): 23-46.

PACHECO, D, YORK, J G, DEAN, T J, & SARASVATHY, S. D. , 2010. The co-evolution of institutional entrepreneurship: A tale of two theories [J]. Journal of Management, 36: 974-2010.

PENTLAND, B. T, FELDMAN, M S, BECKER, M C, & LIU, P, 2012. Dynamics of organizational routines: A generative model [J]. Journal of Management Studies, 49: 1484-1508.

PHELPS, R, ADAMS, R, & BESSANT, J, 2007. Life cycles of growing organizations: A review with implications for knowledge and learning [J]. International Journal of Management Reviews, 9: 1-30.

PITELIS, C N, & TEECE, D J, 2010. Cross-border market creation, dynamic capabilities and the entrepreneurial theory of the multinational enterprise [J]. Industrial and Corporate Change, 19 (4): 1247-1270.

PORTER, M E, 1991. Toward a dynamic theory of strategy [J]. Strategic Management Journal, 12: 95-117.

POWELL, W W, KOPUT, K W, & SMITH-DOER, L, 1996. Interorganizational collaboration and the locus of innovation: Networks of learning in biotechnology [J]. Administrative Science Quarterly, 41: 116-145.

Review Essay, 2008. Why Is Management Not an Evolutionary Science? Evolutionary Theory in Strategy and Organization [J]. Journal of Management Studies, 45 (5): 22-23.

REYDON, T A, & SCHOLZ, M, 2009. Why organizational ecology is not a Darwinian research programme [J]. Philosophy of the Social Sciences, 39: 408-439.

RICHARD R. NELSON, 2005. Technology, Institutions, and Economic Growth. Cambridge, MA: Harvard University Press: 306.

RODOLPHE DURAND, 2006. Organizational Evolution and Strategic Management. London: Sage: 190.

ROPER, S, DU, J, & LOVE, J H, 2008. Modelling the innovation value chain [J]. Research Policy, 37 (6-7): 961-977.

SALUNKE, S, WEERAWARDENA, J, & MCCOLL-KENNEDY, J R, 2011. Towards a model of dynamic capabilities in innovation-based competitive strategy: Insights from project-oriented service firms [J]. Industrial Marketing Management, 40: 1251-1263.

SAMMUT-BONNICI, T, & WENSLEY, R, 2002. Darwinism, probability and complexity: Market-based organizational transformation and change explained through the theories of organizational evolution [J]. International Journal of Management Reviews, 4: 291-315.

STOELHORST, J W, 2008a. Why is management not an evolutionary science? Evolutionary theory in strategy and organization [J]. Journal of Management Studies, 45: 1008-1023.

TEECE, D J, 2007. Explicating dynamic capabilities: The nature of microfoundations of sustainable enterprise performance [J]. Strategic Management Journal, 28: 1319-1350.

TEECE, D J, PISANO, G, & SHUEN, A, 1997. Dynamic capabilities and strategic management [J]. Strategic Management Journal, 18 (7): 509-533.

TUSHMAN, M L, & ROMANELLI, E, 1985. Organizational evolution: Interactions between external and emergent processes and strategic choice [J]. Research in Organizational Behavior, 8: 171-222.

VAN DEN BOSCH, F A J, VOLBERDA, H K, & DE BOER, M, 1999. Co-evolution of firm absorptive capacity and knowledge environment: Organizational forms and combinative capabilities [J]. Organization Science, 10: 551-568.

VAN DE VEN, A H, & POOLE, M S, 1995. Explaining development and change in organizations [J]. Academy of Management Review, 20 (3): 510-540.

VOLBERDA, H W, & LEWIN, A Y, 2003. Co – evolutionary dynamics within and between firms: from evolution to co – evolution [J]. Journal of Management Studies, 40: 2111 – 2136.

WEERAWARDONA, J, & MAVONDO, F T, 2011. Capabilities, innovation and competitive advantage [J]. Industrial Marketing Management, 40: 1220 – 1223.

WEST, J, & BOGERS, M, 2014. Leveraging external sources of innovation: A review of research on open innovation [J]. Journal of Product Innovation Management, 31 (4): 814 – 831.

WITT, U, 2011. Emergence and functionality of organizational routines: An individualistic approach [J]. Journal of Institutional Economics, 7: 157 – 174.

WITT, U, 2004. On the proper interpretation of 'evolution' in economics and its implications for production theory [J]. Journal of Economic Methodology, 11: 125 – 146.

WITT, U, 2008. What is specific about evolutionary economics? [J]. Journal of Evolutionary Economics, 18: 547 – 575.

ZAHRA, S A, SAPIENZA, H J, & DAVIDSSON, P, 2006. Entrepreneurship and dynamic capabilities: A review, model and research agenda [J]. Journal of Management Studies, 43 (4): 917 – 955.